高职高专市场营销专业教材

商品学

（第4版）

汪圣佑　张　黎◎主编　　汪永太◎主审

电子工业出版社·

Publishing House of Electronics Industry

北京·BEIJING

图书在版编目（CIP）数据

商品学 / 汪圣佑，张黎主编. — 4 版. —北京：电子工业出版社，2021.6

ISBN 978-7-121-40968-4

Ⅰ. ①商… Ⅱ. ①汪… ②张… Ⅲ. ①商品学－高等职业教育－教材 Ⅳ. ①F76

中国版本图书馆 CIP 数据核字（2021）第 066570 号

责任编辑：袁桂春　　　　特约编辑：田学清
印　　刷：河北虎彩印刷有限公司
装　　订：河北虎彩印刷有限公司
出版发行：电子工业出版社
　　　　　北京市海淀区万寿路 173 信箱　　　邮编 100036
开　　本：787×1092　　1/16　　印张：18.25　　字数：433 千字
版　　次：2007 年 1 月第 1 版
　　　　　2021 年 6 月第 4 版
印　　次：2025 年 5 月第 4 次印刷
定　　价：59.00 元

凡所购买电子工业出版社图书有缺损问题，请向购买书店调换。若书店售缺，请与本社发行部联系。
联系及邮购电话：（010）88254888，88258888。

质量投诉请发邮件至 zlts@phei.com.cn，盗版侵权举报请发邮件至 dbqq@phei.com.cn。

本书咨询联系方式：（010）88254199，sjb@phei.com.cn。

前　言

国务院 2019 年印发的《国家职业教育改革实施方案》明确提出，坚持以习近平新时代中国特色社会主义思想为指导，把职业教育摆在教育改革创新和经济社会发展中更加突出的位置。牢固树立新发展理念，服务建设现代化经济体系和实现更高质量更充分就业需要，对接科技发展趋势和市场需求，完善职业教育和培训体系，优化学校、专业布局，深化办学体制改革和育人机制改革，以促进就业和适应产业发展需求为导向，鼓励和支持社会各界特别是企业积极支持职业教育，着力培养高素质劳动者和技术技能人才。为了使本书更加满足高等职业教育培养适应生产、建设、管理、服务第一线所需要的高素质技术技能人才的需要，强化学生综合职业能力的培养、基础理论知识的创新和整体素质的提高，本书在第 3 版的基础上，依照电子工业出版社教材升级版要求做了修订。本书的框架和体例根据社会经济和高职教育的新发展做了相应修订，以保证教材的先进性。本书可作为高职高专市场营销专业的教材，也可供经济管理类专业选用，还可供电视大学、成人高校和企业职工培训选用。

本书本着新时代职业教育以职业需求为导向、以实践能力培养为重点的教学思想，用本专业课程发展及国内外研究最新成果更换、修改或删除第 3 版中业已陈旧过时的内容，并同步更换了相关案例、习题。本书由汪圣佑、张黎修订，由汪永太主审。汪圣佑修订了第 1~7 章并负责总纂工作，张黎修订了第 8~10 章。编者在修订过程中参阅了大量文献，得到了学校领导、有关部门专家和老师的大力支持与帮助，尤其得到了电子工业出版社编辑的指导和帮助，在此一并致谢。

自出版以来，教材深受各方面欢迎，得到同行的认可和好评。由于编者水平有限，书中的不足之处在所难免，敬请同行专家和广大读者赐教匡正。

编　者

学时分配表

序　号	教学内容	课时分配		
		讲　授	实　训	小　计
1	商品与商品学	4		4
2	商品质量与商品标准	4	2	6
3	商品检验与评价	4	2	6
4	商品分类与商品包装	4	2	6
5	商品储存与养护	4	2	6
6	食品商品	6	4	10
7	服装商品	6	2	8
8	日用工业品	6	4	10
9	家用电器	6	4	10
10	装潢装饰商品	2		2
合　　计		46	22	68

目　录

项目 1　商品与商品学 1

　1.1　商品概述 2

　1.2　商品学的研究对象、研究内容、
　　　　研究任务和研究方法 4

　1.3　商品学的产生和发展 8

　本章小结 11

　主要概念 12

　课堂讨论题 12

　自测题 12

　实训题 13

项目 2　商品质量与商品标准 14

　2.1　商品质量的概念和构成 15

　2.2　商品质量的基本要求 17

　2.3　影响商品质量的主要因素 22

　2.4　商品标准概述 25

　本章小结 33

　主要概念 34

　课堂讨论题 34

　自测题 34

　实训题 35

项目 3　商品检验与评价 37

　3.1　商品检验的概念、形式和内容 38

　3.2　商品抽样与商品检验的方法 42

　3.3　商品质量评价与管理 49

　本章小结 59

　主要概念 59

　课堂讨论题 59

　自测题 59

　实训题 60

项目 4　商品分类与商品包装 62

　4.1　商品分类的概念、意义、标志
　　　　和基本方法 63

　4.2　商品编码和商品目录 68

　4.3　商品包装的概念及作用 73

　4.4　商品运输包装和商品销售包装 77

　本章小结 86

　主要概念 87

　课堂讨论题 87

　自测题 87

　实训题 88

项目 5　商品储存与养护 89

　5.1　商品储存管理 90

　5.2　商品储存期间的质量变化 94

　5.3　商品的养护方法 98

　本章小结 104

　主要概念 104

　课堂讨论题 104

　自测题 104

　实训题 105

项目6　食品商品 107

　　6.1　食品营养卫生 108

　　6.2　粮油商品 119

　　6.3　乳制品和酒 128

　　6.4　茶叶和水果 141

　　本章小结 151

　　主要概念 152

　　课堂讨论题 152

　　自测题 152

　　实训题 153

项目7　服装商品 154

　　7.1　纺织纤维 155

　　7.2　服装材料 166

　　7.3　服装 172

　　本章小结 185

　　主要概念 186

　　课堂讨论题 186

　　自测题 186

　　实训题 187

项目8　日用工业品 188

　　8.1　洗化用品 189

　　8.2　塑料制品 201

　　8.3　皮鞋 206

　　8.4　照相机 212

　　本章小结 222

　　主要概念 223

　　课堂讨论题 223

　　自测题 223

　　实训题 224

项目9　家用电器 226

　　9.1　家用电器的分类和基础知识.... 227

　　9.2　电子类家用电器 233

　　9.3　电器类家用电器 242

　　本章小结 257

　　主要概念 257

　　课堂讨论题 257

　　自测题 258

　　实训题 258

项目10　装潢装饰商品 260

　　10.1　瓷砖和石材 261

　　10.2　地板和地毯 267

　　10.3　涂料类商品 274

　　本章小结 282

　　主要概念 283

　　课堂讨论题 283

　　自测题 283

　　实训题 284

参考文献 285

项目 1
商品与商品学

教学目标

知识目标

进一步认知商品，掌握商品学的研究对象和内容，明确商品学的研究任务，了解商品学的研究方法。

技能目标

按照商品构成的原理，能对日常商品进行分解，基本掌握商品使用价值分析的方法。

能力目标

能够运用商品使用价值理论，指导以后的学习和商务活动。

课中知识应用

引导案例

去寺庙推销梳子

厉以宁教授关于商品的开发与销售有一段精彩的演讲："有一个梳子生产厂，派出 4 个营销员到寺庙去推销梳子。第一个营销员空手而回，他说到了庙里，和尚说没头发不需要梳子，所以一把都没卖出。第二个营销员向和尚们宣传用梳子梳头的活血健身功能，卖出十几把梳子。第三个营销员向老和尚强调，梳子可以方便香客整理仪容，有助于寺庙香火旺盛，卖出了百十把梳子。第四个营销员找到老和尚，建议他在梳子上写上寺庙的名字和'积善梳'3 个字，并把梳子作为礼品送给香客，以使寺庙的香火更旺。老和尚当时就订购了几千把梳子，后来又陆续不断地订货。这一事例中的第四个营销员抓住了一个很好的切入点，把梳子、佛教文化和人们的情感有效地结合起来，创造了新的商机，并且在不知不觉中已把梳子作为一件情感商品来推销了。"

这一案例表明，人们对商品的需求是多方面的，在推销商品时要抓住商品的使用价值做文章。

商品学是研究商品使用价值的学科，它以商品质量为中心内容，探讨商品使用价值的形成、评价、维护、实现和再生。

1.1　商品概述

1.1.1　商品的定义、基本特征和种类

1．商品的定义

商品是用来交换的劳动产品，具有使用价值和价值两个基本属性。

商品必须是劳动产品，如果不是劳动产品就不能成为商品，劳动产品如果不用于交换，也不能成为商品。随着社会经济的不断发展，人们认识到商品已从物质形态的劳动产品发展成能够满足人们某种社会消费需要的所有形态。

对商品的理解：商品是人类社会生产力发展到一定历史阶段的产物。商品具有使用价值和价值，商品是二者的对立统一体。

2．商品的基本特征

综上所述，作为特殊劳动产品的商品具有以下几个基本特征。

（1）商品是具有使用价值的劳动产品。

（2）商品是供别人消费即社会消费的劳动产品。

（3）商品是必须通过交换才能到达别人手中的劳动产品。

3．商品的种类

商品的分类方法很多，一般可按商品的存在形态分类，如图 1-1 所示。

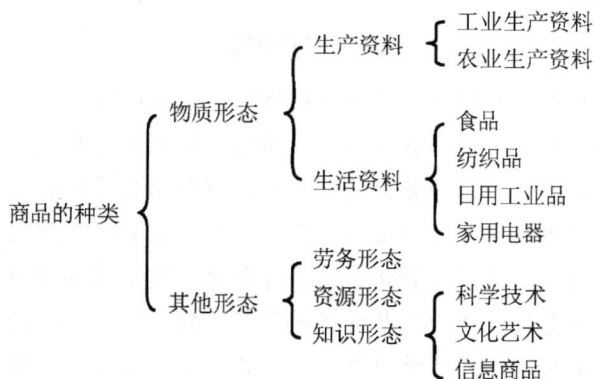

图 1-1　按存在形态分类的商品

1.1.2　商品的构成

消费者购买商品，其本质是购买一种需要，这种需要不仅体现在商品消费时，还体现在商品购买和消费的全过程中。综合来说，商品不仅是使用价值和价值的统一，还是有形

服务和无形服务的统一，商品给人们带来的实际利益和心理利益构成了商品的整体。因此，商品的整体可以看成由核心部分、形式部分和延伸部分 3 个部分组成。

1. 核心部分

核心部分即商品具有的满足某种用途的功能，是消费者真正要购买的服务和利益。例如，消费者购买苹果，是因为它能满足胃口，能给人体提供营养；消费者购买洗衣机是为了洗衣服。核心部分表达的是商品的实质，是商品构成中最基本、最主要的部分。

小思考 1-1

圆珠笔、手表、汽车的核心部分是什么？

2. 形式部分

形式部分即商品的具体形态，主要包括商品的成分、结构、外观、质量、商标、品牌、使用说明书、标志、包装等，是商品的外在形式，是商品的使用价值形成的客观物质基础。

3. 延伸部分

延伸部分即人们在购买商品时所获得的附加利益的服务，如商品信息咨询、送货上门、免费安装调试、免费培训、提供信贷、售后保证与维修服务、退换退赔服务承诺等。善于开发和利用商品的延伸部分，不但有利于满足消费者的综合需要，使消费者买到称心如意的商品，而且有利于同类商品生产经营企业在激烈的市场竞争中立于不败之地。

相关链接 1-1

荣事达红地毯服务　真情感动十年

如今，消费者的消费观念发生了巨大的变化，从以前只注重商品质量和价格，到现在越来越重视商品的服务质量。如今，家电行业的竞争异常激烈，依靠商品质量和营销渠道的竞争所带来的利益，已经远远不能满足消费者的需求。一些社会人士认为：客户服务的竞争将成为品牌成败的关键。

国内最早确立先进客户服务意识行业的是家电行业，荣事达率先推出"红地毯服务"，以"热情、温情、深情、真情"服务的形象定位，为消费者提供 24 小时上门服务，并免费提供商品保养和清洗服务。荣事达以真诚的服务态度感动消费者，依靠服务带动企业发展，规范了行业市场，也带动了一批家电企业投身到服务竞争中来。

"客户就是上帝""服务消费者"这样的话很多企业都说过，但真正做到位的为数不多。专家呼吁，规范消费环境、维护消费者的权益，要从服务做起。专家进一步表示，近几年来，以荣事达为代表的企业在服务上都投入了较大的精力和财力，并且在经过了多年的积累后，建立了反应迅速、管理统一的客户服务体系，但是就整体来看，还有待于进一步"服务消费者"，也就是除了"用心服务"，还应该具备服务竞争能力，通过竞争不断改善服务水平，全面提升企业的服务意识和客户满意度。

（资料来源：荣事达红地毯服务 真情感动十年. 世界服装鞋帽网，2017-3-21）

1.2 商品学的研究对象、研究内容、研究任务和研究方法

1.2.1 商品学的研究对象

商品学是研究商品的学科，着重从商品的使用价值方面来研究商品。因此，商品学是研究商品的使用价值及其变化规律的学科。商品的使用价值是指商品对其使用者（包括社会）的意义、作用或效用。它反映了商品属性与人和社会需要之间的满足关系。

商品的使用价值是指商品对其消费（使用）者的有用性或效用。一方面，商品的使用价值是由商品的属性决定的，离开商品其使用价值就不存在了，因此商品学必须从商品的属性来研究商品的使用价值。另一方面，商品的使用价值是满足他人和社会的使用价值，所以在研究商品的使用价值时，还要研究商品满足人和社会需要方面的特性。从这个意义上说，商品的使用价值实际上反映了商品属性与人和社会需要之间的满足关系。

具体来说，商品的使用价值是指商品的有用性，也就是商品满足人和社会的需要性。研究商品的使用价值，不仅要研究商品的成分、结构、外形、化学性质、生物性质和物理性质等商品的自然属性，还要研究商品的流行性、时代感、地区性、民族性和经济性等社会经济属性，满足人和社会在商品方面的物质需要和精神需要。

商品有多少种自然属性，就可能有多少种使用价值。例如，煤既是燃料，又是极具价值的化工原料。商品的自然属性不同，它们的使用价值也不同。例如，羽绒服可以御寒，食品可以充饥。在不同的社会经济条件下，同一种商品也会出现不同的使用价值。例如，绿色在中国象征着生命，而西欧国家的人们在举行葬礼时用绿色树叶铺地，所以在西欧国家忌用绿色地毯。再如，对于贫穷型消费者，坚固耐用的商品的使用价值最高；而对于富裕型消费者，舒适、美观、体现个性和风度的商品更具有使用价值。同一种商品在被同一个消费者消费时，也可以有多种使用价值。例如，高档服装既可用于一般的遮体御寒，又可用于弥补自身的某些体形缺陷，还可用来显示穿着者的身份和地位。

特别值得提出的是，商品的使用价值是随着科学技术的发展和人们经验的不断丰富而陆续被发现的。商品的使用价值是一个动态的、综合性的概念。准确而全面地理解商品的使用价值，运用商品的使用价值学说指导商品的生产、经营和消费，对发展我国社会主义市场经济具有重大的现实意义。商品自然属性的相对稳定性和商品社会经济属性的相对变化性，决定了商品的生产、经营者要不断地调整商品结构，一切从市场出发，从消费者的需要出发，注意适销对路，使企业在主观上求利润和在客观上生产、经营具有社会使用价值的商品有机地结合成一体。

小思考 1-2

我国的国服原来为中山装，而现在流行的是休闲服、西服等；灯具已大大突破了照明这一效用，成为美化生活的一部分。以上事例使你对商品的使用价值有哪些新的思考？

1.2.2　商品学的研究内容

商品学是研究商品的使用价值的学科，我们常用商品质量来表示商品的有用程度，反映商品满足人和社会需要的程度。由此可以推论，商品质量是商品的使用价值的集中反映，商品的使用价值是用商品质量来衡量的，因此商品质量是商品学研究的中心内容。

商品学研究的具体内容是与商品质量密切相关的问题，包括商品的成分、结构、性质、生产工艺、工作原理、功能和用途、品种、质量要求、检验评价、使用维护等。

整体来说，商品学的研究内容还包括商品与人、商品与时代、商品与环境等方面的问题。在环境保护日益被重视的今天，商品学已从着重研究环境对商品的污染发展到同时研究商品对环境的污染。在研究商品对环境的污染方面，既研究商品对社会环境的污染，防止商品对人们身心的损害，又研究商品对自然环境的污染和对生态环境的破坏等问题；既研究清洁的商品生产技术，又研究环保的商品流通和消费时的环保要求。商品学在研究和评价商品时，已把商品的环境效应作为一项重要内容。

小思考 1-3

为什么无氟电冰箱、无磷洗衣粉、可降解塑料、低噪声家用电器和绿色食品等越来越受到人们的青睐？

1.2.3　商品学的研究任务

商品学是为政府和企业对商品从规划开发、生产、流通、消费到废弃全过程实行科学管理和决策服务的一门应用学科，目的是阐明商品质量形成、评价、维护、实现和再生的内外因素及规律，解决与商品质量密切相关的问题，使商品的使用价值得以充分实现。商品学的研究任务有以下几个。

（1）指导商品的使用价值的形成。通过商品资源和市场的调查预测、商品的需求研究等手段，为有关部门实施商品结构调整、商品科学分类、商品的进出口管理与质量监督管理、商品的环境管理、商品标准及政策法规的制定、商品的发展规划提供决策的科学依据；为企业提供商品基本质量要求，指导商品质量改进和商品开发，提高经营管理素质，保证市场商品物美价廉、适销对路。

（2）评价商品的使用价值。通过商品检验与鉴定手段，保证商品质量符合规定的标准或合同，维护正常的市场竞争秩序，保护买卖双方的合法权益，创造公平、平等的商品交换环境。

（3）防止商品的使用价值降低。通过确定适宜的商品包装、运输、保管的条件和方法，防止因商品质量发生不良变化而降低商品的使用价值。

（4）促进商品的使用价值的实现。通过大力普及商品知识和消费知识，使消费者认识和了解商品，学会科学地选购和使用商品，掌握正确的消费方式和方法，由此促进商品的使用价值的实现。

（5）研究商品的使用价值的再生。通过对商品废弃物与包装废弃物处置、回收、再生政策与法规、运行机制，以及低成本加工技术等问题的研究，推动资源节约、再生和生活废物减量，以及保护环境的绿色行动。

相关链接 1-2

产品安全与安全产品

1．产品安全与健康的概念

人们使用或消费某种产品，都不可避免地要承担一定的风险（经济的、安全的、健康的风险）。问题在于人们总是期望这种风险是可以接受的、可以允许的，也就是合理的，在经济、身体和心理上都可以接受和容许的。通常，这种风险越低越好。

（1）产品安全风险：消费者独立使用某个产品而遭受人员伤亡或财产损失的可能性。

（2）产品健康风险：消费者使用某个产品而造成短期或长期健康问题的可能性。

广义的产品安全与健康既包括在产品消费或使用过程中产品带给消费者的合理的健康和安全风险，又包括在产品生产和流通过程中产品带给生产者、经营者的合理的健康和安全风险。

2．安全产品与产品安全

2001年欧盟委员会通过修订的《通用产品安全指令》（2001/95/EC），从原则上规定了除特别法管辖（如医药品，受指令75/319/EEC和81/851/EEC管辖）以外的所有产品（小至婴儿用安慰奶嘴，大至机动车辆）均应满足的安全要求。

安全产品：在产品有效期内，在任何正常或合理可预见的使用情况下，如交付使用、安装和维护，不引起任何危险或者风险最低的产品，也就是说，风险可接受，且与产品使用相容，并与高水平人身安全及健康保护一致。

（资料来源：万融.企业产品与健康安全.中国商品学会第十届学术论坛学术报告，2008）

1.2.4　商品学的研究方法

1.　科学实验法

科学实验法是在实验室内运用一定的测试仪器和设备，对商品的成分、构造、性能等进行理化分析鉴定的研究方法。此法具有良好的控制和观察条件，所得出的结论正确、可靠，是分析商品成分、鉴定商品质量、研制新商品的常见方法。这种方法需要一定的专业技术人员和物质技术设备，投资较大。

2.　现场实验法

现场实验法是通过一些商品专家或有代表性的消费者群体，凭人体感官的直觉，对商品质量做出评价的研究方法。这种方法的正确程度受参加实验者的技术水平和人为因素的影响，但简便易行。许多商品的质量评比，一些新商品的试穿、试戴、试用都采用这种方法。

3.　技术指标法

技术指标法是一种在科学实验的基础上，对一系列同类商品，根据国内或国际生产力发展水平，确定质量技术指标，供生产者和消费者共同鉴定商品质量的方法。这种方法有利于促进商品质量的提高，但确定各类商品的质量指标是一个复杂而巨大的工程。

4.　社会调查法

商品的使用价值是一种社会性的使用价值，全面考察商品的使用价值需要进行各种社会调查，特别是在商品不断升级换代、新商品层出不穷的现代化社会，社会调查显得更加实际和重要。社会调查具有双向沟通的重要作用。社会调查法主要有现场调查法、调查表法、直接面谈法和定点统计法等。

5.　对比分析法

对比分析法是搜集、积累不同时期、不同地区、不同国家的商品资料，加以分析比较，从而找出提高商品质量、增加花色和品种、拓展商品功能的新途径的方法。流通部门可以利用联系面广、信息来源多的特点，运用对比分析法正确识别商品，促进生产部门提高商品质量，实现商品的升级换代，更好地满足广大消费者的需要。

6.　系统分析比较法

商品的研究还需考虑商品与环境、商品与人、商品与国民经济的关系，是一个复杂的、系统的工程。单从一个方面或几个方面来研究，有时难免有偏差，只有把商品作为一个小系统，放在社会这个大系统中加以分析、研究和考察，才能得出一个全面、公正的结论。

相关链接 1-3

地沟油事件

地沟油是一种质量极差、极不卫生的非食用油，它含有多种毒素，流向江河会造成水体富营养化。人畜一旦食用地沟油，其白细胞和消化道黏膜就会遭到破坏，造成食物中毒，甚至癌症。长期以来，一些不法分子受利益驱动，非法从下水道和饭店废水中提取地沟油，并作为食用油低价销售。

1.3　商品学的产生和发展

1.3.1　商品学的产生

商品学最早产生于德国。18 世纪初，德国的工业迅速发展，许多工厂将进口原材料加工成出口工业品，从而扩大了原材料与工业品商品的贸易。这就要求商人必须具有系统的商品知识，否则难以胜任贸易工作，因此当时对商业教育提出了系统讲授商品知识的要求，以提高青年商人的业务素质。18 世纪后期，在商人和学者的努力下，德国的大学和商业学院开始讲授商品学课程，并开展商品学研究。商品学这个词就来自德文"Warenkunde"，译成英文为"Commodity Science and Technology"。

德国的约翰·贝克曼教授在其教学和科研的基础上，于 1793—1800 年出版了《商品学导论》。该书分为两册：第一册主要介绍商品生产技术方法、工艺学等方面的知识；第二册主要介绍商品的产地、性能、用途、质量规格、分类、包装、鉴定、保管和主要市场等。贝克曼还在该书中指出了商品学作为一门独立学科的任务：研究商品的分类体系，进行商品的鉴定和检验，说明商品的产地、性质、使用和保养及最重要的市场，叙述商品的制造方法和生产工艺，阐明商品品种的价格和质量，介绍商品在经济活动中的作用和意义。该书创立了商品学的学科体系，明确了商品学的研究内容，贝克曼因此被誉为商品学的创始人。他所创立的商品学体系被称为"贝克曼商品学"或"叙述论的商品学"。目前，人们认为商品学产生于 18 世纪末，即以该书的出版时间为依据。

1.3.2　商品学的发展

18 世纪以来，商品学相继传入意大利、俄国、日本、中国等国家，使商品学得到迅速发展，商品学教育和研究也不断深入。1902 年，我国商业教育中开始把商品学作为一门必修课。

商品学由德国传入各国后，在其发展过程中产生了两个研究方向：一个是从自然科学和技术科学角度研究商品的使用价值，研究的中心内容是商品质量，称为技术论商品学；另一个是从社会科学、经济学角度，特别是从市场营销和消费需求方面研究与商品适销品种和经营质量相关的问题，称为经济论商品学。

随着现代科技和经济的高速发展，商品的"商"和"品"的两重性日益受到人们的重视。人们感到，真正的商品学应该由以研究"商"为主的经济论商品学与以研究"品"为主的技术论商品学融合而成。于是从 20 世纪 80 年代起，商品学开始步入经济论与技术论相互交融的现代商品学时代。

现代商品学围绕商品-人-环境系统，从技术、经济、社会、环境等多方面，运用自然科学、技术科学与社会科学的相关原理和方法，综合研究商品与市场需求，商品与资源合理利用，商品与环境保护，商品开发与高新技术，商品质量控制、质量保证、质量评价及质量监督，商品分类与品种，商品标准与法规，商品包装与商标、标志，商品形象与广告，商品文化与美学，商品消费与消费者保护等技术与经济问题。

1.3.3　我国现代商品学的发展

20 世纪 80 年代以来，随着我国改革开放的不断深入，社会经济的快速发展，中国商品学的研究也不断深入，为中国的社会经济发展做出了自己的贡献。现将近年来中国商品学学科的研究发展简述如下。

1. 商品学研究对象方面的发展

商品学是研究商品的学科，着重从商品的使用价值方面进行研究。随着社会经济的发展和科技的进步，人们的生活水平不断提高，消费者要求商品在满足物质享受的同时，还能满足一定程度上的精神享受。中国人民大学的诸鸿教授、张大力教授和张万福教授，天津商学院的邓耕生教授等，针对这一社会现象，首先提出研究商品的使用价值不仅要研究商品的实用价值，还要研究商品的审美价值；不仅要研究商品本身自然属性与商品的使用价值的关系，还要研究不同的社会经济条件对商品的使用价值的影响。例如，我国食品由单纯地要求营养、卫生、色香味形，变为既要讲究营养、卫生、色香味形，又要追求强身健体和饮食文化；服装衣料的要求由厚实变为轻薄挺括和重视款式品牌；日用工业品更是崇尚艺术设计，讲究实用性与艺术性的完美结合。商品的"商"和"品"的两重性日益受到人们的重视，近年来出版的商品学教材均较深入地反映了这些思想。

商品学界还从消费者消费形态的变化方面探讨了商品的使用价值的发展性。在理性消费时代，消费者重视商品的品质、性能及价格，在购买商品时以好、坏为标准；在感性消费时代，消费者重视商品的品牌、设计和象征性，在购买商品时以喜欢、不喜欢为判断标准；在感动消费时代，消费者重视商品的满足感及喜悦，在购买商品时以满意、不满意为判断标准。这也使商品学界进一步认识到，准确而全面地理解商品的使用价值，不仅是商品学发展的需要，还是社会主义市场经济发展的需要。

2. 商品学研究内容方面的发展

商品学研究的中心内容是商品质量，黑龙江商学院的赵相廷教授等，把商品学从研究商品质量的形成、检验和维护，发展到研究商品质量的形成、评价、管理、维护、实现和再生的全过程，引入了全面质量管理工作的思想和方法。他们认为，人们购买商品本质上是购买一种需要，商品质量的本质是满足消费者需要的程度，商品满足消费者需要的程度越高，商品质量就越好。因此，在评价商品质量时，既要注意商品质量符合标准的情况，又要考虑商品质量满足人和社会需要的程度；既要注意满足消费者对商品质量的基本要求，又要考虑消费者对商品质量的特殊要求；既要用一般方法来评价商品质量，又要把商品质量放在社会大系统中，作为一个系统工程来研究。近年来出现的宽电压家用电器、健康空调器、节能电冰箱等商品，就是这一思想的基本体现。第 14 届国际商品学学术研讨会把"聚焦新世纪——商品·贸易·环境"作为会议主题，也说明这一思想已引起国际共鸣。

在商品质量的具体评价上：①检查商品是否符合标准，以评价商品质量技术指标的高低；②考察商品的造型、花色、款式和包装是否具有时代感，以评价商品满足消费者审美需要的质量；③考察商品的使用是否简便易学，说明书是否清楚易懂，以评价商品使用方便性的质量；④检查商品证件标志的齐全、完整性，以评价商品质量的真实可靠性；⑤考察商品的售后服务性，以评价商品质量的附加质量；⑥考察商品品牌的知名度，以评价商品质量的美誉度和消费者的认可性；⑦考察商品与人、商品与社会、商品与环境的关系，把商品质量放在社会这个大系统中加以评价，以评价商品质量的全面性。

在研究影响商品质量的主要因素上，从着重研究商品生产、流通过程对商品质量的影响，发展到研究消费习惯、消费心理和使用过程对商品质量的影响。研究表明，各种商品都有自己的特性，若在消费过程中安装不妥、使用不当、保管不善、环境不好、养护不及时等，则会直接影响商品质量，有的商品若不注意使用条件，则可能带来灾难。

中国商品学者还始终清醒地认识到，商品质量是一个动态的概念。国际上质量观念的创新大体经历了 3 个阶段：第一个阶段是符合型质量阶段，即符合标准；第二个阶段是适应型质量阶段；第三个阶段是满意型质量阶段。反映在国际标准上，商品质量的相应定义：ISO 8402—1986《质量术语》对质量的定义是"产品或服务满足规定或潜在需要的特征和特性的总和"；1994 版 ISO 9000 对质量的定义是"反映实体满足的明确和隐含需要能力的特性总和"；2000 版 ISO 9000 对质量的定义是"达到持续的顾客满意"，提出了满意型质量概念，而且应该让顾客持续满意。

在信息时代，电子商务蓬勃发展。商品学不仅研究商品和商品包装的信息开发和信息传达，1999 年中国商品学年会还把商品信息与网络、商品技术创新与商品研究成果产业化等作为新的研究方向。2002 年和 2006 年中国商品学年会在这些方面又有了新的进展。

3. 商品学研究在其他方面的发展

商品学研究的一些具体发展还包括：①在商品概念上，从商品是用来交换的劳动产品的一般概念，深化到商品包括核心商品、有形商品和附加商品 3 个层次的整体概念；②在对商品寿命的认识上，从商品自然寿命发展到商品自然寿命和社会寿命相结合；③在商品编码上，引入了商品条形码等新内容；④在商品质量鉴定上，从商品质量检验扩展到商品防伪、商品质量监督、商品质量认证和商品质量保证体系等内容；⑤从研究商品商标的设计和作用，发展到充分注意商品开发和商品品牌效应；⑥从商品包装的自然保护和社会认识两个功能，材料、容器、装潢和技术方法商品包装四要素，发展到商品包装保护性和保存性、社会适应性、安全性和生态无害性的商品包装评价四要素，绿色包装备受关注；⑦中国人民大学教授万融在商品品种、织物风格的研究上取得了重大进展，确立了织物风格主观评价的理论；⑧天津、上海、陕西、内蒙古、西南等地的商品学会，在商品美学、商品质量评价、商品信息、特色商品等方面取得了较大进展；⑨商品学在其他专业应用上，从企业管理扩展到市场营销、电子商务和物流管理等；⑩中国人民大学商品学系和安徽财经大学的陶琼教授等，曾把培养商品学专业复合型人才作为自己的一个研究课题，并获科研成果一等奖。商品学学科的教研人员在与一些中外科研机构和部门的合作研究中，取得了音乐喷泉、绿色包装、食品风味评价、绿色商品认证等重大科研成果。

案例分析 1-1

第 1～16 届国际商品学学术研讨会的会议主题分别是各国和国际商品学的发展现状与目标；商品包装与现代商品学；商品学与消费需求研究的合作领域；未来的商品开发与商品学的发展；商品质量保证与现代商品学；商品研究与商品的生产、流通和消费；21 世纪的商品；变化中的欧洲商品与技术；无环境污染的商品和技术；市场经济条件下现代商品学的发展；商品与可持续发展；21 世纪的质量；全球未来产品的商品学——技术、质量和环境；聚焦新世纪——商品·贸易·环境；全球商品安全、环境、生活品质；数字融合时代追求卓越的商品与服务。

问题：从历届国际商品学学术研讨会的会议主题来看，商品学的发展贯穿了一条什么样的主线？

课后归纳总结

本章小结

商品是用来交换的劳动产品，具有使用价值和价值两个基本属性，以物质形态或其他形态存在于社会中，由核心部分、形式部分和延伸部分构成商品的整体。

商品学是研究商品的使用价值及其变化规律的学科。商品的使用价值是指商品对消费（使用）者的有用性或效用，商品的使用价值是由商品的属性决定的，是满足他人和社会的使用价值，并随着科学技术的发展和人们经验的不断丰富而陆续被发现。因此，商品的使用价值是一个动态的、综合性的概念。

商品学研究的中心内容是商品质量，研究的具体内容是与商品质量密切相关的问题，研究的整体内容还包括商品与人、商品与时代、商品与环境等方面的问题。

商品学的研究任务是指导商品的使用价值的形成、评价、维护、实现和再生，满足人们物质文明和精神文明的需要，不断提高企业的效益。

商品学的研究方法有科学实验法、现场实验法、技术指标法、社会调查法、对比分析法和系统分析比较法等。

商品学的产生是商品生产经营发展到一定阶段的产物，商品学随着社会经济的发展而发展，商品学的研究将不断深入，为社会经济的进一步发展做出自己的贡献。

主要概念

商品　商品的使用价值　科学实验法　现场实验法

课堂讨论题

1．你对商品学的研究对象是如何理解的？
2．学习商品学对我们今后的工作和生活有何作用？

自测题

1．判断题

（1）消费者购买商品，本质上是购买一种需要。　　　　　　　　　　　（　　）
（2）商品学是研究商品的使用价值及其变化规律的科学。　　　　　　　（　　）
（3）商品学的研究任务是指导商品的使用价值的形成、评价、维护和实现。（　　）
（4）随着社会经济的发展，商品的"商"和"品"的两重性将日益受到人们的重视。

　　　　　　　　　　　　　　　　　　　　　　　　　　　　　　　　（　　）

2．填空题

（1）商品的构成包括核心部分、_____和_____。
（2）商品质量是商品学研究的_____，商品学的研究对象是_____。
（3）社会调查法主要有现场调查法、调查表法、_____和_____等。
（4）商品学最早产生于_____，产生的时间是_____。

3．选择题

（1）商品的使用价值就是商品的（　　　）。
　　　A．功能　　　　　　B．有用性　　　　C．价值性　　　D．价格
（2）商品的使用价值是用（　　　）来衡量的。
　　　A．消费需要　　　　B．商品属性　　　C．商品价格　　D．商品质量
（3）商品学研究的具体内容是（　　　）。
　　　A．商品的使用价值　　　　　　　　B．商品质量
　　　C．与商品质量密切相关的问题　　　D．商品价值

（4）商品学的创始人是（　　　）。

    A．约翰·贝克曼　　　B．陆羽　　　C．李时珍　　　D．达尔文

4．简答题

（1）为什么说商品的使用价值是一个动态的、综合性的概念？

（2）为什么说商品学研究的中心内容是商品质量？

（3）商品学研究的整体内容有哪些？

（4）商品学的研究任务是什么？

实训题

1．技能题

（1）商品的构成包括哪3个部分？试举例说明。

（2）据研究，《红楼梦》一书关于茶的饮用方法有几十种，你能演示几种饮茶方法？

2．案例分析题

上海中小学须配两种型号课桌椅

针对学校课桌椅设施设备的配置与学生的生长发育需求不匹配，学校健康教育资源整合和健康教育效果不明显，体育活动课时难以保证等问题，上海市教育委员会等五部门近日联合公布《上海市建设"健康校园"行动计划》。该计划强调，教室内课桌椅高度应与就座学生的身高相符合，每间教室内应至少设有两种不同型号的课桌椅。

（资料来源：陆梓华. 上海中小学须配两种型号课桌椅. 新民晚报，2010-2-25）

问题：你对教室内设有两和不同型号的课桌椅有何感想？你还能提出哪些改进方案？

3．实习题

考察在实际生活中，由于消费对象不同，对商品的使用价值要求不同的实例。

项目 2
商品质量与商品标准

课中知识应用

引导案例

九阳豆浆机

九阳股份有限公司（以下简称九阳）从 1994 年的一个小企业发展成为中国小家电行业的知名品牌，2010 年"九阳营养王豆浆机"荣获"中国小家电原创奖"行业最高殊荣，2013 年九阳的营业额超过 50 亿元。九阳的成功与九阳豆浆机的质量理念密不可分。九阳的董事长王旭宁说：卖产品先要卖理念，九阳要做的不仅仅是产品本身，而是要创立中国人的生活标志，要让九阳豆浆机走进每一个家庭，人人以之为日常生活的一部分，就像西方国家家家有咖啡壶一样。九阳在技术革新的同时，大力普及豆浆养生理念，通过豆浆文化传播来培育细分市场，并通过"食尚"理念扩充产品领域。九阳将 1/3 的费用用在研发、推广豆浆机上，将 2/3 的费用用来普及豆浆养生知识。一方面，九阳在国内成立"豆浆营养研究室"，搜集民间经典豆浆配方，推出健康豆浆食谱；另一方面，九阳积极联合超过 500 家媒体进行大豆与豆浆营养知识的宣传，在豆浆机广告中引入豆浆食谱，将健康理念通过食物内容输入消费者心中。技术革新和营养普及这两个工程造就了九阳豆浆机的今天。

这一案例说明，商品质量是一个动态的概念，在满足商品本身质量要求的同时，还要能满足消费者不断发展的其他方面的需要。

商品学研究的中心内容是商品质量，商品质量是企业和消费者关注的热点，也是商品进入市场的通行证，而商品标准则是商品质量的基本依据。商品质量既是一个经济问题，又是一个社会政治问题，提高和保证商品质量是为了满足人们生活水平日益提高和社会不断发展的需要。

2.1　商品质量的概念和构成

2.1.1　商品质量的概念

商品质量是指商品满足规定或潜在要求（或需要）的特征和特性的总和。这里的规定是指国家或国际有关法规、质量标准或买卖双方的合同要求等方面的人为界定；潜在要求（或需要）是指人和社会对商品的适用性、安全性、卫生性、可靠性、耐久性、美观性、经济性、信息性等方面的人为期望；特征是指用来区分同类商品不同品种的特别显著的标志；特性是指不同类别商品所特有的性质，即品质特性。可以说，商品质量是商品具备适用功能，满足规定和消费者需要程度的一个综合性的概念。

例如，一台电视机不仅要图像清晰、色彩逼真、伴音优美动听、安全可靠、有一定的使用寿命，还要外形美观、操作方便、经济实惠、信誉好、销售环境和售后服务良好等。

商品质量包括狭义的商品质量和广义的商品质量。狭义的商品质量主要指产品与其规定标准技术条件的符合程度，以国家或国际有关法规、商品标准或订购合同中的有关规定作为最低技术条件，是商品质量的最低要求和合格的依据。广义的商品质量是指商品适合其用途所需的各种特性的综合及其满足消费者需要的程度，是市场商品质量的反映。

商品质量是一个动态的概念，其表现在具有时间性、空间性和消费对象性上。不同时代、不同地区、不同的消费对象，对同一商品有不同的质量要求，并随着科技进步、生活水平提高和社会发展而不断变化。例如，我国消费者对商品的要求是，以前注重实用价值，而现在对商品既要求实用价值又要求审美价值。人们在消费商品时，要求商品在满足物质享受的同时，还能满足一定程度上的精神享受。

相关链接 2-1

国际上质量观念的创新大本上经历了 3 个阶段：一是符合型质量阶段，即符合标准；二是适应型质量阶段；三是满意型质量阶段。满意型质量阶段与适应型质量阶段的区别在于在适应型质量阶段企业是被动的，即市场和消费者提出要求，然后企业去满足他们的要求，消费者不提出来，市场不把这种信息反馈出来，企业就不知道做什么、不知道怎样满足消费者的要求。在满意型阶段企业要主动地满足消费者的要求，变被动为主动，甚至消费者还没有想到，企业就应该想到和做到。

（资料来源：汪永太. 商品学概论. 4 版. 大连：东北财经大学出版社，2012）

2.1.2　商品质量的构成

1．从表现形式看

从表现形式看，商品质量由外观质量、内在质量和附加质量构成。商品的外观质量主要是指商品的外部形态及通过感觉器官能直接感受的特性，如商品的式样、造型、结构、色泽、气味、食味、声响、规格（尺寸、大小、轻重）等。商品的内在质量是指通过仪器、实验手段能反映出来的商品特性或性质，如商品的物理性质、化学性质、机械性质及生物性质等。商品的附加质量主要是指商品的信誉、经济性、销售服务等。

商品的外观质量、内在质量和附加质量，对不同种类的商品各有侧重。商品的外观质量往往可以反映商品的内在质量，并通过附加质量得到更充分的实现。

2．从形成环节看

从形成环节看，商品质量由设计质量、制造质量和市场质量构成。设计质量是指在生产过程以前，设计部门在对商品的品种、规格、造型、花色、质地、装潢、包装等方面进行设计的过程中形成的质量因素；制造质量是指在生产过程中形成的符合设计要求的质量因素；市场质量是指在整个流通过程中，对已在生产环节形成的质量的维护、保证与附加的质量因素。

设计质量是商品质量形成的前提条件，是商品质量形成的起点；制造质量是商品质量形成的主要方面，它对商品质量的各种性质起着决定性作用；市场质量是商品质量实现的保证。

3．从有机组成看

从有机组成看，商品质量由自然质量、社会质量和经济质量构成。自然质量是商品自然属性给商品带来的质量因素；社会质量是商品社会属性所要求的质量因素；经济质量是商品消费时投入方面所要考虑的因素。

自然质量是构成商品质量的基础，社会质量是商品质量满足社会需要的具体体现，经济质量则反映了人们对商品质量经济方面的要求。

📋 案例分析 2-1

河南省焦作市闯狼实业有限公司（原天狼鞋业）以其先进的设计理念、国际化品牌运营、过硬的商品质量和良好的信誉赢得了国内外客户的信赖。它生产的"天狼"和"超越"牌解放鞋，在欧美数十个国家热卖，每双售价为 75 美元（约合人民币 500 元）。而在国内，其他品牌的解放鞋，最高售价也不过 6.6 元人民币。

[资料来源：邓小兰，邓森. 75 美元，解放鞋涨疯了. 市场营销，人大报刊复印资料，2009（1）]

问题： 上述案例说明了一个什么道理？

2.2　商品质量的基本要求

商品质量的基本要求是根据其用途、使用方法及消费者的期望和社会需要来确定的。商品的种类很多，各有不同的用途，其质量的基本点也各不相同。一般可根据商品的用途，按吃、穿、用将商品分为食品、纺织品和日用品三大类，再分别提出质量方面的基本要求。

2.2.1　对食品质量的基本要求

食品是人类生活的必需品，是人体发育、健康和工作的物质基础，对食品质量的基本要求是具有营养价值和安全性，色、香、味、形俱佳。

1. 具有营养价值

食品的营养价值主要表现为供给人体热量、形成细胞组织、调节人体各种生理代谢。因此，食品的营养价值包括食品的营养成分、可消化率和发热量 3 项指标。

（1）食品的营养成分。食品的营养成分主要有糖类、蛋白质、脂肪、矿物质、维生素和水分等，是食品营养价值的物质基础。不同食品的营养成分不同，其营养功能也不相同。各种主食品如粮食、食用油脂，是人体热量的主要来源，而蔬菜、水果、肉类、蛋类、乳类及加工制品等副食品，对人体发育、调节代谢起主要作用。

（2）可消化率。可消化率是指食品在被食用后，能被人体消化和吸收的程度。食品中所含的营养素，除了水、无机盐、某些维生素和单糖等能够直接被人体吸收，蛋白质、脂肪、多糖类等必须在消化道内进行分解，才能被人体吸收和利用。植物性食品中的粗纤维、不溶性果胶、本质素等物质，是人体不能消化也不能吸收的物质，但它们对肠壁有刺激作用，有利于食物的消化和吸收。从可消化率来说，动物性食品的营养价值高于植物性食品，对于动物性蛋白质，人体的可消化率可高达 90%以上，而对于植物性蛋白质（大豆蛋白除外），人体的可消化率只有 67%左右。

（3）发热量。发热量是指食品的营养成分经人体消化和吸收后，在人体内能够产生的热量。例如，三大营养素每克的发热量分别是碳水化合物 16 千焦耳，蛋白质 16 千～18 千焦耳，脂肪 38 千焦耳。一般来说，当能量不足时，体重减少，严重时会贫血；当能量过剩时，体重增加。所以，人体需要从多种食品中获取各种营养成分，以维护健康；人体还应吸收所需热量，以维持正常体重。

2. 具有安全性

食品安全性是指食品无毒、无害，符合应当有的营养要求，对人体健康不造成任何急性、亚急性或者慢性危害。食品的无毒、无害性是指食品中不应含有或不超过允许限量的有害物质和微生物等，这是食品最基本的质量要求。食品安全关系到人们的身体健康和生命安全，甚至会影响到子孙后代，因此食品必须符合有关的安全规定和标准，如果超过规定的安全要求，那么其他质量要求也随之失去了意义。食品有害物的来源通常有食品自身产生的毒素、物质对食品的污染、加工中混入的毒素、保管不善产生的毒素、环境或化学药品造成的污染等。

3. 色、香、味、形俱佳

食品的色、香、味、形是指食品的颜色、香气、滋味、外观形状，它是评定食品新鲜程度、加工精度、品质特点及质量变化状况等的重要外观指标。这个指标是人们可以从直观上判断的感官指标，是人们在选择食品时首先接触的重要问题。色、香、味、形俱佳的食品能促进人们的食欲，有助于提高食品的可消化率。巴甫洛夫把食用前引起消化液分泌称为反射相分泌，把食品接触到消化器官后所引起的消化液分泌称为化学相分泌。二者结合起来就能产生旺盛的食欲，从而使食品中的各种营养成分得到比较充分的消化和吸收。

食品的色、香、味、形也是食品美方面的基本要求。例如，食品具有悦目的颜色、诱人的香气、可口的滋味、赏心的形状，不但能满足人们的味觉享受，而且能同时作用于人的视觉、嗅觉，乃至人的听觉，给人以美的联想，启迪人们的美感，从而产生良好的心理效应。

相关链接 2-2

安徽省工商部门曾查获一种名为牛肉膏的添加剂，可让猪肉变"牛肉"。之后，记者走访福州市场后发现，这种牛肉膏在福州很多食品添加剂店都可以买到。那么，这种添加剂究竟是什么东西做的？对人体有没有危害呢？据媒体报道，这种牛肉膏不仅在小肉松作坊中使用，在一些小吃店也是公开的秘密。店老板告诉记者，这种膏不仅有牛肉味的，还有鸭肉味的、鸡肉味的，做烧烤、做肉丸、做汤料都可以。"国人都喜欢吃嫩牛肉，因而让一些不法商贩钻了空子。"安徽省西餐协会有关人士称，因为食品化工产品的广泛使用，一些猪肉经"打扮"后就成为"牛肉酱"。该人士也称，如果把猪肉用酱油、黑胡椒、味精等腌制后再卤，也可以以假乱真，变身"牛肉"。但若违规超量和长期食用，则对人体有危害，甚至可能致癌。

（资料来源：多地曝用牛肉膏让猪肉变"牛肉" 专家称多吃致癌. 食品中国，2011-4-15）

小思考 2-1

食品的无毒、无害性是要求食品中不含有对人体有毒、有害的物质。对吗？

2.2.2 对纺织品质量的基本要求

纺织品是人们日常穿着的生活必需品，并对生活起着美化和装饰作用。对纺织品质量的要求也是根据其用途来确定的。纺织品的主要用途是制作服饰，满足人们穿戴的需要，因此对纺织品质量的基本要求是服用性、耐用性、卫生安全性及审美性等。

1. 服用性

服用性是指纺织品适合穿着的各种性能，如纺织品的起毛性、起球性、缩水性、刚挺度、悬垂性和舒适性等。纺织品要不易起毛、起球，缩水率小，否则会造成纺织品变形和影响外观，同时纺织品要具有较好的刚挺度、悬垂性和舒适性。刚挺度是指纺织品抵抗变形的能力，它能影响纺织品的手感、风格和服装的挺括性；悬垂性是指从中心提起纺织品后，纺织品本身自然悬垂，产生匀称美观褶裥的特性，悬垂性好的纺织品制成的服装很贴身，并能产生美观、悦目的线条；舒适性是指人体着装后，纺织品具有满足人体要求并排除任何不舒适因素的性能。

纺织品的舒适性表现在触觉舒适性、热湿舒适性和运动舒适性 3 个方面。触觉舒适性主要反映在纺织品和皮肤接触时的粗糙感、瘙痒感、温暖感或阴凉感等触觉感受上。试验研究表明，化学纤维纺丝过程中纤维黏结的硬头丝或珠子丝等疵点在内衣上将会产生显著的瘙痒感。热湿舒适性是指由于人体自身调节热平衡的能力有限，故需要通过穿着适当的服装来进行调节，使衣服内层空间形成舒适的小气候。服装的热舒适性是由服装面料的保温性、透气性、透湿性及服装的式样与组合等因素决定的，而服装的湿舒适性则是由服装面料的吸湿性、透气性等因素决定的。运动舒适性是指由于人体运动的多方面、多角度和大弯曲性，要求纺织品具有一定的延伸性，能自由地依顺人体活动。不同种类的纺织品的延伸性要求不同，如西装的延伸性要求为 15%～25%，内衣、运动装等的延伸性要求更高。

2. 耐用性

耐用性是指纺织品在穿用和洗涤过程中的抵抗外界各种破坏因素作用的能力，直接影响到纺织品的使用寿命。耐用性包括断裂强度、断裂伸长率、撕裂强度、耐磨强度、耐疲劳强度、耐日光性、耐热性、染色牢度和耐霉蛀性等。

3. 卫生安全性

纺织品的卫生安全性是指纺织品保证人体健康和人身安全所应具备的性质，主要包括纺织品的卫生无害性、抗静电性等。卫生无害性不仅要求纺织纤维对人体无害，还要求纺织品在加工和染色过程中使用的染料、防缩剂、防皱剂、柔软剂、增白剂等化学物质对人体无害。如果这些化学物质残留在纺织品表面，就可能对皮肤产生刺激。吸湿性弱的涤纶、腈纶、氯纶、丙纶等合成纤维容易形成静电。减少静电的方法，一是在纺织品中混入导电纤维，二是将抗静电剂加入合成纤维内部或固着在纤维表面。

4. 审美性

审美性要求纺织品和服装能满足消费者的审美需要，达到精神与物质的统一、技术与艺术的结合。随着时代的发展，审美性已成为消费者购买衣着的首选特性。审美性是一种整体美，主要包括内在美和外在美。内在美是指纺织品蕴含的文化内涵；外在美是指纺织品呈现的外观、风格、色泽、装饰、图案等所体现的技术艺术性，其中外观包括平整、光滑、纹路及无疵点等。

相关链接 2-3

2017 年 3—4 月，青岛机场检验检疫局连续检出 3 批自韩国进口的 "BEBE DE PINO" 儿童服装甲醛超标、干摩擦色牢度不合格及绳带超长，不符合国家强制性标准要求。检验人员对 3 批儿童服装中共计 79 件、货值为 492.93 美元的不合格商品出具证书，并监督企业对不合格商品依法实施销毁处理。质检总局据此发布了全国警示通报。甲醛能通过饮食、呼吸或皮肤接触等途径进入人体。长期低浓度摄入甲醛会引起食欲减退、体重减轻、衰弱、失眠等症状。甲醛对婴儿的毒性则表现为气喘、气管炎、染色体异常、抵抗力下降等。婴幼儿接触过多的甲醛，会导致发育畸形甚至癌症。干摩擦色牢度不合格会导致染料或颜料中的分子和重金属离子等更有可能通过皮肤被人体吸收，严重时会引起红斑、丘疹等，危害人体皮肤健康。腰部等位置的绳带太长会导致缠绕和摔倒等不安全情况的发生。

（资料来源：代玲玲. 进出口商品质量安全十大案例："BEBE DE PINO" 儿童服装甲醛超标 电饭煲存隐患. 舜网，2018-4-20）

2.2.3 对日用品质量的基本要求

日用品的种类繁多，用途极其广泛，不但能满足人们某种使用上的需要，而且起着美化生活的作用，对日用品质量的基本要求是适用性、坚固耐用性、卫生安全性、结构合理与外观完好，以及舒适、美观性。

1. 适用性

适用性是指满足商品的重要用途而必须具备的性能，它是构成商品的使用价值的基本条件和评定其质量的重要方面。例如，钟表必须走时准确；保温瓶必须保温；电视机要图像清晰，伴音优美、动听。

2. 坚固耐用性

坚固耐用性是指商品在使用时抵抗各种外界因素对其破坏的能力和对其适用性的影响，它反映了日用品的耐用程度。例如，皮革、橡胶常用强度和耐磨性来评定其坚固耐用性，电器商品往往用使用寿命、可靠性、可修复性来反映其坚固耐用性。商品坚固耐用是消费者的普遍愿望，但坚固耐用性对某些商品和不同的消费水平来说有一定的弹性，只要达到物尽其用即可。

3. 卫生安全性

卫生安全性是指商品在使用时，有关保护人身安全和人体健康所需要的各种性质。例如，盛放食物的器皿、化妆品、玩具等商品应具有无毒性和无刺激性；电器商品应具有防人身触电、防引起火灾、防损害人身的安全措施。从现代观念来考虑，卫生安全性还包括不污染环境的低公害性。低公害性又称环境价值，是指商品在流通、消费、废弃和回收等环节，应不造成允许限度以上的环境恶化和污染。不符合低公害要求的商品，无论使用价值多大，都要限制使用，有的将逐步退出市场。在社会环境保护方面，各种有害人们身心健康的商品应限制使用，如管制刀具等。例如，无氟电冰箱、无磷洗衣粉、可降解塑料、低噪声家用电器等商品备受欢迎，就是商品环境效应的一个缩影。

4. 结构合理与外观完好

结构造型主要是指商品的形状、大小、部件装配等。例如，结构造型不科学、不合理，直接影响着日用品的适用性和坚固耐用性。商品的外观疵点不仅严重破坏商品的外观，还直接影响商品的适用性和坚固耐用性。有些商品的外观疵点还反映了商品的变质情况。

5. 舒适、美观性

商品的舒适性是指商品的造型、选材等满足人体运动生理学的要求，有益于人们的活动和健康。例如，运动鞋类根据运动项目要求和人体运动生理学原理有跑鞋、球鞋、登山鞋等之分。商品的美观性是通过商品的造型、款式、装饰、色泽、花纹、图案来体现的，它是商品美观性的基本要求。商品美观性方面的指标已成为人们评价商品质量的一个重要组成部分。例如，有些灯具，就其照明和美观来说，后者几乎成了这种商品的主要质量要求。在实际工作中，有些商品的造型、式样不够新颖，外观不够美观，花纹图案不恰当，即使它们的适用性和坚固耐用性都很好，也会滞销和积压。

相关链接 2-4

近日，有一名 4 岁孩子的母亲向"告白行动"求助，说在孩子手上发现一块白斑，起初她以为是孩子蹭到了什么东西，结果被确诊为白癜风。经医院询问、检查发现，孩子身上的白斑与孩子经常拿水彩笔随意涂鸦有关。这是典型的由化学因素诱发的白癜风。孩子经常玩水彩笔，涂得满手都是，而水彩笔中的原料中含苯，经常接触会导致皮肤局部脱色，形成白癜风。

除了水彩笔，生活中大量的化学制品也具有诱发白癜风的风险。尤其是酚类化合物，如橡胶、沥青、过氧化氢、汽油等，这些化学物质对黑色素细胞有损害。统计资料显示，手部经常接触化学物质是导致手部白癜风的一个重要原因。

中国儿童少年基金会白癜风"告白行动"爱心专家提醒，孩子在玩耍的时候，家长应当尽量陪护，防止生活用品伤害幼童的皮肤和身体。另外，家长在选择幼童经常接触的用品，如衣物、玩具、碗筷等时，尽量选择质量和安全有保障的产品，降低对儿童的损害风险。

（资料来源：外伤诱发儿童白癜风怎么办. 白癜风告白行动的博客，2020-11-26）

案例分析 2-2

5 号保温瓶胆的质量要求如下。

（1）容水量，一、二等品均为 2000±50 毫升。

（2）质量，一、二等品均不小于 500 克。

（3）耐温急变性，温差为95℃～100℃，一、二等品均反复5次不破裂。

（4）保温性，在室温10℃以上，灌入沸水24小时，一、二等品均不低于68℃。

（5）瓶口高低偏斜之差，一等品不大于2毫米，二等品不大于3毫米。

（6）瓶口缺角，一等品不允许有，二等品不大于2毫米。

（7）抽气尾管超出瓶底顶，一等品不允许，二等品不大于2毫米。

（8）银层，一等品不露光，二等品轻微露光。

（9）抽气尾管破裂、裂纹、冷爆、搭伤、石棉脱落、内外瓶相搭，一、二等品均不允许有。

问题：你认为5号保温瓶胆的质量要求是否科学？

商品质量除上述基本要求外，还包括对商品的经济质量的基本要求。商品的经济质量是指人们按其真实的需要，希望以尽可能低的价格，获得尽可能性能优良的商品，并且在消费或使用中付出尽可能低的使用和维护成本，即物美价廉的统一程度。商品的经济质量的基本要求主要有商品成本、使用费用和商品寿命等。对消费者来说，商品成本包括商品的价格、运输、安装、配套等费用；使用费用包括水、电、气、煤、油的能耗，维修养护，学习操作，商品使用后放置与安装占用的地面和空间位置等费用；商品寿命包括商品的自然寿命和社会寿命，一般来说，商品寿命短意味着商品的经济质量差，有些商品的自然寿命越来越长，社会寿命却越来越短，这显现出商品质量的不经济，人们开始从关注商品的自然寿命向关注商品的社会寿命转化。传统的商品质量观讲究商品的质优价廉、经久耐用，直到商品本身耗尽；现在则讲究商品是否流行、时尚，如喜欢或不喜欢等基于消费者的心理感觉，注意商品的自然寿命和社会寿命的统一。

商品质量的各项基本要求并不是独立的、静止的、绝对的，特别是对某种商品提出具体质量要求时，不仅要根据不同的用途进行具体分析，还必须与社会生产力的发展、国民经济水平及人们的消费习惯相适应。

2.3　影响商品质量的主要因素

商品质量受商品生产、流通和消费全过程中诸多因素的影响，为了能够对商品质量实施控制并得到预想的商品质量，就要分析和掌握这些影响商品质量的因素。

2.3.1　生产过程

来自农业、林业、牧业、渔业等产业的天然商品，其质量主要取决于品种选择、栽培和饲养方法、生长的自然环境和收获季节及方法等因素。对工业品商品来说，其生产过程中的市场调研、开发设计、原材料、生产工艺、成品检验与包装等环节都会影响其质量。

1．市场调研

市场调研是商品开发设计的基础。在商品开发设计之前，首先要充分研究商品的消费需要，因为满足消费需要是商品质量的出发点和归宿；其次要研究影响商品的消费需要的因素，使商品开发设计具有前瞻性；最后必须搜集、分析与比较国内外同行业不同生产者的商品质量信息，总结以往成功的经验和失败的教训，通过市场预测确定何种质量等级、品种规格、数量、价格的商品才能适应目标市场的需要。

2. 开发设计

开发设计是形成商品质量的前提，开发设计包括使用原材料配方，商品的结构原理、性能、外观结构及包装装潢设计等。如果开发设计质量不好，就会给商品质量留下许多后遗症；设计出了差错，制造工艺再高超，生产操作再精细，也生产不出合格的商品来。

3. 原材料

原材料是构成商品的物质基础，主要表现在对商品的成分、结构、性质方面所形成的影响。例如，用含蛋白质较多的大麦酿造啤酒，可使啤酒的稳定性降低；生产玻璃采用的硅砂中含铁量较高，就会影响玻璃制品的色泽和透明度；用不同长度的棉纤维纺出的纱线，其外观和强度都有明显的区别。因此，在研究商品质量时，应该了解商品所选用原料的成分、结构和性质对制品的影响，才能进一步分析商品质量的各种特点，寻求提高商品质量的途径。在分析原材料质量对产品质量影响的同时，还要考虑合理利用原材料的问题，但绝不能把节约原材料同保证和提高商品质量对立起来，只有在保证和提高商品质量的基础上，节约原材料才有意义。

4. 生产工艺

在很多情况下，虽然原材料相同，但是采用不同的生产工艺，不仅商品数量可能出现差异，商品质量也会不同。例如，猪皮革的毛孔粗大，若加以表面美化处理，则可能改进猪皮革制品的外观质量；在酿酒时，同样的五谷杂粮，酿造方法不同，可以得到清香型、浓香型、酱香型等风味各异的白酒。科学的发展和技术革新可以使商品质量发生质的飞跃，这种变化很多是通过生产工艺的改进来实现的。例如，平板玻璃的生产，新式的浮法工艺是将熔融玻璃平铺在金属液体上成型，其平整、光洁程度是老式垂直引上法工艺所无法比拟的。

5. 成品检验与包装

成品检验是根据商品标准和其他技术文件的规定，判断成品及其包装质量是否合格的工作。对大批量的商品来说，通常重要的质量特征、安全及外观项目要全部检验，其他项目可采用分批抽样或连续抽样的检验方法。对不合格返修的商品仍需重新检验。

成品包装是构成商品质量的重要因素，良好、合理的包装不但有利于流通过程中对商品的储存与养护，保护商品的质量，而且有利于商品的销售与使用，提高竞争能力，提高商品的价值。

2.3.2 流通过程

1. 商品运输

运输对商品的影响，与运输路程、运输时间、运输路线、运输方式、运输工具等有关。因此，要走最近的路程、用最短的时间、选择恰当的运输方式。合理地使用运输工具，安全地将商品运到目的地，是防止运输对商品质量造成不良影响的有效措施。

2. 商品储存与养护

商品在储存期间的质量变化与商品的特性、仓库内外环境条件、储存场所的适宜性、养护技术与措施、储存期的长短等因素有关。商品本身的性质是商品质量发生变化的内因，仓储环境是商品储存期间发生质量变化的外因，通过一系列保养和维护仓储商品质量的技术与措施，有效地控制适宜储存商品的环境因素，可以减少或减缓外界因素对仓储商品质量的不良影响。某些食品经过适宜的储藏其品质还能得到改善。

3. 销售服务

销售服务过程中的进货验收、入库短期存放、商品陈列、提货搬运、装配调试、包装服务、送货服务、技术咨询、维修和退换服务等工作的质量都是影响商品质量的因素，商品良好的售前、售中、售后服务质量已逐渐被消费者视为商品质量的重要组成部分。销售服务中的技术咨询是指导消费者对复杂、耐用性新商品进行正确安装、使用和维护的有效措施。

2.3.3 消费过程

1. 消费心理与消费习惯

爱美之心，人皆有之。商品的外观对商品质量的影响越来越重要。创造完美的商品形式，是为了满足人们的审美需要。人们的审美观有共同的一面，也有差异的一面，不同时代、民族、区域、阶层、环境、职业、年龄、性别的审美观是有差异的。因此，不同消费者对美的商品的认知和追求是不一样的。消费习惯对人们对某个商品质量的认可也有一定的影响。例如，我国素有南甜、北咸、东酸、西辣的饮食习惯。

2. 商品使用

商品的使用价值最终要在使用消费中才能得到实现。各种商品都有自己的特性，若在消费过程中安装不妥、使用不当、保管不善、环境不好、养护不及时等，则会直接影响商品质量。例如，蔬菜中的维生素，若烹调不当，则会损失殆尽。有的商品若不注意使用条件，则可能带来灾难，如燃气热水器使用不善，就可能造成人身伤亡事故；农药敌百虫可以用于多种农作物防治病虫害，但如果用于高粱防虫，就会造成药害。所以，对有些商品应认真、细致地编制使用和养护说明书，并采取多种形式向消费者宣传、传授商品的使用和养护知识，以保证商品的使用质量。随着环境保护重要性的日益凸显，使用后对环境造成污染的商品，将会逐渐退出市场。

2.4　商品标准概述

商品检验的主要依据是商品标准，商品标准是标准体系中的一个重要组成部分，是社会化工业大生产的一个必然产物。

2.4.1　商品标准的内涵

1．商品标准的概念

标准是对重复性事物和概念所做的统一规定。它以科学、技术和实践经验的综合成果为基础，经有关方面协商一致，由主管机构批准，以特定的形式发布，作为共同遵守的准则和依据。其特点如下：制定标准的领域和对象是需要协调统一的重复性事物和概念；制定标准的依据是科学技术和实践经验的综合成果；标准经有关方面在充分协商的基础上产生；标准的本质特征是统一；标准文件有自己的一套格式和制定、颁布程序。

标准按其性质可以分为技术标准、生产组织标准和经济管理标准三大类。商品标准是技术标准的一个组成部分，也叫产品标准。商品标准是对商品质量和与商品质量有关的各方面所做的技术规定。商品标准对商品的结构、化学组成、规格、等级、质量要求、试验方法、验收规则、标志、包装、运输、储存、使用及生产技术等方面均有统一的规定。商品标准是商品生产、检验、验收、监督、使用、维护和贸易洽谈的技术准则，也是发生商品质量争议时仲裁的技术依据。

2．商品标准的分类

（1）商品标准按其存在形式，分为文件标准和实物标准两类。文件标准是用特定格式的文件，通过文字、表格、图样等形式，表达全部或部分商品质量有关方面技术内容的统一规定。目前，绝大多数商品标准是文件标准。实物标准是用实物作为标准样品，对某些难以用文字准确表达的色、香、味、形、手感、质地等质量要求，由标准化机构或指定部门用实物做成与文件标准规定的质量标准完全或部分相同的标准样品，按一定的程序发布，作为文件标准的补充。

（2）商品标准按其约束性，分为强制性标准和推荐性标准两类。强制性标准是指标准制定之后，在需要使用此类标准的部分必须贯彻执行。《中华人民共和国标准化法》（以下简称《标准化法》）规定，保障人身健康，人身、财产安全的标准和法律，以及行政法规规定强制执行的标准，均属于强制性标准。推荐性标准是除强制性标准以外的其他标准，企业自愿采用，国家采取优惠措施，鼓励企业采用推荐性标准。

相关链接 2-5

国家市场监督管理总局：强制性国家标准已压缩至 2111 项

在 2019 年 9 月 11 日国新办举行的新闻发布会上，国家市场监督管理总局标准技术管理司司长于欣丽介绍,我国的标准化工作改革分为 3 个阶段,每两年作为一个阶段,2019—2020年为第三阶段,目标是基本建成结构合理、衔接配套、覆盖全面、适应经济社会需求的新型标准体系。

针对各项改革进展,于欣丽介绍,目前已完成了强制性标准的整合精简,原有 11 224项强制性标准（包括强制性国家标准、强制性行业标准、强制性地方标准）中,除了部分领域（如食品安全、工程建设、环境保护）,强制性的行业标准和强制性的地方标准都已废止或转化为推荐性标准。

"强制性国家标准从原来的 3600 项压缩至 2111 项,强制性标准体系呈现出单项标准覆盖面宽、总体数量大幅减少的特点。例如,灯具安全要求强制性国家标准,我们将与灯具相关的安全标准共 22 项整合为 1 项。"于欣丽说。

另外,于欣丽还提到,正在开展推荐性标准集中复审。对 10 万余项推荐性国家标准、行业标准和地方标准及计划项目进行全面集中复审,确定需要废止的国家标准及计划 2355项,行业标准及计划 4886 项,地方标准及计划 5130 项,标准滞后和交叉重复矛盾的问题基本得到解决。

"推动开展地方标准化改革。根据新修订的标准化法规定,赋予设区的市地方标准制定权,推动各级地方政府建立标准化工作协调推进机制。"于欣丽说。

（资料来源：李政葳. 国家市场监督管理总局：强制性国家标准已压缩至 2111 项. 光明网,2019-9-12）

3. 商品标准的构成

构成商品标准的全部要素可分为概述要素、标准要素和补充要素三类。概述要素包括识别标准、介绍标准内容、说明标准背景、标准的制定及与其他标准的关系等内容；标准要素规定了标准的要求和必须遵守的条文；补充要素提供有助于理解标准或使用标准的补充信息。商品标准要素的编排如表 2-1 所示。一个标准不需要包括表 2-1 中的所有要素,但可以包括除表 2-1 中所示之外的其他要素。

表 2-1　商品标准要素的编排

要素的类型		要　　素	
概述要素		封面 目次 前言	引言 首页
标准要素	一般要素	标准名称 范围 引用标准	
	技术要素	定义 名词术语和符号代号 技术要求 抽样	试验方法 分类与命名 标志、标签和包装 标准的附录
补充要素		提示的附录 脚注、采用说明的注释	

4. 商品标准的基本内容

（1）封面。封面的主要内容有标准名称、标准的级别与代号、批准机构、发布与实施时间等。

（2）前言。前言由专用部分和附加说明两部分组成。专用部分的内容主要包括：指明采用国际标准的程度，该标准废除或代替其他文件的全部或其中一部分的说明；实施标准过渡期的要求，哪些是标准的附录，哪些是提示的附录等；附加说明，包括本标准的提出部门，归口单位，主要起草人，首次发布、历次修订和复审确定的年、月，委托负责解释的单位等。

（3）范围。范围明确规定标准的主题及其所包括的方面，指明该标准或其他部分的使用限制，包括本标准适用于何种原料、何种工艺生产、做何用途的何种商品等内容。

（4）名词术语和符号代号。有关该商品的名词术语和符号代号，凡在国家基础标准中未做统一规定的，都应在商品标准中做出规定。

（5）技术要求。技术要求是为了保证商品的使用要求而必须具备的商品技术性能方面的规定，是指导生产、使用及对商品质量检验的主要依据。其主要内容有理化性能、质量等级、使用特性、稳定性、耗能指标、感官指标、材料要求、工艺要求，以及有关卫生、安全和环境保护等方面的要求。引入标准的技术要求应是决定商品质量和使用特性的关键性指标，并应该是可以测定和鉴定的。在规定技术要求时，必须同时规定产品的工作条件，在某些标准中还需要规定该商品必须附有注意事项、用户须知或安装指南等。

（6）试验方法。试验方法的内容包括试验项目、适用范围、试验原理与方法、仪器用具、试剂样品制备、操作程序、结果计算、平行试验允许误差、分析评价和试验报告等。

（7）标志、标签和包装。为了使商品在出厂到交付使用的整个过程中质量不致受损，标准中必须对商品的标志、标签、包装制定合理的统一规定。内容包括：制造商或销售商的商标、牌号或型号；搬运说明、危险警告、制造日期等；包装材料、包装技术与方式，每件包装中商品的数量、质量和体积。

相关链接 2-6

以标准助力高质量发展

中国标准化事业实现历史性变革

70 年来，中国标准化事业与中华人民共和国同步发展，走过了一段光辉的历程。

起步探索期。从中华人民共和国成立到改革开放是我国标准化发展的第一阶段，标准主要服务工业生产，由政府主导制定并强制执行。

开放发展期。从改革开放到党的十八大是我国标准化发展的第二阶段，口国标准化开始放眼世界走向国际，加大了采用国际标准力度，标准化的工作也开始纳入法制管理的轨道，同时确定了强制性标准与推荐性标准并存的标准体系。

全面提升期。党的十八大以来，我国进入新时代中国特色社会主义建设时期，这一时期党中央国务院高度重视标准化工作。标准化改革启动，形成了政府主导制定标准与市场自主制定标准协同发展、协调配套的机制。

截至 2019 年 9 月，我国共有国家标准 36 877 项、备案行业标准 62 262 项、备案地方标准 37 818 项、团体标准 9790 项，企业自我声明公开的标准有 114 万项。组建全国标准化的专业技术委员会、分技术委员会 1321 个，专家近 5 万名，承担国际标准组织的秘书处 89 个，主导制定国际标准 583 项。

全方位发挥作用，1000 多项国家标准推动传统产业转型升级

标准与计量、认证认可、检验检测共同构成了国家的质量基础设施。可以说，有什么样的标准，就有什么样的质量。70 年来，在经济社会各领域，标准都积极发挥了自身作用。

目前，我国消费品质量标准体系基本建立，相关标准近 6000 项，轻工、纺织行业的国际标准转化率达到了 86% 和 94%，有效提高了消费品供给质量。

坚持高标准、严要求，为国家发展、人民安居乐业构筑安全屏障。70 年来，我国不断提升涉及人身健康、生命财产安全、生态环境安全及经济社会管理等方面的强制性国家标准水平，牢牢兜住安全底线。截至目前，我国强制性国家标准共有近 4000 项，涉及食品、消费品、安全生产、环境保护、工程建设等领域。

坚持服务国家宏观调控目标和产业发展需求，高标准引领产业转型升级。从农业看，我国发布实施了 3400 余项国家标准，建设国家农业标准化示范区 4500 多个，为推动农业现代化发挥了重要作用。从工业看，我国大力实施装备制造业标准化和质量提升规划，在高端装备制造领域发布实施了 1000 多项国家标准，推动传统产业转型升级。从服务业看，发布实施国家标准 5000 多项，对规范服务业发展、提升服务质量发挥了积极作用。

同时，作为国际贸易的通行证，标准也有效促进了对外贸易的发展。我国积极采用国际标准，特别是在机械、化工、轻工、电子等 41 个行业领域，已经形成了较完备的采标体系。

（资料来源：以标准助力高质量发展. 中华人民共和国中央人民政府门户网站，2019-9-12）

2.4.2　商品标准的分级

标准按照其适用领域和有效范围不同，可分为不同的层次、级别，其目的是适应不同技术水平、不同管理水平及满足不同的经济要求。根据《标准化法》，我国标准划分为国家标准、行业标准、地方标准和企业标准 4 级。从世界范围来说，标准通常被分为国际标准、区域标准、国家标准、行业或专业团体标准及公司（企业）标准 5 级。

1. 国内标准的分级

（1）国家标准。国家标准是对需要在全国范围内统一的技术要求所制定的标准。国家标准对全国经济、技术发展具有重大意义，凡是与人民生活密切、量大面广、跨部门生产的重要工农业商品，全国通用零部件及商品，与国防建设有关的重要商品和对合理利用国家资源关系重大的商品都应制定国家标准。

国家标准分为强制性国家标准和推荐性国家标准。强制性国家标准代号由"国标"二字的汉语拼音第一个字母组成，为 GB；推荐性国家标准代号为 GB/T。国家标准号由国家标准代号、标准顺序号和标准发布年号构成。强制性国家标准的表示形式为 GB（强制性国家标准代号）××××（标准顺序号）—××××（标准发布年号）。推荐性国家标准的形式为 GB/T（推荐性国家标准代号）×××××（标准顺序号）—××××（标准发布年号）。

（2）行业标准。行业标准是对没有国家标准而又需在全国某个行业范围内统一的技术要求所制定的标准。行业标准不得与有关国家标准相抵触，在相应的国家标准实施后，即行废止。有关行业标准之间应保持协调、统一，不得重复。

行业标准号由行业标准代号、标准顺序号及标准发布年号组成，我国各行业标准代号如表 2-2 所示。强制性行业标准的形式为××（强制性行业标准代号）×××××（标准顺序号）—×××××（标准发布年号）。推荐性行业标准的形式为××/T（推荐性行业标准代号）××××（标准顺序号）—××××（标准发布年号）。

表 2-2　我国各行业标准代号

序号	标准类别	标准代号	序号	标准类别	标准代号
1	安全生产	AQ	35	能源	NB
2	包装	BB	36	农业	NY
3	船舶	CB	37	轻工	QB
4	测绘	CH	38	汽车	QC
5	城镇建设	CJ	39	航天	QJ
6	新闻出版	CY	40	气象	QX
7	档案	DA	41	认证认可	RB
8	地震	DB	42	国内贸易	SB
9	电力	DL	43	水产	SC
10	地质矿产	DZ	44	石油化工	SH
11	核工业	EJ	45	司法	SF
12	纺织	FZ	46	电子	SJ
13	公共安全	GA	47	水利	SL
14	供销合作	GH	48	出入境检验检疫	SN
15	国密	GM	49	税务	SW

序号	标准类别	标准代号	序号	标准类别	标准代号
16	广播电影电视	GY	50	石油天然气	SY
17	航空	HB	51	铁路运输	TB
18	化工	HG	52	土地管理	TD
19	环境保护	HJ	53	体育	TY
20	海关	HS	54	物资管理	WB
21	海洋	HY	55	文化	WH
22	机械	JB	56	兵工民品	WJ
23	建材	JC	57	外经贸	WM
24	建筑工程	JG	58	卫生	WS
25	金融	JR	59	文物保护	WW
26	交通	JT	60	稀土	XB
27	教育	JY	61	黑色冶金	YB
28	旅游	LB	62	烟草	YC
29	劳动和劳动安全	LD	63	通信	YD
30	粮食	LS	64	有色金属	YS
31	林业	LY	65	医药	YY
32	民用航空	MH	66	邮政	YZ
33	煤炭	MT	67	中医药	ZY
34	民政	MZ			

（3）地方标准。对没有国家标准而又需要在省、自治区、直辖市范围内统一的工业商品的安全、卫生要求，可以制定地方标准。地方标准在相应的国家或行业标准实施后，自行废止。

强制性地方标准代号由汉语拼音首字母 DB 加上省、自治区、直辖市行政区代码前两位数和斜线组成。全国各地区代码如表 2-3 所示。强制性地方标准的形式为 DB××/（强制性地方标准代号）×××（标准顺序号）—××××（标准发布年号）。推荐性地方标准的形式为 DB××/T（推荐性地方标准代号）×××（标准顺序号）—××××（标准发布年号）。

表 2-3　全国各地区代码

名　称	代　码	名　称	代　码
北京市	110000	湖南省	430000
天津市	120000	广东省	440000
河北省	130000	广西壮族自治区	450000
山西省	140000	海南省	460000
内蒙古自治区	150000	重庆市	500000
辽宁省	210000	四川省	510000
吉林省	220000	贵州省	520000
黑龙江省	230000	云南省	530000
上海市	310000	西藏自治区	540000
江苏省	320000	陕西省	610000
浙江省	330000	甘肃省	620000
安徽省	340000	青海省	630000
福建省	350000	宁夏回族自治区	640000
江西省	360000	新疆维吾尔自治区	650000
山东省	370000	台湾省	710000
河南省	410000	香港特别行政区	810000
湖北省	420000	澳门特别行政区	820000

（4）企业标准。企业生产的商品没有国家标准、行业标准和地方标准的，应当制定相应的企业标准，作为组织生产的依据；已有国家标准、行业标准或地方标准的，国家鼓励企业制定严于国家标准、行业标准或地方标准的企业标准，在企业内部适用。随着经济的全球化，企业标准越来越受重视。企业标准代号的编号方法如图 2-1 所示。

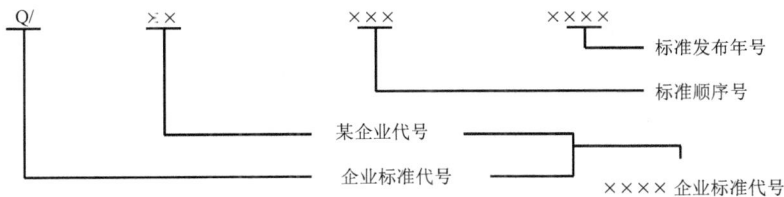

图 2-1　企业标准代号的编号方法

企业代号可用汉语拼音或阿拉伯数字或二者兼用组成。例如，Q/WBN21—2002 为安徽芜湖百年将相和食品有限公司的企业标准。

2. 国际标准与区域标准

（1）国际标准。国际标准是指由国际标准化组织（ISO）和国际电工委员会（IEC）制定的标准，以及经国际标准化组织认可，并收集到《国际标准题录索引》中加以公布的其他国际组织制定的标准。它们已为大多数国家承认和不同程度地采用。国际标准化组织认可的国际组织有国际计量局（BIPM）、国际人造纤维标准化局（BISFA）、食品法典委员会（CAC）、关税合作理事会（CCC）、国际电工委员会、国际照明委员会（CIE）、国际无线电咨询委员会（CCIR）、国际原子能机构（IAEA）、国际劳工组织（ILO）、国际海事组织（IMO）、世界动物卫生组织（OIE）、国际法制计量组织（OIML）、国际葡萄与葡萄酒局（OIV）、联合国教科文组织（UNESCO）、世界卫生组织（WHO）、世界知识产权组织（WIPO）、联合国粮食及农业组织（UNFAO）、国际羊毛局（IWS）等。

国际标准采用标准代号、标准顺序号及标准发布年号来表示：ISO ×××××—××××，IEC ××××—××××。

在 ISO/IEC 中定义的标准可以是强制性的，也可以是自愿的。在 WTO/TBT 中，标准定义为自愿性文件，技术法规为强制性文件。

（2）区域标准。区域标准是由世界某个区域性标准化组织制定的标准。区域标准的目的在于促进区域性标准化组织成员进行贸易，便于该地区的技术合作和技术交流，协调该地区与国际标准化组织的关系。国际上较为重要的区域标准有欧洲标准化委员会（CEN）制定的欧洲标准（EN）、欧洲电工标准化委员会（CENELEC）制定的标准、亚洲标准咨询委员会（ASAC）制定的标准、泛美技术标准委员会（COPANT）制定的标准、非洲地区标准化组织（ARSO）制定的标准等。

3. 我国采标情况

国际标准是世界各国均可采用的共享技术。通过采用国际标准，不但可以获得世界生产技术、商品质量水平的重要信息，而且可以为消除贸易技术壁垒、促进外贸事业的发展提供必要的条件。同时，对于促进本国的技术进步，提高商品质量，开发新商品和发展出口贸易都有十分重要的作用。因此，我国把积极采用国际标准作为重要的技术经济政策和技术引进的重要组成部分。

在采用国际标准的我国标准中，采用程度分为等同采用、等效采用和参照采用 3 种。等同采用是指技术内容完全相同，不做或稍做编辑性修改；等效采用是指技术内容有小的差异，编写上不完全相同；参照采用是指技术内容根据我国实际做了某些变动，但性能和质量水平与被采用的国际标准相当，在通用互换、安全、卫生等方面与国际标准协调一致。采用国际标准的程度仅表示我国标准与国际标准之间的异同情况，不表示技术水平的高低。值得指出的是，目前国际上只承认等同、等效采用，对非等效采用则要做出说明。所以，在采标时应尽可能选用等同采用和等效采用这两种形式，直接采用国际标准，以避免造成技术壁垒。

相关链接 2-7

专家：中国成为近 5 年在国际标准化领域全球贡献最大国家

日前，在北京举行的第二十二届中国科协年会"科技社团发展与治理论坛"上，国际标准化组织原主席、世界钢铁协会原主席张晓刚指出，在过去 5 年当中，中国是全世界所有国家公认的在国际标准化领域里面做出最大贡献的国家。

张晓刚是在题为"国际标准化引领中国科技社团的高质量发展"的主旨演讲中提出这一观点的。张晓刚介绍,国际标准组织成立于 1947 年,中国是 25 个发起国之一,到 1990 年中国一共主持了两项国际标准,从 2000 年开始,随着经济的高速发展及制造业在全球地位的不断提升,中国在全球规则制定领域不断发出自己的声音,按计划,到 2020 年中国将主持国际标准 395 项,现在已经完成 495 项。

张晓刚同时强调,即便如此,在这个领域中国和发达国家相比依然有着巨大差距。据统计,在现在的国际技术规则制定领域里,由美国、英国、德国、法国、日本主持和主导的国际标准数量占全球标准数量的 90%～95%,而另外的 170 个国家主持的标准数量占 5%,6 年前中国仅占 0.7%,现在上升到 1.8%。

"一流企业做标准,二流企业做品牌,三流企业做产品"。张晓刚认为,中国正在推动的高质量发展的一个重点就是进一步解决制造业大而不强的问题,而标准化则是高质量发展的抓手。

他说要想成为全球企业,就必须重视标准。在 5G 上华为一开始想选主要的做,后来发现 5G 相关技术标准组织全球有数百个,最后华为决定 300 多个团体标准组织全部参加,有 400 多员工专职做标准,华为成为中国所有企业当中全职能参加标准工作员工最多的企业。

张晓刚认为,最近几年国际标准化领域呈现出以下 3 个发展趋势。

首先,标准化向社会领域扩展。全球化发展需要实现全球社会治理,如新型冠状病毒是全人类共同的敌人,应对这和全球公共卫生突发事件是全球每个国家的共同责任,我们应该摒弃政治偏见或者意识形态差别的影响,建立一个全球通用的国际标准。

其次,新兴产业标准受到高度重视。例如,德国提出了"工业 4.0",德国总理默克尔表示,德国要成为"工业 4.0"标准的推动者,要在欧洲甚至在全球推行这些标准,以确立德国作为全球制造业领导者的地位。

最后,标准先行。即标准走在了产品和产业的前面,这是近几年全球技术领域出现的新趋势。这种高新技术领域标准化的发展趋势应该引起中国科技界的重视,因为标准的主导者一定是技术的引领者和市场的控制者。

（资料来源:专家:中国成为近 5 年在国际标准化领域全球贡献最大国家. 央广网,2020-8-12）

课后归纳总结

本章小结

商品质量是指商品满足规定或潜在要求(或需要)的特征和特性的总和,是商品具备适用功能,满足规定和消费者需要程度的一个综合性的概念。商品质量从表现形式看,由外观质量、内在质量和附加质量构成；从形成环节看，由设计质量、制造质量和市场质量构成；从有机组成看，由自然质量、社会质量和经济质量构成。

商品质量的基本要求是根据其用途、使用方法及消费者的期望和社会需要来确定的。对食品质量的基本要求是具有营养价值和安全性，色、香、味、形俱佳；对纺织品质量的基本要求是服用性、耐用性、卫生安全性、审美性；对日用品质量的基本要求是适用性、坚固耐用性、卫生安全性、结构合理与外观完好，以及舒适、美观性；对商品的经济质量的基本要求包括商品成本、使用费用和商品寿命等。

影响商品质量的因素有生产过程中的市场调研、开发设计、原材料、生产工艺、成品检验与包装等；流通过程中的商品运输、商品储存与养护、销售服务等；消费过程中的消费心理与消费习惯、商品使用等。

商品检验的主要依据是商品标准，商品标准是对商品质量和与质量有关的各方面所做的技术规定。商品标准按其适用领域和有效范围不同，通常分为国际标准、区域标准、国家标准、行业或专业团体标准和公司（企业）标准5级。商品标准的内容有封面，前言，范围，名词术语和符号代号，技术要求，试验方法，标志、标签和包装等。

主要概念

商品质量　　食品安全　　适用性　　商品标准

课堂讨论题

1．谈谈你对商品质量的理解，举例说明商品质量的概念。

2．什么是商品标准？在我们的学习和生活中你常感到有哪些标准存在？

自测题

1．判断题

（1）商品质量的本质是满足消费者需要的程度。　　　　　　　　　　（　　）

（2）设计质量是商品质量形成的前提和基础。　　　　　　　　　　　（　　）

（3）农副商品质量主要取决于品种和栽培、饲养方法。　　　　　　　（　　）

（4）有了商品标准，商品质量就完全有了依据。　　　　　　　　　　（　　）

2．填空题

（1）从表现形式看，商品质量由外观质量、_____和_____质量构成。

（2）对纺织品质量的基本要求是服用性、耐用性、_____和_____。

（3）对日用品质量的基本要求是适用性、_____、_____、_____和_____等。

（4）商品标准的内容有封面、前言、范围、_____、_____、_____、_____等。

3．选择题

（1）不属于服用性质量指标的是（　　　）。

A．起毛、起球性　　　　　　　B．抗静电性

C．舒适性　　　　　　　　　　D．缩水性

（2）日用工业品使用价值的基本条件是（　　　）。

A．适用性　　　　　　　　　　B．坚固耐用性

C．卫生安全性　　　　　　　　D．美观性

（3）下列因素不会在商品使用中直接影响商品质量的是（　　　）。

A．安装不妥　　　　　　　　　B．包装不好

C．使用不当　　　　　　　　　D．养护不及时

（4）国家标准的代号是（　　　）。

A．ISO　　　　　　　　　　　B．GB

C．DB　　　　　　　　　　　D．QB

4．简答题

（1）什么是商品质量？

（2）对食品质量的基本要求有哪些？

（3）决定和影响工业商品质量的因素有哪些？

（4）简述商品标准的分级与代号。

实训题

1．技能题

（1）影响服装质量的因素有哪些？这些因素是怎样影响服装质量的？

（2）到商店考察商品标准，并写出各级标准的标准号和相对应的商品。

2．案例分析题

有人说 21 世纪是方便化食品的时代。有资料表明，中国已成为世界上最大的方便面生产和销售国，2000 年中国的方便面销量达 140 亿包，平均每人消费 11 包。一些在校大学生、单身上班族更是把方便面当成了每日一餐，但有关专家提醒消费者，方便面只宜当作救急食品，而不应充当日常餐桌上的主角。

（资料来源：桑司文．别拿方便面当干粮．中国消费者报，2001-8-10）

问题：

（1）国内首份《中国方便面营养健康趋势报告》显示，2011 年中国的方便面销售量达

500 亿包，中国已成为世界上最大的方便面生产国与消费国，你所在集体每人每月的方便面消费量是多少？

（2）方便面符合食品质量的基本要求吗？为什么说方便面只宜当作救急食品，而不应充当日常餐桌上的主角？

3．实习题

考察日常食品是否符合食品质量的基本要求，有无例外。如有，是哪些食品？为什么？

项目 3
商品检验与评价

教学目标

知识目标

了解商品检验的内容和形式、流通领域的商品质量管理，掌握商品检验、评介和监督管理的内容。

技能目标

掌握商品检验的方法，能够用感官检验法对日常商品进行初步质量检验，并结合所学知识，鉴别日常商品质量。

能力目标

能够运用所学知识和方法对常见商品进行初步检验、评价与管理。

课中知识应用

引导案例

不卫生的卫生纸

您用的餐巾纸是否卫生、是否安全呢？北京市消费者协会于 2013 年 2 月组织的纸制品比较试验主要涉及我们生活中常用的纸巾纸，也就是我们通常所说的餐巾纸和卫生纸。比较试验结果显示，30 个样品的纸巾纸中有 10 个样品在卫生、质量方面不达标，主要表现为灰分超标、抗拉强度低、使用过程中易烂、样品包装标识数量缺失、菌落总数超标，30 个纸巾纸样品中有 3 个样品多项指标在卫生、质量方面存在问题，主要表现为样品的手感粗糙、洞眼、杂质、纸菌总数超标。据了解，此次比较试验是北京市消费者协会委托国家纸张质量监督检验中心依据相关国家标准对样品的技术指标、微生物指标和商品标识进行的测试。

北京市消费者协会消费指导部提醒消费者在购买生活用纸时，要查看产品的标识，包括生产日期、保质期、商品名称、执行标准、质量等级等，不要盲目追求白度，并不是越白越好。北京市消费者协会的比较试验证实，相当一部分纸巾纸存在卫生不达标等安全隐患，纸巾的质量问题不容忽视。

这一案例说明，商品没有经过严格的质量检验就很难保证质量，质量监督检验是商品质量保证的一个重要组成部分。

商品质量是否符合规定的标准，只有经过检验才能确定，而商品质量能否保证满足消费者需要，则必须进行全面的商品质量评价，开展商品质量管理和监督活动。

3.1　商品检验的概念、形式和内容

3.1.1　商品检验的概念

商品检验是指商品的产方、买方或第三方在一定条件下，借助某种手段和方法，按照合同、标准，或国际、国家的有关法律、法规、惯例，对商品的质量、规格、数量及包装等进行检查，并做出合格与否或通过验收与否的判定，或为维护买卖双方的合法权益，避免或解决各种风险损失和责任划分的争议，便于商品交接结算而出具各种有关证书的业务活动。其中，商品质量检验是商品检验的中心内容，狭义的商品检验即商品质量检验。

商品检验在质量管理的早期发展阶段发挥了保证商品质量的把关作用。在全面质量管理不断发展、完善的今天，由于预防、控制并非总是有效的，因此商品检验仍然是商品质量保证工作的一项重要内容。

3.1.2　商品检验的形式

1. 按检验有无破坏性划分

按检验有无破坏性划分，商品检验分为破坏性检验和非破坏性检验两种形式。

（1）破坏性检验。破坏性检验是指经测定、试验后的商品遭受破坏的检验。

（2）非破坏性检验。非破坏性检验是指经测定、试验后的商品仍能使用的检验，也称无损检验。

2. 按检验商品的相对数量划分

按检验商品的相对数量划分，商品检验分为全数检验、抽样检验和免于检验 3 种。

（1）全数检验。全数检验是对被检批的商品逐个地进行检验，也称百分之百检验。其特点是能提供较多的质量信息，给人一种心理上的放心感。其缺点是由于检验量大、费用高，易造成检验人员疲劳而导致漏检或错检现象。全数检验适用于批量小、价值高、质量特性少且不稳定的非破坏性检验，如照相机、手表、电视机、电冰箱等的检验。

（2）抽样检验。抽样检验是按照事先确定的抽样方案，从被检批商品中随机抽取少量样品，组成样本，再对样品逐一进行测试，并将检验结果与标准或合同技术要求进行比较，最后由样本质量状况统计推断受检批商品整体质量是否合格的检验。其特点是检验的商品数量相对较少，节约费用，具有一定的科学性和准确性。其缺点是提供的质量信息少。抽样检验适用于批量大、价值低、质量特性多且较为稳定的破坏性检验，如天然矿泉水、糕点、乳制品等的检验。

（3）免于检验。免于检验是指对生产技术和检验条件较好，质量控制具有充分保证、成品质量长期稳定的生产企业的商品，在企业自检合格后，商业和外贸部门可以直接收货，不用检验。

3. 按商品内外销售情况划分

按商品内外销售情况划分，商品检验分为内贸商品检验和进出口商品检验两种，其具体形式如下。

（1）工厂签证，商业免检。工厂生产出来的商品，经工厂检验部门检验签证后，销售企业可以直接进货，免于检验程序。该形式多适用于生产技术条件好、工厂检测手段完善、商品质量管理制度健全的生产企业。

（2）商业监检，凭工厂签证收货。商业监检是指销售企业的检验人员对工厂生产的半成品、成品及包装，甚至原材料等，在工厂生产全过程中进行监督检验，销售企业可凭工厂检验签证验收。该形式适用于比较高档的商品质量检验。

（3）工厂签证交货，商业定期或不定期抽验。对于某些工厂生产的质量稳定的商品、质量信得过的商品或优质商品，一般是在工厂签证后便可交货。但为确保商品质量，销售企业可采取定期或不定期抽验的方法。

（4）商业批验。商业批验是指销售企业对厂方的每批商品都进行检验，否则不予收货。此种检验形式适用于质量不稳定的商品。

（5）行业会检。对于多个厂家生产的同一种商品，在同行业中由工商联合组织行业会检。一般是联合组成商品质量评比小组，定期或不定期地对行业商品进行检验。

（6）库存商品检验。库存商品检验是指仓储部门对储存期内易发生质量变化的库存商品所进行的定期检验，目的是及时掌握库存商品的质量变化状况，达到安全储存的目的。

（7）法定检验。法定检验是指根据国家法令规定，对指定的重要进出口商品执行强制性检验。其方法是根据买卖双方签订的经济合同或标准进行检验，对合格商品签发检验证书，作为海关放行凭证。未经检验或检验不合格的商品，不准出口或进口。

（8）公证检验。公证检验是指不带强制性的，完全根据对外贸易关系人的申请，接受办理的各项公证鉴定业务检验。商品检验机构以非当事人的身份和科学、公正的态度，通过各种手段来检验与鉴定各种进出口商品是否符合贸易双方签订的合同要求或国际上的有关规定，得出检验与鉴定结果、结论，或者提供有关数据，以便签发证书或其他有关证明等。

（9）委托业务检验。委托业务检验是指我国商检机构与其他国家商检机构开展相互委托检验业务和公证鉴定工作。目前，各国质量认证机构实行相互认证，大大方便了进出口贸易。

相关链接 3-1

市场监管总局关于 7 批次食品不合格情况的通告

近期，国家市场监督管理总局（以下简称市场监管总局）组织食品安全监督抽检，抽取炒货食品及坚果制品、茶叶及相关制品、食用农产品、豆制品、饼干、粮食加工品、饮料、罐头、调味品、酒类、淀粉及淀粉制品、水果制品、食糖、水产制品、糖果制品、乳制品 16 大类食品 353 批次样品（产品抽检结果可通过食品安全抽检公布结果查询系统查询），发现炒货食品及坚果制品、茶叶及相关制品、食用农产品、豆制品 4 大类食品 7 批次样品不合格，检出微生物污染、农兽药残留超标、重金属污染、食品添加剂超范围使用、质量指标不达标等问题。

对抽检中发现的不合格食品，市场监管总局已责成北京、河北、浙江、安徽、湖北、湖南、四川、宁夏等省级市场监管部门立即组织开展处置工作，查清食品流向，采取下架召回不合格食品等措施控制风险；对违法违规行为，依法从严处理；及时将企业采取的风险防控措施和核查处置情况向社会公开，并向市场监管总局报告。

现将监督抽检不合格食品具体情况通告如下。

一、微生物污染问题

天猫浏乡食品旗舰店（经营者为湖南飘香食品有限公司）在天猫（网店）销售的、标称湖南飘香食品有限公司生产的兰花豆(蟹黄味)，大肠菌群不符合食品安全国家标准规定。检验机构为沈阳市市场监管事务服务与行政执法中心。

二、农兽药残留超标问题

（一）淘宝六安茗抱春茶业（经营者为安徽省茗抱春茶业有限公司）在淘宝网（网店）销售的、标称安徽省茗抱春茶业有限公司委托安徽省六安市金寨县齐山福源茶叶专业合作社生产的六安瓜片，氰戊菊酯和 S-氰戊菊酯不符合食品安全国家标准规定。检验机构为青岛市华测检测技术有限公司。

（二）宁夏回族自治区吴忠市盐池县科子肉品经销店销售的乌鸡，恩诺沙星（以恩诺沙星与环丙沙星之和计）不符合食品安全国家标准规定。检验机构为四川省食品药品检验检测院。

（三）宁夏回族自治区吴忠市同心县李学保蔬菜店销售的芹菜，毒死蜱不符合食品安全国家标准规定。检验机构为四川省食品药品检验检测院。

三、重金属污染问题

四川省成都市双流区知海水产经营部销售的、来自河北省秦皇岛市山海关区韩桂菊海产品批发部的爬爬虾（海水虾），镉（以 Cd 计）不符合食品安全国家标准规定。检验机构为湖南省产商品质量监督检验研究院。

四、食品添加剂超范围使用问题

淘宝皖南特产馆（经营者为四川省成都市锦江区方太贵商贸部）在淘宝网（网店）销售的、标称安徽省宣城市水阳三宝食品有限公司生产的水阳三宝豆腐干，苯甲酸及其钠盐

（以苯甲酸计）不符合食品安全国家标准规定。检验机构为合肥海关技术中心。

五、质量指标不达标问题

京东考拉兄弟旗舰店（经营者为湖北省武汉考拉兄弟电子商务有限公司）在京东商城（网店）销售的、标称湖北省武汉考拉兄弟电子商务有限责任公司委托湖北考拉兄弟食品有限公司生产的山核桃味香瓜子，过氧化值（以脂肪计）不符合食品安全国家标准规定。检验机构为沈阳市市场监管事务服务与行政执法中心。

（资料来源：市场监管总局. 市场监管总局关于 7 批次食品不合格情况的通告，2020-1-13）

3.1.3　商品检验的内容

1. 商品质量检验

商品质量检验包括对成分、规格、等级、性能和外观质量等的检验，是根据合同和有关检验标准规定或申请人的要求对商品的使用价值所表现出来的各种特性，运用人的感官或化学、物理等各种手段进行测试、鉴别。其目的是判别、确定该商品的质量是否符合合同中规定的商品质量条件和标准。

📋 案例分析 3-1

我国某外贸公司（以下简称我方）与欧洲 G 国的某公司（以下简称对方）签订了出口半漂布合同。根据双边贸易协定，凡从 G 国进口货物，均按 G 国的国家标准进行验收，我方出口到对方的货物按我国的国家标准验收。但是这批出口半漂布合同的品质条款规定交货品为一等品，每 100 米允许 10 个疵点，每个疵点让码 10 厘米。我方出口后即遭对方索赔，对方认为我方出口的 500 多万米半漂布不符合合同品质条款规定，提出高达 110 万美元的索赔要求。对方也承认，这个合同的品质要求实际做不到，但已签订了合同，就要赔偿，最后我方赔偿相当金额后了结此案。

问题：出现上述问题的主要原因有哪些？对方也承认这个合同的品质要求实际做不到，我方为什么还要赔偿？

2. 商品重量和数量检验

商品的重量和数量是贸易双方成交商品的基本计量和计价单位。商品重量和数量的多少，与其质量的优劣一样，直接关系到买卖双方的经济利益，因此要求检验机构做出检验和鉴定。重量检验就是根据合同规定，采用不同的计量方式，对不同的商品计量出它们准确的重量。数量检验是按照发票、装箱单或尺码明细单等规定，对整批商品进行逐一清点，证明其实际装货和数量。

📋 案例分析 3-2

我国某出口公司（以下简称我方）在某次交易会上与外商当面谈妥出口大米 1 万吨，

每吨 275 美元，FOB（Free on Board，船上交货价）中国口岸。但我方在签约时，合同上只笼统地写了 1 万吨（Ton），我方当事人主观上认为合同上的吨就是公吨。后来，外商来证要求按长吨（Long Ton）供货，如我方照证办理则要多交大米 160.5 吨，折合 44 137.5 美元。

问题：这里的一字价值几万美元，你有何感想？

3．商品包装检验

商品包装检验是指根据贸易公司或契约规定，对商品的包装标志、包装材料、包装种类、包装方法等进行检验，查看商品包装是否完好、牢固等。商品包装检验就是对商品的销售包装和运输包装进行检验。

📝 案例分析 3-3

我国某公司出口某种化工原料共 500 吨，合同规定以"单层新麻袋，每袋 50 千克"包装。但该公司在装船发货时发现新麻袋的货物只够 450 吨，于是就将剩余 50 吨货物用一种更结实、价格也比新麻袋高的涂塑麻袋包装，结果被对方索赔。

问题：更好的包装，结果反而被对方索赔，原因何在？

4．商品安全、卫生检验

商品安全检验主要是指电子电器类商品的漏电检验、绝缘性能检验和 X 光辐射等。商品卫生检验是指商品中的有毒有害物质及微生物的检验，如食品添加剂中砷、铅、镉的检验，茶叶中的农药残留量检验等。

进出口商品的检验内容除上述内容外，还包括海损鉴定、集装箱检验、进出口商品的残损检验、出口商品的装运技术条件检验、货载衡量、产地证明、价值证明及其他业务的检验。

我国在加入 WTO（World Trade Organization，世界贸易组织）后，可直接参与 WTO 成员国对制定新的技术法规、标准和合格评定程序征求意见的全过程，这使我国的商品检验工作面临新的机遇，也遇到了更大的挑战。

3.2　商品抽样与商品检验的方法

在进行商品检验时，必须遵守为保证检验结果准确性的各种规定，其中正确的商品抽样方法是保证获得准确检验结果的重要因素。

3.2.1　商品抽样

1．抽样的概念

抽样是根据商品标准或合同所确定的方案，从商品被检批中抽取一定数量有代表性、用于检验的单位商品的过程，又称拣样或取样。

通常以一个订货合同为一批。如果同批质量差异较大或订货量很大或连续交货，那么可分为若干批。被检验商品中所含的商品总数叫作批量，以 N 表示；由被检验商品中抽取用于检验的单位商品（样品）的全体，称为样本；样本中所含的单位商品的数量称为样本大小，通常用 n 表示。

抽样应依据抽样对象的形态、性状，合理选用抽样工具与样品容器。抽样的同时应做好抽样记录。抽取的样品应妥善保存，保持样品原有的品质特点。抽样后应及时鉴定。

2. 抽样的方法

抽取具有代表性的样品的关键是确定科学的抽样方法，常用的抽样方法有百分比抽样、简单随机抽样和分层随机抽样 3 种。

（1）百分比抽样。从受检的批量商品中，按检验标准或合同规定的数量百分比从中抽取样品，称为百分比抽样。此法简便易行，易于操作，对受检批量大的商品较为适用。采用百分比抽样判断为合格的大批量商品质量，比抽样判断为合格的小批量商品质量的平均质量合格率与不合格率要准确得多。因此，检验小批量商品，一般不采用百分比抽样。

（2）简单随机抽样。简单随机抽样是指从批量为 N 的被检批中抽取 n 个单位商品组成样本，共有 C_N^n 种组合，对于每种组合，被抽取的概率都相同的抽样方法。此法通常利用随机数表或抽签进行抽样。例如，在抽取前将被检验的样品逐一编号，编号次序与方法不受任何限制，然后用笔尖在随机数表中任意指定一点，从指定数开始，依次选取与样品相等的号码个数，按选取的号码抽取样品。这种方法的特点是可避免检验员的主观意识的影响，对发现这类商品的共同缺陷较为有效，批量不大的商品可采用此法。但当被检批商品批量较大时，此法操作起来就较复杂，因此大批量商品适宜采用分层随机抽样。

（3）分层随机抽样。分层随机抽样是把批量为 N 的被检批商品分成 N_1 个、N_2 个直至 N_i 个单位商品组成的 i 层，使每层内的商品质量尽可能均匀整齐，$N=N_1+N_2+\cdots+N_i$，然后在每层内分别按照简单随机抽样的方法取样，合在一起组成一个样本的抽样方法。这种方法的特点是比较科学，能克服简单随机抽样可能错过的集中性缺陷，尤其适用于批量较大且质量也可能波动较大的商品。分层随机抽样的样本有很好的代表性，是目前使用最广、最多的一种抽样方法。

相关链接 3-2

市场监管总局发布《食品安全抽样检验管理办法》

为贯彻党中央、国务院决策部署，落实《关于深化改革加强食品安全工作的意见》（以下简称《意见》）和《地方党政领导干部食品安全责任制规定》（以下简称《规定》）要求，进一步规范食品安全抽样检验工作，加强食品安全监督管理，保障公众身体健康和生命安全，根据食品安全法等法律法规，市场监管总局对 2014 年 12 月原国家食品药品监督管理总局制定的《食品安全抽样检验管理办法》(以下称《办法》)进行了修订。《办法》经 2019 年 7 月 30 日国家市场监督管理总局第 11 次局务会议审议通过，自 2019 年 10 月 1 日起实施。修订的主要内容如下。

（一）落实《意见》要求，完善食品安全抽样检验的含义和范围。着力提高监管的靶向性，根据工作目的和工作方式的不同，将食品安全抽检工作分为监督抽检、风险监测和评价性抽检。首次明确评价性抽检是指依据法定程序和食品安全标准等规定开展抽样检验，对市场上食品总体安全状况进行评估的活动，并明确可以参照本办法有关规定组织开展评价性抽检。同时，坚持原则性和灵活性相结合，对于评价性抽检及餐饮食品、食用农产品的抽检，规定市场监督管理部门可以参照本办法关于食品安全监督抽检的规定组织开展。

（二）坚持问题导向，完善抽样程序要求。一是落实"双随机一公开"要求，明确食品安全抽样工作应当遵守随机选取抽样对象、随机确定抽样人员的要求。二是针对现场抽样和网络抽样在权利义务告知、现场信息采集、封样、签字盖章确认等方面的区别，分别完善了现场抽样和网络抽样应当履行的程序要求，并对网络食品抽检方式、费用支付、信息采集、样品收集等做出规定。三是着力解决实践中的突出问题，对涉及抽样、检验、样品移交等各环节时限依法做了进一步明确和完善。四是坚持包容审慎监管，明确市场监督管理部门可以参照本办法关于网络食品安全监督抽检的规定对自动售卖机、无人超市等没有实际经营人员的食品经营者组织实施抽样检验。

（三）完善复检程序规定。调整了申请复检时限、复检机构确定方式，明确复检备份样品移交、报告提交、结果通报等各环节工作时限。规定复检备份样品确认由复检机构实施并记录，改变既往复检机构、初检机构、复检申请人三方确认的做法，提高工作效率。

（四）完善抽样异议处理程序。依法保障食品生产经营者权益，将抽样、检验及判定依据纳入异议申请范围，针对不同的异议情形明确异议提出主体。同时，补充完善了异议提出、受理、审核、结果通报等各环节时限和程序等相关规定要求，提高工作效率。

（五）强化核查处置措施。落实属地监管责任，完善监督抽检信息通报机制，进一步明确总局组织的抽检，涉及跨省级行政区域、地方组织的抽检，以及网络抽检不合格食品的通报程序，并明确通过食品安全抽样检验信息系统进行通报，提高通报时效性，以便监管部门及时处置、控制风险。

（六）落实"四个最严"要求。严格抽样管理，要求抽样单位建立食品抽样管理制度，明确岗位职责、抽样流程和工作纪律，加强对抽样人员的培训和指导，保证抽样工作质量。严格检验标准，明确监督抽检应当采用食品安全标准规定的检验项目和检验方法。严格承检机构管理，明确承检机构进行检验应当尊重科学，恪守职业道德，保证出具的检验数据和结论客观、公正，不得出具虚假检验报告。同时，落实食品安全法及其实施条例，规定没有食品安全标准的，应当采用依照法律法规制定的临时限量值、临时检验方法或者补充检验方法。

（七）强化法律责任。一是依法加大了食品生产经营者无正当理由拒绝、阻挠或者干涉抽样检验、风险监测和调查处理的，拒不召回或者停止经营及提供虚假证明材料申请异议的处罚力度。二是强化信用惩戒，规定监督抽检结果和不合格食品核查处置的相关信息除依法公示外，还要按要求记入食品生产经营者信用档案；受到的行政处罚等信息还要依法归集至国家企业信用信息公示系统。对存在严重违法失信行为的，按规定实施联合惩戒。三是强化承检机构管理责任，对存在违法行为的，除依法处理外，还规定市场监督管理部门 5 年不得委托其承担抽样检验任务；调换样品、伪造检验数据或者出具虚假检验报告的，终身不再委托。四是强化复检机构承担复检任务的约束，明确无正当理由一年内两次拒绝承担复检任务的，撤销其复检机构资质并向社会公布。

（资料来源：市场监管总局）

3.2.2　商品检验的方法

商品检验的方法很多，根据商品检验所用的器具、原理和条件，通常分为感官检验法和理化检验法两类，如图 3-1 所示。这两类检验方法在实际工作中是按照商品的不同质量特性进行选择和相互配合使用的。

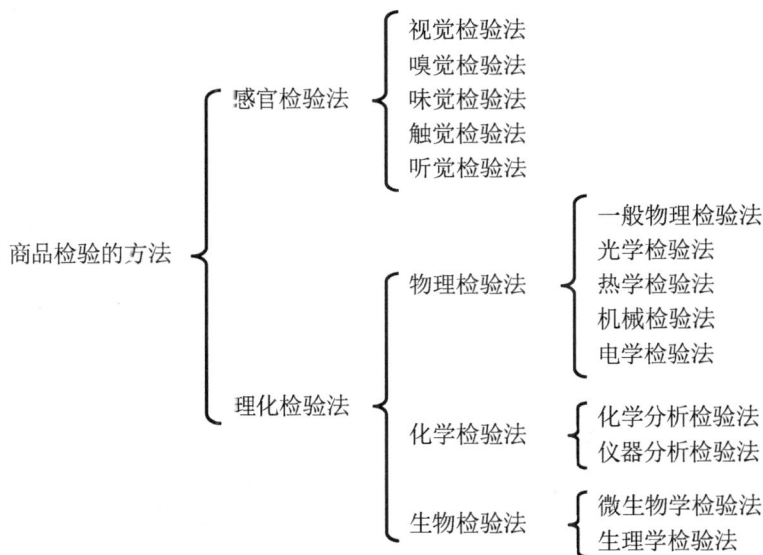

图 3-1　商品检验的方法

1. 感官检验法

感官检验法是指利用人的感觉器官作为检验器具，对商品的色、香、味、手感、音色等感官质量特性，在一定条件下进行判定或评价的检验方法。这是目前商品流通领域中应用较为广泛的一种检验方法。

感官检验法的范围是商品的外形结构、外观疵点、色泽、硬度、弹性、气味、声音、干鲜程度及包装物等。感官检验法的优点是不需要仪器、简便易行、快速灵活、成本较低，特别适用于目前还不能用仪器定量评价其感官指标的商品，以及不具备昂贵、复杂仪器检验的企业、部门和消费者。但感官检验法受检验人的生理条件、工作经验及外界环境的影响，难免带有主观性，而且检验结果在大多数情况下只能用比较性的用词、专业术语和计分法来表示，更无法分析商品的内在质量，但它仍具有不可替代性。

按照人的感觉器官不同，感官检验法可分为视觉检验法、嗅觉检验法、味觉检验法、触觉检验法和听觉检验法等。

1）视觉检验法

视觉检验法是利用人的视觉器官来检验商品的外形、结构、颜色、光泽及表面状态、疵点等质量特性的方法。视觉检验法的应用范围最广，凡是能直接用眼分辨的质量指标都可以采用这种检验法。视觉检验受光线强弱、照射方向、背景对比，以及检验人员的生理、心理和专业能力的影响很大，通常应在标准照明条件下和适宜的环境中进行，而且需要对检验人员进行必要的挑选和专门的培训。

2）嗅觉检验法

嗅觉检验法是通过人的嗅觉器官检验商品的气味，来评价商品质量的方法。嗅觉检验法广泛用于食品、药品、洗化用品和香精、香料等商品质量的检验，同时对鉴别纺织纤维、塑料等燃烧的气味差异也有重要意义。嗅觉检验受检验人员的生理条件、检验经验及环境条件的影响很大，所以必须对检验人员进行测试、严格选择和培训。在检验中还应避免检验人员的嗅觉器官长时间与强烈的挥发物质接触。检验顺序从气味淡向气味浓的方向进行，并注意采取措施防止串味等现象。

3）味觉检验法

味觉检验法是利用人的味觉器官，通过品尝食品的滋味和风味来检验食品质量的方法。食品的味觉主要有酸、甜、苦、咸、辣、涩等。食品味道和风味的好坏是决定食品质量高低的重要指标。凡质量正常的食品均具有特有的味道和风味，同一类别的天然食品因品种不同，味道与风味也常有明显的区别。经过加工调制的食品，由于调制方法和使用调料的不同，味道和风味也各异。食品一旦腐败变质，其原有的味道和风味就会改变。即使未变质的食品，如味道不佳，质量也会下降。所以对于各种食品的味道和风味必须采用味觉检验法，以区分品质。味觉检验受味觉、温度和时间等因素的影响。为了顺利采用味觉检验法，一方面要求检验人员必须具有辨别味觉特征的能力，并且被检样品的温度要与对照样品的温度一致；另一方面要求检验人员采用正确的检验方法，遵循统一的规程，如检验时不能吞咽食品，应使其在口中慢慢移动，每次检验前后须用温水漱口等。

4）触觉检验法

触觉检验法是利用人的触觉器官触摸、按压或拉伸商品，根据商品的光滑细致程度、干湿、软硬、有无弹性、拉力大小等情况来评价商品质量的方法。触觉检验法主要用于检查纸张、塑料、纺织品等商品的表面特性。在进行触觉检验时，应注意环境条件的稳定和保持手指皮肤处于正常状态，并加强对检验人员的专门培训。

5）听觉检验法

听觉检验法是凭借人的听觉器官，根据商品发出的声音来检查商品质量的方法。例如，检查玻璃制品、瓷器、金属制品有无裂纹或内在的缺陷；评价以声音作为质量指标的乐器、家用电器等商品；评定食品的成熟度、新鲜度、冷冻程度等。听觉检验至今尚无法用仪器替代，其主要原因之一就是人的耳朵灵敏度高且范围广。但听觉检验法和其他感官检验法一样，需要适宜的环境条件，即力求安静，避免外界因素对听觉灵敏度的影响。

2．理化检验法

理化检验法是在实验室的一定环境下，利用各种仪器和试剂，运用物理、化学及生物学的方法来测试商品质量的方法。它主要用于商品成分、结构、物理性质、化学性质、安全性、卫生性及对环境的污染和破坏性等方面的检验。理化检验法与感官检验法相比，其结果可以用数据定量表示，较为客观、准确，但要求有一定的设备和检验条件，同时对检验人员的知识和操作技术也有一定的要求。在商品生产和流通中，理化检验法应用越来越广泛。

理化检验法的特点是能客观、准确地反映商品质量情况，而且能得到具体数据，深入阐明商品的化学组成、结构和性质，也能探明某些商品的内部疵点，对商品质量鉴定具有较强的科学性，较感官检验法更为客观和准确。但对检验设备和检验条件要求严格，同时要求检验人员具有扎实的基础理论知识及熟练的操作实验技术。现代检测技术在检验仪器使用上与计算机联用，实现自动控制和数据处理，使理化检验法走向快速、少损或无损及自动化。理化检验法根据其原理可分为物理检验法、化学检验法和生物检验法。

1）物理检验法

物理检验法是根据物理学原理，应用物理仪器测定商品物理性质的检验方法。常见的物理检验法有以下几种。

（1）一般物理检验法。一般物理检验法即通过各种量具、量仪、天平及专门的仪器，来测定商品的长度、细度、面积、体积、厚度、比重、黏度、渗水性、透气性等一般物理特性的方法，如测定棉纤维的长度和细度。

（2）光学检验法。光学检验法是通过各种光学仪器来检验商品品质的方法。这种方法不仅可以用来检验商品的物理性质，还可以用来检验某些商品的成分和化学性质。常见的仪器有显微镜、折光仪、旋光仪、比色计等。例如，利用折光仪测定油脂的折光率，可判断油脂的新陈、是否掺假或变质；利用旋光仪测定糖的比旋光度，可确定糖中蔗糖的含量；利用比色计测定某些商品的颜色，可确定其品质或等级。

（3）热学检验法。热学检验法是指利用热学仪器测定商品的热学特性的检验方法。这种方法可用来检验商品的熔点、凝固点、沸点、耐热性、耐寒性等。玻璃和搪瓷制品、金属制品、化妆品、化工商品、塑料制品、橡胶制品及皮革制品等，它们的热学性质都与商品的质量有关。例如，将玻璃杯置于 0℃～5℃的水中 5 分钟，取出后即投入沸水中，不炸裂者为合格。

（4）机械检验法。机械检验法是利用各种力学仪器测定商品机械性能的检验方法。很多工业品、商品的质量指标，如抗拉力强度、抗压强度、硬度、弹性、塑性、脆性等，都采用这种检验方法。机械检验法所用的仪器很多，常见的有万能试验机、拉力试验机、冲击试验机、扭转试验机、硬度试验机等。例如，皮革的耐磨强度就用耐磨强度试验机测定，试验机上有成垂直相接的黏附皮革式样的直转盘和黏附金刚砂布的平转盘，测定时以 30 转/分的速度转动转盘，使皮革试样与平转盘上的金刚砂布相摩擦。皮革耐磨强度以磨损 1 克重的试样所用的转数来表示。

（5）电学检验法。电学检验法是利用电学仪器测定商品电学特性的检验方法。检验项目通常有电阻、介电常数、电容、电压、电流强度、静电性等。通过商品的某些电学特性的测定，如电阻、电容等的测定，往往还可以间接测定商品的其他特性，如吸湿性等。电学检验法可节省大量的材料，能迅速得出较准确的结果或数据，使用简便。

2）化学检验法

化学检验法是利用化学试剂和各种仪器对商品的化学成分及其含量进行测定，进而判断商品品质是否合格的检验方法。根据其具体操作方法，化学检验法可分为化学分析检验法和仪器分析检验法两种。

（1）化学分析检验法。化学分析检验法是根据已知的、能定量完成的化学反应进行分析的检验方法。依其所用的测定方法的不同，化学分析检验法又分为容量分析法和重量分析法。容量分析法是指让一种已知准确浓度的标准溶液与被测试样发生作用，最后用滴定终点测出某一组合的含量，如酸碱滴定法。重量分析法是根据一定量的试样，利用相应的化学反应，使被测成分析出或转化为难溶的沉淀物，再通过过滤、洗涤、干燥、灼烧等，使沉淀物与其他成分分离，然后称取沉淀物的重量，由此计算出被测定成分的含量的方法，如用灼烧法测定原料中的灰分含量等。此外，化学分析检验法还可根据试样重量不同，分为常量分析（试样重量在 100 毫克以上）、半微量分析（试样重量为 10～100 毫克）、微量分析（试样重量为 0.01～10 毫克）及超微量分析（试样重量小于 0.01 毫克）。

（2）仪器分析检验法。仪器分析检验法是采用光、电等方面比较特殊或复杂的仪器，通过测量商品的物理性质或化学性质来确定商品的化学成分的种类、含量和化学结构，以判断商品质量的检验方法。它包括光学分析法和电学分析法。光学分析法是通过被测成分吸收或发射电磁辐射的特性差异来进行化学鉴定的，具体有比色法、分光光度法（原子吸收光谱、红外光谱等）、荧光光度法等。例如，用光量计可在 1～2 分钟内分析出钢中 20 多种合金元素的含量。电学分析法是利用被测物的化学组成与电物理量（电极电位、电流等）之间的定量关系来确定被测物的组成和含量的，具体有极谱法、电位滴定法、电解分析法等。仪器分析检验法适用于微量成分含量分析。仪器分析检验法因具有测定的灵敏度高、选择性好、操作简便、分析速度快的特点而被广泛应用。但由于样品前处理费时，仪器价格高，对操作人员的要求高，故其应用有一定的局限性。

3）生物检验法

生物检验法是食品类、药类和日常工业品商品质量检验常用的方法之一，包括微生物学检验法和生理学检验法两种。

（1）微生物学检验法。微生物学检验法是利用显微镜观察法、培养法、分离法和形态观察法等，对商品中有害微生物存在与否及其存在的数量进行检验，并判断其是否超过允许限度的检验方法。这些有害微生物包括大肠杆菌、沙门氏菌等。它们直接危害人体健康，危害商品的安全储存。微生物学检验法是判断商品卫生质量的重要手段。

（2）生理学检验法。生理学检验法是用来检验食品的可消化率、发热量及营养素对机体的作用，以及食品和其他商品中某些成分的毒性等的检验方法。多用鼠、兔等动物进行试验，通过动物发育、体重的改变来检查食品的营养价值；通过观察动物健康状况的变化、动物解剖结果来测定有害物质的毒性。只有经过无毒害试验，视情况需要并经有关部门批准后，才能在人体上进行试验。

3.3　商品质量评价与管理

3.3.1　商品分级

1. 商品分级的概念

根据商品标准规定的质量指标，按一定的标志将同类商品分为若干等级的工作称为商品分级。商品种类不同，分级标准也不一样。例如，茶叶按色、香、味、外形等感官指标分级；糖、食盐按其化学成分含量分级；鸡蛋按 10 个重量分级；日用工业品的分级标准一是商品外观疵点的数量和这些疵点对质量的影响程度，二是商品理化性质与标准差的程度。

我国国家标准 GB/T 12707—1991《工业产品质量分等导则》规定：优等品的质量标准必须达到国际先进水平，且实物质量水平与国外同类商品相比达到 5 年内的先进水平；一等品的质量标准必须达到国际一般水平，且实物质量水平达到国际同类产品的一般水平；按我国现行标准组织生产，标准为国内一般水平，实物质量达到相应标准要求的为合格品。优等品、一等品的产销率要求在 90%以上，销售量在同类商品中占有一定比例。

商品分级常用等级的顺序表示，通常用几等、几级或甲、乙、丙来表示。等级顺序的高低具体地表示了商品质量的优次。对各种商品每一等级的具体要求及确定商品分级的方法，通常在标准中都有规定，凡不符合最低一级要求的商品均称为等外品。许多商品还同时以特殊的标记来表明自身的质量等级。例如，瓷器以底部的印记来表示等级，印记"○"为一等品，印记"□"为二等品，印记"△"为三等品，不合格品底部则印有"次品"字样。又如，布匹上字的颜色表示不同等级，红色字为一等品，绿色字为二等品，蓝色字为三等品，黑色字为等外品。

2. 商品分级的方法

商品分级的方法，常用的有计分法和限定法两种。

1）计分法

常用的计分法有百分计分法和限度计分法两种。

（1）百分计分法。百分计分法将商品的各项质量指标规定为一定的分数，各质量指标分数之和为 100 分，其中重要指标所占的分数高，次要指标所占的分数低。如果商品质量符合标准规定的要求，其总分就能达到 100 分；如果其中某些指标达不到标准要求，那么其总分相应降低，等级也相应降低。这种方法在食品和部分日用工业品中采用得较多。

（2）限度计分法。限度计分法是以商品的每种疵点规定为一定的分数，由疵点总分来确定商品的等级。疵点越多，总分越高，商品等级就越低。这种方法一般在日用工业品和纺织品进行分等分级时采用。限度计分法在标准分数上规定的不是最低值，而是最高值。例如，棉质织布的外观质量，标准中将布面各种疵点分为 7 项，按疵点对布面影响程度确定各项疵点的分数，分数总和不大于 10 分为一等品，超过 40 分为等外品。

2）限定法

限定法是指在标准中规定商品每个等级限定疵点的种类数量、不能有哪些疵点，以及决定商品成为废品的疵点限度。限定法大多用于工业品分级。例如，全胶鞋 13 个外观指标中，就有鞋面起皱或麻点一级品稍有、二级品有；鞋面砂眼一级品不准有，二级品中砂眼直径不超过 1.5 毫米、深不超过鞋面厚度等规定。

📝 案例分析 3-4

全脂乳粉感官检验评分表如表 3-1 所示。

表 3-1　全脂乳粉感官检验评分表

项　　目	特　　征		得分
色泽（10 分）	色泽均一，呈乳黄色或浅黄色；有光泽		10
	色泽均一，呈乳黄色或浅黄色；略有光泽		8～9
	黄色特殊或带浅白色；基本无光泽		6～7
	色泽不正常		4～5
组织状态（20 分）	颗粒均匀、适中、松散、流动性好		20
	颗粒较大或稍大、不松散，有结块或少量结块，流动性较差		16～19
	颗粒较大或稍大，有较多结块，流动性较差；有少量肉眼可见的焦粉粒		12～15
	粉质粘连，流动性非常差；有较多肉眼可见的焦粉粒		8～11
冲调性（30 分）	下沉时间（10 分）	≤10 秒	10
		11～20 秒	8～9
		21～30 秒	6～7
		>30 秒	4～5
	挂壁和小白点（10 分）	小白点≤10 个，颗粒细小；杯壁无小白点和絮片	10
		有少量小白点，颗粒细小；杯壁上的小白点和絮片≤10 个	8～9
		有少量小白点，周边角度，颗粒细小；杯壁有少量小白点和絮片	6～7
		有大量小白点和絮片，中间和四周无明显区别；杯壁有大量小白点和絮片而不下落	4～5
	团块（10 分）	0	10
		1≤团块≤5	8～9
		5<团块≤10	6～7
		团块>10	4～5

续表

项　目	特　征	得分
滋味及气味（40分）	浓郁的乳香味	40
	乳香味不浓，无不良气味	32～39
	夹杂其他异味	24～31
	乳香味不浓，同时明显夹杂其他异味	16～23

（资料来源：全脂乳粉感官评鉴细则 RHB201-2004）

问题：对照表 3-1，试对全脂乳粉进行感官品评。

3.3.2 商品质量标志

1. 商品质量标志的含义

商品质量标志是按一定法定程序颁发给生产企业，以证明其商品达到一定水平的符号或标记。商品质量标志表明的是商品质量所达到的水平和质量状态，只有法定机构经过一定程序对达到一定条件的企业授权后，企业才能使用商品质量标志。

实行商品质量标志，不仅是保证商品质量的有效手段，还是维护消费者利益的有效方法。特别是对一些有关人身安全与健康的商品，国家必须强制实行商品质量标志，才能有效地防止粗制滥造，避免不合格商品投放市场。有了商品质量标志，对消费者来说，可以方便选购商品；对生产者来说，既是对商品质量的担保，又是一种荣誉和信任，还可带来经济效益。

2. 商品质量标志的种类

（1）质量合格标志。质量合格标志是商品出厂前经工厂质检部门检验，商品的各项质量指标均已达到要求而被授予的合格证标志，又称商品检验合格证。任何商品在出厂前，都要经过合格检验。质量合格标志的形式因商品的形状、性质等特点而异，一般用图案或代号表示，或者系挂，或者贴在包装上。不同等级的同类商品，可以用不同图案或颜色的标志来表示。

（2）质量认证标志。质量认证标志是认证机构为证明某个商品符合特定的标准和技术要求而设计、发布的一种专用标志。国内常见的质量认证标志有方圆标志和 PRC 标志等。方圆标志为中国方圆认证委员会质量认证标志，分为方圆合格认证标志和方圆安全认证标志（见图 3-2）。商品的全部性能要求依据标准或相应的技术要求进行认证，获准合格认证的商品使用合格认证标志；以安全标准依据进行认证或只对商品中有关安全的项目进行的认证，获准安全认证的商品使用安全认证标志。PRC 标志为中国电子元器件质量认证委员会电子元器件专用的合格认证标志。

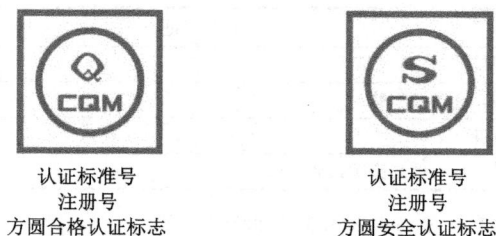

认证标准号
注册号
方圆合格认证标志

认证标准号
注册号
方圆安全认证标志

图3-2　中国方圆认证委员会质量认证标志

商品质量认证标志作为一种质量标志，其基本作用在于向商品购买者传递正确、可靠的质量信息。随着贸易的全球化，实行第三方商品质量认证制度是国际上保证商品质量的一种普遍做法，有利于提高商品的信誉度，减少重复检验，减少和消除技术壁垒，维护生产、经销和消费者各方面的权益。目前，ISO和IEC的成员国和地区会员基本都开展了商品质量认证工作。英国采用风筝标志，法国采用NF标志，德国采用VDF标志，美国采用UL标志，日本采用JIS标志，中国香港采用HK标志等。

（3）CCC标志。长期以来，我国强制性商品认证存在着对内、对外的两套认证标志，即长城认证标志和CCIB认证标志。为了解决对国内商品和进口商品认证不一致的问题，按照加入WTO后的WTO国民待遇原则，国家质量检验检疫总局和国家认证认可监督管理委员会于2001年12月公布了国家强制性认证制度"四个统一"（统一目录，统一标准、技术法规和合格评定程序，统一标志，统一收费标准）的有关法规性文件。统一后的国家强制性认证标志为"中国强制认证"，英文名称为"China Compulsory Certification"，缩写为CCC（见图3-3）。该标志从2002年5月1日起逐步取代原来的长城标志和CCIB标志，从2003年8月1日起强制执行。

（4）QS标志。为贯彻落实《中华人民共和国实食品安全法》（以下简称《食品安全法》）及其实施条例，做好企业食品生产许可工作，提高食品安全保障水平，按照有关法规，企业食品生产许可证标志以"企业食品生产许可"的拼音"Qiyeshipin Shengchanxuke"的缩写"QS"表示，并标注"生产许可"中文字样。企业食品生产许可证标志由食品生产加工企业自行加印（贴）。企业在使用企业食品生产许可证标志时，可根据需要按式样比例放大或缩小，但不得变形、变色。工业产品生产许可证标志由"企业产品生产许可"拼音Qiyechanpin Shengchanxuke的缩写"QS"和"生产许可"中文字样组成（见图3-4），标志的主色调为蓝色，字母"Q"与"生产许可"4个中文字样为蓝色，字母"S"为白色。

图3-3　CCC标志

图3-4　QS标志

（5）环境标志。环境标志是一种印刷或贴附在商品或包装上的图案，证明该种商品在其生命周期中符合环境保护要求，不危害人体健康，对生态环境无害或危害极少，有利于资源的节约和回收。ISO 14000 环境管理系列标准是 ISO 关于环境体系认证的标准，它已成为商品进入国际市场的一个重要标准。目前，世界上已有不少国家和区域性组织相继实施环境标志（见图 3-5），我国的环境标志（见图 3-6）于 1993 年 8 月发布。1994 年 5 月中国环境标志产品认证委员会（CCEL）正式成立，它是代表国家对各类环境标志商品进行认证的唯一第三方认证机构。

图 3-5　某些国家和区域性组织的环境标志

图 3-6　我国的环境标志

相关链接 3-3

地理标志产品

地理标志产品是指产自特定地域，所具有的质量、声誉或其他特性本质取决于该产地的自然因素和人文因素，经审核批准以地理名称进行命名的产品。地理标志产品包括：来自本地区的种植、养殖产品；原材料全部来自本地区或部分来自其他地区，并在本地区按照特定工艺生产和加工的产品。

地理标志保护产品作为一项与国际接轨的知识产权保护制度，目前已被世界上许多国家所采用，是世界通行的国际品牌保护制度。

（资料来源：国家质量监督检验检疫总局. 地理标志产品保护规定. 国家质量监督检验检疫总局令第78 号，2005-6-7）

3.3.3　商品质量评价的内容

商品质量的本质是满足消费者需求的程度，在日常的商品质量评价中，人们常用好吃、好用、好看、有品位来形容，用物美价廉来表示。因此，在评价商品质量时，既要注意商品质量符合标准的状况，又要考虑商品质量满足人和社会需求的程度；既要注意消费者的基本需求，又要考虑消费者对商品质量的特殊要求；既要用一般方法来评价商品质量，又要把商品质量放在社会大系统中，作为一个系统工程来研究。

1. 商品质量评价的一般内容

商品质量评价的一般内容：①检查商品质量是否符合标准，以评价商品质量技术指标的高低；②考察商品的造型、花色、款式和包装是否具有时代感，以评价商品满足消费者审美需求的质量；③考察商品使用是否简便易学，说明书是否清楚易懂，以评价商品的使用方便性；④检查商品证件标志的齐全完整性，以评价商品质量的真实可靠性；⑤考察商品的售后服务性，以评价商品的附加质量；⑥考察商品品牌的知名度，以评价商品的美誉度和消费者的认可性；⑦考察商品各类消费群体的特殊要求性，以评价商品质量满足具体消费对象需求的程度；⑧考察商品与人、商品与社会、商品与环境的关系，把商品质量放在社会这个大系统中加以评价，以评价商品质量的全面性。

2. 顾客满意度

随着科学技术的发展和人类社会的进步，人类对商品质量的不懈追求，使顾客满意成为企业关注的焦点。商品质量始于顾客的需求，终于顾客的满意水平，谁最了解顾客的期望、及时掌握顾客的满意水平，谁的商品就会受到顾客欢迎。商品质量已从符合标准发展到使顾客完全满意。近年来，一些发达的市场经济国家正在积极研究和采用顾客满意度作为测定顾客对商品服务的质量指标，它对商品质量的评价着眼于顾客的实际感受，体现了一种全新的质量观念。

顾客满意度测评的基本要素为顾客预期质量、顾客感知质量、顾客感知价值、顾客满意程度、顾客忠诚度和顾客抱怨率等。顾客满意有 3 个前提，即顾客的预期质量、感知质量和感知价值。如果商品的感知质量超过顾客的预期质量，那么顾客感到有价值，从而达到顾客满意；如果商品的感知质量没有达到顾客的预期质量，顾客就不满意。顾客满意又与顾客抱怨率和顾客忠诚度有关，因此顾客满意度客观地反映了商品质量满足消费者的程度。顾客满意度测评的基本要素如图 3-7 所示。

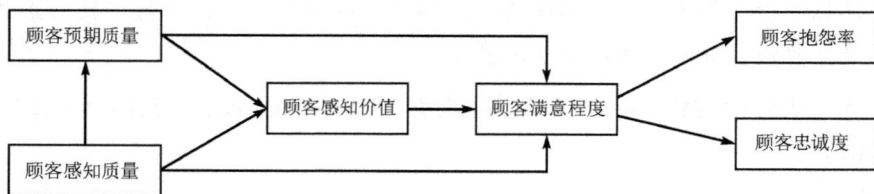

图 3-7 顾客满意度测评的基本要素

3. 假冒伪劣商品的识别

案例分析 3-5

真假矿泉水识别

随着人们生活水平和保健意识的提高，矿泉水作为日常饮料已成趋势。有不少厂家经营者为了赚钱，用浅井水或自来水加糖精、水果香精、色素配制成"三精水"假冒天然矿泉水、果汁等。饮用天然矿泉水应无色、透明、无异物（允许有少量矿物盐沉淀）和无异味，并具有该矿泉水的特征口味。同时瓶身都必须标有品名、产地、厂名、注册商标、生产日期、批号、容量、主要成分及含量、保质期或保存期限，以及监制单位等。而假冒伪劣矿泉水大都添加了着色添加剂，商标标志也比较简单，缺乏矿泉水甘甜无味、清凉爽口（碳酸型矿泉水略有苦涩味）的特征口味。

［资料来源：识别伪劣商品知识. 上海标准化，2000（4）］

问题：在日常生活中，你是怎样识别各种瓶装饮用水的真假的？

3.3.4　流通领域的商品质量管理

商品质量管理已不局限在具体的商品质量上，而是建立了企业质量保证体系，ISO 9000系列就是质量管理和保证的国际标准。商品流通领域的质量管理主要表现在市场调研、采购、运输、储存、销售和售后服务等方面。

1. 市场调研质量管理

市场调研能有效地减少企业经营活动中的盲目性，有助于企业科学地制订购销计划，组织适销对路的商品，也可以为促进工业企业商品更新换代、结构调整、改进和提高商品质量提供可靠的依据。市场调研质量管理的内容主要包括消费者需求调查，以及确定经营商品的质量要求、经营特色和经营管理费用。

2. 采购质量管理

严格把好进货关，防止不合格品和假冒伪劣商品进入流通领域，是商业企业搞好商品质量管理的重要环节，也是流通领域质量管理的基础。采购质量管理的内容包括：建立商品进货管理制度，编制采购计划；选择合格的货源单位，并签订商品质量合同；建立商品验收、检验制度和商品检验机构，培训检验人员；对经销商品进行分类管理。

3. 运输质量管理

保证运输质量是商品质量管理在流通领域的重要环节，商品运输质量管理要遵循"及时、准确、安全、经济"的原则。运输质量管理的内容包括：制订科学的运输计划；选择合理的运输路线；确定适宜的运输条件和运输工具；建立商品交接验收制度；采用先进、合理的运输方法；科学堆放，文明装卸等。

4. 储存质量管理

商品储存质量管理应贯彻以防为主的原则，最大限度地减少商品在储存期间的质量变化和损失。储存质量管理的内容包括：制订商品储存计划；建立商品出入库验收制度和仓库管理制度；选择适宜的储存条件和科学的储存养护方法；认真管理仓库的温度和湿度，做好防霉、防锈、防污染工作；认真做好商品的在库检查，及时发现和处理商品质量问题；加快商品出库速度，提高经济效益等。

5. 销售质量管理

销售质量直接影响着商业企业的信誉和消费者的利益，也直接影响着商品质量。销售质量管理的主要内容包括：编制商品销售计划；制定合格营业员的条件；确定适宜的销售环境；规定销售过程及其质量要求；培训营业员，提高服务质量等。

6. 售后服务质量管理

商业企业应提供直接或间接的售后服务，给消费者提供质量保证，并搜集质量信息。售后服务质量管理的内容包括：制定和实行三包规定；送货上门；免费安装和调试；免费培训，开展质量咨询服务和质量信息反馈等。

3.3.5 商品质量监督

1. 商品质量监督的概念

商品质量监督是根据国家的质量法规和商品质量标准，由国家指定的商品质量监督机构对生产和流通领域的商品和质量保证体系进行监督的活动。因此，我们可以认为，商品质量监督是一种质量分析、评价和保证活动；商品质量监督的对象是实体，如产品、商品、质量保证体系等；商品质量监督的范围包括生产、流通到运输、储存和销售整个过程；商品质量监督的依据是国家质量法规和商品技术标准；商品质量监督的主体是用户或第三方。

2. 商品质量监督的种类

（1）国家的质量监督。国家的质量监督是指国家授权指定第三方专门机构以公正的立场对商品质量进行的监督检查。这种国家法定的监督以政府行政的形式，实行定期或经常监督抽查和检验，公开公布商品质量抽查检验结果，并根据国家有关法规及时处理质量问题，以维护社会经济生活的正常秩序和保护消费者的合法权益。国家的商品质量监督由国家质量技术监督部门规划和组织。

（2）社会的质量监督。社会的质量监督是指社会团体和新闻机构根据用户和消费者的反映，对流通领域中的某些商品进行抽样检验，并公布检验商品的质量状况和企业名单，以造成强大的社会舆论压力，迫使企业改进质量，对用户和消费者承担质量责任。社会质量监督的主体还包括用户，用户的质量监督是指内外贸易部门和使用单位为确保商品质量而进行的监督检验。

3．商品质量监督的形式

（1）抽查型质量监督。抽查型质量监督是指国家质量监督机构通过对从市场或生产企业或仓库等地随机抽取的样品，按照技术标准进行监督检验，判定其是否合格，从而采取强制措施，责成企业改进商品质量所进行的监督活动。抽查型质量监督的特点：它是一种强制性的质量监督形式；抽查商品采用的是地点不限、随机抽样检查的方式；抽查检测数据科学、准确，对商品质量的判断、评价公正；抽查商品的质量检验结果公开；对抽查检验不合格的单位限期整改。

（2）评价型质量监督。评价型质量监督是指国家质量监督机构通过对企业的商品质量和质量保证体系进行检验和检查，考核合格后，以颁发商品质量证书、标志等方法确认和证明商品已经达到某一质量水平，并向社会提供质量评价信息的一种质量监督活动。评价型质量监督是国家干预商品质量的手段之一，它的特点：按照国家规定标准，对商品进行检验，以确定其质量水平；对商品生产企业的生产条件、质量体系进行严格审查和评定，由政府和政府主管部门颁发相应的证书；允许在商品上、包装上、出厂合格证和广告上使用和宣传相应的质量标志；实行事后监督，使商品质量保持稳定和不断提高。

（3）仲裁型质量监督。仲裁型质量监督是在对商品质量有争议而进行仲裁时使用的手段，是国家质量监督机构站在第三方的立场上，公正地处理质量争议，从而加强对质量不法行为的监督，促进商品质量提高的一种质量监督活动。仲裁型质量监督的特点：仲裁监督的对象是有争议的商品；具有较强的法制性；根据监督检验的数据和全面调查情况，由受理仲裁的质量监督部门进行调解和裁决，质量责任由被诉方承担。

4．我国商品质量监督的管理模式

我国商品质量监督的管理体制采用的是"集中与分散相结合"的模式，在全国形成了一个由多系统组成的质量监督管理网络，包括技术监督系统和专业监督系统的质量监督管理机构及质量监督检验机构。

（1）技术监督系统。技术监督系统是指由国务院授权统一管理和组织协调全国技术监督工作的国家质量监督检验检疫总局系统，县级以上地区技术监督部门负责行政区内的商品质量监督和管理工作。为适应商品质量监督检验工作的需要，国家在各省、市、自治区工业集中的城市建立和健全了商品质量检验机构，在国家质量技术监督部门统一领导和规划下，开展商品质量监督检验工作。对不按标准进行生产、商品质量低劣的企业，技术监督部门有权停止填发合格证，特别严重的，有权建议主管部门对企业和有关人员进行经济制裁等。

（2）专业监督系统。卫生系统、船检单位、农林牧系统等均根据国家颁布的有关法规，由各行业、部门相应的质量监督机构行使监督职权。例如药品系统，国家市场监督管理总局主管全国药品的质量检验工作，县级以上食品药品监督机构行使药品监督权，各药品检验所负责药品质量检验工作。

相关链接 3-4

运动鞋质量鉴定

运动鞋是根据人们参加运动或旅游的特点设计和制造的。运动鞋的鞋底和普通皮鞋、胶鞋不同，一般都是柔软而富有弹性的，能起一定的缓冲作用，运动时能增强弹性，有的还能防止脚踝受伤，所以，在进行体育运动时，大都要穿运动鞋，如在打篮球、跑步时等。鉴定运动鞋质量的好坏，需要从外观和内在指标两个方面着眼。由于内在指标往往需要借助检测仪器，对一个消费者来讲，从外观上鉴别鞋的质量更具实际意义。从外观上，主要从鞋的材料（包括鞋面、鞋底、鞋里）质量和做工两个方面来鉴别鞋的质量。尺码可以度量，工艺以目测，手摸、捏、推为主。

（1）鞋面（帮）。鞋帮是鞋的主要构成部分之一。对于光面鞋，要看其是否柔软和丰满，用手按下鞋面后，是否出现松面现象，好的鞋面应该是柔软和丰满的，手感舒适，光泽均匀一致，无松面现象。对绒面皮鞋的鞋面，应注意检查其绒毛是否短而均匀，其色调也应一致。鞋里是鞋帮的一部分，它是为了补强鞋面、防止鞋帮延伸变形并改善脚感而使用的。所以，好的鞋里材料（如真皮革鞋里）应具有良好的触感、透气性和排湿性，且不易脱色。在缝制上，鞋里不应有皱纹和肥边。

（2）鞋垫。通常的男鞋用内底后半截垫或后跟垫。女鞋用覆盖内底的全垫。鞋垫具有保持鞋内底清洁、覆盖内底的凹凸不平，以改善脚感的作用。因此，鞋垫应具有良好的吸湿、排湿性。在做工上，鞋垫应平展地黏附在内底上，不能有褶皱现象。

（3）外底。从外表上看，外底周边的结合状态应密切黏合而没有空隙，底面应平整。

（4）鞋跟。不论是低跟还是高跟，首先都要看其与鞋的配合是否自然平齐。对中跟以上的女式鞋来讲，下面两点更为重要：一是鞋跟应牢固地装在内底上，不应摇晃；二是掌面应不小于鞋跟的底面。

（5）内底。一方面，看内底的材料，最好是真皮的。另一方面，要用手强力按压腰档（相当于穿鞋时脚背的部分），纹丝不动的较好。在这种力的作用下，如鞋的沿口有变形，就说明该鞋的质量有问题。

（6）稳定性。将鞋放在平面上，鞋应马上静止不动，这样的鞋为稳定性好，这也是优质鞋的基本条件之一。

（资料来源：运动鞋. 百度百科，2014-11-25）

课后归纳总结

本章小结

商品检验是商品质量保证工作的一项重要内容，商品检验的内容主要有商品质量检验，商品重量和数量检验，商品包装检验，商品安全、卫生检验等。按检验有无破坏性划分，商品检验分为破坏性检验和非破坏性检验。按检验商品的相对数量划分，商品检验分为全数检验、抽样检验和免于检验。按商品内外销售情况划分，商品检验分为工厂签证、商业免检；商业监检；凭工厂签证收货；工厂签证交货，商业定期或不定期抽验；商业批验；行业会检；库存商品检验，法定检验；公证检验；委托业务检验等。

商品检验大多数为抽样检验，商品抽样方法有百分比抽样、简单随机抽样和分层随机抽样 3 种。商品检验的方法有感官检验法和理化检验法两类，在日常业务活动中，常用感官检验法来检查商品质量。

商品质量评价是一项综合性工作，既要根据商品检验的结果进行商品质量的分等定级，依据质量标志确定商品质量所达到的水平和质量状态，又要根据市场和消费者需求来全面考察和识别商品质量。在商品相对繁多的今天，顾客满意度已成为全社会关注商品质量的焦点。

流通领域的商品质量管理包括市场调研、采购、运输、储存、销售和售后服务方面的质量管理。商品质量监督是国家依法保证商品质量的一种有效活动。商品质量监督的种类有国家和社会的商品质量监督两种；商品质量监督的形式有抽查型、评价型和仲裁型 3 种；我国商品质量监督的管理模式由技术监督系统和专业监督系统构成。

主要概念

商品检验　　感官检验法　　商品质量认证标志　　商品质量监督

课堂讨论题

1．怎样检验商品质量？
2．如何评价商品质量？

自测题

1．判断题

（1）商品样本为从被检验商品中抽取的用于检验的单位商品的全体。　　　（　　）

（2）感官检验不允许使用简单的器具，如放大镜、尺子等进行辅助检验。　　（　　）

（3）在限度计分法中，疵点越多，总分越高，商品等级就越高。　　　　（　　）

（4）商品质量监督是国家行为，用户不能参与商品质量监督。　　　　（　　）

2．填空题

（1）商品抽样的方法有百分比抽样、_____随机抽样和_____随机抽样等。

（2）商品分级的方法常用的有_____和_____两种。

（3）顾客满意的 3 个前提是顾客预期质量、_____和_____。

（4）商品质量监督的形式有抽查型、_____和_____质量监督 3 种。

3．选择题

（1）不适宜感官检验的质量指标有（　　）。

    A．气味　　　　　　　　B．弹性　　　　　C．商品成分　　　D．卫生性

（2）属于商品质量认证标志的有（　　）。

    A．方圆标志　　　　　　　　　　　　　　B．合格标志

    C．绿色食品标志　　　　　　　　　　　　D．全羊毛标志

（3）仿冒者无法假冒的防伪标志是（　　）。

    A．激光标志　　　　B．条形码标志　　　C．电码标志　　　D．水印纸

（4）防止不合格品和假冒伪劣商品进入流通领域的关键是（　　）。

    A．采购质量管理　　　　　　　　　　　　B．储存质量管理

    C．销售质量管理　　　　　　　　　　　　D．运输质量管理

4．简答题

（1）什么是商品检验？其有何作用？

（2）商品检验的内容和形式有哪些？

（3）商品检验的方法有哪些？各有何特点？

（4）商品质量评价的一般内容是什么？

📖 实训题

1．技能题

（1）运用所学知识，结合自己的体验，对所熟悉的某一食品进行质量检验。

（2）考察某一日用工业品商品的质量标志，并对其质量做出评价。

2．案例分析题

日用塑料外观鉴别

从各种塑料的外观特征，如色泽、透明度、光滑性、手感、表面硬度、敲击声及将其放入沸水中和放入水中等来区分和判断塑料的种类。有关塑料的外观特征如下。

（1）聚乙烯：乳白色透明体，手摸有石蜡油腻感，质地柔软，能弯曲，放在水中能浮

于水面，置于沸水中显著软化。

（2）聚丙烯：本色为乳白色半透明体，手摸润滑但无油腻感，质地硬挺有韧性，放在水中能浮于水面，置于沸水中软化不显著。

（3）聚氯乙烯：硬制品坚硬平滑，敲击时声音发闷，色泽较鲜艳；软制品柔软富弹性，薄膜透明度较高，而无蜡质感，放在水中不沉，遇冷变硬，有特殊气味。

（4）聚苯乙烯：表面硬度与透明度较高，色泽鲜艳；其主要特点是敲击或轻掷时，有类似的清脆声，弯折时易碎裂，断口处呈银白色。

（5）有机玻璃：外观似水晶，透明度高，色泽鲜艳，弯曲时有韧性，敲击时声音发闷，用柔软物摩擦制品，能产生芳香水果气味。

问题：请根据以上材料设计一套方案用来鉴别塑料，并将 5 种塑料的外观鉴别结果用文字叙述填在表 3-2 中。

表 3-2　塑料制品的外观鉴别结果

塑料类别	外观鉴别项目							
	色泽	透明度	手感	表面硬度	气味	敲击	水中	沸水中
聚乙烯								
聚丙烯								
聚氯乙烯								
聚苯乙烯								
有机玻璃								

3．实习题

（1）考察本地市场商品质量，并谈谈你是如何识别假冒伪劣商品的。

（2）考察某商贸企业商品质量管理实况，分析其特点，并提出改进建议。

项目 4
商品分类与商品包装

✎ **课中知识应用**

▌ **引导案例**

超市商品分类

超市以满足消费者对基本生活用品一次性购足需要为经营宗旨，是一种经营品项较多的零售业态。对品种繁多的商品进行分类，是超市科学化、规范化管理的需要，它有利于将商品分门别类地进行采购、配送、销售、库存、核算，提高管理效率和经济效益。超市可以在商品分类的基础上，根据目标消费者的需要，选择并形成有特色的商品组合，体现自身的个性化经营特色，求得超市经营的成功。而在超市实际商品管理中，商品分类一般采用综合分类标准，将所有商品划分成大分类、中分类、小分类和单品 4 个层次，目的是便于管理，提高管理效率。

商品种类繁多，据不完全统计，在市场上流通的商品有 25 万种以上。科学的商品分类应该以方便消费者购物、体现企业特点为目的。对商品进行科学、系统的分类，最终编制出各种简便实用的商品目录，以满足各方面的需要，是商品经营管理的重要工作之一。

4.1　商品分类的概念、意义、标志和基本方法

4.1.1　商品分类的概念和意义

1. 商品分类的概念

商品、材料、物质、现象等概念都是概括一定范围的集合总体。任何集合总体都可以根据一定的标志逐次归纳为若干范围较小的单元（局部集合体），直至划分为最小的单元。这种将集合总体科学、系统地逐次划分的过程称为分类。分类具有普遍性，凡有物、有人、有一定管理职能的地方都存在分类。分类是我们认识事物、区分事物的重要方法。分类能使我们提高效率，使日常事务大大简化。

根据一定的目的，选择恰当的标志，将任何一个商品集合总体逐次进行划分的过程即商品分类。商品分类一般将商品集合总体划分为大类、品类、品种，或大类、中类、小类、品种、细目等范围逐渐缩小、特征更趋一致的局部集合体。

商品的大类一般根据商品生产和流通领域的行业来划分，既要同生产行业对口，又要与流通组织相适应。商品品类或中类等是指若干具有共同性质和特征的商品的总称，它们各自包括若干商品品种。商品品种是按商品特性、成分等方面的特征进一步划分得到的商品类组。品种的名称即具体商品名称。

上述商品的局部集合体可以继续划分至最小的单元——商品细目。细目是对品种的详尽区分，包括商品的规格、花色、型号、质量等级等。细目能更具体地反映商品的特征。

相关链接 4-1

虽然超市各种业态经营品种存在较大差异，如小便利店的经营品种不到 3000 种，而大型综合超市的经营品种有 30 000 多种，但商品分类都包括下述 4 个层次，且每个层次的分类标准也基本相同，只不过便利店各层次类别相对较少，大型综合超市各层次类别相对较多而已。

1. 大分类

大分类是超市最粗线条的分类。大分类的主要标准是商品特征，如畜产、水产、果菜、日配加工食品、一般食品、日用杂货、日用百货、家用电器等。为了便于管理，超市的大分类一般以不超过 10 个为宜。

2. 中分类

中分类是从大分类中细分出来的类别。其分类标准主要有以下几个。

（1）按商品功能与用途划分。例如，在"日配加工食品"这个大分类下，可分出"牛奶""豆制品""冰品""冷冻食品"等中分类。

（2）按商品制造方法划分。例如，在"畜产"这个大分类下，可细分出"熟肉制品"的中分类等。

（3）按商品产地划分。例如，在"果菜"这个大分类下，可细分出"国产水果"与"进口水果"的中分类。

3. 小分类

小分类是中分类中进一步细分出来的类别。其分类标准主要有以下几个。

（1）按功能用途划分。例如，在"畜产"大分类中、"猪肉"中分类下，可进一步细分出"排骨""肉糜""里脊肉"等小分类。

（2）按规格包装划分。例如，在"一般食品"大分类中、"饮料"中分类下，可进一步细分出"听装饮料""瓶装饮料""盒装饮料"等小分类。

（3）按商品成分划分。例如，在"日用百货"大分类中、"鞋"中分类下，可进一步细分出"皮鞋""人造革鞋""布鞋""塑料鞋"等小分类。

（4）按商品口味划分。例如，在"糖果饼干"大分类中、"饼干"中分类下，可进一步细分出"甜味饼干""咸味饼干""奶油饼干""果味饼干"等小分类。

4. 单品

单品是商品分类中不能进一步细分的、完整独立的商品品项，如"355毫升听装可口可乐""1.25升瓶装可口可乐""2升瓶装可口可乐""2升瓶装雪碧"就属于4个不同单品。

需要说明的是，商品分类并没有统一固定的标准，各超市可根据市场和自身的实际情况对商品进行分类。但商品分类应该以方便消费者购物、方便商品组合、体现企业特点为目的。

2. 商品分类的意义

商品分类既是商品学的重要研究内容，又是商品经营管理的一种手段。商品分类为国民经济各部门、各企业实施各项管理活动奠定了科学基础，商品科学分类有助于商业经营管理，是实行现代化管理的前提，有利于开展商品研究和教学工作，便于消费者选购商品。

📋 案例分析 4-1

淘宝网以市场为分类标志，将商品分为女装/内衣/家居、女鞋/男鞋/箱包、母婴/童装/玩具、男装/运动户外、美妆/彩妆/个护等15个大类。在女装/内衣/家居中分为外套、上装、女裤、女裙、套装等。女裙里包括连衣裙、半身裙、旗袍等。

问题：淘宝网的商品分类与超市的商品分类各有何特点，对你有何启迪？

4.1.2 商品分类标志

1. 选择商品分类标志的基本原则

商品分类标志是编制商品分类体系和商品目录的重要依据与基准。对商品进行分类，可供选择的标志很多，在选择时应遵循如下原则。

（1）目的性。商品分类标志的选择必须保证在此基础上建立起的分类体系能满足分类的目的和要求。

（2）包容性。商品分类标志的选择必须保证在此基础上建立的分类体系能够包容拟分类的全部商品，并为不断纳入新商品留有余地。

（3）区分性。商品分类标志本身含义明确，必须保证能从本质上把不同类别的商品明显区分开来。

（4）唯一性。商品分类标志的选择必须保证每个商品只能在体系内的一个类别中出现，不得在不同类别中反复出现；体系内的同一层级范围只能采用同一种分类标志，不得同时采用几种分类标志。

（5）逻辑性。在唯一性原则得到强调的同时，还要兼顾商品分类标志的选择必须保证使商品分类体系中的下一层级商品分类标志成为上一层级商品分类标志的合乎逻辑的继续和具体的自然延伸，从而使体系中不同商品类目间并列或互相隶属的逻辑关系明晰。

（6）简便性。商品分类标志的选择必须保证建立起的商品分类体系在实际运用中便于操作，易于使用，有利于采用数字编码和运用电子计算机进行处理。

2．常用的商品分类标志

商品分类标志的实质是商品本身固有的种种属性。目前还未发现一种能贯穿商品分类体系始终，对所有商品类目直到品种和细目都适用的商品分类标志。因此，在一个分类体系中，常采用几种商品分类标志，往往在每个层次用一个适宜的商品分类标志。在商品分类实践中，常见的商品分类标志有如下几种。

（1）以商品的用途作为商品分类标志。商品的用途是体现商品使用价值的重要标志，以商品的用途作为商品分类标志，不仅适合对商品大类的划分，还适合对商品类别、品种的进一步划分。例如，商品按用途可分为生活资料和生产资料。生活资料按用途的不同可分为食品、衣着类用品、日用品等。日用品按用途又可分为器皿类、玩具类、洗涤用品类、化妆品类等。化妆品按用途还可继续划分为护肤用品、美容美发用品等。

以商品的用途作为商品分类标志，便于分析和比较同一用途商品的质量与性能，从而有利于生产部门改进和提高商品质量、开发商品新品种、生产适销对路的商品，也便于商业部门经营管理和消费者按需要选择商品。但对于多用途的商品，不宜采用此种商品分类标志。

（2）以原材料作为商品分类标志。商品的原材料是决定商品的质量、使用性能、特征的重要因素之一。例如，纺织品按原料不同可分为棉织品、毛织品、麻织品、丝织品、化学纤维织品等；鞋类商品按原材料不同可分为布鞋、皮鞋、塑料鞋、人造皮革鞋等。以原材料作为商品分类标志，不但使商品分类清楚，而且能从本质上反映出每类商品的性能、特点、使用及保管要求。特别是对于那些原材料替代种类多，且原材料对性能影响较大的商品更加适用。但对那些由两种以上原材料构成的商品，采用此种商品分类标志进行分类会产生一定的困难。

（3）以商品的加工方法作为商品分类标志。很多不同的商品往往是用同一种原材料制造的，就是因为选用了不同的加工方法，最后便形成质量特征截然不同的商品种类。由此可见，加工方法也是商品分类的重要标志。这种商品分类标志对那些可以选用多种加工方法，且质量特征受加工工艺影响较大的商品最为适用。例如，按加工方法上的区别，茶叶有全发酵茶、半发酵茶和不发酵茶；酒则有配制酒、蒸馏酒和发酵原酒。那些加工方法虽不同，但对质量特征不会产生实质性影响的商品，则不宜采用此种商品分类标志。

（4）以商品的主要成分或特殊成分作为商品分类标志。商品的很多性能取决于它的化学成分。在很多情况下，商品的主要成分是决定其性能、质量、用途或储运条件的重要因素。在对这些商品进行分类时，应以商品的主要成分作为商品分类标志。例如，按照商品的主要成分分类，化肥可分为氮肥、磷肥、钾肥等。

有些商品的主要成分虽然相同，但是所含的特殊成分不同，可形成质量特性和用途完全不同的商品，在对这类商品分类时，可以其中的特殊成分作为分类标志。例如，玻璃的主要成分是二氧化硅，但根据其中一些特殊成分，可将玻璃分类为钠玻璃、钾玻璃、铅玻璃、硼硅玻璃等。

以商品的主要成分或特殊成分作为商品分类标志，适用于对化学成分已知，且成分对质量特性影响较大的商品。采用这种商品分类标志，便于研究商品的特性、包装、储运、使用方法、养护等问题，因此这种商品分类在生产管理、经营管理和教学科研中广泛应用。但对化学成分构成复杂，或容易发生变化，或区别不明显、成分不清楚的商品，不适宜采用这种商品分类标志。

除上述常见的商品分类标志外，还有一些商品本身的属性、特征也在一些特殊场合下作为商品分类标志。例如，工业制成品以花色、规格、型号作为商品分类标志；农产品中的种植业产品以收获季节或产地作为商品分类标志；畜产品中的肉类以采集部位作为商品分类标志；蜂蜜以花粉源作为商品分类标志等。

小思考 4-1

对纺织品，是否只能以原材料作为商品分类标志？

4.1.3　商品分类的基本方法

1. 线分类法及线分类体系

线分类法也称层级分类法，它是将拟分类的商品集合总体，按选定的属性或特征作为划分基准或分类标志，逐次地分成相应的若干层级类目，并编制成一个有层级的、逐级展开的分类体系。按线分类法建立起的体系即线分类体系。图 4-1 就是一个线分类体系示例。线分类体系的一般表现形式是大类、中类、小类等级别不同的类目逐级展开，如图 4-1 所示。在这个体系中，各层级所选用的标志可以不同，各类目之间构成并列或隶属关系。

```
      大类              中类              小类
                                          ┌ 床
                        ┌ 木制家具制造业商品  │ 椅
                        │ 金属家具制造业商品  │ 凳
     家具制造业商品 ─┤                     │ 桌
                        │ 塑料家具制造业商品  │ 箱
                        └ 竹藤家具制造业商品  │ 架
                                          │ 橱柜
                                          │ 笼
                                          └ 其他
```

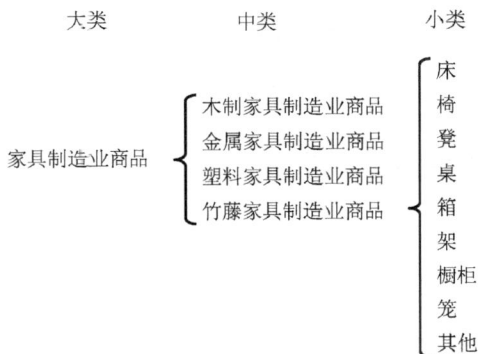

图 4-1　线分类体系示例

线分类法是商品分类中常采用的方法。线分类体系的主要优点：层次性好，能较好地反映类目之间的逻辑关系；符合传统应用习惯，既适合手工处理，又便于计算机处理。但线分类体系也存在分类结构弹性差的缺点。

2. 面分类法及面分类体系

面分类法又称平行分类法，它是把拟分类的商品集合总体，根据其本身固有的属性或特征，分成相互之间没有隶属关系的面，每个面都包含一组类目。将每个面中的一种类目与另一个面中的一种类目组合在一起，即组成一个复合类目。按面分类法建立起来的体系即面分类体系。

服装的分类就是按面分类法组配的。把服装用的面料、式样和款式分为 3 个互相之间没有隶属关系的面，每个面又分成若干类目。如表 4-1 所示，标出不同范畴的独立类目，在使用时将有关类目组配起来，便成为一个复合类目，如纯毛男式中山装、中长纤维女式西装等。

表 4-1　面分类体系应用示例

面　料	式　样	款　式
纯棉	男式	中山装
纯毛	女式	西装
涤棉		猎装
毛涤		夹克
中长纤维		连衣裙

目前，在实际运用中，一般把面分类法作为线分类法的补充。

按面分类法建立起的分类体系结构弹性好，可以较大量地扩充新类目，不必预先确定好最后的分组，适用于计算机管理。它的缺点是组配结构太复杂，不便于手工处理，其容量也不能充分利用。按表 4-1 提供的类目进行组配，可发现其中会出现没有意义的商品复合类目。

我国在编制国家标准 GB/T 7635.1—2002《全国主要产品分类与代码 第 1 部分：可运输产品》时，采用的是线分类法和面分类法相结合、以线分类法为主的综合分类法。

4.2 商品编码和商品目录

4.2.1 商品编码

商品编码是指用一组有序的代表符号来标志分类体系中不同类目商品的过程。编码中所使用的标志性的代表符号称为商品代码。

1. 商品编码的作用

商品编码可使名目繁多的商品便于记忆，有利于商品分类体系的通用化、标准化，为建立统一的商品产、供、销和储运信息系统，以及运用计算机网络进行商流、物流的现代化科学管理创造条件。

2. 商品代码的种类

商品代码按其所用符号的不同分为数字代码、字母代码、字母-数字混合代码。目前使用最普遍的是数字代码。

3. 数字代码的含义及编码方法

数字代码是用一组阿拉伯数字表示的商品代码。数字代码结构简单，使用方便，易于推广，便于计算机处理。运用数字代码进行商品编码，常使用以下 3 种方法。

（1）层次编码。层次编码是按商品类目在分类体系中的层级顺序，依次赋予对应的数字代码。在此且以《全国主要产品分类与代码 第 1 部分：可运输产品》为例，分析、认识层次编码。其整个代码共 8 位数，分 6 个层次，前 5 层是一层 1 位码，第六层是 3 位码，采用了非平均分配代码方法，各层分别命名为大部类、部类、大类、中类、小类、细类，如图 4-2 所示。由此可见，代码的层次结构反映了分类体系中不同类目间的层次关系。

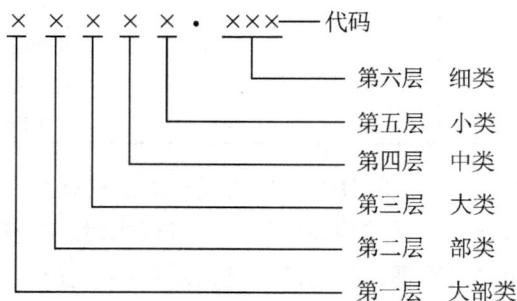

图 4-2　层次编码结构

相关链接 4-2

《全国主要产品分类与代码 第 1 部分：可运输产品》中的小麦、玉米分类与代码及分类代码表如表 4-2 和表 4-3 所示。

表 4-2　小麦、玉米分类与代码

代　码	产品名称	说　　明
0	农林（牧）渔业产品；中药	
01	种植业产品	包括农产品、园艺和供应市场的菜果园产品等，即包括农业种植业产品和林业种植业产品，如花卉、水果和林木种子、苗等
011	谷物、杂粮等及其种子	薯类、杂豆类（干的去荚的豆），入代码 0121、0122；薯类根茎、块茎见代码 01213
0111	小麦及混合麦	用 GB 1351—1999 的产品名称和分类
01111	小麦	
01111·010—·099	冬小麦	
01111·011	白色硬质冬小麦	种皮为白色或黄色的麦粒不低于 90%，角质率不低于 70% 的冬小麦
01111·012	白色软质冬小麦	种皮为白色或黄色的麦粒不低于 90%，粉质率不低于 70% 的冬小麦
01111·013	红色硬质冬小麦	种皮为深红色或红褐色的麦粒不低于 90%，角质率不低于 70% 的冬小麦
01111·014	红色软质冬小麦	种皮为深红色或红褐色的麦粒不低于 90%，粉质率不低于 70% 的冬小麦
01111·100—·199	春小麦	
01111·101	白色硬质春小麦	种皮为白色或黄色的麦粒不低于 90%，角质率不低于 70% 的春小麦
01111·102	白色软质春小麦	种皮为白色或黄色的麦粒不低于 90%，粉质率不低于 70% 的春小麦
01111·103	红色硬质春小麦	种皮为深红色或红褐色的麦粒不低于 90%，角质率不低于 70% 的春小麦
01111·104	红色软质春小麦	种皮为深红色或红褐色的麦粒不低于 90%，粉质率不低于 70% 的春小麦
01112	混合麦	
0112	玉米（拍谷类）	用 GB 1353—1999 的产品名称和分类；菜玉米、笋玉米除外，见代码 01239·011、·012
01121	黄玉米	种皮为黄色，并包括略带红色的黄色玉米；专用玉米除外
01121·011	黄马齿型玉米	
01121·012	黄硬粒型玉米	
01122	白玉米	种皮为白色，并包括略带淡黄色或粉红色的白色玉米；专用玉米除外
01122·011	白马齿型玉米	
01122·012	白硬粒型玉米	
01123	混合玉米	指混入本类以外玉米超过 5.0% 的玉米

代　码	产　品　名　称	说　　明
01124	专用玉米	甜玉米、笋玉米除外，见代码 01239·011、·012
01124·011	爆裂玉米	
01124·012	糯玉米	
01124·013	高油玉米	
01124·014	高淀粉玉米	
01124·015	优质蛋白玉米	

表 4-3　分类代码表

名　　称	内　　容
0 大部类	农林（牧）渔业产品；中药
1 大部类	矿和矿物；电力、可燃气和水
2 大部类	加工食品、饮料和烟草；纺织品、服装和皮革制品
3 大部类	除金属制品、机械和设备外的其他可运输物品
4 大部类	金属制品、机械和设备

（资料来源：GB/T 7635.1—2002《全国主要产品分类与代码　第 1 部分：可运输产品》）

（2）平行编码。平行编码多用于面分类体系中，具体方法是给每个分类面确定一定数量的码位，代码标志各组数字之间是并列平行关系。

平行编码也用于线分类体系中。线分类体系中同一层级的不同类目之间是并列平行的关系。对于这种同一分类体系中同层级的类目，可以用平行编码的方法按顺序给出数字代码。

（3）混合编码。混合编码是层次编码和平行编码的合成。在实践中，编码方法和分类方法一样，通常不单独使用，而是混合使用的。《全国主要产品分类与代码　第 1 部分：可运输产品》实际采用的就是混合编码，在同一级别中，按平行编码法给出代码；将不同级别中的代码按对应商品类目间固有的逻辑关系组配，有了 8 位数的代码。

4. 商品条码的概念及分类

（1）商品条码的概念。商品条码也是商品的一种代表符号，是由一组规则排列的"条""空"符号及其对应的数字代码组成的商品标志，是用光电扫描阅读设备识读并实现数据计算机处理的特殊代码。以此而论，它该属商品代码之列，这是在本章本节讨论商品条码的理由。然而，商品条码不能简单地归类于商品代码。因为它既不能以上述普通编码方法获得，所蕴含的商品信息也与上述普通代码大相径庭，这一点必须说明。

（2）商品条码的分类。商品条码分为厂家条码和商店条码。厂家条码是指生产厂家在生产过程中直接印在商品包装上的条码，它们不包括价格信息。常用的厂家条码主要有国际通用商品条码和北美通用产品条码两种。UPC（Universal Product Code，UPC）码源于美国，是在美国和加拿大推广使用的通用产品条码。EAN（European Article Numbering System，EAN）码是欧洲物品编码协会在吸取 UPC 经验的基础上开发出的与 UPC 兼容的一种通用商品条码。为了在世界范围内推行条码系统，协调条码在各国的应用，1981 年欧洲物品编码协会更名为国际物品编码协会。EAN 码已在世界各国普及，国际通用。我国于 1988 年 12 月成立中国物品编码中心，1991 年 4 月被国际物品编码协会接纳为会员，同年，我国颁布了国家标准 GB 12904—1991《通用商品条码》，并于 1998 年和 2003 年两次修订，在 2008 年再次修订为 GB 12904—2008《商品条码 零售商品编码与条码表示》。条码示意图如图 4-3 所示。

| EAN-13 | EAN-8 | UPC-A | UPC-E |

图 4-3　条码示意图

在自动扫描商店中，为便于 POS 系统对商品的自动扫描结算，商店对没有商品条码或商品条码不能识读的商品，自行编码和印制条码，并只限在自己店内部使用。通常将这类条码称为商店条码，又叫店内码。商店条码可分为两类。一类是用于变量消费单元的店内码，如鲜肉、水果、蔬菜、熟食品等商品是按基本计量单位计价、以随机数量销售的，其编码的任务不宜由厂家承担，只能由零售商完成。零售商在进货后，要根据顾客需要包装商品，用专有设备对商品称重并自动编码和制成店内码，然后将其粘贴或悬挂到商品外包装上。另一类是用于定量消费单元的店内码。这类商品是按商品件数计价销售的，应由生产厂家编印条码，但因厂家生产的商品未申请使用条码或其印刷的条码不能被识读，为便于扫描结算，商店必须制作使用店内码。

相关链接 4-3

新增 92 类商品 跨境电商进口扩容提速

自 2020 年 1 月 1 日起，2019 年版《跨境电子商务零售进口商品清单》正式实施。与 2018 年版相比，新版清单增加了 92 类商品，纳入了部分近年来消费需求比较旺盛的商品，包括冻海鲜、酒类及家用电器。而医药类跨境电商也有新突破：元旦前北京"跨境医药电商试点"政策正式获得国家药品监督管理局批复，同意在京开展试点工作，这也是我国跨境电商政策在涉及医药产品方面的首次破冰。

冻海鲜、杜松子酒、伏特加酒、热水器、彩电等进口商品多为近年来消费需求比较旺盛的商品，在自 2020 年 1 月 1 日起实施的 2019 年版《跨境电子商务零售进口商品清单》中，增加的 92 类商品就包括上述"爆款"。被纳入跨境电商进口商品的"正面清单"，意味着上述商品将以更快的速度进入中国消费市场。

（资料来源：《北京商报》）

4.2.2 商品目录

1. 商品目录的概念

商品目录又叫商品分类目录，是以特定方式系统记载相关商品集合总体类目、品种等方面信息的文件资料。从其内容结构分析，商品目录一般是商品名称、商品代码、商品分类体系 3 个方面信息的有机结合；从其表现形式分析，商品目录是在商品分类和编码的基础上，用表格、文字、数码等全面记录和反映相关商品集合总体综合信息的文件。按其适用范围，商品目录可分为国际商品目录、国家商品目录、行业（部门）商品目录、企业商品目录；按其业务性质，商品目录可分为外贸商品目录、海关统计商品目录、内贸商品目录和企业商品目录等。

2. 常见的商品目录简介

国内目前影响范围较广的商品目录主要有《全国主要产品分类与代码 第 1 部分：可运输产品》《统计用产品分类目录》等。

（1）我国国家标准商品目录。为了适应现代化经济管理的需要，许多工业发达国家，如美国、英国、法国、德国、日本等都制定和实施了商品分类国家标准，我国也发布和实施了商品分类国家标准《全国主要产品分类与代码 第 1 部分：可运输产品》。该标准是对《全国工农业产品（商品、物资）分类与代码》的修订，规定了全国可运输产品的分类原则与方法、代码结构、编码方法、分类与代码，主要用于信息处理和信息交换。该标准将全国主要产品（可运输产品）分为五大部类，详见表 4-3。该标准的修订和颁布，对提高产品数据统计的准确性和国际可比性、建立产品数据库实现网络信息资源共享、加强国有资产的现代化管理和监督及物资仓储和流通领域的信息化、推动行业科学技术发展和企业技术进步及加强产品质量管理、实现电子商务及调整落实国家产业结构和产业政策等都具有重要的意义。

（2）《统计用产品分类目录》。《统计用产品分类目录》与《国民经济行业分类》是统计上最为基础、最为重要的两个分类标准，也是国际上广泛采用的分类标准。联合国统计司早于 1998 年颁布了《产品总分类》第 1 版，于 2008 年修订并颁布了第 2 版。《统计用产品分类目录》是对全社会经济活动的产品进行标准的分类和统一编码，它适用于以产品为对象的所有统计调查活动。《统计用产品分类目录》涉及国民经济行业活动的全部 36 142 个产品，其中，实物类产品 30 015 个，服务类产品 6127 个。在实物类产品中，农、林、牧、渔业产品 1527 个，工业产品 28 028 个，建筑业产品 450 个。

《统计用产品分类目录》是 2010 年 2 月发布的，各部门、各专业统计要严格执行。《统计用产品分类目录》提供的是统计用的基本产品框架，各项统计调查可按照目录给出的产品和编码进行。对于涉及较细规格产品，当目录不能满足需求时，应首先执行本目录，并在本目录产品后面拓延出符合专业需求的产品子目录，作为配套的专业目录层。这样既不打乱分类目录和结构，又能满足各方面的需求。

4.3　商品包装的概念及作用

相关链接 4-4

国务院办公厅关于治理商品过度包装工作的通知

为减少商品包装中的资源消耗，加快建设资源节约型和环境友好型社会，经国务院同意，现就治理商品过度包装工作有关事项通知如下：

一、充分认识治理商品过度包装的重要意义

近年来，随着人民生活水平的逐步提高和社会零售商品种类的日益丰富，企业在努力提高商品内在品质的同时，积极改进商品包装，对于进一步体现商品价值、增强商品市场竞争力发挥了重要作用。但是，也有部分企业为提高产品价格，片面在商品包装上做文章，主要表现为包装层次过多、包装空隙过大、选材用料失当、包装物难以回收利用、包装成本过高，甚至搭售贵重物品等。特别是近几年来，月饼、茶叶、酒类、化妆品、保健食品等商品过度包装之风愈演愈烈，引起了社会各界的广泛关注。有关部门对月饼等过度包装问题进行了初步整治，取得了积极成效，但少数商品过度包装问题仍比较突出。商品过度包装不仅浪费资源、污染环境，而且导致商品价格虚高，损害消费者利益，扰乱市场秩序，助长奢侈腐败现象，不符合建设资源节约型、环境友好型社会的要求，与学习实践科学发展观、建设社会主义精神文明相违背，必须采取有力措施从根本上加以治理。各地区、各部门要充分认识治理商品过度包装的重要性和紧迫性，加大工作力度，切实抓紧抓好，抓出成效。

二、抓紧制定完善标准、法规和政策，禁止生产、销售过度包装商品

治理商品过度包装要从源头抓起。对直接关系人民群众生活和切身利益的商品，要在满足保护、保质、标识、装饰等基本功能的前提下，按照减量化、再利用、资源化的原则，从包装层数、包装用材、包装有效容积、包装成本比重、包装物的回收利用等方面，对商品包装进行规范，引导企业在包装设计和生产环节中减少资源消耗，减少废弃物产生，方便包装物回收再利用。质检总局要按照上述要求，加强组织领导，加快工作进度，尽快制定出台《限制商品过度包装要求　食品和化妆品》国家标准。法制办要会同有关部门抓紧起草限制商品过度包装条例，为治理商品过度包装提供法制保障。价格部门要研究完善遏制过度包装的价格政策，财税部门要研究完善促进包装物回收利用的税收政策。

企业要严格执行商品包装国家标准和法规，做到生产企业不生产过度包装商品，流通企业不采购、不销售过度包装商品。有关行业协会要充分发挥职能作用，引导企业严格自律，端正生产经营态度，自觉履行社会责任。要加强包装领域的技术创新，积极开发新材料、新工艺、新设备，减少材料用量、减少污染，提高包装物的回收利用率，促进包装业健康发展。

三、加大宣传教育力度，动员全社会抵制过度包装

商品过度包装的根源在于不健康的消费理念和消费习惯。要充分发挥新闻媒体的舆论

导向和监督作用，广泛宣传过度包装的危害性，大力倡导健康文明、节约环保的消费理念和社会风尚，动员全社会自觉抵制过度包装和奢侈浪费之风。对于月饼等传统节日食品，要在商场、社区、学校等重点场所开展形式多样的宣传教育活动，提倡选择经济实惠、简洁包装产品，不购买过度包装产品。各级行政机关、社会团体、事业单位、国有企业要带头自觉抵制过度包装商品。

四、加强组织领导，强化监督检查

地方各级人民政府负责本地区治理商品过度包装工作，要将治理过度包装作为节约资源保护环境工作的重要内容，高度重视，加强领导，周密部署，精心组织，务求取得实效。国家发展和改革委员会要切实负起牵头责任，加强组织协调和督促指导，监察、财政、商务、质检、工商、价格、宣传等部门要充分发挥职能作用，密切配合，结合实际制定具体实施办法，共同做好治理商品过度包装工作。质检部门要将商品包装有关国家标准执行情况纳入日常监督检查内容。工商部门要重点加强对商场、超市等场所执行商品包装有关规定的监督检查。对违反有关规定生产、销售过度包装商品的，有关部门要依法予以查处。鼓励广大群众对过度包装商品进行举报，质检、工商、价格等部门要认真做好举报电话的值守工作，及时处理群众反映的问题。国家发展和改革委员会要会同有关部门适时开展专项检查，推动各项措施的落实。

（资料来源：国务院办公厅关于治理商品过度包装工作的通知. 中华人民共和国中央人民政府门户网站，2009-1-24）

4.3.1　商品包装的概念

国家标准 GB/T 4122.1—2008《包装术语　基础》对包装所下的定义：为了在流通过程中保护商品、方便储运、促进销售，按一定的技术方法而采用的容器、材料及辅助物等的总体名称，也指为了达到上述目的而采用容器、材料及辅助料和辅助物的过程中施加的一定技术方法等的操作活动。这一定义表明现代商品包装具有下述特征：包装首先是一类特殊商品，它本身是具有价值和使用价值的物质实体；包装又是促使被包装商品实现其价值和使用价值的手段；包装同时是按一定技术要求操作的生产活动，是商品生产的重要组成部分。

本章对商品包装的研究主要围绕"物质实体"这一首要特征展开。商品包装是依据一定的商品属性、数量、形态及储运条件和销售需要，采用特定包装材料和技术方法，按设计要求创造出来的造型和装饰相结合的实体。从实体构成来看，任何一个商品包装都是采用一定的包装材料，通过一定的技术方法制造的，都具有各自的结构、造型和外观装潢。包装材料、包装方法、包装结构造型和表面装潢构成包装实体的四大要素。此四大要素的完美结合，构成了成功的商品包装，实现了商品包装的自然保护和社会认识两大基本功能。

4.3.2　商品包装的作用

（1）保护商品。商品从生产领域到流通领域再到消费领域，需经多次、多种方式，不同时间和空间条件下的装卸、搬运、堆码、储存等。科学、合理的包装能使商品抵抗各种外界因素的破坏，也可以把与内因有关的质量变化控制在合理、允许的范围之内，从而保证商品质量、数量的完好。

（2）便于流通。合理的商品包装，材料选用得当，容器的形状、尺寸恰当，标志清晰明了。这些将有利于商品的安全装卸、合理运输和最大限度地利用仓储空间，同时便于企业对转移过程中的商品进行识别、验收、计量和清点。

（3）促进销售。装潢设计恰到好处的包装是无声的推销员。它既能通过保持和维护商品质量提高商品的市场竞争力，又能以装潢中匠心独运的艺术性元素去吸引消费者，图文并茂的说明内容去指导消费。

（4）方便消费。成功的商品包装，不但依据商品的性质特征设计、形成，而且能以消费者为中心设计、形成。成功的商品包装，尤其是直接出售给消费者的销售包装，可通过充分研究消费者需求，以人为本，在包装造型的别致性、商品数量的适中性、使用方法的便利性，以及完成包装使命之后的可持续使用性或绿色环保易于处理性等方面做文章，最大限度地方便消费者。

（5）提高商品价值及使用价值。发挥上述几个方面作用的合理的商品包装，必然会促进商品使用价值的实现，也必然会促使商品价值的提高。另外，商品包装本身也是具有价值和使用价值的特殊商品。

4.3.3　商品包装合理化

商品包装合理化是其作用能否正常发挥的前提条件。我国商品包装的发展可分为单纯考虑保护商品的大包装阶段、强调美化商品的小包装阶段、小包装发展为无声的推销员 3 个阶段。合理的商品包装是随商品流通环境的变化、包装技术的进步而不断改进和发展的。合理的商品包装既要符合国情，又要满足消费者需求并取得最佳的经济效益和社会效益。在市场经济形势下，商品已从卖方市场转为买方市场。如果使商品包装停留在第一阶段，就是包装不足，对商品生产者、经营者、消费者都不利，现在已很少有人犯这样的错误了。然而，在现阶段，在国内市场上，使用材料、容器、技术等不合理的包装和追求奢华浮躁，甚至挂羊头卖狗肉，愚弄和欺诈消费者的过分包装与虚假包装等现象不在少数。合理的商品包装，应符合以下要求。

（1）商品包装应适应商品的特性。商品包装必须根据商品的特性，分别采用相应的材料与技术，使包装完全符合商品理化性质的要求。

（2）商品包装应适应运输条件。要确保商品在流通过程中的安全，商品包装就应具有一定的强度，要坚实、牢固、耐用。对于不同运输方式和运输工具，还应有选择地利用相应的包装容器和技术处理。总之，整个包装应适应流通领域中的储存运输条件和强度要求。

（3）商品包装要适量、适度。对销售包装而言，包装容器大小应与内装商品相宜，包装费用应与内装商品吻合。预留空间过大、包装费用占商品总价值的比例过大，都是有损消费者利益、误导消费者的过分包装。

（4）商品包装应标准化、系列化、通用化。商品包装必须推行标准化，即对商品包装的包装容（重）量、包装材料、结构造型、规格尺寸、印刷标志、名词术语、封装方法等加以统一，逐步形成系列化和通用化，以有利于包装容器的生产、提高包装生产效率、简化包装容器的规格、节约原材料、降低成本、使商品易于识别和计量、有利于保证包装质量和商品安全。

（5）商品包装要做到绿色、环保。对商品包装的绿色、环保要求要从两个方面认识：首先，材料、容器、技术本身对商品和消费者而言，是安全的、卫生的；其次，包装的方法、材料、容器等对环境而言，是安全的、绿色的，在选材料和制作上，遵循可持续发展原则，节能、低耗、高功能、防污染，可以持续性回收利用，或废弃之后能安全降解。

📑 案例分析 4-2

有人称绿色包装为"环境之友包装"或"生态包装"，但在学术上对绿色包装还没有统一的定义。按照目前的认识，绿色包装应是对生态环境和人体健康无害，能循环使用和再生利用，可促进持续发展的包装。也就是说，商品包装从原材料的选择、商品制造到使用、回收和废弃整个过程均应符合环保的要求。它包括节省资源、能源、减量，避免废弃物产生，易回收复用，可再循环利用，可焚烧或降解等具有生态环境保护要求的内容。

问题：你对绿色包装是如何理解的？请举出 3～5 种商品的绿色包装。

4.3.4　商品包装的分类

商品包装种类繁多。分类目的不同，选用的分类标志不同，得出的分类结果就有区别。在此，我们选用以下几个分类标志，对商品包装进行分类。

1. 按商品包装在流通中的作用分类

以其在商品流通中的作用为分类标志，商品包装可分为商品运输包装和商品销售包装。这也是比较常见的商品包装分类法。4.4 节将分别做进一步介绍。

（1）商品运输包装。商品运输包装是用于安全运输、保护商品的较大单元的包装形式，又称外包装或大包装，如纸箱、木箱、桶，甚至包括集装箱、集装袋等。商品运输包装一般体积较大，外形尺寸标准化程度高，坚固耐用，表面印有明显识别标志，方便运输、装卸和储存，最主要的功能是保护商品。

（2）商品销售包装。商品销售包装是指以商品零售单元为包装个体的包装形式。既有单个商品式的，又有若干单个商品再组合式的。单个商品式的称为小包装，若干单个商品再组合式的称为中包装。用来组合的商品可以是同种类的，也可以是不同种类的，但在用途上是互补的。商品销售包装的一般特点是包装件小、美观、新颖、卫生、安全、易于使用、便于携带等。商品销售包装一般随商品出售给消费者，除保护商品的基本功能外，其宣传、美化、促销的功能也得到强化。

2．按包装材料分类

以包装材料作为分类标志，商品包装一般可分为纸质、木材、金属、塑料、玻璃和陶瓷、纤维织品、复合材料等包装。

3．按包装技术方法分类

以包装技术方法作为分类标志，商品包装一般可分为缓冲包装、防潮包装、防锈包装、收缩包装、充气包装、灭菌包装、贴体包装、组合包装和集合包装等。

4.4　商品运输包装和商品销售包装

4.4.1　商品运输包装

从其作用来看，商品运输包装与商品销售包装是有分工、有侧重的。充分保护商品、方便装卸搬运是商品运输包装的首要功能。

1．商品运输包装的材料与容器

1）纸质材料及其容器

纸质材料是支柱性的传统包装材料，分纸和纸板两种，用于运输包装的主要是纸板。纸质包装材料的优点：具有适宜的强度、耐冲击性和耐摩擦性；密封性好，容易做到清洁、卫生；具有优良的成型性和折叠性，便于采用各种加工方法，适合机械化、自动化的包装生产；与其他材料相比，具有最好的可印刷性，便于介绍商品；价格低、质量小，可降低包装和运输成本；用后易于处理，对环境无害。纸质包装材料的缺点是气密性、防潮性、透明性差，不耐水等。目前，多通过制作纸塑复合材料等来弥补其不足，扩大其应用范围。

常见的用纸质材料制成的运输包装容器有纸箱、纸盒、纸桶和纸袋。用量最多的是瓦楞纸箱。目前，在运输包装中，瓦楞纸箱已取代传统的木箱，广泛用于包装日用百货、家用电器、服装鞋帽、蔬菜和水果等。瓦楞纸箱正在向规格标准化、功能专业化、减小质量、提高抗压强度等方向发展。除瓦楞纸箱外，纸浆模制包装物、牛皮纸包装袋也是商品运输包装中用量大的容器。

2）塑料及其容器

塑料是 20 世纪蓬勃发展起来的新兴包装材料，它可以用于各种形式、各种品种的商品，不同程度地替代迄今为止发现及常规使用的任意一种包装材料及容器。各种各样的塑料包装材料的综合优点：物理机械性能优良，具有一定的强度和弹性，耐折叠、耐摩擦、耐冲击、抗震动、抗压、防潮、防水、气密性好；化学稳定性好，耐酸碱、耐油脂、耐化学药剂、耐腐蚀、耐光照等；比重小，是玻璃的 1/2、钢铁的 1/5，属于轻质包装材料；加工成型工艺简单；适合采用各种包装新技术，如真空、充气、拉伸、收缩、贴体等；具有优良的透明性，表面光泽好、印刷性能好；可与纸、金属等传统包装材料制成复合材料拓展应用范围。

塑料也有目前难以克服或不易克服的缺点，如机械强度不及钢铁，化学稳定性不及玻璃，易老化，不少塑料有异味，有毒副作用，包装废弃物不易甚至不能自然降解等。但塑料的发展前景广阔，现代科学技术既然已赋予了塑料许多优点，也一定会逐渐克服妨碍塑料在更广阔范围使用的缺点。塑料运输包装容器主要有塑料周转箱、塑料托盘、塑料桶、塑料盒等。

3）金属材料及其容器

金属材料的种类很多，包装用金属材料主要是钢材、铝材及其他合金材料。包装用钢材包括薄钢板、镀锌低碳薄铁板、镀锡低碳薄钢板（马口铁）；包装用铝材有纯铝板、合金铝板和铝箔。金属包装材料的优点：具有良好的机械强度，牢固结实，耐冲撞，不破碎，能有效地保护内装商品；密封性能优良，阻隔性好，不透气，防潮、耐光；具有良好的延展性，易于加工成型；表面易于涂饰装饰；易于回收再利用，不污染环境。

作为包装材料，金属材料的缺点是化学稳定性差，易锈蚀、腐蚀等。金属运输包装容器有铁桶、铝桶、铁塑桶、铁罐、钢瓶、集装箱等，主要用于运装各种防泄漏、遮光、防潮、防水、密封性要求高的液态、气态或粉末状商品。

4）陶瓷、玻璃及其容器

玻璃最突出的优点：化学稳定性好、透明性好、无毒、无味、卫生、安全；密封性良好，不透气、不透湿；易于加工成型，原料来源丰富，制作成本低；易回收，能重复使用，利于环保。玻璃难以克服的缺点是耐冲击强度低、热稳定性不好、笨重，这些都给运输、装卸、储藏商品带来困难，所以很少以玻璃制成运输包装容器。

陶瓷与玻璃有许多共同之处，而且成本更低廉，具有很好的遮光性。陶瓷常被制成缸、罐、坛等运输包装容器，广泛用于包装和运输各种化工产品、特色传统食品等。

5）其他包装材料及其容器

其他包装材料有木材，纺织品，草、竹、柳、藤等天然、野生包装材料。

（1）木材。木材具有特殊的耐压、耐冲击和耐气候能力，并有良好的加工性能，是商品运输包装的重要材料，常被制成木箱或木桶。木箱按结构和用途不同，分为适于装笨重机械设备的框架形、装易碎商品的花格形，以及装轻质品、易碎品的胶合板箱。木桶形状有圆桶形和腰鼓形，多用于盛装一些专用性商品。木材虽适于做多种商品的包装材料，但因环境保护方面的原因不宜多用，应以塑料等新型包装材料取而代之。

（2）纺织品。纺织品有天然纤维类、化学纤维类及少量矿物纤维、金属纤维制成品，通常被制成袋装运输容器。其共同的特点是质轻透气，有一定的牢度。各种编织袋广泛用于盛装粉末状、颗粒状商品，如食糖、食盐、食粮、化肥等。就发展趋势来看，各种塑料编织袋正在大范围取代天然纤维编织袋。

（3）草、竹、柳、藤等天然、野生包装材料。它们共同的特点是成本低廉、绿色安全、通风透气、耐用。一般将这些材料制成各种筐、篓、袋，用于运装蔬菜、水果、鲜蛋、鲜鱼及其他生鲜类商品。

上述商品运输包装材料也是制作商品销售包装的材料。

相关链接 4-5

瓦楞纸箱

瓦楞纸箱具有轻便、牢固、减震及适合机械化生产的特点，多年来一直用于商品运输包装和商品销售包装。瓦楞纸箱以其精美的外观和内在的优良质量赢得了市场。它除保护商品，便于仓储、运输外，还起到美化商品、宣传商品的作用。尤其是在当今世界各国都非常重视环境保护的情况下，瓦楞纸箱具有回收再利用的优点，它利于环保、利于装卸运输、利于节约木材等。

（1）瓦楞的形状：通常使用的瓦楞有 U 形和 V 形两种。

U 形瓦楞——楞顶是圆的，它的结构富有弹性，压时手感柔软，在弹性变形范围内具有很强的弹性恢复力。V 形瓦楞——整个楞由直线组合而成，所生产的瓦楞纸板坚硬，其平面压力强度比 U 形瓦楞纸板高。根据 U 形、V 形瓦楞的优缺点，一种介于它们之间的 UV 形瓦楞应运而生，这种形状的瓦楞弥补了 U 形瓦楞和 V 瓦形楞的缺点。

（2）瓦楞的类型：作为运输包装用的瓦楞纸箱一般有 A 形、B 形、C 形 3 种，它们的楞长、楞高及每 30 厘关瓦楞数目应符合表 4-4 中的要求。

表 4-4　瓦楞的类型

瓦楞种类	楞高/毫米	每米瓦楞数目（每 30 厘米瓦楞数目）/个	楞长/毫米	瓦楞纸饭厚度/毫米
A 形楞	4.5～5	105～110（34±2）	8.6	≥4.5
B 形楞	2.5～3	150～156（50±2）	6.1	≥2.5
C 形楞	3.5～4	120～133（38±2）	7.4	≥3.5

A 形楞：单位长度内瓦楞数目最少，瓦楞最高，用于轻质产品包装时缓冲力很大，所以应用最普遍。B 形楞：单位长度内瓦楞数目最多，瓦楞最低，其性能同 A 形楞相反，用 B 形楞纸板制作的瓦楞纸箱能承受较大的平面压力，适合做罐头和瓶类的包装。C 形楞：单位长度内瓦楞数目及楞高介于 A 形楞和 B 形楞之间，性能也介于二者之间。根据每种楞形的特点，可以将 2 种或 3 种楞组合在一起形成 1 楞 3 层纸板、2 楞 5 层纸板、3 楞 7 层纸板。

（资料来源：瓦通纸箱基本知识. 正园包装，2019-8-3）

2. 集合包装

集合包装是介于商品运输方法与商品包装方法之间，兼有二者作用、功能的特殊运输包装方式。集合包装道常把若干商品包装件或散装商品通过一定的方法和特制的盛装器具组合成较大搬运单位，进行整体装卸、运输。采用集合包装便于机械化操作，可降低劳动强度，提高装卸效率；可促进商品包装标准化，提高商品运装安全系数。集合包装常用的器具既是商品运输的工具，又是商品包装的容器。按所用的器具不同，可把集合包装分为托盘、集装箱和集装袋3种。

1）托盘

托盘在国内又叫集装板或垫板，可用木材、塑料、钢材及玻璃等材料制成。常见的托盘有平托盘、箱式托盘、立柱式托盘等。无论何种材料或样式的托盘，其底部都设有便于铲车的铲叉插入的装置。托盘的使用不但大大提高了商品运装效率，而且可被设计成货架的形式，节省货架。货物分层陈列于内有隔层的箱式托盘内，外围用套桶屏蔽包装。托盘运至超市后，去掉套桶，就可展示和出售商品。托盘也可设计成折叠式或拼装式，即用即装，反复使用。

2）集装箱

集装箱按材料可分为铝合金集装箱、钢制集装箱和玻璃制集装箱；按结构可分为柱式集装箱（箱体侧壁与四角设有加固、支撑之用的立柱）、折叠式集装箱和薄壳式集装箱；按使用目的可分为干货类集装箱、保湿类集装箱、框架类集装箱和散货类集装箱。其中框架类集装箱不设侧壁，便于装汽车、大牲畜等不便也不需密闭的商品，散货类集装箱可分为箱式集装箱、罐式集装箱及软罐式集装箱。

随着相关科学技术的应用，集装箱的功能日趋先进、复杂。能进行气调的、温调的、适于航空运输的集装箱已纷纷问世。大型、多功能的集装箱可以充当移动的仓库和流动的商店。

3）集装袋

集装袋主要有圆桶形和方形两种，以圆桶形居多。集装袋的四周有提吊带，有抽口式活口。这种袋子能把小型包装件和包装箱放在里面，由一定的运输工具运装，其载装量为1～5吨。最早的集装袋用棉、麻等天然纤维织造的帆布制成。随着新型合成材料的问世，现在集装袋多以更轻便、结实耐用的合成纤维织物制成。各种集装袋还进行了不同材料的涂层处理，从而具有防水性。所以集装袋不仅能盛装一般包装件，还可以盛装颗粒状、粉状、液态货物。集装袋既有可多次重复使用型的，又有一次应用型的。

3. 商品运输包装标志

商品运输包装标志是用简单的文字或图形在运输包装外面印刷的特定记号和说明条款，是商品运输、装卸和储存过程中不可缺少的辅助措施。商品运输包装标志可分为收发货标志、包装储运图示标志、危险货物包装标志及国际海运标志等。

1）收发货标志

收发货标志是指在商品外包装上的商品分类图示标志、文字说明、排列格式和其他标志的总称，也叫识别标志。国家标准 GB 6388—1986《运输包装收发货标志》对收发货标志的具体内容做了详细规定，如表4-5所示。

表 4-5 收发货标志的具体内容

序号	项目			含 义
	代号	中 文	英 文	
1	FL	商品分类图示标志	CLASSIFICATION MARKS	表明商品类别的特定符号
2	GH	供货号	CONTRACT NO	供应该批货物的供货清单号码（出口商品用合同号码）
3	HH	货号	ART NO	商品顺序编号，以便出入库、收发货登记和核定商品价格
4	PG	品名规格	SPECIFICATIONS	商品名称或代号，标明单一商品的规格、型号、尺寸、花色等
5	SL	数量	QUANTITY	包装容器内含商品的数量
6	ZL	质量（毛重）（净重）	GBOSS WT NET WT	包装件的重量（千克）包括毛重量和净重
7	CQ	生产日期	DATE OF	产品生产的年、月、日
8	CC	生产工厂	MANUFACTURER	生产该产品的工厂名称
9	TJ	体积	VOLUME	包装件的外尺寸：长（米）×宽（米）×高（米）=体积（米³）
10	XQ	有效期限	TERM OF VALIDITY	商品有效期至××年××月
11	SH	收货地点和单位	PLACE OF DESTINATION AND CONSIGNEE	货物到达站、港和某单位（人）收（可用贴签和涂写）
12	FH	发货单位	CONSIGNOR	收货单位（人）
13	YH	运输号码	SHIPPING NO	运输单号码
14	JS	发运件数	SHIPPING PIECES	发运的件数

商品分类图示标志（代号 FL）是按照国家统计目录分类，规定用几何图形加简单文字构成的特定符号（见图 4-4），同时按商品类别规定用单色印刷。

图 4-4 商品分类图示标志

2）包装储运图示标志

包装储运图示标志是依据商品特性，以文字、图形构成的特殊标志符号，其作用在于警示人们在储运过程中规范操作、避免差错、保护商品，也叫指示标志。按国家标准 GB/T 191—2008《包装储运图示标志》的规定，包装储运图示标志有 17 种，如图 4-5 所示。

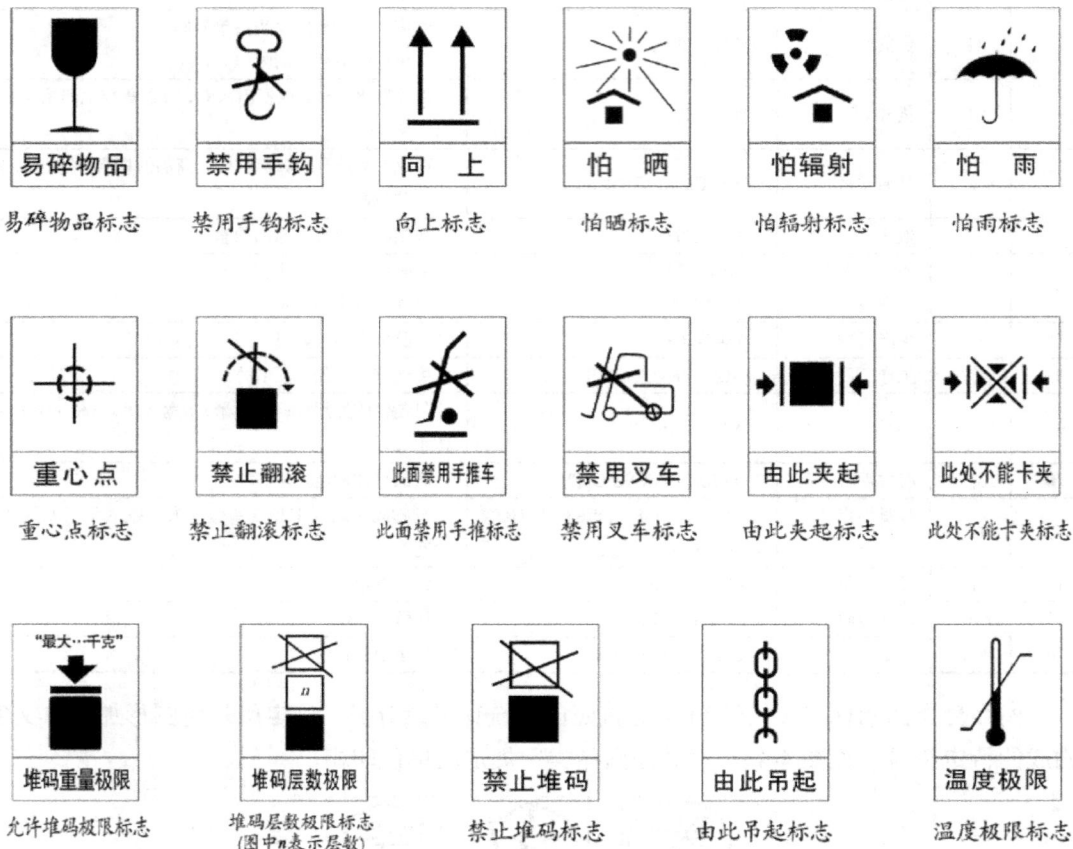

图 4-5　包装储运图示标志

3）危险货物包装标志

危险货物包装标志是为对易燃、易爆、易腐、有毒、放射性等危险性商品起警示作用而在运输包装上加印的特殊标记，也以文字与图形构成，如图 4-6 所示。国家标准 GB 190—2009《危险货物包装标志》对危险货物包装标志的图形、适用范围、颜色、尺寸、使用方法均有明确规定。

4）国际海运标志

联合国海运协商组织对国际海运货物规定了国际海运指示标志和国际海运危险品标志两种（见图 4-7 和图 4-8）。我国出口商品同时使用上述两套标志。

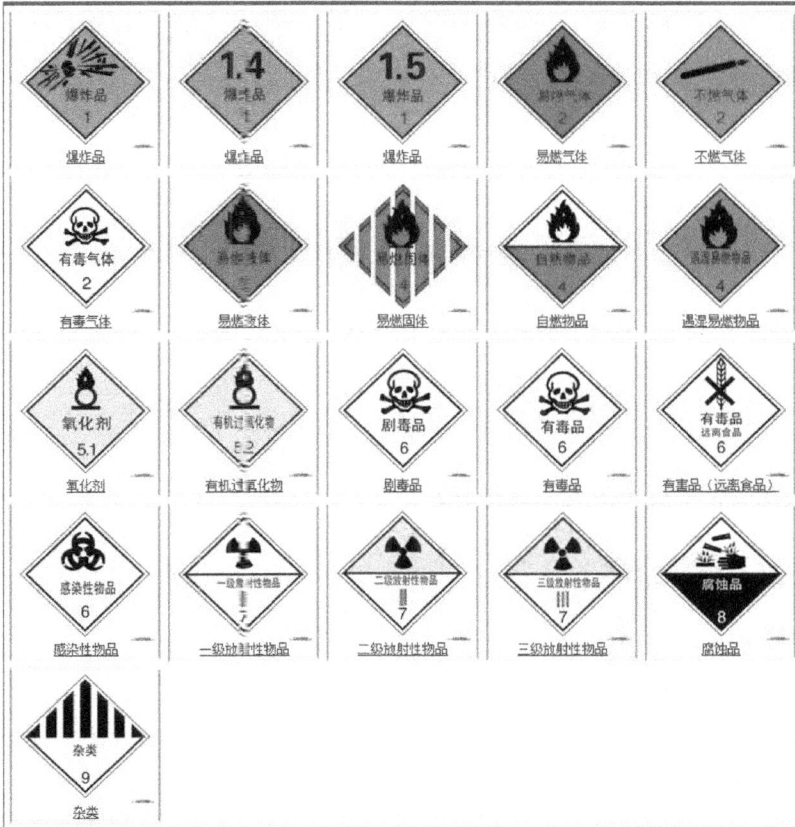

图 4-6　危险货物包装标志

图 4-7　国际海运指示标志

图 4-8　国际海运危险品标志

在商品运输包装上除印有上述标志外，有时还印有其他标志，如质量认证标志、商检标志、商品条码等。

案例分析 4-3

你到邮局寄过包裹吗？在包裹单和包裹皮上按规定要写什么内容？

```
收件人地址

    收件人姓名

        发件人地址、姓名
```

问题： 这是否像一个小型包装运输件？

4.4.2 商品销售包装

1. 商品销售包装的功能

如前所述，在作用的发挥上，商品运输包装和商品销售包装各有分工和侧重。除具有保护商品这一基本功能外，其他如促进销售、便于消费、提高商品价值、促进使用价值的实现等作用，在商品销售包装中也应得到充分的显示和丰富的演绎。

一般而言，商品销售包装的功能可归纳为容纳、保护、传达、方便、社会适应五大基本功能。

2. 商品销售包装的装潢

商品销售包装的装潢可简称包装装潢，是指对商品销售包装的装饰和美化。包装装潢的基本构成元素有选材与造型，图案的设计，色彩、文字的应用，以及其他具有标志意义的图文符号。

1）包装装潢的设计要求

本章已讨论过商品包装合理化的几点基本要求。这些基本点同样适用于包装装潢。在此有针对性地强调一下对包装装潢的几点要求。

（1）包装装潢设计要突出内装商品，主题鲜明。包装装潢应以内装商品为中心、为主体，以洗练、准确地传递与商品质量特征、作用功能、使用保管方法等有关的信息为首要目的。图案应简洁醒目，色彩应明快悦目，文字说明应流畅、明确、易懂，选材应得当，造型应美观、实用。

（2）包装装潢设计要风格独特，不落俗套。在商标、图案的设计，色彩的应用及整体造型等方面力求新颖、奇特、美观，以具有独特个性见长。

（3）包装装潢设计要寓意美好，且含蓄深远。整体设计效果，除必要的明示外，应能巧妙运用图、文、形、彩的结合，给消费者以种种暗示，引发联想，诱导消费。

（4）包装装潢设计要注意对不同文化背景的研究。包装装潢设计中的图案和色彩的应用，一定要注意遵从不同地区、不同民族、不同国家的风俗习惯、道德规范等文化背景，投其所好，避其禁忌。

（5）包装装潢设计要注意美化与实用相结合。无论怎样去美化、装饰，都始终不应忘记包装装潢设计要方便消费、要有利于促销等实用性目的。

（6）包装装潢设计要注意各部分的协调一致。成功的销售包装装潢，应是材、形、文、图、色等方面的完美统一，在整体上形成抵挡不住的艺术冲击力和无法拒绝的情感亲和力，使消费者在其感染之下，接受内装商品。

2）包装装潢的造型

这里的造型是指销售包装的外形设计。在设计包装装潢的造型时要兼顾 3 个方面的内容：一是造型应当与内装商品的形态、尺寸等相吻合；二是要满足消费者在识别、消费、审美方面的需求；三是要方便经营和销售。包装装潢造型设计的直接结果是形成各种各样既美观又实用的包装用容器。

销售包装容器按使用功能可分为便于陈列展销的包装、便于消费者识别商品的包装及便于消费者携带和使用的包装等。

（1）便于陈列展销的包装。这类包装包括挂式造型包装、展开式造型包装和堆叠式造型包装。①挂式造型包装是为适应自选销售的方式发展起来的，能充分利用货架的空间陈列展销商品，目前在服装行业被广泛应用。②展开式造型包装又可细分为不同的种类。其中有一种摇盖盒式，造型很别致，盒盖打开后，按设计好的折线翻转，并把盒舌插入盒内，则盒盖内的图案清晰可见，形成一个小型宣传广告牌，具有良好的陈列和装饰效果。③堆叠式造型包装是便于商品在货架上堆叠陈列、节省货位的包装，不同包装之间的上下有相互咬合的装置，可以堆叠陈列。

（2）便于消费者识别商品的包装。这类包装主要是透明包装、开窗包装和惯用造型包装。①透明包装有全透明和部分透明之分。②开窗包装所开天窗也有大小之分，它们均能使消费者直接看清包装容器内的商品。③惯用造型包装是指这种商品的销售包装的造型已约定俗成，成为标明内装商品种类的标志，消费者一见到这种造型，就知道是何种商品，如牙膏用软管装、鱼类罐头用椭圆形金属盒装等。

（3）便于消费者携带和使用的包装。这类包装的容器现在越来越多、越来越合理，主要有便携式、易开式和喷雾式等。

此外，还有配套包装、礼品包装、复用包装等具有多种使用功能的包装形式。

3）包装装潢的组成

图案、文字、色彩及各种标志性的图文符号构成包装装潢的主体。

（1）图案。包装装潢图案可采用照片、漫画、装饰纹样、浮雕等形式来表现。包装装潢图案能使人产生触景生情的种种联想，达到充分表现商品特征的目的。图案的表现方法有 3 种：写实、抽象和象征表现法。

（2）文字。文字是包装装潢画面设计的重要组成部分，它是采用视觉方式、最直观地传递商品信息的方法。包装装潢上的文字分主体文字和说明文字两种，主体文字是用以表示商品品牌、品名的标题字，是装潢画面的主体部分。主体文字设计应从各方面考虑，如文字、字体的选择，画面的面积、位置、色彩、明暗程度等。主体文字在画面中占有优势地位，表现出突出的视觉效果。说明文字用来说明商品的规格、品种、成分、产地、用途、使用方法等，它的作用是宣传商品、指导消费。说明文字不需要任何艺术加工，要求字体端正、规范，易于阅读识别，各种单位、术语要符合有关法规规定。

（3）色彩。色彩是装潢画面中最富吸引力、诱惑力的无声语言，也是最富表现力、影响力的艺术表现方法，直接影响包装装潢的整体效果。最新研究表明，消费者对物体的感觉首先是色，其后才是形。在最初接触商品的 20 秒内，人的色感占 80%，形感占 20%；在 20 秒至 3 分钟内，色感占 60%，形感占 40%；在 5 分钟内，色感与形感各占 50%。由此可见，色彩在包装装潢中的重要性居首位。

（4）各种标志性的图文符号。商品销售包装作为一种载体，承载着对内装商品的身份、身价、质量等有说明作用的各种图文符号。这些图文符号是在总体设计时应纳入装潢画面中的不可或缺的重要内容。它们主要是商标、商品条码、商品质量标志（合格标志、认证标志、商检标志）、各种识别标志和使用指导操作标志等。

课后归纳总结

本章小结

根据一定的目的，选择恰当的标志，将任何一个商品集合总体逐次进行划分的过程即商品分类。商品分类的基本方法有线分类法和面分类法。商品分类标志是编制商品分类体系和商品目录的重要依据与基准，常用的商品分类标志有商品的用途、原材料、商品的加工方法、商品的主要成分或特殊成分等。商品分类标志的选择必须遵循相应的原则。

商品编码是指用一组有序的代表符号来标志分类体系中不同类目商品的过程。最常用的商品代码为数字代码，常用的编码方法有层次编码、平行编码和混合编码。商品条码也是商品的一种代表符号，是由一组规则排列的"条""空"符号及其对应的数字代码组成的商品标志，是用光电扫描阅读设备识读并实现数据计算机处理的特殊代码。

商品目录是以特定方式系统记载相关商品集合总体类目、品种等方面信息的文件资料。从其内容结构分析，商品目录一般是商品名称、商品代码、商品分类体系 3 个方面信息的有机结合。按其适用范围，商品目录可分为国际商品目录、国家商品目录、行业（部门）商品目录、企业商品目录；按其业务性质，商品目录可分为外贸商品目录、海关统计商品目录、内贸商品目录和企业商品目录等。

包装既是物质实体，又是一种生产手段和活动。包装材料、包装方法、包装结构造型和表面装潢构成包装实体的四大要素。商品包装的作用主要有保护商品、便于流通、促进销售、方便消费、提高商品价值及使用价值等。商品包装的作用能否体现和发挥，取决于包装是否合理。合理的商品包装应适应商品的特性，应适应运输条件，要适量、适度，应标准化、系列化、通用化，还要做到绿色、环保。

商品包装可分为商品运输包装和商品销售包装两大类。充分保护商品、方便装卸搬运是商品运输包装的首要功能；最大限度地发挥无声的推销员的作用，则是商品销售包装追求的目标。因此，二者在设计要求上，前者重防护，后者重装潢。研究商品运输包装，包装标志是重点研究内容之一。商品运输包装标志可分为收发货标志、包装储运图示标志、危险货物包装标志和国际海运标志等。商品销售包装有五大基本功能：容纳、保护、传达、方便、社会适应。为实现五大基本功能，包装装潢这一包装要素在商品销售包装设计中应得到充分强调。

主要概念

商品分类　商品编码　商品目录　商品包装　商品销售包装　集合包装　包装装潢

课堂讨论题

1．本校图书馆在图书分类上有无需要改进的地方？
2．商品运输包装与商品销售包装在作用上有何异同？

自测题

1．判断题

（1）我国是国际物品编码协会的成员国，没有 EAN 码的商品，一律不允许上市。
（　　）
（2）层次性好是线分类法最突出的优点。（　　）
（3）包装的基本作用就是美化商品。（　　）
（4）木材是一种对商品没有污染作用的优质包装材料，应大量使用。（　　）
（5）销售包装是无声的推销员。（　　）

2．填空题

（1）_____是编制商品分类体系和_____的重要依据与基准。
（2）在代码体系中，应留有足够的_____码，以便随时接纳新类目、新产品。
（3）包装实体的四大要素是指包装材料、_____、_____和包装结构造型。
（4）商品运输包装标志有包装储运图示标志、_____标志和_____标志等。
（5）集合包装常用的器具既是商品运输的_____，又是商品包装的_____。

3．选择题

（1）唯一性原则是在选择商品分类标志时必须遵循的原则之一，其含义主要是指在体系中的（　　）范围内只能用一种分类标志。

  A．同一层级   B．不同层级   C．所有层级 D．大类和中类

（2）商品分类和商品编码的关系是（　　）。

  A．编码在前   B．分类在前   C．同时进行 D．不分先后

（3）与销售包装不同的是，运输包装（　　）。

  A．重装潢   B．重装饰   C．重防护 D．重流通

（4）牙膏和皮鞋油的包装属于（　　）包装。

  A．便携式   B．贴体式   C．惯用造型 D．适用型

4．简答题

（1）什么是商品分类？其有何意义？

（2）常见的商品分类标志有哪些？

（3）按其适用范围划分，商品目录有哪些种类？

（4）简述商品合理包装的基本要求。

（5）商品运输包装和商品销售包装在功能的体现上各有何侧重？

📖 实训题

1．技能题

（1）根据表4-1所给的资料，组配出相应的服装类商品目录。

（2）鲜牛奶与啤酒的销售包装在选材目标上有何异同？

2．案例分析题

在饭店用餐后，用一次性塑料餐盒把剩菜打包带回家；到菜市场买熟食，用塑料袋提回家；到朋友家做客，用洁白发亮的纸杯喝水；透明耐用的太空杯，即使一个不小心摔在地上，也不会破……谁也不会想到，这些在日常生活中经常用到的东西，一旦选择不慎，就有可能买到劣质、有毒产品，危害到消费者的健康和安全。为提高消费者对这些产品的警惕，2010年1月28日，国际食品包装协会公布了"2010年度中国食品包装行业'十大隐忧产品'"。这"十大隐忧产品"具体如下：一次性塑料餐饮具、食品用塑料袋、置物盘、食品包装材料及添加剂、纸杯、太空杯与婴儿奶瓶、PVC保鲜膜、PVC热收缩膜、奶制品包装袋、商品过度包装等。

问题：你对国际食品包装协会公布的"2010年度中国食品包装行业'十大隐忧产品'"有何感想？

3．实习题

（1）考察市内大、中型商场的商品经营分类情况，写出相应的考察报告。

（2）3～5人为一小组，对某商品销售包装进行综合分析与评价，写出分析与评价报告。

项目 5

商品储存与养护

⊚ **教学目标**

知识目标

了解商品储存管理的基本知识，认识商品储存期间的质量变化，掌握商品的养护方法。

技能目标

能应用入库、在库和出库管理的基本技能，对日常商品进行储存管理；能应用商品的养护方法科学地养护商品。

能力目标

能够运用所学知识和方法对日常经营商品进行有效的养护。

课中知识应用

引导案例

超市生鲜经营的损耗

由于生鲜经营的特殊性和复杂性，损耗在经营过程中极易发生，损耗控制取决于整个生鲜区的运作状况和经营管理水平。造成生鲜经营损耗的原因可能很多，但仓储管理不当无疑是其中的一个重要原因。①有效期管理工作不当。生鲜商品和原料需要进行严格的有效期管理，做到先进先出，如果管理不当，就会出现较大的损失。②仓管生鲜商品和原料保存不当而变质。生鲜商品和原料保存环境和温度、湿度条件达不到要求，也会造成变质损失。③设备故障导致变质。因冷藏、冷冻陈列和储藏设备运转不正常出现故障而导致生鲜商品和原料变质等。

上述案例表明，损耗控制涉及超市管理的许多方面，需要采购、仓储和各有关管理部门共同协作。商品的储存与养护是商品经营的重要工作，通过科学的储存管理与养护措施，能有效地降低损耗，保证商品质量。

商品尚未进入消费领域之前，为实现销售目的所出现的暂时停滞，称为商品储存。在储存过程中对商品进行的保养和维护工作，称为商品养护。商品在储存期间，宏观上处于静止状态，但商品本身不断发生各种各样的变化，这些变化都会影响商品的质量，如不加以控制，就会由量变发展到质变。商品储存与养护就是根据商品在储存期间的质量变化规律，针对商品的不同特性，创造一个适宜商品储存的环境，控制外界因素的影响，达到防止或减弱商品的质量变化，降低商品的损耗，防止商品损失的目的。

5.1 商品储存管理

5.1.1 商品的入库管理

1. 商品的入库验收

商品的入库验收实际上是对商品质量的一次严格检查，为保存商品打下一个良好的基础。商品入库验收的主要内容有以下几项。

（1）检验单、货是否相符。在商品入库时，先点大数，再检查单据上所列的产地、货号、品名、规格、数量、单价等，与商品原包装货标标签上所列各项内容是否一致，即使只有一项不符，也不能入库。

（2）检验包装是否符合要求。在清点商品数量的同时，还要检查包装，如木箱、塑料袋、纸盒等是否符合要求，有无玷污、残破、拆开等现象，有无受潮水湿的痕迹，包装上的文字图案是否清楚等，包装不牢固影响堆垛的不能入库。

（3）检验商品质量是否合格。在验收商品时，除查看包装外部情况外，还要适当开箱拆包，查看内部商品是否有发霉、锈蚀、溶化、虫蛀、鼠咬等现象，同时测定商品的含水量是否正常、是否超过安全水分率等。对液体商品要检查有无沉淀，有时还需检验商品的内在质量是否合格，有质量问题的商品暂不入货区。

2. 分区、分类管理

储存商品的分区、分类，要以安全、方便、节约为原则，在商品性能一致、养护措施一致、消防方法一致的前提下进行管理。分区、分类管理方法一般有如下 3 种：一是按商品种类和性质进行分区、分类管理，具体有分类商品的同区储存和单一商品的专仓专储两种方法，前者适用于同性质的普通商品，后者适用于贵重商品和化工危险品；二是按发往地区进行分类管理，此法适用于储存期不长而进出数量较大的商品，但对化工危险品、性能相互抵触及运价不同的商品，应分别存放；三是按商品危险性质进行分类管理，此法适用于特种仓库，根据危险品本身具有不同程度的易燃、易爆、毒害等特性进行分类储存管理，以防止互相接触而发生燃烧、爆炸等。

3. 货位选择

这里的货位是指仓库中实际可以堆货的面积，货位的选择是在商品分区、分类管理的基础上进行的，分区、分类管理是对仓库商品的合理布局，货位选择则是具体落实每批入库商品的储存点。合理选择货位必须遵守商品安全、方便吞吐发运、力求节约库容的原则。

在选择货位时，既要掌握不同的商品特性，又要认真考虑存货区的温度、湿度、风吹、日晒、光照等条件是否适合储存商品。怕潮、易霉、易锈的商品，应存放在干燥或密封的货位；怕光、怕热、易溶的商品，应存放在低温干燥的货位；怕冻的商品，应存放在温度高于 0℃ 的货位；各种化工危险品，应在郊区仓库分类专存；性能互相抵触和挥发串味的商品，不能同区储存；外包装含水量过高而影响邻垛商品安全的商品，不能同区储存；在同一货区储存的商品中，应无虫害感染。

4. 商品堆垛

货垛应堆几层高，一是看商品包装允许的层数；二是在库房地坪负载范围内不超重；三是在库房高度范围内不超高。货垛与墙壁之间的必要距离的一般规定：库房外墙 0.3～0.5 米，内墙 0.1～0.2 米；货场间距离不分内外，一般为 0.8～3 米。顶距的一般规定：平房 0.2～0.5 米，多层建筑库房底层与中层 0.2～0.5 米，顶层不小于 0.5 米。灯距不小于 0.5 米。

堆垛的方法取决于商品性能、包装质量和仓储设备等条件，根据包装形状、批量的大小和仓库的装搬运机械化程度不同，堆垛的方法大体可分为整体商品堆垛法、货架堆垛法和散商品堆垛法 3 种。在具体堆垛时，对含水量高、易霉腐变质，但适合通风的商品，在梅雨季节应堆通风垛，垛不宜过高；对易渗漏商品，应堆成间隔式行列垛，以便于及时检查；对易弯曲变形的商品，应堆成平直交叉式实心垛等。

地面潮湿是引起商品变质的一个主要原因，因此商品在堆垛时要注意做好地面的防潮工作。在底层库房、货棚堆垛商品时，一定要垫底，并用苇席、油毡或塑料薄膜等铺垫隔潮。垛底距地面一般为 30～50 厘米，以便垛下通风散热。

5.1.2 商品的在库和出库管理

1. 环境卫生管理

储存环境不卫生，往往会引起微生物、害虫和鼠类的滋生和繁殖，还会使商品被灰尘、油污、垃圾玷污，进而影响商品质量。因此，要经常对库内进行彻底清扫，库外要达到杂草、污水、垃圾三不留。必要时使用药剂消毒杀菌、杀虫灭鼠，以确保商品安全。

2. 商品在库检查

储存商品要发生质量变化是需要一定时间的，不同商品由于性质不同，发生质量变化的时间不同。有的商品在一夜之间全部腐烂变质，有的商品则需要几个月甚至几年的时间才逐步锈蚀或老化，因而要根据不同的商品、不同的保管条件，制定相应的抽查检验制度。

商品在库期间，要经常进行定期或不定期、定点或不定点的检查，检查时间和方法应根据商品的性能及其变化规律，结合季节、储存环境和时间等因素而定。检查时，主要以眼看、耳听、鼻闻、手摸等感官检验为主，必要时可配合仪器进行检查，如发现问题，应立即分析原因，并采取补救措施，如采取翻堆倒垛、加工整理、施放药剂或采取晾晒、密封通风、吸潮等方法来改善保管条件，保证商品安全。

3. 仓库温度、湿度管理

商品储存期间，在各种外界影响因素中，以空气温度、湿度的影响最为主要。可以这样说，商品储存中所有的质量变化都与温度、湿度有关。因此，必须根据商品的特性、质量变化规律及本地区气候情况与库内温度、湿度的关系，加强库内温度、湿度的管理，采取切实可行的措施，创造适宜商品储存的温度、湿度条件。

空气温度表示空气的冷热程度，常用符号"t"或"T"来表示。常见的温标有摄氏温标、华氏温标和绝对温标，它们的表示符号为"C""F""K"。

空气湿度是指空气中水蒸气含量的多少或大气的干湿程度。表示湿度大小的方法有水汽压、绝对湿度、饱和湿度、相对湿度等。

绝对湿度是指每立方米空气中所含的水蒸气克数。饱和湿度是指在一定温度条件下，每立方米空气中最大限度所能容纳的水蒸气量。空气的饱和湿度随温度的升高而增大，随温度的降低而减小。相对湿度是指每立方米水蒸气含量与同温度同体积的空气饱和水蒸气含量之比，说明了空气中的水汽距离饱和水汽量的程度。其表达式为

$$相对湿度（r）=\frac{实际水汽压（e）}{饱和水汽压（E）}\times 100\%=\frac{绝对湿度}{饱和湿度}\times 100\%$$

仓库温度、湿度的测定，一般采用干湿球温湿度计。干球显示的温度为库内温度，根据干湿球的温差，转动中间刻有干湿差的表盘，就可读出表盘中的相对湿度，即库内相对湿度。现在采用指针式温湿度计的为多。

控制和调节仓库温度、湿度的措施主要有密封、通风、吸湿、加湿、提温、降湿等。

（1）密封。密封就是利用密封材料，对库房或商品严密封闭，从而消除外界环境不良因素的影响，保证商品安全储存的方法。密封的形式有多种，如整库密封、货垛密封、货架密封和按件密封等。密封不仅能防潮、防热、防干裂、防溶化，还能起到防霉、防蛀、防老化等多方面的作用。密封是仓库温度、湿度管理的基础工作，没有密封措施，就无法运用通风、吸湿等方法调节库内的温度、湿度。

（2）通风。通风是利用空气自然流动规律或借助机械形成的空气定向流动，有目的地使仓库内外的空气部分或全部流通，从而调节库内温度、湿度的方法。通风应根据各种商品的性能和对温度、湿度的不同要求来进行。例如，五金商品怕湿、不怕热，只要库外湿度小于库内湿度，就可以通风；皮革怕湿又怕热，通风时应尽可能地同时达到降低库内温度、减小库内湿度的目的。

（3）吸湿、加湿。当库内相对湿度超过储存商品的安全范围，而库外的气候又不具备通风条件时，可在密封库内用吸湿剂或空气去湿机来吸收空气中的水分，减小库内相对湿度。常用的吸湿剂有氯化钙、硅胶等。氯化钙又有无水氯化钙和工业氯化钙之分，每千克的吸水量分别为1～1.2千克和0.7～0.8千克；每千克硅胶的吸水量为0.4～0.5千克。氯化钙吸潮后会溶化，有较强的腐蚀性，在使用时应注意商品安全；硅胶吸潮后仍为固体，不污染，也没有腐蚀性，而且烘干后可继续使用。若库内相对湿度过小，而库外相对湿度也不大，对易干缩、脆裂的商品来说，则应采用喷蒸汽、直接喷水等加湿措施，使库内相对

湿度增大。在库内绝对温度变化不大的情况下，利用空气温度与湿度之间的关系，适当提高库内温度，以增大空气的饱和湿度，也能达到减小相对湿度的目的。

（4）提温、降湿。空调器调节利用制冷及制暖的空气调节系统，调节库内温度、湿度，加速空气流动及空气净化处理等，创造一个适宜商品储存的环境。空调器与去湿机配套使用，可形成恒温、恒湿的小气候环境，可以说，空调器和去湿机应用于仓库，提高了仓库科学调控温度、湿度的水平。仓库使用的空调器有窗式、分体式和大型集供式 3 种。

案例分析 5-1

仓库温度、湿度的调节和控制

对于仓库温度的调节和控制：当仓库温度过高时，通常采取自然通风和机械通风方法降温；当冬季储存防冻商品时，在北方常采用暖气设备来提高温度，在南方一般采用自然通风的办法来提高温度。

对于仓库湿度的调节和控制：当需要减小相对湿度时，通常采用吸潮剂吸潮、生石灰吸潮、硅胶吸潮和吸潮机吸潮等方法；当需要加湿时，一般采用加湿器加湿等方法。

（资料来源：2008 年物流师资格考试：第 4 章商品储存. 物流师频道，2008-8-2）

问题： 你所处的地区一般采用哪些方法来调节和控制仓库温度、湿度？

4. 商品出库管理

商品出库必须做到单随货行，单、货数量当面点清，商品质量要当面检验。包装不牢或破损及标签脱落或不清的，应经复核后交付货主。出库的商品一般应贯彻先产先出、易坏先出、接近失效期的先出，质量不合格、包装不牢固、内有破损、标记不清楚的不出的原则。

案例分析 5-2

从商品样品室或某仓库中选 5～10 种商品，按入库验收的要求进行实际操作，完成表 5-1，并提出相应的储存管理方案。

表 5-1　某库某组入库验收商品登记表

进仓时间	车（船）航次	进仓清单号	验收时间	品名	规格厂牌	单位	数量	批号及有效期	包装情况	件数	抽查件数	数量情况	备注	验收人

5.2 商品储存期间的质量变化

商品储存期间发生质量变化的内因是商品的成分、结构及性质，外因是大气的温度和湿度、日光、氧气、微生物、虫鼠等。商品通常发生的质量变化有霉变、虫蛀、鼠咬、锈蚀、老化、溶化、干裂、褪色、挥发、呼吸、后熟、僵直、成熟和自溶等。其中霉变、虫蛀、鼠咬、锈蚀、老化、呼吸和后熟是商品储存期间最易发生的质量变化。

相关链接 5-1

家庭储存中药材有讲究

大家知道西药和中成药是有保质期的，其出厂期和保质期都要在包装上标明。那么中药材有保质期吗？专家介绍，目前我国大部分中药材没有实行批准文号管理，在药品包装上没有标明保质期限，但这并不意味着中药材可以无限期保存，如果患者购买或在家储存的中药材出现发霉、生虫、泛油等情况，一般就不建议再使用了。

中药材的家庭储存

一般家庭在储存中药材时，要将中药材储存在干燥、通风的环境中。当季节改变、温度升高后，要控制好室内的温度，防止中药材出现脂化改变，如生地黄在温度升高时可以改为沙藏。对于易发生气味散失的中药材，要将其密封起来，并保存在阴凉处，尽量避免此类药材被阳光暴晒，还可将此类药物密封后放在电冰箱中保存。

滋补中药材的保存方法

在日常生活中，很多家庭喜欢购买一些滋补中药材放在家中储藏，用来煲汤、做药膳，调补全家人的身体。那么，常见的滋补中药材如何保存呢？

人参分为红参和白参两种，红参不易发生虫蛀，但容易受潮，因此在保存时要保持红参干燥，并要按时晾晒，采用白纸包裹，装于木盒或瓷瓶中储存。白参则容易出现霉变、蛀虫、变色等改变，因此要多进行晾晒，放在干燥的环境中保存，在雨季时可将其放入电冰箱中冷藏。

鹿茸很容易受潮、发霉、破裂，因此在鹿茸干燥后要采用细布将其包裹好，放在木盒内，在鹿茸周围放置小纸片，防止其受潮、破裂、发霉。鹿茸粉则要放置在瓷瓶中保存，防止其受潮。

（资料来源：中医汤剂、中药饮片家庭储存有讲究. 中国中医药网，2019-8-23）

5.2.1 霉变、虫蛀和鼠咬

1. 霉变

商品霉变是由于霉菌在商品上生长繁殖而导致的商品变质现象。霉菌是一种低等植物，无叶绿素，菌体为丝状，主要靠孢子进行无性繁殖。空气中存在很多肉眼看不到的霉菌孢子，商品在生产、储运过程中，它们落在商品表面，当外界温度、湿度适合其生长，商品上又有它们需要的营养物质时，它们就会长出菌丝。其中，一部分菌丝浮在商品表面或深入商品内部，有汲取营养物质、排泄代谢产物的功能，称为营养菌丝；另一部分菌丝竖立于商品表面，在顶端形成子实体或产生孢子，称为全生菌丝。菌丝集合体的形成过程就是商品"长毛"或产生霉味的变质现象。

霉菌的种类繁多，对商品危害较大的除毛霉外，还有根霉、曲霉和青菌。霉菌在生长和繁殖中所需的营养物质有水分、碳源、氮源和无机盐等。水分是霉菌机体的重要组成成分，是其吸收其他营养物质的载体，水分占霉菌体重的 75%～85%。碳源即含碳物质，如糖类、有机酸、纤维素、醇类和酯类等，是构成霉菌细胞和代谢产物中碳素来源的营养物质，也是霉菌能量的主要来源。氮源是指含氮物质，如蛋白质、氨基酸、铵盐、硝酸等，是构成霉菌细胞和代谢产物中氮素来源的营养物质，也是合成霉菌原生质和细胞结构的元素。无机盐是霉菌所需的灰分营养，它为霉菌提供其生命活动所必需的硫、磷、钾、镁、钙、铁等元素。具有上述营养物质的商品种类很多，如粮食加工制品、水果、蔬菜及蔬菜干制品、茶叶、酒类、皮革制品、纺织品、鞋帽、卷烟等，所以它们非常容易发生霉变。

霉菌能在商品上生长、繁殖，除商品上有它们需要的营养物质外，还与水分、温度、日照、酸碱度有关。大多数霉菌是中湿性的，最适合的生长温度是 20℃～30℃，属好氧性微生物，适宜在酸性环境中生长。光对霉菌的影响也很大，霉菌在日光下暴晒数小时，大多会死亡。

商品霉变是霉菌在商品上吸取营养物质与产生排泄物的结果，不仅会导致商品变糟、发脆或强度下降等变质现象，还会产生霉斑、霉味及毒素。

2. 虫蛀和鼠咬

仓库害虫和鼠类对商品的储存具有很大的危害性，它不但是某些商品损耗的直接原因，而且可能污染商品，甚至传播病菌。

仓虫大部分属于昆虫，也包括螨类微小动物。由于仓虫的种类很多、食性杂、传播途径广，因此在一般仓库中都可能有仓虫存在。对商品危害较大的仓虫主要有甲虫类、蛾类、蟑螂类和螨类。仓虫与其他动物不同，一般都具有较强的适应性，在恶劣环境中仍能生存，并且食性杂，繁殖能力强，繁殖期长，对温度、光线、化学药剂等外界环境的刺激有一定的趋向性，由于仓虫的这些习性，仓虫对商品储存造成了极大的危害。

鼠类属于啮齿动物，在库房中常见的是小家鼠、黄胸鼠和褐家鼠 3 种。鼠类的繁殖能力强，一年可繁殖五六次，每次产八九只，一般寿命为 1～3 年。鼠类的食性杂且具有咬啮特性，记忆力强，嗅觉和听觉都很灵敏，一般在夜间活动。

5.2.2　锈蚀和老化

1．锈蚀

金属商品与周围环境（主要是空气）发生化学反应或电化反应所引起的破坏现象即锈蚀。由于金属所处的环境不同，环境引起的化学反应也不相同，因此锈蚀主要有化学锈蚀和电化学锈蚀。

在干燥的环境中或无电解质存在的条件下，金属制品遇到空气中的氧气而发生氧化反应，叫作化学锈蚀。化学锈蚀的结果是在其表面形成一层薄薄的氧化膜，可使金属表面变暗。有些金属氧化膜对金属还能起保护作用，如铝制品表面的氧化膜。化学锈蚀占腐蚀总量的 10%～20%。

在潮湿的环境中，金属制品表面通过毛细管凝聚，特别是结露作用，可使水蒸气在金属表面形成水膜，水膜溶解金属制品表面的水溶性黏附物或沉淀物（多为盐类）和空气中的二氧化碳、二氧化硫等可溶性气体，最终成为一种具有导电性的电解液。金属制品接触这种电解液后，电位较低的金属成分成为负极（阳极），电位较高的杂质或其他金属成分成为正极（阴极），从而发生电化学反应。反应中金属以离子形式不断进入电解液而被溶解，这种锈蚀称为电化学锈蚀。电化学锈蚀的结果是使金属制品表面出现凹陷、斑点等现象，然后使破坏掉的金属转变成金属氧化物或氢氧化物而附于金属表面，最后或快或慢地往里深入，最终成片往下脱落。锈蚀严重的，使商品的内部结构松弛、机械强度降低，甚至完全失去使用价值。所以，电化学锈蚀是金属商品的主要破坏形式。电化学锈蚀取决于金属电位的高低，电位越低的金属越容易发生腐蚀；另外，环境因素中最主要的影响因素是湿度、温度和氧气。电化学锈蚀还与金属表面附着的尘埃、污物和空气中的二氧化碳、二氧化硫等气体有关。

2．老化

老化是指某些以高分子化合物为主要成分的商品，如橡胶制品、塑料制品及纤维织品等，受日光、热和空气中氧等环境因素作用而失去原有的优良性能，以致最后丧失使用价值的化学变化。上述商品的老化变质主要是高分子化合物在光、热等因素的作用下，引起大分子链断裂、高聚物分子量下降，或者引起分子链相互联结，形成网状的体型结构。前者称为降解反应，使高分子材料变软、发黏、机械强度降低；后者称为交联反应，使高分子材料变硬、发脆、丧失弹性。

5.2.3　呼吸和后熟

1．呼吸

呼吸是指生物体中的能源物质（主要是糖类）在氧化还原酶的作用下，逐步降解为简单物质和放出能量的过程。呼吸作用是生物有机体普遍的生理现象，也是鲜活食品基本的生理活动。

呼吸作用有两种类型：一和是有氧呼吸，指鲜活食品在储运中，为了维持生命需要，在体内氧化还原酶的作用下，其体内的葡萄糖和其他简单有机物与吸入的氧气发生氧化反应，即 $C_6H_{12}O_6+6O_2\rightarrow6CO_2+6H_2O+674$ 千卡路里（1 卡路里=4.184 焦耳）；另一种是无氧呼吸，指在无氧或缺氧情况下的呼吸，即 $C_6H_{12}O_6\rightarrow2C_2H_5OH+2CO_2+28$ 千卡路里。

由上述两种呼吸类型可以看出，它们的呼吸基质是一样的，最终都是消耗了有机体内的营养成分并产生热量。有氧呼吸产生的热量，部分转化为鲜活食品生理活动的能量，部分释放到外界环境中，可使外界环境的温度升高，加速鲜活食品的腐烂变质，还会促使霉腐微生物生长和繁殖，这对维护储运的鲜活食品，如粮、水果、蔬菜等的质量是十分不利的。无氧呼吸实质上是酒精发酵，其最终产生的酒精和中间产物乙醛等，会破坏鲜活食品的组织，使其腐烂。如鲜活食品中积累了过多的酒精和乙醛等，人食用后就会中毒。但正常的有氧呼吸，不仅可以使鲜活食品获得必要的能量，维持生命活动，还是一种自卫手段，有利于抵抗微生物的侵害，防止生理病害的发生。若呼吸强度过大，就会很快消耗鲜活食品的营养成分。因此，在储存鲜活食品时，要防止无氧呼吸，保持最低限度的有氧呼吸。

鲜活食品的呼吸强度与其种类、品种、成熟度、不同器官和组织，以及不同的发育时期等生物学特性有关。例如，蔬菜的呼吸强度以叶菜最大，果菜次之，块根菜和块茎菜最小；果实的呼吸强度以浆果最大，仁果次之，核果再次之，柑橘类最小。影响鲜活食品呼吸强度的外界因素主要由温度和空气中的气体组成。一般而言，环境温度升高呼吸强度也随之增大，当环境温度低于 0℃时，因酶的活性受到抑制，呼吸强度急剧减小。鲜活食品进行呼吸作用最适宜的温度为25℃～35℃，因此降低环境温度是储存鲜活食品的重要措施。空气中的氧气含量降低和二氧化碳含量升高也会明显抑制鲜活食品的呼吸作用。目前采用的气调储存法就是利用改变空气成分，达到抑制鲜活食品呼吸作用的一种较适宜的储存方法。

2. 后熟

后熟是植物性鲜活食品被采收以后，其成熟过程的继续，主要发生在果品、瓜类及果菜类食品的储运中。因为上述这些食品成熟后再采摘，在储运时容易腐败变质，所以必须在成熟前采摘。它们脱离母体后，物质的积累被迫停止，但食品中有机成分的合成——水解平衡更趋向于水解作用方向，呼吸作用更趋向于无氧呼吸，使食品质量和生理特性发生一系列变化，而后逐渐达到使用成熟度。后熟对这类食品在色泽、香气、口味及口感等方面有明显的提高，也使其食用质量得以改进，如香蕉、柿子、西瓜和甜瓜等，只有达到后熟时，才具有较高的食用价值。

促进食品后熟的因素主要是高温、氧气和某些刺激性气体的成分，如乙烯、酒精等。如，苹果组织中产生的乙烯虽然数量极微，却能大大加快苹果的后熟和衰老的进程，所以在苹果储运中，为延长或推迟后熟和衰老过程，除采用适宜的低温和适量的通风条件外，还可采取放置活性炭、焦炭分子筛等吸收剂排除苹果库房中的乙烯成分。有时为了及早上市，对某些蔬菜和水果，如番茄、香蕉、柿子、猕猴桃等，可利用人工催熟的方法加速其后熟过程，以适应市场消费需要。

小思考 5-1

只要商品在储存期间发生了质量变化，就会导致商品质量下降吗？

5.3 商品的养护方法

5.3.1 防霉腐的方法

商品的成分结构和环境因素是霉腐微生物生长和繁殖的营养来源和生活的环境条件。因此，商品的防霉腐工作必须根据微生物的生理特性，采取适宜的措施进行防治，首先立足于改善商品组成、结构和储运的环境条件，使它不利于微生物的生理活动，从而达到抑制或杀灭微生物的目的。

1. 药剂防霉腐

药剂防霉腐是利用化学药剂使霉腐微生物的细胞和新陈代谢活动受到破坏或抑制，进而达到杀菌或抑菌、防止商品霉腐目的的方法。药剂防霉腐要和生产部门密切配合，在生产过程中就把防霉剂、防腐剂加到商品中，这样既方便又可收到良好的防霉腐效果。此外，对批量小的易霉腐的工业品如皮革制品等，也可在储运时把防霉腐药剂加到商品表面。例如，用于工业品防霉腐的药剂有三氯酚钠、水杨酰苯胺、多菌灵及洁尔灭、福尔马林等，它们常用于纺织品、鞋帽、皮革、纸张、竹木制品及纱线等商品的防霉腐；用于食品的防霉腐药剂有苯甲酸及其钠盐、山梨酸及其钾盐等，它们常用于汽酒、汽水、面酱、蜜饯、山楂糕、果味露、罐头等食品的防霉腐。防霉腐药剂的选用应遵循低毒、高效、无副作用、价格低廉等原则，而且在使用时必须考虑对使用人员的身体健康无不良影响和对环境不造成污染等因素。

2. 气相防霉腐

气相防霉腐是通过药剂挥发出来的气体渗透到商品中，杀死霉菌或抑制其生长和繁殖的方法。这种方法的效果较好，应用面广。常用的气相防霉剂有环氧乙烯、甲醛和多聚甲醛等，主要用于皮革制品等日用工业品的防霉。应注意的是，气相防霉剂应与密封仓库、大型塑料膜罩或其他密封包装配合使用，才能获得理想的效果。另外，在使用中还要注意安全，严防毒气对人体的伤害。

3. 气调防霉腐

气调防霉腐是根据好氧性微生物需氧化代谢的特性，通过调节密封环境（如气调库、商品包装等）中气体的组成成分，降低氧气含量，来抑制霉腐微生物的生理活动、酶的活性和鲜活食品的呼吸作用，达到防霉腐和保鲜目的的方法。

气调防霉腐有两种方法：一种是靠鲜活食品本身的呼吸作用释放出的二氧化碳来降低塑料薄膜罩内的氧气含量，从而起到气调作用，叫作自发气调；另一种是将塑料薄膜罩内的空气抽至一定的真空度（$8.0 \times 10^3 \sim 2.1 \times 10^4$ 帕），再充入氮气或二氧化碳，从而起到气调作用，叫作机械气调。据研究，当塑料薄膜罩内的二氧化碳浓度达到 50% 时，对霉腐微生物有强烈的抑制和杀灭作用。气调还需要有适当低温条件的配合，才能较长时间地保持鲜活食品的新鲜度。气调防霉腐可用于水果、蔬菜的保鲜，近年来也开始用于粮食、油料、肉及肉制品、鱼类、鲜蛋和茶叶等多种食品的保鲜。

4．低温防霉腐

含水量高的商品尤其是生鲜食品，如鲜肉、鲜鱼、鲜蛋、水果和蔬菜等，多利用低温抑制霉腐微生物繁殖和酶的活性，以达到防霉、防腐的目的。按降低温度的范围，低温防霉腐分为冷却法和冷冻法两种。冷却法又称冷藏法，其温度控制在 $0℃ \sim 10℃$，此时商品并不结冰。此法适用于不耐冰冻的商品，尤其是含水量高的生鲜食品和短期储存的食品。冷冻法的温度经过两个阶段的控制，先经过速冻阶段，即在短时间内将温度降到 $-30℃ \sim -25℃$，当商品的深层温度达到 $-10℃$ 时，再将商品移至 $-18℃$ 左右的温度下存放。冷冻法适用于长期存放或远距离运输的生鲜动物性食品。

小思考 5-2

哪些商品可以在电冰箱中存放？哪些不可以在电冰箱中存放？

5．干燥防霉腐

干燥防霉腐是指通过各种措施降低商品的含水量，使其含水量在安全储运水分之下，抑制霉腐微生物的生命活动。这种方法可较长时间地保持商品质量，且商品成分的化学变化也较小。干燥防霉腐有自然干燥法和人工干燥法两种。自然干燥法是利用自然界的能量，如日晒、风吹、阴凉等，使商品干燥的方法。该法经济方便，广泛应用于原粮、干果、干菜、水产海味干制品和某些粉类制品。人工干燥法是在人工控制环境条件下对商品进行脱水干燥的方法，比较常用的方法有热风干燥、喷雾干燥、真空干燥、冷冻干燥及远红外和微波干燥等。该法因要用一定的设备、技术，故费用较高，耗能也较大，在应用上受到一定的限制。

6．辐射防霉腐

辐射防霉腐是利用放射性同位素产生的 γ 射线辐射状照射商品的方法。γ 射线是一种波长极短的电磁波，能穿透数米厚的固体物，能杀死商品上的微生物和害虫，抑制蔬菜、水果的发芽或后熟，而对商品本身的营养价值并无明显影响。针对不同商品的特性和各种储存目的，辐射防霉腐有低剂量、中剂量和大剂量辐照 3 种类型。

对于已发生霉腐的商品，为避免进一步变化造成更大的损失，应及时采取措施救治。

霉腐商品的救治方法很多，常用的方法有晾晒、烘烤、熏蒸、机械除霉及加热灭菌等，在使用时应根据实际情况合理选择。

小思考 5-3

家庭常用樟脑丸防止衣物发霉、虫蛀，这属于哪种防霉腐方法？

相关链接 5-2

健康提示：专家支招保证家庭食品安全

食物储藏不当会造成各种毒素的产生。不要用塑料桶长期存放食用油，塑料桶中的各种高分子物质由于和油脂长期接触，会使化学物质溶出，危害人体，因此要选用玻璃、陶瓷或搪瓷容器存放食用油。此外，食用油的储存时间也不宜超过一年，因为油脂容易发生酸化，储存时间越长，酸化越严重，产生的醛类和酮类物质也越多，且影响感官，人食用后常会出现胃部不适、恶心、呕吐等症状。不要用不锈钢容器存放盐、酱油、醋。不锈钢和其他金属一样，容易和电解质发生化学反应，长期存放容易发生化学反应，有毒金属元素溶出，使人中毒。

电冰箱使用不当不仅会成为滋生细菌的温床，还会导致各种食源性疾病。因此，电冰箱内存放的食物要尽快吃完，冷冻食品在进食前要加热。将电冰箱塞得过满会导致电冰箱内的温度不均和霜状物的形成，而去掉食品外的大包装袋，会增加食品间的相互接触和弄脏食品。要分开包装不同的食品。要至少每 3 个月对整个电冰箱进行一次消毒除霜和清洗。

（资料来源：健康提示：专家支招保证家庭食品安全. 中国新闻网，2008-4-8）

5.3.2　防治虫鼠的方法

储运中虫鼠的防治工作应贯彻"以防为主，防治结合"的方法。对某些易生虫的商品和原材料，必须积极地向厂方提出建议和要求，在生产过程中，对原材料采取杀虫措施。例如，对竹、木、藤原料，可采取沸水烫煮、汽蒸、火烤等方法杀灭隐藏的害虫；对某些易遭虫蛀的商品，可在其包装或货架内投入驱避药剂，如天然樟脑或合成樟脑等。此外，储运中虫鼠的防治还常采用化学、物理、生物等方法，杀灭虫鼠或使其不育，以维护储运商品的质量。

1. 化学杀虫法

化学杀虫法是利用化学药剂来防治害虫的方法。在实施时，应考虑害虫、药剂和环境三者之间的关系。例如，针对害虫的生活习性，要选择在其抵抗力最弱的虫期施药，药剂应低毒、高效和低残留，且对环境无污染。在环境温度较高时施药，可获得满意的杀虫效果。化学杀虫法按其作用于害虫的方式，主要有熏蒸法、触杀杀虫法和胃毒杀虫法 3 种。

2．物理杀虫法

物理杀虫法是利用各种物理因素，如热、光、射线等破坏储运商品上的害虫的生理活动和机体结构，使其不能生存或繁殖的方法。物理杀虫法主要有高、低温杀虫法，射线杀虫与射线不育法，远红外线与微波杀虫法，充氮降氧杀虫法等。

3．生物防治法

利用害虫的天敌（寄生物、捕食者、病原微生物）来防治害虫，以及利用害虫的性引诱剂来诱集害虫或干扰成虫的交配繁殖等，都属于生物防治法。

生物农药既杀虫又环保。生物农药主要是指自然界中存在的对农作物病虫害具有抑制作用的各种具有生物活性的天然物质，包括对这些活性物质进行开发所获得的、对环境安全友好、不易产生抗药性的生物制品，以及各种抑制病虫害的真菌、细菌、病毒等病原微生物。

生物农药最大的特点是以生物群治生物群。最初人们主要依靠天敌减小有害生物群的密度。近年来，随着天敌对害虫致病、寄生的研究进展，已能通过提取这些发挥作用的物质，制成生物农药来防治病虫害，或者使天敌能够在体内合成致毒物质等，用作生物农药来防治病虫害。随着最新分子生物学手段的应用，转基因生物农药新品种不断涌现，向更安全和更环保的方向发展，而且产品更新换代速度也在加快。利用生物农药的思路和转基因技术，能够生产出杀虫广、毒性强的微生物菌株，扩大了防治对象，提高了防治效果，只要把其喷洒在害虫上便可达到以菌治虫的目的。

使用生物农药杀虫已成为更有效、无化学品污染的防治病虫害的新理念。虽然目前生物农药的生产成本稍高于化学农药，但它减少了农药用量，又降低了成本，而且保护环境，值得进一步开发和推广。

4．防鼠与灭鼠的方法

防鼠与灭鼠要针对鼠类的特性和危害规律，采取防治与突击围剿相结合的方法，要揭其巢穴，断其来路，消其疑忌，投其所好，进行诱捕。防鼠的主要方法是保持库房内外清洁卫生，清除垃圾，及时处理堆积包装物料及杂乱物品，不给鼠类造成藏身的活动场所。灭鼠有多种方法，一般有机械捕杀法、毒饵诱杀法、生物法、驱除法等。

5.3.3　防锈蚀与防老化的方法

1．防锈蚀的方法

金属商品的电化学锈蚀是造成金属商品损失的重要因素之一，所以做好金属商品的防锈蚀工作非常重要，这也是仓储过程中商品养护的一项重要任务。金属商品的电化学锈蚀除取决于内在因素如金属及其制品本身的组成成分、电位高低、表面状况外，还主要取决于金属表面电解液膜的存在。因此，在防止金属商品电化学锈蚀的方法中，相当多的方法是围绕防止金属表面生成水膜而进行的。在生产部门中，为了提高金属的耐腐蚀性能，最常采用的方法是在金属表面涂盖防护层，如喷漆、加搪瓷涂层、电镀等，把金属与促使金属锈蚀的外界条件隔离，从而达到防锈蚀的目的。在仓储过程中使用的主要防锈蚀方法是涂油防锈、气相防锈和可剥性塑料封存等。

1）涂油防锈

涂油防锈是在金属商品流通中常用的一种简便、有效的防锈方法。它是在金属商品表面涂覆一层油脂薄膜，在一定程度上使大气中的氧气、水分及其他有害气体与金属商品表面隔离，从而达到防止或减缓金属商品生锈的方法。此法属于短期的防锈方法，随着时间的推移，防锈油会逐渐消耗，或由于防锈油的变质，而使金属商品又有重新生锈的危险。根据防锈油形成膜的性质，防锈油可分为软膏防锈油、硬膜防锈油、油膜防锈油三类。除防锈油外，凡士林、黄蜡油、机油等也可作为防锈油脂。

2）气相防锈

气相防锈是利用挥发性气相防锈剂在金属商品周围挥发出缓蚀气体，来阻隔空气中的氧气、水分等有害因素的腐蚀作用，以达到防锈目的的方法。这是一种较新的防锈方法，具有使用方便、封存期较长、使用范围广泛的特点。它适用于结构复杂、不易为其他防锈涂层所保护的金属商品的防锈。常用的气相防锈剂有亚硝酸二环己胺、肉桂酸二环己胺、肉桂酸、福尔马林等。

3）可剥性塑料封存

可剥性塑料是用高分子合成树脂为基础原料，加入矿物油、增塑剂、防锈剂、稳定剂及防腐剂等，加热溶解后制成的。这种塑料液喷涂于金属商品表面，能形成可以剥落的一层特殊的塑料薄膜，像给金属商品穿上一件密不透风的外衣，它有阻隔腐蚀介质对金属商品的作用，可以达到防锈目的。在可剥性塑料中，常用的树脂有乙基纤维素、醋酸丁酸纤维素、聚氯乙烯树脂、过氧乙烯树脂和改性酚醛树脂等。

2. 防老化的方法

防老化是指根据高分子材料性能的变化规律，采取各种有效措施以减缓其老化的速度，达到提高材料的抗老化性能，延长其使用寿命的目的。高分子商品的老化有其内因和外因，所以防老化应从两个方面着手。

1）提高商品本身的抗老化作用

高分子材料防老化，首先应提高高分子材料本身对外界因素作用的抵抗能力。例如，通过改变分子构型，减少不稳定结构，或者除去杂质，可提高高分子材料本身对外界因素作用的抵抗能力。也可以在加工生产中，用添加防老剂（光稳定剂、热稳定剂、抗氧剂、紫外线吸收剂等）的方法来抑制光、热、氧气、紫外线等外界因素的作用，提高高分子材料的耐老化性能。此外，还可以在高分子材料商品的外表涂上漆、胶、塑料、油等保护层，以起到显著的防老化作用。例如，对于塑料商品，可用某些塑料粉末在其表面涂一层薄膜，可提高其耐磨、耐热和耐气候等性能。

在上述防老化的方法中，添加防老化剂是常用而又有效的一种方法。防老化剂是一种提高高分子材料及其制品的热加工性能并延长其使用寿命的化学物质，其添加量很小，但能使高分子材料及其制品的耐老化性能提高数倍乃至数千倍。

2）控制储运中引起老化的因素

控制储运中引起老化的因素主要是根据高分子材料的质量变化规律，控制温度，妥善包装，合理堆码，防止阳光直接照射，加强入库验收与检查等。

案例分析 5-3

纪念币六招防氧化

流通纪念币使用过的金属材料有铜镍合金、铜合金、钢合金、钢芯镀金镍、紫铜合金、黄金铜合金 6 种。这些金属材料的抗氧化性不同，按由高到低顺序排列为钢芯镀金镍、铜镍合金、黄金铜合金、紫铜合金、铜合金、钢合金。因此，流通纪念币的抗氧化性能是不同的，表面氧化影响了观感和品相，从而影响其价值。

表面氧化程度是流通纪念币币品相鉴定的一个参数，一般在同一品相中，表面基本未氧化的流通纪念币在市场上的价格比轻微氧化的高，而表面已被氧化的流通纪念币则无人问津。收藏流通纪念币的保护方法有以下几种。

一是流通纪念币不宜用手触摸。流通纪念币制造得十分精美，经常用手触摸，其表面会留下汗渍及其他物质，容易引起氧化。因此，收藏者在把玩流通纪念币时应该戴上干净、柔软的布手套，或者用集邮镊子来夹取流通纪念币。

二是不宜将流通纪念币长时间放在空气不流通的地方，如流通纪念币册。流通纪念币册并不能将流通纪念币与外界空气隔绝，在潮湿的天气中，流通纪念币表面的水汽更难挥发，因此放在流通纪念币册中的流通纪念币不到两年就会全部氧化成灰色的。

三是避免使流通纪念币接触潮湿或者有害气体，南方的雨季、高温天气、污虫的环境等，都容易对流通纪念币造成腐蚀。

四是可以用纸质护套将流通纪念币逐个装好密封，再将其放入铁制饼干盒中并盖好，里面放一些干燥剂。

五是珍贵的流通纪念币都应单枚包装、单独保存。有些流通纪念币容易氧化，如"第六届全国运动会"，发行量虽大，但是现在全品相的已经很少见，所以其应单独保存。

六是对已经氧化的流通纪念币，可用布加少量的牙膏轻轻擦洗，在去除其氧化层后，将其放入密封容器中收藏好。

（资料来源：吏春生. 纪念币六招防氧化. 中国商报，2004-4-22）

问题：试分析纪念币六招防氧化的原理。

课后归纳总结

本章小结

商品储存是指商品尚未进入消费领域之前，为实现销售目的所出现的暂时停滞。商品储存管理包括商品的入库、在库和出库管理，商品的入库管理主要有商品的入库验收，分区、分类管理，货位选择，商品堆垛；商品的在库管理最为重要的是仓库温度、湿度的控制和调节；商品的出库管理必须贯彻"三先出"和"四不出"的原则。

商品在储存期间的质量变化多种多样，最常见的质量变化是霉变、虫蛀、鼠咬、锈蚀、老化、呼吸和后熟等。这些变化既与商品的成分、结构及性质有关，又与外界的温度和湿度、氧气、微生物等综合作用的结果有关，掌握商品储存期间的质量变化规律，就能进行合理的商品养护。

为了保证商品安全储存，保持商品质量，除做好商品的储存管理工作外，还必须掌握防霉腐、防虫害鼠咬、防锈蚀和防老化的养护方法。

主要概念

商品储存　　相对湿度　　呼吸作用　　气调防霉腐　　气相防锈

课堂讨论题

1. 如何利用呼吸作用来进行水果和蔬菜的储存与保鲜？
2. 简述虫蛀的原因及防治措施。

自测题

1. 判断题

（1）货位是指仓库中实际可以堆货的面积。　　　　　　　　　　（　　）

（2）呼吸作用对水果和蔬菜的储存不利。　　　　　　　　　　　（　　）

（3）在商品储藏期间，只要发生商品质量变化，就会导致商品质量下降。　（　　）

（4）生物防虫就是利用微生物来防治害虫。　　　　　　　　　　（　　）

2. 填空题

（1）出库商品应贯彻_____、_____和接近失效期的先出等原则。

（2）商品在储存期间主要的质量变化有霉变、虫蛀、后熟、_____和_____等。

（3）高分子物老化发生的两个反应是_____和_____。

（4）化学杀虫按其作用于害虫的方式，主要有触杀杀虫法、_____法和_____法3种。

3．选择题

（1）商品分区、分类管理的前提条件不包括（　　）。

    A．商品性能一致　　　　　　　　　B．发货地区一致

    C．养护措施一致　　　　　　　　　D．消防方法一致

（2）常用来表示空气潮湿程度的是（　　）。

    A．绝对湿度　　　　B．相对湿度　　　C．蒸汽压　　　D．饱和湿度

（3）多数霉菌属于（　　）的。

    A．低温性　　　　　B．中湿性　　　　C．高湿性　　　D．高温性

（4）在下列防老化方法中，最有效的是（　　）。

    A．添加防老化剂　　B．控制温度　　　C．妥善包装　　D．合理堆垛

4．简答题

（1）怎样做好商品的入库、在库和出库工作？

（2）为什么在实际养护工作中，是以相对湿度来表示空气潮湿程度的？

（3）金属的锈蚀机制是什么？其防锈蚀方法有哪些？

实训题

1．技能题

（1）怎样控制和调节仓库的温度、湿度？

（2）对日常商品的防霉腐措施有哪些？这些措施为什么能起到防霉腐作用？

2．实操题

参照表 5-2，制作支鞋、书籍、小五金商品的养护方法一览表。

表 5-2　常见商品的养护方法

序号	商品	包装形式	存储特性	保管措施	消防方法	备　注
1	护肤霜		不耐低温和高温，怕潮湿和过分干燥，不能与异味商品混存	（1）储存在清洁、干燥、冬暖夏凉的库房内，不得在简易货棚或露天货场存放。要避免光照射、暴晒，勿接近热源。 （2）储存温度在 5℃～30℃，最低不低于 0℃，最高不超过 35℃；相对湿度在 60%～75%，最小不得小于 50%，最大不宜超过 80%。 （3）护肤霜可与化妆品储存在一起，不得与含水量高的商品（如肥皂）混存一库，也不能与有异味的商品和施放防虫剂的商品一起存放，还不能与具有吸附性的食品（如茶叶）混存一库。 （4）堆码搬运要轻拿轻放，标志箭头向上，不得倒置	一般含有一定量脂类物品，又用可燃的纸盒、纸箱外包装，着火时可用水和各种灭火器扑救	保管期限，瓶装为 1 年，塑料袋装为 9 个月

续表

序号	商品	包装形式	存储特性	保管措施	消防方法	备 注
2	聚乙烯	常用塑料编织袋包装	易氧化，易燃，怕日晒，怕潮	（1）储存在阴凉、干燥、通风、清洁的库房内，窗户要遮光，温度要在35℃以下，相对湿度在80%以下。 （2）不能与有机溶剂、矿物油、油溶性染料、油墨等混存。 （3）远离火种和热源	在初起火时，可用各种灭火器、沙土、水扑救；火灾用雾状水流灭火	商品安全储存期为4年
3	真丝绸	分布包装和箱装两种，箱装又分木箱装和纸箱装	怕潮，不耐高温日晒，不能接触碱性物质，易遭虫蛀	（1）储存在清洁、干燥、阴凉的楼库中层仓间，仓间要具备通风、防潮、排潮、降温、密闭、遮光等条件和设施，要专库储存。 （2）不宜在简易货棚储存，不得在露天货场存放，不要在有害气体和尘埃严重地区设置丝绸专库。 （3）适宜温度在25℃以下，最高不超过30℃，适宜相对湿度在60%～75%，最大不超过80%	应远离火源火种，在起火时，可用水、二氧化碳灭火器扑救	保管期限一般为1年，最长不超过2年
4	家用电器	家用电器每件都由塑料罩套装，装入纸箱，箱内用软塑料泡沫加固，外部各种标志明显	怕潮湿，怕碰撞，怕震，怕侧置、倒置	（1）应储存在库房内，保持干燥、低温、通风；不可露天存放。 （2）加强库房温、湿度管理，温度宜控制在30℃以下，相对湿度在75%以下。 （3）不可与含水量高或有腐蚀性的物品混存。 （4）堆码应牢固，不宜过高，轻装卸，防止碰撞，注意标志，防止包装破裂	在初起火时，可用二氧化碳、干粉、1211灭火器扑救，尽量不用水；在发生火灾时，可用水灭火	

（资料来源：窦志铭，白世贞. 物流商品养护技术. 北京：人民交通出版社，2004）

3．实习题

调查一个仓库的商品入库管理全过程，并撰写调研报告。

项目 6
食品商品

教学目标

知识目标

认识食品知识对工作和生活的重要意义；了解食品的概念和营养卫生及储藏知识，合理膳食。

技能目标

掌握常见食品的品种、品质特征，能对常见食品进行感官审评。

能力目标

能运用所学知识和方法对日常经营的食品进行质量评价、储藏管理和咨询服务。

课中知识应用

引导案例

中国居民膳食指南

《中国居民膳食指南》是根据营养学原理，紧密结合我国居民膳食消费和营养状况的实际情况制定的，是指导广大居民实践平衡膳食，获得合理营养的科学文件。

《中国居民膳食指南（2016）》适用于 2 岁以上人群，它将 2～6 岁的儿童也纳入一般人群之中，让家长在以身作则的同时能够帮助孩子从小开始养成正确的饮食习惯，将"食育"的理念真正落实到生活的点点滴滴。

这一案例表明，人类为了维持正常的生命活动，保证生长发育和从事生产活动，必须摄取一定量的食物，这是人体健康的物质保证。食物多样，以谷类为主，粗细搭配是根据中国民居营养状况提出的膳食措施。因此，了解食品的有关知识，对工作和生活都具有重要的意义。

6.1 食品营养卫生

食品是指供人食用，具有人体所需的营养成分或能满足人们某种嗜好的天然产物及其加工制成品。谷物、肉类、蛋类、乳及乳制品、蔬菜、水果等生活必需品能给人提供各种营养成分，茶、烟、酒等消费品能满足人们的各种嗜好（茶、酒也具有丰富的营养），它们都是最常见的食品。

食品的使用价值是给人体提供营养或满足人们的某种嗜好。

6.1.1 食品的成分及营养

人体为了维持正常的生命活力，需要的营养成分很多，而这些成分人体不能合成和制造，必须从食物中摄取。所以，了解这些成分的类型、功能、来源等，对维持人体健康和延长人体寿命均是至关重要的。

食品中的成分主要是五大营养成分（糖类、蛋白质、脂肪、维生素、矿物质）和水。

1. 糖类

糖类是人体从食物中取得热量最经济和主要的来源，也是构成食品甜味的主要物质。人体摄入的各种成分，除水以外，糖类的数量最多。但糖类在体内储存较少，约占人体比重的 2%，大多数糖类以能量形式被消耗掉。糖类的分子是由 C、H、O 三种元素组成的，且 $H：O=2：1$，与水的组成相同，故又称碳水化合物。糖类按其化学结构的繁简，以及分子的大小和能否被水分解，可分为单糖、双糖和多糖三大类。

（1）单糖。它是分子结构最简单而且不能水解的糖类。单糖为结晶物质，一般无色，有甜味和还原性，易溶于水，不经消化过程就可被人体直接吸收和利用。其分子式为 $C_6H_{12}O_6$，其中葡萄糖、果糖和半乳糖对人体最重要。

（2）双糖。它是由两个分子的单糖缩去一个水分子后得到的化合物，水解后能生成两个分子的单糖。其多为结晶体，易溶于水，不能被人体直接消化和吸收，必须经过酸和酶的作用分解成单糖后才能被人体吸收和利用。和人们日常生活关系密切的双糖有蔗糖、麦芽糖和乳糖，双糖的分子式为 $C_{12}H_{22}O_{11}$。

（3）多糖。它是由若干单糖分子脱去水缩合而成的高分子化合物，一般不溶于水，无甜味，在酸和酶的作用下水解为单糖。多糖有能被人体消化和吸收的，如淀粉、糊精、糖原等；也有不能被人体吸收的，如纤维素、半纤维素、果酸等。多糖的分子式为 $(C_6H_{10}O_5)n$。

医学研究表明，糖类中的纤维素，虽不能被人体吸收，但能促进人体肠胃蠕动和消化液的分泌，有助于正常的消化和排泄功能，使粪便在肠道中的滞留时间缩短，减少细菌及其毒素对肠壁的刺激。多吃含纤维素的食品（水果、蔬菜等），有利于预防痔疮、阑尾炎、大肠癌等。据报道，非洲人大多取食富含纤维素的食物，很少患有上述疾病。纤维素还能以某种方式同饱和脂肪酸结合，从而阻止血浆中血胆固醇的形成。糖类一般存在于谷类、薯类等植物性食品中，而在动物性食品中含量较低。

2. 蛋白质

蛋白质是构成生命的基础物质，"没有蛋白质就没有生命现象"。蛋白质是一种高分子化合物，组成蛋白质的主要元素是 C、H、O、N、S 等。由于蛋白质的种类不同，其元素的组成与含量也不完全相同，蛋白质中含氮的比例一般为 16%，故又称含氮物。

蛋白质的分子结构复杂，其水解后的最终产物为氨基酸，故蛋白质是由许多氨基酸分子缩合而成的高分子化合物。通常人体在摄入各种植物、动物蛋白质后，先在体内将其分解为氨基酸，再将这些氨基酸合成人体所需的蛋白质。

食品中的天然蛋白质含有 20 多种氨基酸，其中有 8 种（婴儿 9 种）在人体内无法合成或转化，必须从食物中摄取。若食物中缺乏这些氨基酸，人就得不到全面的营养，肌体的正常发育就会受到影响，因此这些氨基酸被称为人体必需氨基酸。人体必需氨基酸有色氨酸、赖氨酸、苯丙氨酸、亮氨酸、异亮氨酸、苏氨酸、蛋氨酸、缬氨酸（婴儿外加组氨酸）等。按蛋白质中所含氨基酸的不同，蛋白质可分为以下几种。

（1）完全蛋白质。完全蛋白质含有人体所需的全部必需氨基酸，且各种氨基酸的比例适当，它是符合人体需要的蛋白质，如乳、蛋、大豆、瘦肉、鱼、虾中所含的蛋白质。膳食中有了完全蛋白质，就可维持身体健康和促进生长发育。

（2）半完全蛋白质。半完全蛋白质含有人体所需的全部必需氨基酸，但氨基酸的比例不大适合人体需要，如麦、米、土豆、干果中所含的蛋白质。其营养价值稍低，若膳食中只有此种蛋白质，则只能维持生命，不能促进人体的正常生长发育，使人体的身高、体重，甚至智力都低于正常水平。

（3）不完全蛋白质。不完全蛋白质是所含必需氨基酸种类不全的蛋白质，如玉米、豌豆、肉皮、蹄筋、鱼翅中所含的蛋白质。若只摄入此类蛋白质，则会危及健康。

一般来说，动物性食品比植物性食品中所含的完全蛋白质多。因此，为了获得完全蛋白质，必须发挥蛋白质的互补作用，即将两种以上食物混合或先后（相隔不超过 5 小时）食用，则食物中的蛋白质就可以相互补充所缺乏的或含量不足的氨基酸，从而提高混合食物中蛋白质的营养价值。发挥蛋白质互补作用的原则：食物的种类要多；食物的种属越远越好，如荤素搭配比单纯素食好；最好混合食用，先后食用时间间隔要短。

3. 脂肪

脂肪是一种高能量的营养成分，也是人体重要的组成部分，是由 C、H、O 三种元素化合而成的高分子物，但脂肪所含 C、H 元素的比例大于糖类，所含 O 元素的比例小于糖类。脂肪不溶于水，在酸、碱或酶的作用下可分解为一个甘油分子和 3 个脂肪酸分子，故又被称为三酸甘油酯或甘油三酸。甘油对于人体无营养价值，对人体有用的部分为脂肪酸。

1）脂肪酸的分类

脂肪酸可分为饱和脂肪酸和不饱和脂肪酸。

（1）饱和脂肪酸，其碳链上不存在不饱和双键，性能较为稳定。

（2）不饱和脂肪酸，其碳链上存在若干不饱和双键，性能不稳定，易发生化学反应。

在油脂中，含不饱和脂肪酸较多的，在常温下呈液态，通常称为油；含饱和脂肪较多的，在常温下呈固态，则称为脂。一般植物油在常温下呈液态，含不饱和脂肪酸较多，故其营养价值高于动物油。脂肪的消化吸收率与其熔点有关，若熔点低于人体体温，则易吸收；反之则难吸收，即脂肪的熔点越低，其消化吸收率就越高。

2）脂肪的营养功能

脂肪能提供热能，储藏能量；构成体脂并起保护作用；提供必需脂肪酸，调节生理机能；促进脂溶性维生素的吸收。

脂肪中含有 30 多种脂肪酸，其中有 3 种是人体必需且人体内不能自行合成的，必须从食物中摄取，称为必需脂肪酸。必需脂肪酸有 3 种，即亚油酸、亚麻酸和花生四烯酸，均为不饱和脂肪酸。不饱和的必需脂肪酸是构成人体细胞膜和细胞内结构的必要成分，对人体有重要的生理功能。一般一个成人每天需要能产生 1000 卡路里热量的必需脂肪酸 2 克，缺少必需脂肪酸后会发生皮肤病、毛发脱落、抵抗力减弱、伤口愈合慢，婴幼儿则会生长发育迟缓。人体内缺少必需脂肪酸，易造成胆固醇与饱和脂肪酸结合，沉积在体内组织器官与血管壁，引起动脉粥样硬化。

需要指出的是，脂肪摄入量过多，会抑制胃液分泌和胃的蠕动，引起食欲不振和胃部不舒服；肠内脂肪过多会刺激肠壁，妨碍吸收功能而引起腹泻；同时体内脂肪过多易得肥胖病。

脂肪的来源主要是动、植物油脂，肥肉和坚果，如核桃、花生、瓜子。部分油料，如大豆、芝麻也是脂肪的部分来源。脂肪吸湿后或在日光和氧气的作用下会发生酸败现象，从而失去食用价值。

4．维生素

维生素的英文名称为 Vitamin，来自拉丁文的 Vita，即"生命"之意，又音译为维他命。维生素是人和动物维持生命和生长发育所必需的一类营养物质，是活细胞维持正常生理功能所必需而需要量又极其微小的天然低分子有机物。

维生素虽不能为人体提供热量，在生理上的需要量也很少，但它们对体内营养成分的消化和吸收，对体内能量的转变和正常的生理活动都具有十分重要的功能。当肌体缺乏某种维生素时，就会导致新陈代谢某个环节的障碍，影响正常的生理功能，甚至引起维生素缺乏症。因此，缺少哪种维生素都会给健康带来危害，但摄入量过多也会引起中毒。绝大多数维生素存在于天然食物中，在人体内不能自行合成，必须从食物中摄取。

维生素是一类化学性质极不相同的低分子有机物，可以分为以下两类。

（1）脂溶性维生素。其不溶于脂肪和有机溶剂中，多存在于食品的脂肪组织中。脂溶性维生素超过人体的需要量，就会在体内储存起来，故其既有缺乏症，又有过多症。脂溶性维生素主要有维生素 A、维生素 A 原、维生素 D、维生素 E、维生素 K 等。

（2）水溶性维生素。其溶于水而不溶于脂肪，被吸收后在人体内储存很少，过量的维生素从尿中排出，故水溶性维生素需随时提供。水溶性维生素一般只有缺乏症而无过多症。水溶性维生素在许多食品中广泛存在，如维生素 B_1、维生素 B_2、维生素 B_3、维生素 B_6、维生素 B_{12}、维生素 B_{15}、维生素 H、维生素 P、维生素 C 等。

目前，已知人体所需的维生素约为 30 种，除某些 B 族维生素和维生素 K 能在体内合成外，大多数必须由食物中摄取。我国传统的膳食以谷类和蔬菜为主，动物性食物摄入较少，故容易引起维生素 A、维生素 D、维生素 B_2 缺乏。不良的饮食习惯会导致各种维生素缺乏，不合理的烹调方法会使食物中的维生素损失或丧失，引起各种维生素缺乏。因此，在日常生活中人们应从各个方面努力，确保摄入各类和数量充足的维生素。

5．矿物质

矿物质属无机成分，又称无机盐，食物经高温煅烧而残留的灰分中所含的各种元素均称为矿物质。矿物质也是人体所需的营养素之一。

矿物质，按其在人体组织中所占的比例大小可分为：①常量元素，含量在 0.01%以上，如钙、镁、钾、钠、磷、氯、硫等；②微量元素，含量在 0.01%以下，如铁、碘、铜、锌等；③超微量元素，含量极微，以微克（μg）表示，如铅、汞、金、镭等。

常量元素人体需要得最多。某些微量和超微量元素，虽为人体生理所必需，但超过一定量就对健康有害。矿物质是调节人体生理功能和维持体内酸碱平衡的成分之一。矿物质在人体内的含量并不高，占人体重量的 4%～5%，但对人体有重要作用。

相关链接 6-1

健康提示：饮食补钙有讲究 4 个误区要避免

饮食补钙有讲究

（1）喝牛奶。牛奶、奶粉、乳酪和豆类及豆制品中钙的含量较高，也容易被人体吸收，因此它们是补钙的最佳食物来源，但要注意：饮用牛奶若要加热，至 70℃ 即可。加温时间长、温度过高不利于保存营养，还会造成钙质沉淀，影响吸收。喝牛奶时，最好少加糖。早晨不要空腹喝牛奶，否则，牛奶蛋白质会代替碳水化合物而被消耗掉。牛奶与巧克力不宜混吃。晚上喝牛奶较为适宜，因午夜时人体处于低血钙状态，晚上喝牛奶可以补充血钙，预防骨质疏松。

（2）加点醋。烹饪富含钙的食物如虾皮、骨头、牡蛎、海藻类、田螺、泥鳅、黑木耳、金针菜等时，应适当放点醋，以有助于钙质溶解，利于人体吸收与利用。烹饪时还应该注意的一个问题是植物中的草酸和植酸会与钙结合形成不溶性的钙盐，使钙无法被人体吸收。事实上，膳食中的草酸和植酸是很容易溶于开水的，如菠菜、苋菜、茭白等，在烹调前应该事先焯水，这样做可以除去 80%左右的草酸和植酸。另外，常吃一些含柠檬酸的水果，如柠檬、柑橘、梅子等，也有助于钙的吸收。

（3）多吃鱼。补钙宜配合富含维生素 D 的食物，如海鱼、动物肝脏、蛋黄和瘦肉。

如果没有维生素 D 参与，那么人体对膳食中钙的吸收率达不到 10%。

（4）低油、少盐。高脂肪食物，如较肥的畜禽肉、油炸食品等会抑制钙的吸收。钠摄入量多，人体就会减少对钙的吸收，因此补钙时应该控制食盐的摄入。

补钙误区要避免

人生的每个阶段都需要钙的支持。钙，既可以从食物中摄取，也可以从补钙产品中摄取。下面介绍几个补钙误区。

（1）选择保健品补钙更安全。

专家：保健品没标不良反应≠无不良反应。

作为具有治疗和预防作用的药品，一定要标明适应证，明确治疗的作用，以及不良反应。建议在选择钙剂时，选择标有 OTC（非处方药）标志的。相对药品而言，保健品只能起到保健、辅助治疗的作用。同时，保健品一般没有标明不良反应的症状，但并不代表保健品没有不良反应。

（2）液体钙更利于吸收。

专家：液体钙剂的溶解度大≠吸收快。

液体钙剂的溶解度大并不代表吸收快，我们应主要看钙剂中维生素 D 的含量，维生素 D 能促进小肠黏膜对钙的吸收和肾小管对钙的重吸收。不同形态的钙，最终均以钙离子的形式被肠道吸收，液体钙剂的溶解度大并不代表吸收快。

（3）补钙引起便秘是通病。

专家：补钙安排在两餐之间最合理。

补钙容易便秘的人，可以多喝水。补钙的时间最好安排在两餐之间，此时，食物对它的影响较小。适当的运动，增加胃肠蠕动也能有效减少便秘。

（4）补钙同时多进食蔬菜。

专家：大量摄入纤维素会抑制钙吸收。

需要注意的是，钙与纤维素容易结合成不易吸收的化合物。过多进食富含纤维素的食物会抑制钙的吸收。

牛奶、鸡蛋含有丰富的蛋白质、钙质，二者都是补钙佳品。但是如果二者同时进食，就会妨碍钙的吸收，长期食用还会诱发乳碱综合征。在服用钙剂时应避免进食过于油腻的食物，大量饮用含酒精或咖啡因的饮料，以及大量吸烟也会抑制钙剂的吸收。

很多人很重视从摄入的食物中补钙，但是，有的人的补钙效果并不理想，其中很大一部分原因是人们不懂得补钙的诀窍。因为要提高膳食钙的吸收率，烹饪是非常重要的因素。

（资料来源：健康提示：饮食补钙有讲究 4 个误区要避免. 中华人民共和国中央人民政府门户网站，2010-2-9）

6. 水

水是人体的重要组成部分。水对人体无直接营养，但人的一切生理活动均离不开水。普通成人中的水分含量占体重的 55%～65%，分布在人体的各组织器官中。人体如果损失了 20%的水，就无法维持生命。

1）食品中的水分

各种食品都有其特定的水分含量，因此才显示出它们各自的色、香、味、形等特征。水对食品的新鲜度、硬度、流动性、呈味性、保藏性、加工等方面均有重要影响，水也是微生物繁殖的因素。水的溶解力强，大多数有机物均能溶于水中，即使不能溶于水的物质（如脂肪等），也能在适当条件下分散在水中。

2）食品中水的存在形态

食品中水的存在形态有两种：结合水（束缚水）、自由水（游离水）。

（1）结合水（束缚水）。其与食品中的胶体物质（蛋白质、脂肪等）以氢键相结合，受胶体物质束缚，一般很少发生变化，其性质不同于普通水。结合水（束缚水）的比重大于普通水，不易结冰，冰点为-40℃；不能溶解可溶性物质；蒸汽压低，在100℃以下时不能从食物中分离出来；不能被微生物利用。当结合水（束缚水）被强行与食品分离时，食品的风味、质量就会改变。

（2）自由水（游离水）。它是食品中不与胶体物质结合的水，以游离状态存在于食品细胞内外，可用简单的加热方式把它从食品中分离出来。自由水（游离水）的性质同普通水，冰点为0℃，在100℃时沸腾，在干燥情况下通过毛细管的作用可以散发而减少；在潮湿环境下可因吸水而增加；能被微生物所利用，食品重量损耗即其所致。含有大量自由水（游离水）的食物（水果、菜、肉等），在冻结后细胞结构被冰晶破坏，解冻后组织立即崩溃而放出大量自由水（游离水）。

由于自由水（游离水）能给食品中的微生物繁殖提供合适的环境，因而为防止食品的腐败，延长保存期，就要设法减少食品中的自由水（游离水）的含量，以获得良好的储存效果。通常，人们用水分活度（A_w）直接反映食品储存的安全条件，即

$$A_w = \frac{P}{P_0}$$

式中，P 为溶液中水的蒸汽压；P_0 为纯水的蒸汽压。由于自由水（游离水）中含有有机物和无机盐，故 $P<P_0$，即 $A_w<1$。某些食品适合微生物发育的 A_w 值如表 6-1 所示。

表 6-1　某些食品适合微生物发育的 A_w 值

食 品 名 称	A_w	微生物名称
鲜鱼、水果	0.98	
灌肠	0.90	一般细菌
含有 15%水的腌制品	0.88	酵母菌
含有 15%～17%水的豆类、米等	0.80	霉菌、金黄色葡萄球菌
果酱、某些点心	0.75	好盐性细菌
面粉	0.65	耐干性霉菌
干果、蜜饯	0.60	耐浸透性酵母菌
饼干	0.33	

A_w 值的大小反映了食品中自由水（游离水）可被微生物利用的程度，A_w 值越大，越易被微生物利用，则食品易腐败变质。可通过干燥或人工冷藏减小食品的 A_w 值。

📑 **案例分析 6-1**

营养标签标准

食品营养标签是向消费者提供食品营养信息和特性的说明，也是消费者直观了解食品营养组分、特征的有效方式。根据《食品安全法》的有关规定，为指导和规范我国食品营养标签标示，引导消费者合理选择预包装食品，促进公众膳食营养平衡和身体健康，保护消费者的知情权、选择权和监督权，卫生部在参考国际食品法典委员会和国内外管理经验的基础上，组织制定了国家标准 GB 28050—2011《预包装食品营养标签通则》，于 2013 年 1 月 1 日起正式实施。

（资料来源：《预包装食品营养标签通则》（GB 28050—2011）问答. 中华人民共和国卫生部网站，2012-7-9）

问题： 预包装食品实施《预包装食品营养标签通则》和食品质量与帮助消费者科学地选购食品有何关系？对你科学地安排日常膳食有哪些帮助？

6.1.2　食品安全

🧱 **相关链接 6-2**

2013 年硫磺熏制"毒生姜"　推高生姜价格

事件回放

2013 年 5 月，山东潍坊农户使用剧毒农药神农丹种植生姜，被央视《焦点访谈》曝光，引发全国舆论哗然。而这次曝光则是记者在山东潍坊地区采访时一次意外的反面查获报道。记者本来是准备对生姜种植大市，搜集素材对潍坊"菜篮子工程"做正面的典型报道，没想到从当地田间突然发现了剧毒农药包装袋，记者看到这个蓝色包装袋上面显示神农丹农药，每包重 1 千克，正面印有"严禁用于蔬菜、瓜果"的大字，背面有骷髅标志和红色"剧毒"字样。这一发现让记者大吃一惊，这里竟然还有人明目张胆地滥用剧毒农药种植生姜，这可不是一般的小问题，而是涉及众多老百姓的生命安全问题。记者不动声色，在 3 天的时间里默默走访了峡山区王家庄街道管辖的十几个村庄，发现这里违规使用神农丹的情况比较普遍。田间地头随处都能看到丢弃的神农丹包装袋，姜农们不是违法偷偷地用，而是成箱成箱地公开使用这种剧毒农药。此报道一出，立即成为一个公共事件。

据悉，神农丹的主要成分是一种叫涕灭威的剧毒农药，50 毫克就可致一个 50 千克重的人死亡。当地农民对神农丹的危害性都心知肚明，使用剧毒农药种出的姜，他们自己根本不吃。

硫磺熏制的危害

中国农业大学理学院院长眉志强教授表示，滥用神农丹会造成生姜中农药残留超标，还会对地下水造成污染。2010 年媒体报道，使用过神农丹的黄瓜，曾致安徽 13 人中毒。

（资料来源：席骁儒.2013 年硫磺熏制"毒生姜" 推高生姜价格.成都全搜索新闻网，2015-6-14）

《食品安全法》第三十四条规定："禁止生产经营下列食品、食品添加剂、食品相关产品：（一）用非食品原料生产的食品或者添加食品添加剂以外的化学物质和其他可能危害人体健康物质的食品，或者用回收食品作为原料生产的食品；（二）致病性微生物，农药残留、兽药残留、生物毒素、重金属等污染物质以及其他危害人体健康的物质含量超过食品安全标准限量的食品、食品添加剂、食品相关产品；（三）用超过保质期的食品原料、食品添加剂生产的食品、食品添加剂；（四）超范围、超限量使用食品添加剂的食品；（五）营养成分不符合食品安全标准的专供婴幼儿和其他特定人群的主辅食品；（六）腐败变质、油脂酸败、霉变生虫、污秽不洁、混有异物、掺假掺杂或者感官性状异常的食品、食品添加剂；（七）病死、毒死或者死因不明的禽、畜、兽、水产动物肉类及其制品；（八）未按规定进行检疫或者检疫不合格的肉类，或者未经检验或者检验不合格的肉类制品；（九）被包装材料、容器、运输工具等污染的食品、食品添加剂；（十）标注虚假生产日期、保质期或超过保质期的食品、食品添加剂；（十一）无标签的预包装食品、食品添加剂；（十二）国家为防病等特殊需要明令禁止生产经营的食品；（十三）其他不符合法律、法规或者食品安全标准的食品、食品添加剂、食品相关产品。"

预包装食品包装上的标签应当标明食品名称、规格、净含量、生产日期；成分或者配料表；生产者的名称、地址、联系方式；保质期；产品标准代号；储存条件；所使用的食品添加剂在国家标准中的通用名称；生产许可证编号；法律、法规或者食品安全标准规定必须标明的其他事项。天然食品本身所含的有害物质很少，对人体危害不大，但在从种植、生长到收获，从生产、加工、储存、运输、销售到食用前的各个环节中都有可能使某些有毒有害物质进入食品，从而导致食品的卫生质量降低，对人体造成极大的危害。食品中的有毒有害物质一般分为两类：一类是有毒物质，另一类是病原微生物。食品中的有毒有害物质，有的来源于食品本身，有的来源于各种污染。

1. 食品自身产生的毒素

有的天然食品本身就含有毒素，如河豚的肝、血、卵等含有河豚毒素；苦杏仁、木薯块根中含有氰甙类毒素；土豆发芽后会产生龙葵素；死亡后的鳝鱼、鳖、河蟹的体内含有组胺毒素等。故在食用这些食品时一定要加以注意。

小思考 6-1

食品中的有毒有害物质均来源于各种污染吗？

2. 食品的各种污染

污染食品的有害物质按其性质大体上可分为生物性污染、化学性污染及放射性污染3种。

1）生物性污染

食品的生物性污染是指食品在生产、运输、储存、销售等各个环节中，受到致病微生物和寄生虫、卵的污染。污染食品的微生物主要是细菌及其毒素、霉菌及其毒素。微生物污染食品后，在适宜的条件下大量繁殖，使食品产生一系列复杂的变化，降低或失去食用价值。某些微生物还可能产生各种危害人体健康的代谢产物，即毒素，导致人体患上各种疾病，严重时导致人体死亡。例如，黄曲霉毒素就是一种常见的霉菌代谢产物，它的毒性极大，会破坏人体肝脏的功能，诱发各种癌症，是人类的大敌。

通过污染食品而危害人体的寄生虫及虫卵主要有囊虫、蛔虫、绦虫、肝吸虫、肺吸虫、旋毛虫等。病人、病畜排出的带有寄生虫卵的粪便污染水源或土壤，由此再使家畜等动物及水果、蔬菜受到感染或污染，或直接污染食品，导致人类患上寄生虫病。

能造成污染的昆虫主要有粮食中的甲虫、螨类和蛾类，以及动物性食品和某些发酵食品中的蝇、蛆等。在储藏条件差、缺少防虫设备时，食品很容易受到昆虫污染，滋生出各种有害物质，使食品的营养价值降低或丧失。

防止食品生物性污染，主要是加强食品的卫生管理和监督，提高食品卫生的科学管理水平，创造一个适宜的食品储藏环境。

2）化学性污染

化学性污染是指食品在生产、加工、运输、储藏、销售等各个环节中被某些化学有害物质污染，主要有以下几种。

（1）农药对食品的污染。适当地使用农药是消灭农作物病虫害和杂草、保证农产品丰收的一项重要措施。但是，广泛、过量地使用农药，会致使一些有害成分进入食品中而对食品造成污染。

农药对食品的污染主要通过如下途径：农药喷洒于农作物表面后渗入农作物体内；农药散落在土壤中后通过农作物根部被吸入农作物体内；农药污染农作物的茎秆和牧草，被污染的农作物的茎秆和牧草作为饲料被喂给家畜和家禽；农药通过水源进入农作物或人体内。目前，对人体危害最大的农药为有机氯农药，尽管许多国家已停止使用这类农药，但因其不易分解、残效期长而在土壤和人体中积累，故仍可能污染食品。为了防止农药对食品的污染，国家对农药使用的种类和用量都有严格的限制。

（2）重金属对食品的污染。重金属是污染食品的又一途径，重金属主要存在于工业生产中不适当地排出的废气、废水和废渣（即工业的"三废"）中，对人体危害较大的重金属有汞、镉、砷、铅等。

重金属进入人体后，与蛋白质结合形成不溶性盐而使蛋白质变性，使人体出现各种中毒症状。汞化合物会进入人体血液中，并与血红素结合，然后进入脑组织而引起脑中毒，使人乏力、头晕、失眠，肢体末梢、嘴唇、牙根麻木和刺痛，语言不清，视力模糊，记忆力衰退，严重时会导致痉挛而死亡。镉对人体的危害主要是损害肾小管上皮细胞，减弱人体呼吸功能，使钙及其他成分从尿中排出，导致骨钙析出，骨质疏松。砷对人体的危害是破坏体内酶的活性而引起代谢紊乱，从而导致神经系统、微血管及其他系统功能病变。铅对人体的危害主要是对神经系统、造血系统和消化系统造成不良影响。

（3）食品添加剂对食品的污染。食品添加剂是为改善食品的品质和色、香、味，以及为防腐和加工工艺的需要而加入食品中的化学或天然物质。

由于食品添加剂多系化学物质，这些物质不一定具有营养价值，有的还具有一定的毒性。对食品添加剂使用不当或采用不合乎卫生要求的食品添加剂会使有害物质进入食品中，含有有害物质的食品如长期大量被人体摄入，就可能对人体产生一定的毒害作用。例如，防腐剂苯甲酸可引起过敏性哮喘；发色剂亚硝酸盐可与蛋白质代谢的中间产物——仲胺生成亚硝胺，亚硝胺是一种强致癌物。

食品中的添加剂主要有防腐剂、抗氧化剂、发色剂、漂白剂、凝固剂、疏松剂、着色剂、香精等。食品中的添加剂有天然与人工合成两种，对于食品添加剂允许使用的种类，我国有严格的国家标准。

3）放射性污染

放射性污染的主要来源有两种：一是来自宇宙射线和地壳中的放射性物质，即天然的放射性污染；二是来自核试验及和平利用原子能产生的放射性物质，即人为的污染。目前，食品中放射性物质的实际污染情况以铯 137 和锶 90 最为严重。特别是锶 90，半衰期较长，多蓄积于骨内，影响造血器官，且不易排出，对人体有严重危害。某些海产动物，如软体动物能蓄积特别危险的锶 90。

相关链接 6-3

2014 年 9 月，央视曝光辽宁大连普兰店市皮口镇——大连周边海域养殖海参最大的一片区域，由于养殖户大量添加抗生素等药物，导致近海物种几乎灭绝。记者调查发现，每当海参圈放水的时候，周边就会有死鱼，对近海的候鸟来说充满威胁。据一位海参养殖场老板介绍，他们清理海参粪便或污渍，使用的都是次氯酸钠和医用双氧水。最终，这些养殖废水都将排到海里。除了漂白剂，养殖中还要投药杀死海参圈里的其他生物，以使其他生物不会与海参争营养。为了提高海参幼苗的成活率，防止海参幼苗生病，养殖户会在海参幼苗池里大量添加抗生素等药物。不仅仅是大连庄河，就连整个渤海湾的辽东半岛至山东半岛一带，生态系统都已经处于亚健康状态，水体呈严重富营养化，氮磷比重已严重失衡。

（资料来源：央视曝大连抗生素养海参 近海物种几乎灭绝. 北京晨报，2014-9-10）

案例分析 6-2

擦亮眼睛 让绿色食品与健康同行

大部分消费者都认为绿色食品仅仅是环保型或者无污染的食品，比普通的食品质量好一点，吃得放心，而对于怎么鉴别绿色食品和绿色食品的认证却是一知半解。

绿色食品是无污染、无公害、安全营养型食品的统称，而并非指绿颜色的食品。绿色食品的发展必须以开发无污染食品为突破口，将保护环境、改善生态、发展经济、增进人们健康紧密地结合起来，进而促进资源、环境、经济及社会的良性循环发展。绿色食品同人类的生命质量息息相关，而绿色正是生命和生存环境充满活力的象征，故将此类食品定名为绿色食品。

绿色食品的标准：一是产品或产品的原料产地必须符合绿色食品生态环境质量标准；二是农作物种植、畜禽饲养、水产及食品加工必须符合绿色食品生产操作规程；三是水、肥、土条件必须符合一定的无公害控制标准，并接受国家环境保护监测中心的监督；四是产品的包装、储运必须符合绿色食品包装储运标准，最终产品必须经国家食品卫生标准检测合格才准予出售。用 7 个字可以归纳它的正确含义：安全、营养、无公害。

绿色食品分为 A 级绿色食品和 AA 级绿色食品。A 级绿色食品可限量使用限定的化学合成生产资料，AA 级绿色食品在生产过程中不使用化学合成的肥料、农药、兽药、饲料添加剂、食品添加剂和其他有害于环境和身体健康的物质。

绿色食品成为大部分消费者的首选，说明我国消费者的健康和环保意识正不断增强。但绿色食品实际上是一个特定的概念。2003 年 11 月 1 日新修订的《中华人民共和国认证认可条例》对于绿色食品、无公害食品等制定了非常严格的认证过程。

一些商家违规使用绿色食品标志，首先会误导消费者，如果它本身的价格等于或低于其他没有绿色食品标志的食品，消费者肯定会选择有标志的食品，物非所值，消费者的经济利益就会受到侵害；另外，如果食品没达到绿色食品的标准要求，就有可能危害消费者的身体健康。

（资料来源：擦亮眼睛 让绿色食品与健康同行. 食品中国，2010-3-17）

问题：查阅有关资料，分析和比较绿色食品、有机食品、无公害农产品三者的特点。

6.2　粮油商品

6.2.1　粮油商品的特征与分类

1. 粮油商品的特征

粮食是人类生存和发展的最基本的生活资料。粮油籽粒在脱离植株之后仍然保持一定的生命活动，在储藏与经营过程中，会发生生理性、生化性变化，如有氧呼吸、后熟、生芽、陈化等。一方面，这些变化对维持粮油商品的新鲜度、改善粮油商品的品质有利；另一方面，这种生命力的维持，又是以消耗粮油商品本身的营养物质为基础的，因此会造成粮油籽粒干物质的损耗，也易引起发热霉变。要做到既能维持粮油籽粒的生命力，为广大消费者提供新鲜可口的粮油商品，又能控制其生命力的活动，保持粮油商品的相对稳定状态，减少粮油商品损失，这是粮油商品经营工作的重要任务。

2. 粮油商品的分类

粮油商品的分类方法很多，一般根据商业经营情况，按粮油植物学科属或主要性状、用途将粮油商品分为七大类。

（1）原粮。原粮也称自然粮，一般是指经过收割、脱粒，而尚未碾磨加工带有皮壳的粮谷，包括禾谷类、豆类和薯类，也包括甘薯、马铃薯、木薯等。

（2）成品粮。成品粮是将原粮经过加工后脱去皮壳或磨成粉状的粮食，主要包括大米、小麦粉、燕麦粉、黑麦粉、玉米粉、高粱米、小米、黍米、稷米、荞麦粉、薯干等。

（3）油料。油料是指抽取植物油脂的原料，按原料来源分为草本油料和木本油料两类。

（4）油脂。油脂即用植物油料制取的油脂，通常按是否可供食用分为食用油脂和非食用油脂两类。

（5）粮油加工副产品。粮油加工副产品主要指粮食、油料在加工成品过程中分离出的非成品部分。

（6）粮食制品。粮食制品主要指以粮食为主要原料加工制作的食品，一般可分为普通米面制品、方便食品、强化食品、膨化食品、熟食品等。

（7）综合利用产品。综合利用产品主要指利用粮食加工副产品生产的产品。利用粮食加工副产品可以生产糖、酒、油及多种化工用品、医药等；利用油料加工副产品可以生产高蛋白质食品、磷脂类食品及多种化学用品和医药等。

另外，粮食还可以按习惯分为主粮和杂粮、粗粮和细粮、夏粮和秋粮、贸易粮等。

6.2.2　稻谷

稻是禾本科、稻属的作物，稻的果实称为稻谷，稻谷是世界上重要的谷物和商品粮之一。

1. 稻谷的分类

1）按生长要求的水分条件分类

按生长要求的水分条件分类，稻谷分为水稻和陆稻（旱稻）。水稻适于在水田生长，陆稻适于在旱地生长，水稻比陆稻产量高、口味好，我国栽培的主要是水稻。

2）按生长期和收获季节分类

按生长期和收获季节分类，稻谷分为早稻、中稻和晚稻。早稻的生长期为80～120天，多在7月收获；晚稻的生长期为150～180天，多在11月收获。二者的米粒特征相差较大，早稻的米粒腹白较大，硬质粒少；晚稻的米粒则腹白较小或无腹白，硬质粒较多，粒质优于早稻。中稻的生长期为120～150天，在初秋收获，米质介于早、晚稻之间。

3）按米形和粒质分类

在国家标准GB 1350—2009《稻谷》中，稻谷按粒形和粒质分为早籼稻谷、晚籼稻谷、粳稻谷、籼糯稻谷、粳糯稻谷5类。

（1）早籼稻谷：生长期较短、收获期较早的籼稻谷，一般米粒腹白较大，角质粒较少。

（2）晚籼稻谷：生长期较长、收获期较晚的籼稻谷，一般米粒腹白较小或无腹白，角质粒较多。

（3）粳稻谷：粳型非糯性稻谷的果实，籽粒一般呈椭圆形，米质黏性较大、胀性较小。

（4）籼糯稻谷：籼型糯性稻的果实，糙米一般呈长椭圆形和细长形，米粒呈乳白色，不透明，也有呈半透明状的，黏性大。

（5）粳糯稻谷：粳型糯性稻的果实，糙米一般呈椭圆形，米粒呈乳白色，不透明，也有呈半透明状的，黏性大。

籼稻和粳稻是不同生态类型的稻谷品种，耐寒性差别较大，一般粳稻比籼稻耐寒。籼稻、粳稻、糯稻的特征比较如表6-2所示。

表6-2　籼稻、粳稻、糯稻的特征比较

种类	项 目						
	粒形	茸毛	芒	米外观	饭的胀性	饭的黏性	直链淀粉含量
籼稻	长椭圆 细长	稀短	无或短	灰白无光	大	小	25%以上
粳稻	椭圆	密长	常有	蜡白有光透明 半透明	小	较大	20%以下
糯稻	长椭圆/椭圆或细长	稀短 密长	无或有	不透明/乳白 无光	小	大	无

在稻谷的国家标准中，各类稻谷允许混有其他类稻谷的限度为5.0%；各类稻谷中黄粒米的含量不超过1.0%；各类稻谷中谷外糙米的含量不超过2.0%。

2. 质量指标

1）国家标准

国家标准 GB 1350—2009《稻谷》规定，各类商品稻谷共分 5 个等级，出糙率低于 5 等的稻谷为等外级。早籼稻谷、晚籼稻谷、籼糯稻谷、粳稻谷、粳糯稻谷的质量指标如表 6-3 和表 6-4 所示。

表 6-3　早籼稻谷、晚籼稻谷、籼糯稻谷的质量指标

等级	出糙率/%	整精米率/%	杂质含量/%	水分含量/%	黄粒米含量/%	谷外糙米含量/%	互混率/%	色泽、气味
1	≥79.0	≥50.0						
2	≥77.0	≥47.0						
3	≥75.0	≥44.0	≤1.0	≤13.5	≤1.0	≤2.0	≤5.0	正常
4	≥73.0	≥41.0						
5	≥71.0	≥33.0						
等外	<71.0	不要求						

表 6-4　粳稻谷、粳糯稻谷的质量指标

等级	出糙率/%	整精米率/%	杂质含量/%	水分含量/%	黄粒米含量/%	谷外糙米含量/%	互混率/%	色泽、气味
1	≥81.0	≥61.0						
2	≥79.0	≥53.0						
3	≥77.0	≥55.0	≤1.0	≤14.5	≤1.0	≤2.0	≤5.0	正常
4	≥75.0	≥52.0						
5	≥73.0	≥49.0						
等外	<73.0	不要求						

2）项目解释

从出糙率，整精米，杂质，黄粒米，谷外糙米，互混，色泽、气味这几个方面考虑。

（1）出糙率。稻谷出糙率是指稻谷脱胎壳后的糙米质量（其中不完善粒折半计算）占试样重量的百分率。出糙率体现稻谷的主要使用价值。成熟、饱满、壳薄的稻谷，出糙率较高。

（2）整精米。整精米是指当将糙米碾磨成精度为国家标准一等大米时，米粒产生破碎，其中长度仍达到完整精米粒平均长度的 4/5 以上（含 4/5）的米粒。

（3）杂质。稻谷中的杂质是指通过直径 2.0 毫米圆孔筛的筛下物，包括泥土、沙石、砖瓦块及其他无机杂质，以及无使用价值的稻谷粒、异种粮粒及其他有机杂质。

（4）黄粒米。黄粒米是指胚乳呈黄色，与正常米粒色泽明显不同的颗粒。黄粒米的形成原因是多方面的，微生物作用及粮食陈化中的生化变化等均可引起米粒变黄。黄粒米不但影响商品的外观品质，而且营养品质差，还可能带有真菌毒素。

（5）谷外糙米。谷外糙米是指稻谷由于机械损伤等原因形成的糙米粒。

（6）互混。互混包括籼粳稻谷互混、籼糯稻谷互混。

（7）色泽、气味。色泽、气味是指一批稻谷固有的综合色泽和气味，它是稻谷正常品质的体现。稻谷的国家标准均要求稻谷的色泽、气味正常。

3）相关规定

（1）食用稻谷按国家标准 GB/T 5009.36—2003《粮食卫生标准的分析方法》、饲料用稻谷按国家标准 GB 13078—2017《饲料卫生标准》有关规定执行。

（2）应在包装物上或随行文件中注明产品的名称、类别、等级、产地、收获年度和月份。

（3）包装应清洁、牢固、无破损，缝口严密、结实，不应撒漏，不应带污染或异常气味。

（4）应将稻谷储存在清洁、干燥、防雨、防潮、防虫、防鼠、无异味的仓库内，不应与有毒有害物质或水分较高的物质混存。

（5）应使用符合卫生要求的运输工具和容器运送稻谷，在运输过程中应注意防止被雨淋和被污染。

案例分析 6-3

大米的储藏特性

大米不耐储藏。因其无皮层保护，胚乳外露，易受外界湿热影响和虫霉危害，陈化速度快，所以我国大米一般以销定产或短期储藏。含糠粉和碎米多的大米，极易吸湿发霉、发热，特别是夏季加工的大米更难储藏。大米陈化后，外观有明显变化，粒面残留皮层浮起（脱糠），胚部变色，两侧沟纹呈白色或灰白色（起筋）、无光泽，有陈米气，蒸煮米饭松散，发酸变苦等。

问题：针对大米的储藏特性，讨论大米安全储藏的措施。

6.2.3　小麦

1. 小麦的分类

（1）按播种期分类，小麦可分为冬小麦和春小麦。

① 冬小麦。冬小麦在秋后播种，在来年夏季收获，生长期一般为 180～280 天。冬小麦的粒形多为短圆丰满的，麦毛较细，腹沟较浅，皮色较淡，工艺品质好。

② 春小麦。春小麦在春季播种，在当年夏季或秋季收割。春小麦的粒形较瘦长，腹沟较深，麦毛较长，皮色较深，工艺品质较差。

（2）按粒质分类，小麦可分为硬质麦、软质麦和混合麦。硬度指数不低于 60 的为硬质麦，不高于 45 的为软质麦，介于二者之间的为混合麦。硬质麦的皮薄易脱落，麦毛短细不明显，出粉率高，蛋白质含量高，筋力大。软质麦的皮较厚，麦毛粗长且明显，出粉率低，蛋白质含量低，筋力小。

（3）按粒色分类，小麦可分为白麦和红麦两类。白麦的种皮为白色、乳白色或黄白色的，一般种皮较薄，出粉率高，品质较好。红麦的种皮为深红色或红褐色的，种皮较厚，出粉率较低，品质较差。

（4）按小麦的皮色、粒质分类。国家标准 GB 1351—2008《小麦》规定，根据小麦的皮色、粒质，小麦可分为 5 类。

① 硬质白小麦，即种皮为白色或黄白色的麦粒不低于 90%，硬度指数不低于 60 的小麦。

② 软质白小麦，即种皮为白色或黄白色的麦粒不低于 90%，硬度指数不高于 45 的小麦。

③ 硬质红小麦，即种皮为深红色或红褐色的麦粒不低于 90%，硬度指数不低于 60 的小麦。

④ 软质红小麦，即种皮为深红色或红褐色的麦粒不低于 90%，硬度指数不高于 45 的小麦。

⑤ 混合小麦，即不符合上述各条规定的小麦。

2．质量指标

1）国家标准

国家标准 GB 1351—2008《小麦》规定，各类小麦按容重分为 5 等，低于 5 等的小麦为等外小麦。小麦的质量指标如表 6-5 所示。

表 6-5　小麦的质量指标

| 等级 | 容重/（克·升⁻¹） | 不完善粒/% | 杂质/% | | 水分/% | 色泽、气味 |
			总量	其中：矿物质		
1	≥790	≤6.0	≤1.0	≤0.5	≤12.5	正常
2	≥770					
3	≥750	≤8.0				
4	≥730					
5	≥710	≤10.0				
等外	<710	—				

注："—"为不要求

小麦赤霉病粒最大允许含量为 4.0%，单立赤霉病项目，按不完善粒归属。小麦赤霉病粒含量超过 4.0% 的，是否收购由省、自治区、直辖市规定。收购含量超过规定的赤霉病麦，要就地妥善处理。

黑胚小麦由省、自治区、直辖市规定是否收购或限量收购。收购的黑胚小麦就地处理。卫生检验和植物检疫按照国家有关标准和规定执行。

2）项目解释

从容重，不完善粒，杂质，色泽、气味等这几个方面考虑。

（1）容重。容重是指小麦籽粒在单位容积内的质量，以克/升（g/L）表示。容重是小麦质量的综合标志，在同一种类、籽粒大小相同的小麦中，籽粒成熟度高、健康饱满、结构坚实、水分较低的小麦容量大，则出粉率高，工艺品质好；反之，则容重小，出粉率低，工艺品质差。但小麦的蛋白质含量与其容重并不存在必然联系，所以容重作为小麦的分等标准，并不反映小麦的内在品质。

（2）不完善粒。小麦的不完善粒包括虫蚀粒、病斑粒、霉变粒、生芽粒和破损粒等伤及胚或胚乳的麦粒。

（3）杂质。杂质是指通过直径 1.5 毫米圆孔筛的筛下物，包括矿物质（指沙、石、煤渣、砖瓦块及其他矿物质）及无使用价值的小麦粒，生芽粒中芽超过本颗粒长度的小麦粒、毒麦、麦角、小麦线虫病、小麦腥黑穗病等麦粒，异种粮粒及其他杂质。

（4）色泽、气味。色泽、气味是指一批小麦的综合色泽、气味。

3）相关规定

在包装物上或随行文件中注明小麦的品种名称、类别、等级、产地、收获时间等，以便于小麦产品的溯源。

3．小麦的储藏

1）储藏特性

一般小麦的后熟期为 2～2.5 个月，在后熟期间，小麦的呼吸强度大，生理旺盛，呼吸作用释放的热量和水分较多，在粮堆上层易出现"出汗"、发热和发霉现象。

小麦的耐高温能力强，一般水分在 17%以下的小麦，在温度不超过 54℃时暴晒，发芽率不会下降，由于促进了工艺成熟，磨出的面粉品质反而有所提高。另外，小麦的耐低温能力也很强，水分不超过 18%的小麦，在-15℃的低温下储藏半年之久，仍能保持其原有品质。小麦这种较强的耐温变能力，为小麦采用低温防霉和高温杀虫提供了理论依据。

但是小麦无外壳保护，皮层较薄，组织松散，并含有大量的亲水物质，胚部外露，因此其吸湿性很强。同时，小麦的籽粒结构和营养素对大多数储粮害虫比较适合，而且小麦收获、入库正值高温季节，害虫繁殖旺盛，因此小麦在收获入库时最易受虫害感染，应加强管理。

2）储藏措施。

（1）严格控制水分。严格控制小麦入库水分，做好防潮工作是小麦安全储藏的主要环节。小麦的相对安全水分标准如表 6-6 所示。小麦收割脱粒后要充分暴晒，再行入库。入库后则应做好防潮工作。

表 6-6　小麦的相对安全水分标准

温度/℃	0	5	10	15	20	25	30
相对安全水分/%	18	17	16	15	14	13	12

（2）趁热入库密闭。在盛夏高温季节，选择晴朗、高温的天气将小麦晒至 50℃左右，延续 2 小时以上，趁热入库，密闭储藏。此法不但治虫、防治蛾类效果好，而且能促进小麦后熟。

（3）低温密闭。需要长期储藏的小麦，入库时若小麦水分在安全标准以内，无虫、无霉，可及时采取密闭储藏，待秋凉以后对小麦进行通风冷冻，使小麦的温度降至 10℃左右，在春暖前趁冷密闭。此法能使小麦安全度夏，有利于保持小麦的原有品质。

（4）自然缺氧，双低储藏。利用小麦后热期长的特点，对粮质好的小麦，在入库后及时采用自然缺氧储藏或双低储藏，可收到良好的防虫防霉效果。

（5）加强粮情检查。在小麦入库后要加强检查，及时散温散湿，发现害虫活动，及时做杀虫处理。在梅雨季节应着重防潮方面的检查，防止小麦吸湿发霉。

6.2.4　玉米

1. 玉米的分类

（1）按播种期分类，玉米有春玉米、夏玉米、秋玉米和冬玉米 4 种。东北、西北及南方的高山区因气温低，主要生产春玉米；华北及长江流域部分省份，气温较高，多生产夏玉米；广西、广东、云南南部气温高，一年四季都有玉米种植。总之，我国以夏玉米最多，其次是春玉米。

（2）按种皮颜色分类。国家标准 GB 1353—2018《玉米》规定，按玉米种皮颜色分类，玉米分为黄玉米、白玉米和混合玉米 3 类。黄玉米是种皮为黄色，或略带红色的籽粒含量不低于 95%的玉米；白玉米是种皮为白色，或略带淡黄色或略带粉红色的籽粒含量不低于 95%的玉米；混合玉米是不符合上两条要求黄、白玉米互混的玉米。

（3）按粒型和粒质分类，玉米有硬粒型、马齿型、糯质型、半马齿型、粉质型、甜质型和爆裂型等类型。目前，在生产上大面积种植的玉米有以下几类，其籽粒的特征如表 6-7 所示。

表 6-7　几类玉米籽粒的特征

类　型	形　态	角质胚乳部位	粉质胚乳部位	其　他
硬粒型	粒小、坚硬有光泽，顶部圆形	顶部及四周	中央	食味香甜，宜食用
马齿型	粒大，顶端凹陷，呈马齿型	籽粒两侧	顶部及中央	食味较次，宜制粉
糯质型	粒小、坚硬，断面呈蜡状	胚乳全部		有黏性，可代糯米粉
半马齿型	粒型大小复杂、顶端稍凹陷	两侧多，顶部少	顶部及中央	食用或制粉

2. 质量指标

1）国家标准

国家标准 GB 1353—2018《玉米》规定了玉米的质量指标，如表 6-8 所示。

表 6-8　玉米的质量指标

等级	容重/（克·升⁻¹）	不完善粒含量/%	霉变粒含量/%	杂质含量/%	水分含量/%	色泽、气味
1	≥720	≤4.0				
2	≥690	≤6.0				
3	≥660	≤8.0	≤2.0	≤1.0	≤14.0	正常
4	≥630	≤10.0				
5	≥600	≤15.0				
等外	<600	—				
注："—"为不要求						

2）项目解释

从容重，不完善粒，杂质，色泽、气味这几个方面考虑。

（1）容重。容重是指粮食籽粒在单位容积内的质量，以克/升（g/L）表示。

（2）不完善粒。不完善粒是指受到损伤但尚有使用价值的颗粒，包括下列几种：①虫蚀粒，指被虫蛀蚀，伤及胚或胚乳的颗粒；②病斑粒，指粒面带有病斑，伤及胚或胚乳的颗粒；③破损粒，指籽粒破损达本颗粒体积 1/5（含）以上的颗粒；④生芽粒，指芽或幼根突破表皮的颗粒；⑤生霉粒，指粒面生霉的颗粒；⑥热损伤粒，指受热后外表或胚显著变色和损伤的颗粒。

（3）杂质。杂质是指通过规定筛层和无使用价值的物质，包括下列几种：①筛下物，指通过直径 3.0 毫米圆孔筛的物质；②无机杂质，包括泥土、沙石、砖瓦块及其他无机物质；③有机杂质，指无食用价值的玉米粒、异品种粮及其他有机物质。

（4）色泽、气味。色泽、气味是指一批玉米固有的综合色泽和气味。

3）相关规定

为加强玉米商品的可追溯性，满足消费者的知情权，应在包装物上或随行文件中注明标签标识及转基因标识。

3. 玉米的储藏

1）储藏特性

玉米胚大，结构松散，含有较多的糖分、脂肪和蛋白质，所以在储藏过程中极易吸湿、生虫、发霉、酸败变苦。夏季收获的玉米原始水分大，成熟度不均匀，不实粒，易受机械损伤，更易吸湿、发霉、"点翠"。针对上述特点，玉米必须采取适当的储藏措施。

2）储藏措施

储藏措施有带穗储藏和粒储两种。

（1）带穗储藏。玉米收获后，在农家储藏中可采用穗藏法，即用木架、高粱秆等物构成有苦盖的围囤（又叫玉米楼），里面堆放玉米穗。这种方法通风降水快，且对虫霉危害有一定的保护作用。在北方干燥低温地区比较适用。

（2）粒储。粒储是玉米储藏的主要措施，具体做法如下。①分级储藏。玉米入库时要做到分级储藏，严格执行干、湿分开，有虫、无虫分开，好、次分开制度；对水分大、有虫的危险粮及时干燥降水和杀虫。②低温密闭储藏。玉米收获后尽量利用暴晒或用机械烘干进行降水处理，入库后趁寒冷的冬天采用自然通风或机械通风等措施进行冷冻降温散湿，在春暖前进行低温密闭储藏，一般可安全度夏。③严防虫霉。玉米入库后，要加强管理，切实做好隔热防潮工作，并要加强粮情检查，当发现玉米有"出汗""点翠"或散发酸甜味等异常现象时，要查明原因及时处理，发现害虫危害要及时采取过筛除虫或化学熏蒸杀虫等措施进行处理。

6.2.5　食用植物油

食用油脂分为植物油脂和动物油脂。食用植物油脂产品又可分为原油和成品油。原油是指未经精炼等工艺处理的油脂（又称毛油），不能直接食用，只能作为加工成品油的原料。成品油则是指经过精炼加工达到食用标准的油脂产品。成品油分一级、二级、三级、四级4个质量等级，分别相当于原来的色拉油、高级烹调油、一级油、二级油。转基因、压榨、浸出产品和原料原产国必须标明，以维护消费者的知情权和选择权。花生油、大豆油、菜籽油、芝麻油、葵花籽油属于高级食用油，都有包装，色泽透明，无腥辣气味和异味，加温时烟极少。

1. 花生油

从花生仁中提取的油脂称为花生油。花生油淡黄透明，芳香味美，是一种优质食用油。花生油质量的国家标准见 GB/T 1534—2017《花生油》。

花生油含不饱和脂肪酸 80% 以上（其中含油酸 41.2%，亚油酸 37.6%），另外，还含有软脂酸、硬脂酸和花生酸等饱和脂肪酸 19.9%。花生油的脂肪酸构成比较好，易被人体消化、吸收。另外，花生油中还含有甾醇、麦胚酚、磷脂、维生素 E、胆碱等对人体有益的物质。经常食用花生油，可防止皮肤皱裂、老化，保护血管壁，防止血栓形成，有助于预防动脉硬化和冠心病，还可以改善人脑的记忆力，延缓脑功能衰退。

2. 大豆油

从大豆中提取的油脂称为大豆油。大豆油一直是东北、华北地区消费者的主要食用油。近年来，世界大豆生产发展迅速，大豆油约占食用植物油总量的 1/3，居各种动植物油脂的首位。大豆油质量的国家标准见 GB/T 1535—2017《大豆油》。

大豆油中含棕榈酸 7%～10%，硬脂酸 2%～5%，花生酸 1%～3%，油酸 22%～30%，亚油酸 50%～60%，亚麻油酸 5%～9%。大豆油的脂肪酸构成较好，含有丰富的亚油酸，还含有大量的维生素 E、维生素 D 及丰富的卵磷脂，对人体健康均非常有益，人体消化吸收率高达 98%，所以大豆油也是一种营养价值很高的食用油。但是，大豆油的色泽较深，有特殊的豆腥味，热稳定性较差，加热时会产生较多的泡沫。

3. 菜籽油

菜籽油简称菜油。毛菜籽油呈深黄略带绿色，具有令人不快的气味和辣味。精炼菜籽油澄清透明，颜色淡黄，无异味。菜籽油质量的国家标准见 GB 1536—2004《菜籽油》。

菜籽油中含花生酸 0.4%～1.0%，油酸 14%～19%，亚油酸 12%～24%，芥酸 31%～55%，亚麻酸 1%～10%。从营养价值方面看，菜籽油具有利胆功能。其脂肪酸构成不平衡，亚油酸等人体必需脂肪酸含量不高，含大量芥酸，所以营养价值比一般植物油低。另外，菜籽油中还含有少量芥子甙，经常吃未精炼的毛菜籽油，对人体健康有一定影响。将菜籽油与富含亚油酸的油配合食用，能提高菜籽油的营养价值。

4. 芝麻油

芝麻含油量居食用植物油料之首，一般为 50%～53%，最高的超过 60%。用压榨法制取的芝麻油称为大槽油或麻油，呈黄色，香味较淡。用水代法制取的芝麻油又称小磨麻油、香油，呈黄棕色，具有特殊的香味。水代法的主要工艺流程有炒芝麻、磨糊、加开水搅拌、振荡出油和油水分离等几个环节。

芝麻油含油酸 36.9%～50.0%，亚油酸 36.8%～49.1%，花生酸 0.4%～1.4%，其消化吸收率达 98%。芝麻油中不含对人体有害的成分，含有特别丰富的维生素 E 和比较丰富的亚油酸，还由于含有天然抗氧化剂——芝麻酚，所以化学性质较稳定。同时，由于芝麻的存在使芝麻油带有诱人的香味。尤其是小磨麻油比大槽油香味更浓，是人们非常喜欢的一种食用植物油，生食、熟食皆可，为上等烹饪油、调味油和凉拌油。所以芝麻油是食用品质好、营养价值高的优良食用油。

5. 葵花籽油

葵花籽油未精炼时呈淡琥珀色，精炼后呈清亮透明的淡黄色，滋味纯正，特别是炒籽榨出的油，其香味可与小磨麻油媲美。

葵花籽油含饱和脂肪酸 7.5%～12.5%，油酸 21%～34%，亚油酸 57.5%～66.2%，其中油酸与亚油酸的含量比例受产地气候条件的影响极大。葵花籽油的不饱和脂肪酸含量高，人体消化吸收率为 96.5%，熔点低。葵花籽油适合做色拉油、蛋黄酱油，含有丰富的亚油酸，有显著降低胆固醇、防止血管硬化和预防冠心病的作用，国外把它称为高级营养油或健康油。

小思考 6-2

在食用植物油中，花生油的营养价值最高吗？

6.3 乳制品和酒

相关链接 6-4

喝牛奶的好处

大家都知道牛奶是一种在日常生活中特别受欢迎的天然饮料，牛奶具有丰富的营养，并且牛奶的香味特别浓郁。牛奶容易被人体消化和吸收，所以适合那些肠胃功能不太好的人。那么，经常喝牛奶有什么好处呢？

1. 预防骨质疏松

牛奶作为一种非常有营养的食物，在一天中的任何时候喝都是比较合适的，尤其是在早上和晚上这两个时间段喝，对身体特别好。中老年人及青少年喝牛奶可以预防骨质疏松，青少年喝牛奶还可以帮助身体长高。但是，从营养吸收角度来说，应该尽量避免在空腹或者肠胃蠕动较快的时候饮用牛奶，以使营养物质能够被人体充分吸收。

2．促进生长发育

牛奶中含有丰富的蛋白质及钙，还有很多其他的营养物质，处在生长发育阶段的未成年人，如果每天能够在早上和晚上喝一杯牛奶，就有利于其生长发育。

3．改善睡眠质量

很多人都知道，在睡觉之前喝一杯牛奶具有催眠、镇静的效果，所以在晚上睡觉之前喝一杯牛奶对于提高睡眠质量是有很大好处的。不过，千万不要早晨空腹喝牛奶，因为这样对胃不好，牛奶中的营养物质也不能够被人体完全消化和吸收。

4．保护心血管

牛奶的品种有很多，其中酸牛奶中的胆碱含量特别高，可以调节人体中胆固醇的浓度，同时因为酸牛奶中有着非常丰富的乳清酸，能够抑制肝脏制造胆固醇，并能够减少胆固醇在血管壁上的附着，从而可以使血液中的胆固醇总含量降低，患有心血管疾病的人多喝酸牛奶对于控制住病情大有好处。

（资料来源：每天坚持喝一杯牛奶的好处．中华养生网，2018-8-03）

6.3.1　乳制品

乳是营养丰富的食品，含有人体生长发育及新陈代谢所必需的营养成分。它所含的营养几乎全部能被人体消化和吸收，被人们称作完全营养食物。世界卫生组织也把人均乳品量列为衡量一个国家人民生活水平的主要指标。

一个人每天喝两杯牛乳，即 500 毫升，能获得优质蛋白 16.5 克，脂肪 17.5 克，糖 22.5 克，钙 600 毫克，维生素 A 约 20 国际单位，维生素 D 约 10 国际单位，维生素 B_1 约 0.5 毫克，维生素 B_2 约 0.8 毫克；能满足人体每天需要的动物蛋白质约 50%、热能约 30%、钙约 50%，以及可满足人体每天所必需的氨基酸。

乳是乳畜生产犊（羔）后由乳腺分泌的一种具有乳胶特性的生物学液体，其色泽呈白色或略带黄色，不透明，味微甜，并具有特有的香味。乳有牛乳、羊乳、马乳等，最常见的是牛乳。

1．乳的基本成分及其性质

乳主要由水、蛋白质、脂肪、乳糖、以钙为主的矿物质和一些维生素组成。乳的基本组成：水 87.5%～89%，总乳干物质（乳固体）11.0%～13.0%。其中，脂肪 3%～5%，乳糖 4.5%～5%，蛋白质 3.3%～5%，无机盐（灰分）0.6%～0.75%。牛乳含有以下五大营养成分。

（1）蛋白质。蛋白质是牛乳的重要营养物质，鲜牛乳的蛋白质含量为 3.4%，主要包括酪蛋白、乳清蛋白和脂肪球膜蛋白 3 种。乳蛋白的消化吸收率一般为 97%～98%，属于完全蛋白质。牛乳中还含有人体必需的 8 种氨基酸，且比例适当。一个人每天摄入 500 克牛乳，就可以拥有每日推荐量的全部必需氨基酸。它能供给机体营养，执行保护功能，负责机械运行，控制代谢过程，输送氧气，防御病菌的侵袭，传递遗传信息。

（2）乳脂肪。牛乳中脂肪含量约占3.6%，且呈乳糜化状态，以极小脂肪球的形式存在，均匀地分布在乳汁中，易被人体消化和吸收。乳脂肪进入人体后可经胃壁直接吸收，这对婴儿的生长特别有利。乳脂肪是一种消化吸收率很高的食用脂肪，能为机体提供能量，保护机体。乳脂肪不仅使牛奶具备特有的奶香味，还含有多种脂肪酸和少量磷脂，脂肪酸中的不饱和脂肪酸和磷脂中的卵磷脂、脑磷脂、神经磷脂等都具有保健作用。

（3）乳糖。乳糖是牛乳中特有的碳水化合物，含量为4.9%左右，较人乳（7%左右）少。乳糖的营养功能是提供热能和促进金属离子如钙、镁、铁、锌等的吸收，调节胃肠蠕动和促进消化腺分泌等，对于婴儿的智力发育非常重要。另外，钙的吸收程度与乳糖数量成正比，充足的乳糖能起到预防佝偻病的作用。

乳糖是经乳糖酶分解成单糖后被人体吸收的。婴儿在出生时体内含有很多乳糖酶，以后逐渐减少。因此，如果人体长期不摄入牛奶，就会造成消化道内缺乏乳糖酶，这时饮用牛奶后就会发生乳糖不耐受症，引起腹泻。解决方法：在乳品加工过程中利用乳糖酶使乳中的乳糖预先分解；改一次饮用250克为一次饮用100克，即少量多次饮用。

🔑 小思考 6-3

你知道什么是乳糖不耐受症吗？如何解决？

（4）无机盐。牛乳中含无机盐0.7%左右，以钙、磷、镁、钾、钠为多。牛乳中含有丰富的钙，每100克牛乳中含120毫克钙，且钙、磷比例适当，有利于钙的吸收，所以牛奶是钙质的最好来源。如果每天饮用250克牛奶，就可以补充300毫克左右的钙，达到推荐供给量的35%，这对解决中国人膳食钙缺乏问题具有重要意义。此外，牛乳中含呈碱性物质多于呈酸性物质，有助于调节体内酸碱平衡。

（5）维生素。维生素对维持人体正常生长及调节多种机能具有重要作用，人体是不能自行合成维生素的，必须从食物中摄取。而牛乳中含有几乎已知的所有维生素，如维生素A、维生素D、维生素E、维生素K、维生素B_1、维生素B_2、维生素B_5、维生素B_{12}等。

所以，牛乳的营养成分全面、营养价值高，是一种良好的滋补食品。

2. 乳的消毒

🔑 小思考 6-4

平时你喜欢购买保质期在一周以内的鲜奶还是保质期为半个月的鲜奶？你知道它们有什么区别吗？

供直接饮用的全乳汁称为生乳。生乳可能含有病原体，因此市场上销售的鲜乳都进行了消毒处理，常用的消毒方法有以下 3 种。

（1）煮沸消毒法。此法将乳直接煮沸即可，不需要特殊设备。但对乳的理化性质改变较大，营养成分损失较多。

（2）瓶装蒸汽消毒法。将鲜乳装瓶内加盖后，置蒸笼内加热消毒。加热的时间视设备条件而定。加热至 80℃～85℃，维持 15 分钟，或自蒸汽上升时起再加热 10 分钟即可。此法简单可靠，还可避免消毒后再污染。

（3）巴氏消毒法。其操作方法有多种，设备、时间和温度各不相同，但都能达到消毒的目的。巴氏消毒法一般可分为两种：①低温长时间消毒法，即将牛乳置于 62℃～65℃下保持 30 分钟；②超高温短时间消毒法，即将牛乳置于 130℃～150℃下加热 3 秒钟。

乳的消毒一般可使乳中的细菌含量降低到最低，但仍残留耐热的微生物，因此不能长时间储存。

3．乳的质量要求

依据 GB19301—2010《食品安全国家标准　生乳》，对于生乳的技术要求主要有 5 个方面：一是感官要求，应符合表 6-9 的规定；二是理化指标，主要取决于总干物质，应符合表 6-10 的规定；三是污染物限量，应符合 GB 2762 的规定；四是真菌毒素限量，应符号 GB 2761 的规定；五是微生物限量，要求尽可能减少微生物，应符合表 6-11 的规定。

表 6-9　生乳的感官要求

项　　目	要　　求
色泽	呈乳白色或微黄色
滋味、气味	具有乳固有的香味、无异味
组织状态	呈均匀一致液体，无凝块、无沉淀、无正常视力可见异物

表 6-10　生乳的理化指标

项　　目	指　　标
冰点 [a,b] /（℃）	− 0.500～−0.560
相对密度 /（20℃/4℃）≥	1.027
蛋白质 /（g/100g）≥	2.8
脂肪 /（g/100g）≥	3.1
杂质度 /（mg/kg）≤	4.0
非脂乳固体 /（g/100g）≥	8.1
酸度 /（°T） 牛乳 [b] 羊乳	12～18 6～13

[a] 挤出 3h 后检测。

[b] 仅适用于荷斯坦奶牛。

表 6-11　生乳的微生物限量

项　　目	限量[CFU/g(mL)]
菌落总数 ≤	$2×10^6$

牛乳质量感官鉴别可从色泽、状态、气味、滋味 4 个方面入手。①色泽。正常的新鲜牛乳应呈乳白色或稍带微黄色。如果牛乳色泽灰白发暗，或带有浅粉红色、黄色斑点，就说明牛乳已经变质或掺有杂质。②状态。正常的新鲜牛乳是均匀的乳浊液，有一定的黏度，无上浮物和沉淀，无凝块、杂质。如果发现牛乳呈稠而不匀的溶液状，或上部出现清液，下层有豆腐脑状物质沉淀在瓶（袋）底，就说明牛乳已变质。③气味和滋味。正常的新鲜牛乳应有一种天然的乳香，其香味平和、清香、自然、不强烈。此香味来源于乳脂肪，香味的浓淡取决于乳脂肪含量的高低，如果是部分脱乳脂肪的牛乳，那么其乳香味稍淡薄。新鲜的牛乳不应有酸味、鱼腥味、饲料味、酸败臭味等异常气味。

鉴别牛乳的新鲜度，最简易的方法是往盛清水的碗内滴几滴牛乳，如果乳汁凝固沉淀，就说明是新鲜牛乳；如果乳汁浮在水面上且分散开，就说明其质量差。鲜牛乳呈乳白色或微黄色的均匀胶态流体，无沉淀、无凝块、无杂质、无淀粉感、无异味，具有新鲜牛乳固有的香味。将鲜牛乳倒入杯中晃动，奶液易挂壁。滴一滴鲜牛乳在玻璃上，乳滴成圆形，不易流散。煮制后，鲜牛乳无凝结和絮状物。

生鲜牛乳微生物的来源是牛体污染、外界污染、疾病。牛体污染是指挤乳的环境（牛舍的空气、垫草、尘埃及乳牛本身的排泄物）、清洗程度、乳房的污染；外界污染是指空气质量、挤乳用具和盛乳容器、饲料的污染，以及挤乳的手、蚊子、苍蝇带来的污染；疾病主要是指乳腺炎。常见的微生物包括细菌、酵母菌、霉菌等。

4. 乳粉

乳粉是以牛乳为原料经过杀菌、蒸发水分，而后干燥成脱水粉粒状的乳制品。成品呈极淡的黄色，含有少量水分，用水冲调后基本和鲜乳相同。

（1）性质。乳粉比鲜乳耐存放，保存期限少则几个月，多则可达几年；便于携带，运输方便；成品乳粉体积仅为鲜乳的 1/8 左右，质量也大大减小；食用方便，冲调便利，可随时冲饮。

（2）种类。由于加工方式和原料处理的不同，乳粉可分为下列几种：全脂乳粉，以鲜乳直接加工而成；脱脂乳粉，将鲜乳中的脂肪分离出去，再用脱脂乳加工而成；全脂加糖乳粉，在鲜乳中添加 20%的蔗糖或乳糖加工而成。

（3）质量要求。全脂乳粉应为淡黄色粉状，颗粒均匀，无结块，无异味。若乳粉出现苦味、腐败味、发霉等异味，则应做废品处理。在各项指标中，水分含量应小于 3%，脂肪含量应大于 25%，溶解度应大于 97%，含铅量应小于 0.5ppm（百万分之一），含铜量应小于 4ppm，含汞量应小于 0.01ppm，菌落总数应不大于 50 000 个/克，大肠菌群应不大于 90 个/100 克，致病菌不得检出。

脱脂乳粉应为浅白色的，色泽均匀，有光泽，干燥粉末无结块，具有脱脂消毒牛乳的纯香味，无其他异味。凡出现苦味、腐败味、发霉等异味者，均应做废品处理。在各项指标中，水分含量应小于 4%，脂肪含量应不小于 1.5%，溶解度应大于 97%，含铅量应小于

0.5ppm，含铜量应小于 4ppm，含汞量应小于 0.01 ppm，菌落总数应不大于 20 000 个/克，大肠菌群应不大于 40 个/100 克，致病菌不得检出。

案例分析 6-4

生活提示：购买乳制品要记住营养成分含量标准

任何一种食物的营养价值都是相对的，乳制品也是一样。没有最好的，只有最适合的。因此，在购买乳制品时，要记住营养成分含量的标准，再对照包装上营养标签中所提供的产品营养成分含量，然后做出明智的选择，选择最适合自己体质的乳制品。

牛奶的营养成分主要是蛋白质，新鲜牛奶的蛋白质含量为每 100 毫升 3.0 克左右。此项指标非常重要，这是鉴别是液体乳还是含乳饮料最重要的指标。含乳饮料的蛋白质含量是每 100 毫升仅 1.0 克，其他营养素如钙含量也低于新鲜牛奶。因此，万万不能用含乳饮料代替牛奶。发酵乳是由酸奶在生产过程中添加了其他成分而制成的，其蛋白质含量略有下降。

记住脂肪含量也很重要。为了满足不同消费者的需要，市场上的乳制品按脂肪含量可分为 3 种：全脂奶、部分脱脂奶和脱脂奶。以液体乳为例，其脂肪含量一般为每 100 毫升 3.0～3.3 克。部分脱脂奶的脂肪含量约为去除 2/3，保留 1/3，即约为每 100 毫升 1.0 克。脱脂奶的脂肪含量很低，几乎为零。因此，我们可以根据自己的健康状况和膳食结构选择不同脂肪含量的牛奶。

（资料来源：万亮亮. 生活提示：购买乳制品要记住营养成分含量标准. 中华人民共和国中央人民政府门户网站，2008-11-3）

问题：你在日常生活中是如何选购乳制品的？

6.3.2　酒类商品

相关链接 6-5

酒文化

酒文化是中华民族饮食文化的一个重要组成部分。酒是人类最古老的食物之一，它的历史几乎是与人类文化史一道开始的。酒的形态多种多样，其发展历程与经济发展史同步，而酒又不仅仅是一种食物，它还具有精神文化价值。作为一种精神文化，它体现在社会政治生活、文学艺术乃至人的人生态度、审美情趣等诸多方面。从这个意义上讲，饮酒不是就饮酒而饮酒，它也是在饮文化。

中国是卓立世界的文明古国，是酒的故乡。在中华民族几千年的历史长河中，酒和酒类文化一直占据着重要地位。酒是一种特殊的食品，是一种物质，但又同时融于人们的精神生活之中。酒文化作为一种特殊的文化形式，在传统的中国文化中有着独特的地位。在几千年的文明史中，酒几乎渗透到社会生活中的各个领域。首先，中国是一个以农立国的国家，因此一切政治、经济活动都以农业发展为立足点。而中国的酒，绝大多数是用粮食酿造的，酒紧紧依附于农业，成为农业经济的一部分。粮食生产的丰歉是酒业兴衰的晴雨表，各朝代统治者根据粮食的收成情况，通过发布酒禁或开禁来调节酒的生产，从而确保民食。在一些局部地区，酒业的繁荣对当地社会生活水平的提高起到了积极的作用。酒与社会经济活动是密切相关的。自汉武帝时期实行国家对酒的专卖政策以来，从酿酒业收取的专卖费或酒的专税就成了国家财政收入的主要来源之一。酒税收入在历史上还与军费、战争有关，直接关系到国家的生死存亡。在某些朝代，酒税（或酒的专卖收入）还与徭役及其他税赋形式有关。酒的厚利往往又成为国家、商贾富豪及民众争夺的"肥肉"。不同酒政的更换交替，反映了各阶层力量的对比变化。酒的赐晡令的发布，往往又与朝代变化、帝王更替，以及一些重大的皇室活动有关。酒作为一种特殊的商品，给人民的生活增添了丰富的色彩。中国古人将酒的作用归纳为 3 类：酒以治病、酒以养老、酒以成礼。几千年来，酒的作用远不限于此 3 条，起码还包括酒以成欢、酒以忘忧、酒以壮胆。

（资料来源：百度百科）

酒类商品是指含有酒精成分的饮料，属嗜好性食品。自古以来，人们就以酒作为饮料。酒是我国广大人民长期以来习惯性的消费品。酒对人体有一定的刺激作用，适量饮酒可兴奋神经、舒筋活血、祛湿御寒，过量或久饮则会引起酒精中毒或成瘾，从而对身心造成伤害。同时，酒也是一种高税商品，在国民经济中有重要作用。

我国有悠久的酿酒历史，远在几千年前龙山文化时期，就已经开始酿酒。我国的酒类品种繁多，质量优异，载誉中外。

1. 酿酒的基本原理

酿酒是指将含糖的原料加水分解，使其逐步地转化为单糖，然后在不同的酵母所分泌的酶的作用下，引起酒精发酵，从而得到具有色、香、味、形的产品。酿酒的原理可分为如下两个步骤。

（1）淀粉的糖化作用。利用曲霉菌或谷物的芽所分泌的淀粉酶，将淀粉水解为糊精、麦芽糖、葡萄糖的过程称为糖化过程，可表示为

$$(C_6H_{10}O_5)_n + nH_2O \xrightarrow{\text{酶}} nC_6H_{12}O_6$$

糖化过程一般需要 4～6 小时，糖化后的原料即可用来进行酒精发酵。

（2）酒精的发酵作用。淀粉在淀粉酶的作用下转化为葡萄糖后，进入发酵阶段。发酵是利用酵母菌所分泌的酒化酶系统将葡萄糖转化为酒精的过程，可表示为

$$C_6H_{12}O_6 \xrightarrow{\text{酶}} 2C_2H_5OH + 2CO_2\uparrow$$

但是发酵过程不可能像上述化学反应方程式表示得那么简单，而是会生成不少中间产物，正是这些微量的中间产物，才使酒具有特殊的风味。

2．酒的分类

酒按不同标准划分如下。

（1）按生产方式分，酒有蒸馏酒、发酵原酒、配制酒。①蒸馏酒，原料经发酵后，用蒸馏的方法使酒糟和酒液分离而制得的酒。其酒精含量较高，刺激性较大。世界上的蒸馏酒有 6 种，除我国的白酒外，还有白兰地、伏特加、威士忌、朗姆酒、金酒。②发酵原酒，又称压榨酒，原料经发酵后用压榨的方法直接使酒糟和酒液分离得到的酒。其酒精含量低，且保留了原料的风味和营养，刺激性小，如黄酒、啤酒、果酒。③配制酒，采用成品酒或食用酒精，与糖料、香料、药料等，按一定比例配制而成的酒。其酒精含量因品种不同而异。未加药材的称为露酒，加入药材的称为药酒。

（2）按酒精含量分。酒精是酒的主要成分。酒度是指在 20℃时酒精与酒体的容积百分比，如 100 毫升酒中含酒精 38 毫升，则其酒度为 38 度。①高度酒，酒度在 40 度以上，如白酒。②中度酒，酒度为 20～40 度，如露酒、药酒。③低度酒，酒度在 20 度以下，如啤酒、黄酒、果酒。

（3）按商业习惯分，酒有白酒、啤酒、黄酒、果酒、露酒、药酒等。其中葡萄酒、果露酒和药酒统称为色酒。

3．白酒

白酒是以含糖或含淀粉的物质为原料，经糖化、发酵、蒸馏等工艺而制成的一种蒸馏酒，是我国传统的饮用酒。其生产工艺独特，品种繁多。

（1）白酒的原料。酿造白酒的主要原料有含糖和含淀粉的原料、辅料、酒曲、酒母、水等。含糖和含淀粉的原料主要是谷物、薯类等，如高粱、玉米、大米、白薯、野生原料。辅料主要是一些农副产品。

酒曲是淀粉原料的糖化剂，酒曲中存在的酒化菌能把淀粉水解为单糖，同时有一定的发酵作用。不同的酒曲，不仅影响原料的出酒率，对酒的风味的影响也很大。目前，常用的酒曲主要有大曲、小曲、麸曲等。大曲酒浓郁多香，但成本较高；小曲酒一般香味淡薄；而麸曲酒成本最低，但不如大曲酒风味好。酒母是酒的发酵剂。水对白酒的影响极大，因此酿酒用的水必须符合生活用水的卫生标准。

（2）白酒的主要成分。白酒的主要成分有酒精、酸、醛、酯等。①酒精，酵母发酵葡萄糖的产物，有强烈的口味，对嘴唇有烧灼感，还有一点爽快的香气。其含量的高低决定了白酒刺激性的强弱。酒度过高，口感辛辣；酒度过低，滋味淡薄；酒度适中，口感醇和。②酸，白酒中各种脂肪酸的总量，是重要的呈味物质。含酸过多，酸味露头，掩盖甜味，口感粗糙；含酸过少，口味寡淡，后味短；含酸适中，酒味醇厚。一般含酸量在 0.05 克/100 毫升以下。③醛，主要是乙醛，微量的乙醛使酒香突出，但醛有较强的刺激性和辛辣味，饮后易引起头晕，有害健康，故含量越低越好。④酯，白酒中的酯，已分析出的有 30 多种，是白酒中重要的呈味物质。白酒香型的划分就取决于酯的成分。⑤高级醇，又名杂醇油，指碳原子多于酒精的醇类。它们是酒的芳香组分之一，又是酯的前驱物质，但若含量过高，则会使酒有刺鼻气味和苦涩味，饮后头晕，为恶醉之本，有害人体健康。⑥甲醇，一种无色液体，在人体内氧化成甲醛，是有毒的成分，尤其对视神经的危害极大（100 毫升甲醇就会使人失明）。⑦铅，主要来自酿造设备容器，对人体有害，一般不能超过 1ppm。

此外，白酒中还含有氰化物等，国家对上述成分均有限定标准。

（3）白酒的香型。我国的白酒，尤其是名酒和优质酒，由于酿造原料、工艺、设备不同，形成了不同的香气特点，一般分为如下几类。①酱香型，酱香突出，香气幽美，酒体醇厚，口味绵长，香气扑鼻，饮后空杯，香气犹存，主体香气成分为挥发性的酚类化合物，代表品种为贵州的茅台酒。我国的这类酒较少，如四川的郎酒、湖南的武陵酒等。②浓香型，窖香浓郁，清冽甘爽，绵柔醇厚，香味协调，尾劲余长，主体香气成分为乙酸乙酯和适量的丁酸乙酯，代表品种为泸州老窖特曲。这类酒适合我国人民的消费习惯，故品种较多，如五粮液、洋河大曲、古井贡酒等。③清香型，清香纯正，口味协调，醇甜柔和，余味犹尽，主体香气成分为乙酸乙酯和乳酸乙酯，代表品种为汾酒。此外还有六曲香、河南宝丰酒等。④米香型，米香突出，香气清淡，入口柔绵，略有爽口的苦味，主体香气成分为乳酸乙酯，乙酸乙酯含量稍低，代表品种为桂林三花酒。此为小曲酒的香型。⑤其他香型，又称兼香型，同时兼有两种以上主体香的白酒。这类酒的闻香、口香、回味香各不相同，具有一酒多香的风格。其代表品种为贵州的董酒，陕西西凤酒也属于此类，品种较少。

（4）白酒的感官指标。白酒的感官指标有色泽、香气、滋味等。①色泽，无色透明，清亮，无悬浮物，无沉淀物。②香气，可分为溢香、喷香和留香。酒中的芳香成分溢散于杯口附近的空气中，用嗅觉可直接辨别香气大小及特点，此即溢香（闻香）；白酒入口后，酒中的芳香成分受口腔温度的影响，使香气充满口腔，此即喷香，一般白酒很少有喷香，只有名酒和优质酒才有较好的喷香，以五粮液最为突出；当酒中高沸点的芳香成分较多时，酒虽咽下，但口中还留有余香，此即留香，茅台酒的留香最为突出，素有余香绵绵之称。总之，白酒应有醇香，即其本身特有的酒香。③滋味，白酒的滋味要纯正，无异味，无强烈的刺激性，浓厚、醇和、纯净、回甜。

白酒的特点是易挥发、易燃烧，在储存时要注意。由于白酒的酒精含量高，故白酒不容易变质，越储越香。

（5）白酒的老熟。刚蒸馏出来的白酒，酒味燥辣，刺激性强，香气不突出，酒味不协调，需经过一段时间贮存，白酒的风味才能改善，在贮存中白酒的风味变好，刺激性降低，口味柔和，这种变好称为白酒的老熟。

相关链接 6-6

认识一些白酒

1．茅台

茅台以精选高粱为原料，用小麦制高温曲；酒度为 53～55 度，酱香型；特点是酱香突出，优雅细腻，回味悠长。

2．汾酒

汾酒产于山西省汾阳县杏花村酒厂，以高粱、大曲为原料；酒度为 60 度。汾阳县杏花村以酿酒闻名。汾酒幽雅纯正，有色、香、味"三绝"的美称。

3．五粮液

五粮液以高粱、玉米、糯米、大米、小麦为原料；纯小麦制曲，方法独特；酒度为 60 度；品质特点是香气悠久，酒味醇厚，入口甘美，入喉净爽，各味协调，恰到好处。

4．剑南春

剑南春以高粱、大米、糯米、玉米、小麦为原料，以小麦制大曲为糖化发酵剂；酒度为 60 度，属浓香型；品质特点是芳香浓郁，醇和回甜，清洌净爽，余味悠长。

5．古井贡酒

古井贡酒是以高粱为原料，小麦、大麦、豌豆制曲；酒度为 60～62 度，浓香型；品质特点是清彻如水晶，醇香，回味经久不息。

6．洋河大曲

洋河大曲以黏高粱、大曲（高温曲）为原料；酒度为 60 度（普通洋河大曲）、64 度（优质洋河大曲）、52 度（出口洋河大曲），浓香型；品质特点是醇香浓郁，入口绵甜，甘爽味净。

7．董酒

董酒以糯高粱为主要原料，以麦曲和小曲为糖化发酵剂；酒度为 58～60 度，其他香型；品质特点是酒质晶莹透亮，芳香扑鼻，入口甘美清爽，饮后香甜味长。

8．西凤酒

西凤酒的酒度为 65 度，清香型；品质特点是无色透明，酒香柔润，酒味醇厚，绵软甘润而芳香，风味独特。

4．啤酒

啤酒是以大麦芽为主要原料，经糖化、发酵而酿造成的含有低度酒精和二氧化碳的发酵原酒。其营养丰富，含有人体必需的氨基酸及维生素等，发热量大，易消化和吸收，在第九届世界营养食品会议上被列入营养食品行列，有"液体面包"之称，是一种对人体有益的低度酒。

啤酒的原料主要有大麦芽、酒花、啤酒酵母、水及辅料等。酒花是一种植物，给啤酒以特殊的香气和爽口的苦味，促进麦汁的澄清，提高啤酒的稳定性，提高啤酒的泡沫持久性。

（1）啤酒的主要成分。啤酒的主要成分：水，90%左右；酒精，含量较低，一般为2%～5%；浸出物，含量较高，主要是一些营养物质，如糖类、蛋白质、酸类、矿物质等；二氧化碳等，二氧化碳使啤酒清凉爽口，饮后能帮助体内热量散发，且使啤酒产生泡沫。

（2）啤酒的度数和种类。啤酒的度数同其他酒不同，它不是指酒精的含量，而是指原麦汁浓度，即啤酒的麦芽辅料糖化后液体中含糖的浓度。例如，12度的啤酒是用含糖量为12%的原麦芽汁发酵而成的，其酒精含量在3.5%左右。

啤酒可按如下标准分类。①按度数（原麦汁浓度）分：低浓度啤酒，原麦汁浓度为7～8度，酒精含量为2%左右，用料少，成本低，稳定性差，多做清凉饮料；中浓度啤酒，原麦汁浓度为10～12度，酒精含量为2.9%～3.7%，稳定性较好，储存期较长，是啤酒中的大宗商品；高浓度啤酒，原麦汁浓度为14～18度，酒精含量为4.1%～4.5%，用料多，成本高，品质好，口味醇厚，耐储存。②按颜色分：淡色啤酒，又称黄啤酒，浅黄色，稍带绿头，此酒符合我国人民的消费习惯，为我国的大宗产品；深色啤酒，又称黑啤酒，其生产工艺与淡色啤酒基本相同，只是在酿造中加入了部分黑麦芽、焦香麦芽和少量的糖，其为咖啡色，有光泽，具有大麦芽的焦香味，原麦汁浓度高，固形物多，滋味醇厚，主要用于出口，深受欧美国家消费者的喜爱，我国仅有少量生产。③按是否杀菌分：生啤酒，又称鲜啤酒，是未经杀菌的新鲜啤酒，酒中含有活的酵母菌，维生素多，口味鲜美，营养价值高，但稳定性较差，保存期短，一般为5～7天，适于产地销售；熟啤酒，经过高温杀菌（巴氏杀菌）的啤酒，稳定性好，保存期长，但风味不及生啤酒鲜美，颜色较深。④按包装分：瓶装啤酒（生、熟两种）、桶装啤酒（多为生啤酒）、罐装啤酒（多为熟啤酒）等。

（3）啤酒的感官指标。①透明度，啤酒要求酒液透明，有光泽，无悬浮、沉淀物，无失光现象；②色泽，淡色啤酒为淡黄色，稍带绿头，色泽越浅越好，深色啤酒为咖啡色，有光泽；③泡沫，啤酒注入杯中，立刻有泡沫升起，泡沫应洁白、细腻、厚实、持久；④香气和滋味，啤酒应有显著的酒花的香气和爽口的苦味，不得有酸味或其他异味，深色啤酒有大麦芽的焦香味，入口醇厚、柔和、清爽。

（4）啤酒的储存。啤酒是一种酒精含量较低的饮料酒，且酒中含有较多的营养物质，故不易储存，易受杂菌感染或由于理化作用而发生质量变化，轻者失光，重者出现浑浊和沉淀现象，严重时不能饮用。因此，啤酒应避光低温储存，生啤酒的适宜温度为5℃～10℃，最高不超过15℃；熟啤酒的适宜温度为5℃～20℃，一般不超过25℃。温度越高，储存期越短。啤酒的储存期限一般为生啤酒5～7天，熟啤酒3～9个月。

5．黄酒

黄酒又名老酒、料酒，是以大米、糯米或黍米等谷物为原料，经蒸煮、糖化、发酵、压榨等工艺而酿造成的低酒度的发酵原酒。黄酒含有丰富的营养成分，营养价值高。除饮用外，它还可用在烹调方面提味去腥，也可用作中药药引，是我国特有的传统饮用酒。黄酒的主要原料是米，如粳米、糯米、黍米等；此外，还有酒曲和酒药、酒母、水等。

（1）黄酒的主要成分。①酒精，其含量高低与黄酒的风味有关，也与其保存期限有关，普通黄酒中含酒精 11%～18%。②酸，其与黄酒的滋味、香气均有关系，含酸量一般在 0.4% 左右为好。③糖，其含量的高低和酒的甜味及酒体的黏稠度有关，不同的黄酒，糖分要求有很大差别。此外，黄酒中还含有甘油、氨基酸、维生素等成分。

（2）黄酒的种类。我国的黄酒主要有以下几种。

按地区划分，黄酒分为 4 种。①绍兴黄酒，为我国历史悠久的名酒，以产于浙江绍兴而得名。因其以鉴湖之水为酿造用水，故又称鉴湖名酒；因陈年老酒质量最佳，当地群众习惯称之为老酒。绍兴黄酒以糯米、麦曲、酒药等为原料酿造而成，酒液清亮有光，香气浓郁芬芳，口味鲜美、醇厚，独特风格极为显著，不同品种的色、香、味各有独特之处。其主要品种有加饭酒、元红酒、善酿酒等。②福建黄酒，以糯米或粳米为原料，以红曲为糖化发酵剂酿造而成。其气味芬芳，滋味醇厚，糖度、酒度、酸度配合得恰到好处，有独特的风味，饮后余味绵长，经久不息，以福建沉缸酒和福州老酒最著名。③山东黄酒，我国北方黄酒的代表，以黍米为原料，以米曲霉酿制的麸曲为糖化发酵剂制得。其中以即墨老酒最为著名，其色黑褐明亮，其液盈盅不溢，其味醇和郁馨，其功舒筋活血。其酒度为12 度，含糖量为 8%。④吉林清酒，一种改良黄酒，是日本的特产，在我国吉林、黑龙江都有生产。其以大米为主要原料，以纯种培养的米曲霉和清酒酵母为糖化发酵剂制成，酒度一般为 16～17 度，淡黄色，清澈透明，味浓醇，略带甜味，滋味纯正。

按酒的含糖量划分，黄酒分为 3 种。①干黄酒，含糖量在 2%以下；②半干黄酒，含糖量在 2%～10%；③甜黄酒，含糖量在 10%以上。

（3）黄酒的色、香、味。①从色泽上看，大多数黄酒具有黄中带红的颜色，清亮，有光泽。但黄酒的色泽也因品种不同而异，有红褐色、黑色等。②从香气上看，黄酒的香气十分复杂，具有药香、酒香和曲香之综合香。以浓郁、爽冽为优，不带任何外来的气味。③从滋味上看，黄酒的滋味应是酸、甜、苦、涩、辣五味调和，醇厚稍甜，无异味。

（4）黄酒的储存。黄酒一般采用陶质酒坛包装，这有利于黄酒的陈酿和酯化作用，黄酒在适宜的条件下，储存得越久，品质越好。储存黄酒最好选择温度变化较平稳的地下库房或酒窖，这样能促进黄酒的陈酿，温度最好保持在-5℃～20℃。由于黄酒中含有较多的营养成分，故储存后有时会出现少量沉淀，这是正常现象，并非变质。

6. 葡萄酒和果酒

葡萄酒和果酒是以葡萄或其他果实为原料，经发酵而酿造成的含有低度酒精的发酵原酒。

（1）葡萄酒和果酒的原料。①果实，要求完全成熟；②糖，绵白糖或白砂糖；③白兰地或食用酒精；④酵母和水。

（2）葡萄酒和果酒的主要成分。①酒精，其含量的高低决定了酒的刺激性强弱，一般为 12%～18%；②酸，直接影响酒的香气和滋味；③糖，决定酒的甜度；④单宁，使酒有爽口的风味；⑤色素、浸出物等。葡萄酒和果酒是富含营养的饮料酒。

（3）葡萄酒和果酒的类型。①葡萄酒以葡萄为原料，是经发酵酿造而成的低酒度的发酵原酒。葡萄酒按颜色可分为红葡萄酒和白葡萄酒。红葡萄酒用果皮带有色素的红葡萄制成，含有果皮的色素，酒色有深红、鲜红或宝石红，口味甘美，香气芬芳，酒度为 14～18度；白葡萄酒用白葡萄或去皮的红葡萄酿造而成，呈淡黄色或金黄色，酒液清澈透明，口味纯正，酸甜爽口，酒度为 12 度左右。②果酒以各种果实为原料发酵而成，按原料来源分为山楂酒、苹果酒、柑橘酒、杨梅酒、荔枝酒、菠萝酒等，有干、甜之分。

（4）葡萄酒和果酒的感官指标。从色泽上讲，葡萄酒和果酒应该有原料果实的自然色泽或接近于原料果实的色泽；从清浑状态上看，酒液应清亮、透明，有光泽，无悬浮物；二氧化碳现象，这是鉴别汽酒的一个指标，要求起泡要细致、连续、持久；从香气上看，果酒的香气是由多种物质以一定的比例关系形成的，既有酒香，又有果香，要求最大限度地突出果香；从滋味方面讲，果酒的品种繁多，滋味复杂，其与酒度、酸度、糖度、单宁及色素的浓淡等均有关系，总的要求是甜酒甜而不腻，干酒干而不涩，酸甜可口，谐调醇和，无异味，保持果酒的自然风味。

（5）葡萄酒和果酒的储存。葡萄酒和果酒应储存于清洁通风之处，避免阳光直射，温度一般为 8℃～16℃。

7. 配制酒

配制酒是以成品酒或食用酒精为酒基，加入一定的香料（包括香草，鲜花，果实，果皮，芳香物的根、茎、叶，兽骨、药材等）或香精，再配以色料、糖类等配制而成的一类酒。

（1）配制酒的原料。①成品酒或食用酒精；②天然或人造香料；③天然或人造色素；④甜味料；⑤水及其他，如有机酸、甘油等，用以调节风味。

（2）配制酒的种类。配制酒，按其配制原料的不同，可分为露酒和药酒两种。

露酒是以白酒、食用酒精、葡萄酒或黄酒为酒基，加入一定比例的香料、糖料和食用色素等配制而成的具有水果风味的饮料酒。配制后要储存一段时间，让各种成分相互溶合在一起，使酒味和谐而柔和。露酒因香料来源不同而分为两类：一类是用天然香料配制的，以果汁、果皮、鲜花为香料制成，具有天然果实的色、香、味，常见的有橘子酒、山楂酒、青梅酒等；另一类是以人工合成的香精为原料配制的，虽然香气较浓，但没有营养价值，用量过多对身体无益，如樱桃酒等。露酒一般属于中度酒，含糖量较高，口味浓甜。露酒在光照下色素会发生变化而脱色，需避光储存。

药酒是以白酒、葡萄酒或黄酒为酒基，再配合中草药、糖类等制成的。药酒可分为两类，即滋补性药酒和治疗性药酒。滋补性药酒是在酒中配制各种药材，如人参、鹿茸等，既可作为饮用酒，又有滋补的作用，如人参酒、龟蛇酒、鹿尾巴酒、参茸酒等。治疗性药酒主要是以酒精提取药物中的有效成分，以提高药物的疗效，所配药物具有防治某种疾病的功效，一般由医药商店经销，如跌打损伤酒、风湿骨痛酒、茸参虎骨酒等。

小思考6-5

饮酒对人体健康的影响表现在哪些方面？

6.4　茶叶和水果

6.4.1　茶叶

1．茶叶的主要成分

茶叶的成分不仅决定茶叶的质量，还与饮茶的功效有密切联系。茶叶的主要成分有如下几种。

1）茶多酚

茶多酚又名茶单宁、茶鞣质，是以儿茶素为主体的酚类化合物。纯茶多酚为白色粉末，在空气中有酶参加时易氧化为棕色树胶状物，称为根皮鞣红；在无酶时，缓慢氧化成棕黄色，并无光泽（陈茶）。茶水放几天后，表面有一层油状物，这是茶多酚氧化而成的。茶多酚的溶解度与温度成正比，温度越高，溶解度越大，水浸出物越多，故用开水来泡茶。其略呈碱性，并有收敛性涩味（类似于柿子），茶汤是中性的，茶汤的滋味一般由茶多酚而来。茶多酚遇铁会生成墨绿色沉淀，使茶汤呈淡黑色，故不能用铁制的容器来泡茶，否则会使茶水发黑、发暗，失去明亮光泽。茶多酚能与蛋白质结合生成鞣酸蛋白，易被人体消化和吸收，因其增加了蛋白质的韧性（如茶叶蛋），故喝茶能帮助消化。茶多酚能与生物碱结合，形成白色晶体沉淀，而后随粪便排出体外，故其具有解毒、杀菌作用，喝茶可解除烟毒（尼古丁）。绿茶中茶多酚的含量较高，占其质量的15%～30%。含分子量小的茶多酚茶味纯、质量好，故嫩茶质量好。

2）咖啡碱

茶叶中的生物碱有咖啡碱、可可碱、茶碱等几十种，其中以咖啡碱为主。咖啡碱在1821年最早在咖啡中被发现，1827年又在茶叶中被发现。它被定名为茶素，因其在咖啡中含量较多，故仍称为咖啡碱。

咖啡碱为白色丝状长针形晶体，加热后即成蒸汽（升华始于120℃，终于180℃），难溶于冷水，溶解度同温度成正比（16℃时为1.35克/100毫升，而65℃时为4.55克/毫升），其无嗅、味苦，有辛辣味，刺激口腔黏膜，但因茶汤中含量甚微（2%～4%），故一般显示不明显。咖啡碱在嫩茶中含量较高，其有如下功能：刺激神经中枢，促进大脑皮层产生兴奋；加强血液循环，促进新陈代谢；提神解倦，镇定神经；增强人体肌肉伸缩功能和心脏、肾脏功能；由于其刺激性，喝茶能使人上瘾。

3）芳香物

芳香物又名茶香精，为柠檬黄色的油状体，是酯类、酚类、醛类、酸类、酮类、醇类等有机物的混合物，有浓烈的茶香，易挥发。

芳香物在茶中含量不高，但其对茶叶香气起主要作用，是评价茶叶的一个重要指标。幼芽嫩叶制成的茶含芳香物含量较高，随着叶片的生长，芳香物逐渐转化为树脂，故粗芽老叶制成的茶芳香物含量较低。芳香物易挥发，温度越高挥发越快，所以泡茶时要加盖，以防止芳香物挥发。

4）氨基酸

茶叶中氨基酸的含量一般在 2%～5%，因品种不同而异，一般高级茶高于低级茶，绿茶高于红茶。氨基酸具有强心、利尿、扩张血管、松弛支气管和平滑肌肤的作用。它也是茶叶中的重要呈味物质，与茶叶的香气有直接关系，能使茶汤更鲜美、滋味更丰满。有的氨基酸在用热水冲泡后，会与糖类物质发生化合作用，散发出诱人的香气。

5）维生素

茶叶中还含有较多的维生素，如维生素 A、维生素 B、维生素 C、维生素 D、维生素 E 等，其中维生素 C 的含量最高，它能防止坏血病，促进脂肪氧化，排除胆固醇，从而治疗因血压升高而引起的动脉硬化。红茶中的维生素 C 含量约为 10 毫克/100 克，绿茶中的维生素含量大多数为 150～200 毫克/100 克；其次是 B 族维生素，如维生素 B_1、维生素 B_2 等，维生素 B_1 能维持神经、心脏及消化系统的正常功能。

6）其他成分

茶叶中还含有糖、色素、矿物质等，特别是含氟较多；而且含具有较强吸收异味功能的成分，即棕榈酸和高级萜类。根据这个性质，可以将茶叶制成花茶，但也易使茶叶发生串味现象。

2. 茶叶的种类

从茶树上采摘下来的茶叶，经过不同的方法加工，可以制成各种具有色、香、味、形和独特风格的成品茶。根据加工方式的不同，茶叶可分为五大类，即红茶（全发酵茶）、绿茶（不发酵茶）、青茶（半发酵茶）、花茶和紧压茶（再制茶）。

1）红茶

红茶是一种全发酵的茶叶，是利用茶多酚在酶的作用下氧化变红的原理制作而成的。在制茶过程中，先将鲜叶萎凋，蒸发水分，提高酶的活性，而后揉捻，将叶片卷曲成条索状，破坏鲜叶细胞，使茶汁流出，在酶的作用下氧化变红（发酵），去掉苦涩味，且使绿叶变红，形成特有的色、香、味、形，而后烘焙使茶叶停止发酵且干燥。其特点是红叶红汤，干茶色泽乌黑油润，冲泡后汤色红艳明亮，香气浓烈，滋味醇厚。红茶有如下几种。

（1）工夫红茶。它是我国特有的传统产品，以做工精细而得名。其一般外形紧结，色泽乌润，香气浓烈，滋味甜润，水色鲜红明亮，叶底匀嫩鲜红。它多冠以产地名称，著名的有祁红（安徽祁门）、滇红（云南西双版纳）、宜红（湖北宜都）、川红（四川）、湖红、杭红等。

（2）小种红茶。它是我国生产最早的红茶，是福建省的特产。其主要特点是烘干时用松木烟熏，故茶中含有一股浓厚的焦枣香，茶条壮实，叶质肥厚，色泽油润乌黑，水色红浓，滋味爽口。小种红茶大多用来外销，加入牛奶和白糖共饮。

（3）碎红茶。它是一种国际规格的商品茶。在加工中经充分揉捻、切碎，其外形整齐一致，色泽乌黑，滋味浓厚，水色红浓，具有"强、浓、鲜"的口味特点。由于它质地较碎，故一冲即能饮用，符合西方人的消费习惯，因此多用于出口。

2）绿茶

绿茶是一种不发酵的茶叶，鲜叶经过杀青，酶被破坏，防止了茶多酚的氧化，保持了鲜叶的绿色。

杀青，即在绿茶初制时采取高温处理，制止酶对茶多酚的氧化，从而达到绿茶色绿汤青的品质要求。绿茶杀青的方式有蒸杀青和炒杀青两种。蒸杀青是我国传统的杀青方法，其优点是干茶、叶底和汤色较翠绿，但香气欠佳，滋味较涩；炒杀青的绿茶香气高锐，滋味鲜爽。目前，我国绝大部分绿茶都采用炒杀青方式。

绿茶色绿汤青，滋味清鲜，香气浓郁，即有干绿、汤绿、叶底绿三绿特点。按干燥方式划分，绿茶有如下几种。

（1）炒青绿茶。炒青绿茶是在干燥时用铁锅炒制的茶，外销绿茶与内销扁茶多属此类。其火候较高，茶叶条索紧结，水色和叶底翠绿，香气清锐，滋味醇厚，耐冲泡。由于炒法不同，其外形有圆、扁、曲、直等形状，是绿茶中品质较好的茶叶。

圆炒青外形呈圆形颗粒状，如珠茶、白茶、火青茶等，其中珠茶圆珠紧结，形似绿色的珍珠。扁炒青外形扁平光滑，如龙井、旗枪、大方等，其中龙井以色绿、香郁、味甘、形美著称。长炒青是长条形的炒青绿茶，经过精制后称为眉茶，是我国主要的出口绿茶。特种炒青属高级炒青，主要有碧螺春、雨花茶、信阳毛尖等。

（2）烘青绿茶。烘青绿茶是在干燥时用烘笼烘干的茶，主要用于内销和制作花茶，有普通烘青绿茶和特种烘青绿茶两种。普通烘青绿茶色泽较黄绿，条索紧结差，用来窨制花茶。特种烘青绿茶采摘细嫩，做工精细，其外形较为舒展，水色黄绿明亮，香气清锐，滋味鲜美，叶底细嫩，属质量优异的烘青绿茶，品质较炒青绿茶稍次。烘青绿茶的著名品种有黄山毛峰、蒙顶茶（"扬子江中水，蒙山顶上茶"）、六安瓜片、君山银针等。

（3）晒青茶。晒青茶是在阳光下晒干的茶，有普通晒青和特种晒青。普通晒青采用一般工艺而成，成品茶质量稍次，香气少，多以产地命名，一般多作为紧压茶的原料。特种晒青工艺特殊，不经揉捻及锅炒，萎凋后直接干燥而成，成品茶披满白毫，呈白色，是福建特产，主销海外侨胞。

3）青茶

青茶属于半发酵茶，为我国特有的产品，其加工技术综合了红茶、绿茶的加工技术。先取红茶的加工技术，经过摇青，叶与叶相碰，互相摩擦，使叶缘细胞破损而发酵变红，后取绿茶的加工技术。高温炒青破坏酶的活性，使叶中心不能发酵保持绿色。其品质介于红茶与绿茶之间，外形条索粗大松散，色泽青灰有光，水色清澈，棕黄带红，具有绿茶的清芬香气和红茶的醇厚香气，叶底中央呈绿色，边缘为朱红色，有"绿叶红镶边"之称。

青茶的主要产地为我国的福建、广东、台湾三省，是一种侨销茶，内销以广东、闽南地区为主。其著名品种有铁观音、水仙茶、岩茶等。

4）花茶

花茶又名香片，是我国的特产。它是用干燥的茶坯加鲜花窨制而成的再制茶。茶坯原料主要是绿茶中的烘青绿茶，也有少量的炒青绿茶、青茶和红茶。花茶的主要产地为福建、广西、安徽、苏州、广州等地。

花茶窨制利用的是茶叶中含有的大分子的棕榈酸和萜类化合物有较强吸收异味的特性，使茶坯吸收鲜花的香气，茶香和花香混合。花茶在泡饮时清香鲜爽，滋味浓厚，既有茶香又有花香，水色清澈明亮，叶底细嫩匀净。

窨花是使茶叶吸收鲜花香气的过程，是指把茶坯和鲜花拌和堆放在一起，促使茶叶吸收鲜花的香气。往往一次窨花不能达到要求，就需多次窨花，最多可达七窨，次数越多，香气就越持久。只有品质好的茶坯才能经得起多次窨花，否则就会失去茶香而只有花香。

花茶品种较多，多以鲜花命名，如茉莉花茶、玫瑰花茶、柚花茶、玳玳花茶、珠兰花茶、桂花茶等。各种花茶具有不同的香气，以茉莉花茶的质量最优。不同地区制出的茉莉花茶风味也不同，以苏州的茉莉花茶香清而烈、福州的茉莉花茶香浓而长最著名。

5）紧压茶

紧压茶即各种块状茶，是一类改变茶叶形态，使其压制成型的再制茶。其目的是压缩茶叶体积，便于储运，供边疆少数民族地区用，也有的作为侨销茶。

紧压茶的原料一般为晒青茶和红茶的毛茶和副脚茶（红茶末）。其有各种砖茶（红砖、青砖、茯砖、米砖等）、沱茶、饼茶等，成品硬度高，需用力砍下后捣碎煮制后饮用。

3. 茶叶的感官审评

我国的感官审评茶叶分干评外形、湿评内质，各分4个指标。世界各国大同小异，在审评茶叶时必须内外干湿兼评，二者相互结合，才能全面反映茶叶的质量。

审评茶叶质量必须了解该品种的鲜叶情况、制茶工艺、品质特征及产生这些特征的化学变化和各指标间的关系，熟练掌握审评指标的要求和方法。

1）干评外形

茶叶外形的审评包括外形、嫩度、色泽和净度4个指标，主要反映原料鲜叶的老嫩程度和制茶工艺是否恰当。

（1）外形。由于各种茶叶的采摘不同，其条索外形也不相同。各类茶叶均有规定的外形规格标准。茶叶的外形一般用条索的状态来描述，条索指外形呈条，似绳索。各种茶叶的条索并不相同。一般审评条索时可以从条索的松紧、弯直、壮瘦、圆扁、轻重、匀齐来观察评定。

（2）嫩度。茶叶的老嫩是决定其质量的基本条件。一般来讲，嫩叶中的有效成分多，叶质柔软，初制时容易成型。审评时应注意符合该茶叶规定的条索嫩度。因为茶类不同，外形要求不同，嫩度要求不同，采摘标准也不同。嫩度好的，芽与嫩叶的比例大，一般芽与嫩叶身骨重，叶质厚实。

（3）色泽。干茶色泽主要从色度和光泽两个方面评定。色度即颜色及其深浅程度，光泽是指亮暗程度。不同茶类的色度各不相同，但均以有光为好。干茶的色泽一般是先看其色是否纯正，是否符合茶应有的色泽；其次看其色的深浅、枯润、明暗、有无光泽、是否调和、有无杂色等。凡茶叶色泽调和一致、光泽明亮、油润光滑的，通常都为原料细嫩或做工精良的产品，品质优良。而色调混杂、光泽枯暗的，通常为陈茶，或为原料粗老、制造粗糙的劣质产品。

（4）净度。净度是指茶叶中杂质的多少。茶叶中的杂质有两类，即茶类杂质和非茶类杂质。茶类杂质主要指茶梗、片、末、子等。非茶类杂质主要指采制、储运中混杂在茶叶中的杂草、树叶、泥沙、石块、竹片、棕毛等。正品茶叶中一般不允许含有任何杂质，副品茶叶中不能含有非茶类杂质。

2）湿评内质

茶叶内质的审评一般按以下顺序进行：审评茶叶的香气、汤色、滋味和叶底。

（1）香气。茶叶的香气在冲泡后比干闻更为明显，也易区别。香气的审评主要比较其香气高低、持续时间的长短、是否纯正、有无异味等。茶叶的香气标准分6个方面，即浓（入鼻充满活力）、鲜（醒神爽快）、清（新鲜清爽）、纯（无异味）、平（平和）、粗（粗老、辛涩感）。香气需从热状态嗅到冷状态，以辨别它的持久性。

（2）汤色。茶叶的汤色主要取决于茶多酚和叶绿素的变化，因此审评汤色要及时，否则茶多酚在热水中易自动氧化而变深暗，久放后甚至还会出现浑浊和沉淀。汤色的审评主要从色度、亮度、浑浊度3个方面评比。

色度：正常的色度为绿茶汤色绿中带黄，红茶汤色红艳明亮，青茶汤色橙黄明亮。通常正常的汤色稍深而亮者，反映汤中可溶物丰富，但必须是同一类、同一产区之间的比较。

劣变色是指由于采摘、制造不当，汤色出现不正、过暗、过深、发灰等。

陈变色是指因茶叶储藏过久，发生陈化，汤色不明亮，发暗、发灰，甚至发浑。

亮度：茶汤的亮度是质量好坏的表现。例如，绿茶的汤色碗底反光强，红茶碗边有金黄色圈都是亮度好的标志。

浑浊度：茶汤出现浑浊是变质茶的象征或由加工、储运不当造成的，另外，优质茶在茶汤冷却后也会出现冷浑浊或乳浊现象。

（3）滋味。茶叶的滋味是由多种化学成分形成的，主要是茶多酚、咖啡碱，氨基酸和糖分也起着积极的作用。茶汤的滋味与汤色、香气都有联系。茶汤的滋味有浓淡、鲜爽、醇和之分。

浓与淡：浓，说明茶汤中的有效成分丰富，富有收敛性，短时间内口中仍有感觉；弱则相反，刺激性弱，吐出口后平淡无味。

鲜与爽：饮茶后有鲜味感；爽指爽口，尝味时有香气从鼻腔中冲出，感到鲜爽。

醇与和：醇是指味醇正浓郁；和表示味纯正平淡。

（4）叶底。茶叶冲泡后吸水膨胀，芽叶伸展，容易判断芽叶的老嫩、色泽、匀度和加工是否合理。审评叶底主要看嫩度、色泽、匀度。

嫩度：观察芽的多少，芽多、壮而长者好，芽瘦小者次，无芽而叶片粗老者更次。另外，用手指压叶底，柔软无弹性者嫩，硬而有弹性者粗老。叶脉隆起，表面不平滑者也是粗老叶。

色泽：主要看色度和亮度。绿茶叶底以嫩绿、翠、黄绿而明亮者好，深绿较差，暗绿带青或红梗者更次。红茶叶底以红艳、红亮者优，红暗、青暗、乌暗者均次。

匀度：老嫩是否均匀，加工程度是否一致。这与原料和加工关系密切。

叶底是比较容易掌握的指标，并与茶叶的色、香、味有直接的关系，是审评时决定茶叶质量的一项重要指标。

3）茶叶真伪与新陈的鉴别

茶叶真伪与新陈的鉴别方法主要有以下几种。

（1）灼烧法。可取嫌疑茶叶和真茶叶各数片，分别放在酒精灯上灼烧，真茶叶有馥郁芬芳的茶香，假茶叶只有其他异味。

（2）水泡法。将茶叶用开水冲泡，待叶子开展后，仔细观察叶形、叶脉、锯齿等特征，真茶叶具有明显的网状叶脉，主脉直射顶端，侧脉伸展至叶缘 2/3 的部位并向上方弯曲，呈弧形，与上方支脉相结合，叶背有白茸毛，叶的边缘锯齿显著，基部锯齿渐稀。假茶叶不具有这些特征。

（3）一般新茶的色、香、味均有新鲜的感觉，具有茶叶应有的明显特点，而陈茶则色泽暗枯、香气平淡，冲泡后汤色发暗，有陈气味。

4．茶叶的安全指标

茶叶的安全指标主要涉及重金属、农药残留等（见表6-12）。茶叶商品的安全标准主要有国家标准 GB 2763—2019《食品安全国家标准 食品中农药最大残留限量》、GB 2762—2017《食品安全国家标准 食品中污染物限量》、GB/Z 21722—2008《出口茶叶质量安全控制规范》。

表 6-12　茶叶的安全指标

单位：毫克/千克

项　　目	指　　标
铅（以 Pb 计）	≤5
稀土（以 Cu 计）	≤2.0
六六六、滴滴涕	≤0.2
氯菊酯、氟氰戊菊酯	≤20（红茶、绿茶）
氯氰菊酯	≤20
溴氰菊酯	≤10
顺式氰戊菊酯	≤2
乙酰甲胺磷	≤0.1
杀螟硫磷	≤0.5

5．茶叶的储存

1）茶叶的特性

茶叶是季节性生产而常年消费的商品，故必须做好储存工作。茶叶的吸湿性及吸味性强，很容易吸附空气中的水分及异味，若储存方法稍有不当，就会在短时期内失去风味，而且越是名贵的茶叶，越是难以储存。通常茶叶在储存一段时间后，其香气、滋味、颜色会发生变化，原来的新茶叶滋味消失，陈味渐露，故必须针对其特性采取相应的储存措施。

影响茶叶变质、陈化的主要环境条件是温度、水分、氧气、光线和它们之间的相互作用。温度越高，茶叶的外观色泽越容易变褐色，低温冷藏（冻）可有效减缓茶叶变褐及陈化。当茶叶中的水分含量超过 5%时，茶叶品质会加速劣变，茶叶中残留的酵素会加速氧化，茶叶的色泽发生变化。引起茶叶劣变的各种物质的氧化作用，均与氧气有关。光线照射对茶叶会产生不良影响，光照会加速茶叶中各种化学反应的进行，叶绿素经光线照射易褪色。

由此可见，降低储存环境的温度、阻隔茶叶与氧气的接触、防止光线直射等均可减缓茶叶的变质。

2）茶叶的储存方法

茶叶应储存于干燥、通风、避光、清洁之处，不能和有异味的商品同库存放；库内温度一般控制在 30℃以下，相对湿度小于 60%；并尽量缩短其储存期限。

现代科学技术在防止茶叶陈化方面得到了应用，如抽氧充氮、避光冷藏等。预先将茶叶的水分含量降低至 4%～5%，然后将茶叶装入不透气的容器中，进行抽氧充氮密封，并储存在专用的茶叶冷库（-10℃～-5℃）中。由于茶叶处在无氧、干燥、无光、低温的条件下，茶叶的陈化基本可以被制止。用这种方法储存的茶叶，经 3～5 年仍能保持原来的色、香、味特性。

6.4.2　水果

水果是指能够直接供人食用的植物性果实、种子等，如苹果、梨、桃等是植物的果实，松子、核桃等是植物的种子。

1．水果的成分

水果是日常生活必不可少的营养物质，含有人体所需的各种物质。其主要成分如下。

1）水分

在新鲜的果实中，水分占很大的比例。水果中水分含量的高低，因品种不同而异，一般为 80%～90%。西瓜、葡萄、草莓的水分含量在 90%以上，山楂、香蕉的水分含量为 65%～75%，而瓜子、果仁的水分含量仅为 3%～4%。

正常的水分含量是衡量水果新鲜程度的一个重要的质量指标。水果越是鲜嫩多汁，其质量也就越高，如失去了正常的水分含量，就会使水果萎缩而降低品质。但是水果中的水分过多，也会给储存带来不便。

2）维生素

维生素是水果中含量丰富的成分之一。水果中含有多种维生素，如维生素A、维生素C及少量的B族维生素，是人们膳食中维生素，特别是维生素C和维生素A的主要来源。

水果中维生素A和维生素C的含量随其种类不同而异。维生素A主要包含在动物性食品中。水果中主要含有维生素A原，一般具有绿、黄、橙等色泽的水果中均富含维生素A原，如杏、葡萄、柿子、柑橘、黄桃等。富含维生素C的水果有鲜枣、山楂、猕猴桃、柑橘等。

3）矿物质

矿物质在水果中的含量一般为0.2%～3.4%，如在仁果类中的含量为0.3%～2.8%，在核果类中的含量为0.4%～1.8%，在浆果类中的含量为0.2%～2.9%，在柑橘类中的含量为0.3%～0.9%。

矿物质是水果中重要的营养素之一，水果中的矿物质大多为钾、钠、钙等成分，此外还有硫、磷、镁等，易被人体吸收，并且它们在生理上是碱性物质，可以中和人体内积存的酸性物质，以维持人体内的酸碱平衡，调节人体的生理机能。另外，由于喷洒农药，水果上会有一些残留的砷、铅等微量元素，因此人们在食用水果时要注意清洗。

4）碳水化合物

碳水化合物是水果中干物质的主要成分，包括糖类、淀粉、纤维素和半纤维素。

（1）糖类。糖类是决定水果营养和风味的主要成分。水果中含的糖主要是葡萄糖、果糖和蔗糖等，对人体最有营养的是葡萄糖和果糖。水果种类不同，含糖量也不同。

水果中含糖量较低的是柠檬（0.5%），含糖量较高的是葡萄（达20%以上），苹果的含糖量为6%～10%，西瓜的含糖量为5.5%～12%。水果的含糖量与其成熟度有关。一般来说，成熟度越高，含糖量越高，甜度也越大；但仁果类水果正好相反。

水果中的糖经长期储存，因水果本身的生理活动，会逐渐减少，甜味就会变淡。因此，常用糖酸比值作为鉴别水果风味的指标。

（2）淀粉。在未成熟的果实中一般都含有淀粉。但随着水果的成熟，淀粉就会逐渐分解成糖，有的水果（如葡萄和柑橘）成熟后不含淀粉，所以储存后甜味不会增加，苹果和梨成熟后仍残存1%～1.5%的淀粉，经1～2个月的储存后淀粉完全转化成糖，从而使甜味增加。水果中含淀粉较多的是香蕉（18%）、栗子（44%）。

（3）纤维素和半纤维素。水果中纤维素的含量为0.2%～4.1%。它与其他碳水化合物不同，在植物体内一旦形成，就不再参与物质的代谢过程，纤维素和半纤维素聚合起来，就形成了水果内的石细胞，使果肉粗糙而有沙粒状物质。因此，纤维素含量低的水果，肉质细嫩，食用品质好；反之则口感粗糙。纤维素和半纤维素对人体无营养价值，但其能促进人体胃肠的蠕动，帮助消化，防止便秘。

5）有机酸

有机酸广泛地存在于水果中，同水果的滋味有密切的关系，与糖形成糖酸混合的特殊风味。水果中的有机酸主要是苹果酸、柠檬酸和酒石酸，通称为果酸。各种水果的含酸量不等，如苹果、柑橘、葡萄等的含酸量较高，而梨、桃、香蕉等的含酸量较低。同一品种的水果，未成熟的含酸量较高，成熟后含酸量降低，甜味更浓。水果储存后含酸量还可能降低，会影响水果的风味。

另外，水果中还含有果胶质、鞣质、色素、芳香物质等。

2. 水果的种类

水果一般按果实的构造不同分类。

（1）仁果类。其果实由果皮、果肉和五室子房构成，内生长有种仁，故称仁果，如苹果、梨、山楂等，较耐储存。

（2）核果类。其果实由外果皮、内果皮和种子构成，外果皮较薄，中果皮肥厚，是可食用的果肉部分，内果皮形成木质硬壳，内包有种子，故称为核果，如桃、杏、枣等。

（3）浆果类。其果实形状较小，果肉成熟后呈浆状，如葡萄、草莓、猕猴桃、香蕉、荔枝等。

（4）坚果类。坚果类以种仁作为食用的部分。果实的特征是外覆木质或革质硬壳，成熟时干燥而不裂开，也称壳果类，如核桃、板栗、松子等。

（5）柑橘类。其果实大多由外果皮、中果皮、柑络、中心柱和种子构成。外果皮呈较坚韧的革质状态，中果皮包括经络，内果皮成 6～12 个瓣瓣，瓣内分化成许多肉质化的小瓣囊，是可食用部分，如柑、橘、橙、柚、柠檬等。

（6）复果类。其果实由整个花序组成，其可食用部分是它的花序轴、苞片、花托和子房，如菠萝、菠萝蜜等。

（7）瓜类。其果实由花托、外果皮、中果皮、内果皮、胎座和种子构成。瓜类主要有西瓜、甜瓜，其中内果皮、胎座是西瓜的可食用部分，而中果皮和内果皮则是甜瓜的可食用部分。

（8）其他。一些草植物和水生作物的果实和根也可作为果品来食用，如甘蔗、荸荠等。

3. 水果主要品种的品质特征及选购

1）苹果

苹果按收获季节可分为伏果、秋果两大类。伏果多在 7～8 月采摘，果实肉质松脆，口味淡薄，略有香气，易腐，不耐贮藏，品质不如秋果。但它上市早，因此有一定的市场价值。市销伏果的主要品种有黄魁、红魁、祝光、白粉皮、伏花皮、彩苹等。青岛、烟台产的白粉皮，辽宁产的甜黄魁，在 7 月上、中旬成熟，上市早。秋果多在 8～11 月采摘，肉质紧密，甜酸适口，香气浓、品质佳，耐贮藏，是日常消费中的当家品种。市销秋果主要有红香蕉、黄香蕉、红富士、国光、红星、红玉、嘎拉、澳洲青等。秋果耐贮藏，在-1℃～1℃，相对湿度在 85%～95% 的条件下，可 3～5 个月保持质量不变。

苹果不但含有多种维生素、矿物质、糖类等人体所必需的营养成分，而且含有利于儿童生长发育的细纤维和能增强儿童记忆力的锌。苹果不仅可以调节肠胃功能、降低胆固醇、降血压、防癌、减肥，还可以增强儿童的记忆力。苹果所含的营养既全面又易被人体消化和吸收，所以非常适合婴幼儿、老人和病人食用。

在选购苹果时，其品种的识别主要从果梗、果形、果萼、果面和果肉风味5个方面进行辨别。其质量鉴别主要看其果肉成熟度、有无机械损伤及病虫害程度等。在同一品种中以果品光洁无虫害、色泽鲜艳、成熟度适中、肉质紧密、味正质脆、细嫩多汁、甜酸适中为上品，兼有浓郁香气者为佳品。

2）梨

梨按果实形态可分为白梨、沙梨、秋子梨、西洋梨四大类。白梨果实大，倒卵形或长圆形，成熟后皮为黄色或黄白色，果肉脆、石细胞少、味香甜、肉质细嫩无渣、水分多，耐贮藏。我国优良品种的梨都属于白梨。市销白梨品种有鸭梨、酥梨、山东莱阳梨等。其中，鸭梨以皮薄、肉细嫩、香甜多汁、石细胞极少、无渣且耐贮藏的特点而享誉国内外市场。

沙梨的果实多为圆形，果皮褐色或绿色，味甜多汁，但耐贮性差。市销沙梨名品有雪梨、三花梨等。沙梨的著名品种还有二十世纪、二宫白等，它们都是从日本引进的品种。

秋子梨果实呈扁圆形，果皮黄绿或黄色，有的品种石细胞多，品质较差。秋子梨极耐贮藏。其常见品种为南果梨、京白梨、大香水梨等。其中产自北京的京白梨以皮薄核小、肉厚汁多、味酸甜而带清香、石细胞少而闻名南北。

西洋梨的果实多为瓢形，成熟后的果肉柔软多汁，香气很浓，但易腐不耐贮藏。西洋梨市销量大的品种有巴梨、伏茄梨、三季梨等。

梨有特殊食用价值，除有一般水果的功效外，还能生津止渴、润肺消炎、清凉解毒、通便醒酒。梨的品质优劣，品种是重要因素。因此，在选购梨时要注意品种的识别，必须从色、香、味、形四大方面进行品质鉴别。不同品种的梨以皮薄细嫩、有光泽、果肉脆嫩、汁多味甜、石细胞少、果心小、香味浓郁者为佳。同品种的梨以果个大小适中、果形完整、无病虫害，果皮光滑、无疤斑、无机械伤者为最好。

3）香蕉

香蕉是食用蕉类的习惯统称，根据形态特征，品种很多，食用蕉大致可分为香蕉、大蕉、粉蕉三大种类。

香蕉类：果形略小，弯曲，色泽鲜黄，果肉黄白色，味甜无涩，香味浓郁，细致嫩滑，纤维少，果皮易剥离；品种有香牙蕉、齐尾、天宝蕉等，品质极佳。

大蕉类：果实较大，果形较直，棱角显著，果皮厚而韧，果肉杏黄色，柔软，味甜中带微酸，香气较少；品种有大蕉、粉大蕉等，品质次之。

粉蕉类：果形较短，长椭圆形，成熟果皮黄白色，薄而微韧，似有一层薄粉，果肉乳白色，柔软甜滑，果皮不易分离；品种有金蕉、西贡蕉等，品质较差。

香蕉产地偏于一隅，成熟后不宜长途运输，故一般在其七八成熟时采摘，再运达销售地，经人工催熟后销售食用。香蕉味甘，性寒，具有清热、润肠、润肺、解毒等功效。香蕉以果实肥状、只大皮薄、成熟适度、成色新鲜、无病虫害及伤烂、色味俱全者为佳。在选购香蕉时可采用观色、手提、剥皮、品尝等方法进行。成熟适度的香蕉果皮色鲜黄、两端带绿，果身富有弹性，皮易剥离，果肉完整，肉色洁白或略带浅黄，入口柔软糯滑，甜香俱全。

4）柑橘

柑橘是主产于亚热带的大宗水果，市面销售的常见种类有柑、橘、橙、柚四大类，其中又以柑、橘、橙最为普遍。民间将柑、橘、橙统称橘子，但其形状与性味各不相同。橘类小而扁，皮薄而宽松，比柑类易剥离，橘络较少，种子尖细，品质上等，能早熟，但不耐贮藏。其常见品种有早橘、乳橘、蜜橘、红橘等。江西南丰蜜橘、浙江黄岩蜜橘质量佳。

柑类果实大多趋于球形，果皮略粗厚，皮较紧，不易剥离，种子呈卵圆形，耐贮藏。其常见品种有芦柑、邵柑、新会柑、蜜柑等。温州蜜柑最有名，其果肉细嫩多汁，酸甜适口，有桂花香气，无核或稍有小核。

橙类果实近于球形或卵球形，果汁多，酸甜适中，品质佳，耐贮藏。其常见品种有新会橙、柳橙、漳州橙、锦橙、冰糖橙、脐橙等。其中的新会橙、锦橙是著名品种。

柑橘中含有极丰富的维生素 C。柑橘的皮、核、络、叶都是良好的中药材，也是提取香料的重要原料。

在选购柑橘时，不同品种以色泽鲜艳、香气浓、甜味足或甜酸适口、汁多、少渣者为佳；同一品种以果实端正、成熟、清新、光亮、无病虫害及伤疤、果梗新鲜者为佳。

课后归纳总结

本章小结

食品是指供人食用，具有人体所需的营养成分或能满足人们某种嗜好的天然产物及其加工制成品。

食品中所含的成分主要是五大营养素（糖、蛋白质、脂肪、维生素、矿物质）和水，它们对人体有重要作用，合理摄入，可保证人体健康。

食品必须对人体安全、卫生。在食品生产、加工、储存、运输等环节中，有多种因素有可能对食品造成污染，使食品中含有有毒有害物质，故必须针对食品中有毒有害物质的来源，采取各种有效措施，做好食品的储存工作，确保食品的安全、卫生。

随着人民生活水平的提高，乳、酒、水果、茶等已成为人们日常生活中常见的和重要的消费品，本章主要介绍了粮油和上述食品的种类、成分、品质特征、感官审评、选购食用、储存方法等，掌握这些知识和技能，有利于搞好食品的经营管理，指导消费，促进商品使用价值的有效实现。

主要概念

食品　　人体必需氨基酸　　完全蛋白质　　原麦汁浓度

课堂讨论题

1. 如何合理安排日常膳食？
2. 怎样保证食品的安全性？

自测题

1. 判断题

（1）维生素对人体来说，摄入越多越好。　　　　　　　　　　　　　　（　　）

（2）非必需氨基酸即人体不需要的氨基酸。　　　　　　　　　　　　　（　　）

（3）食品中的有毒有害物质均来源于各种污染。　　　　　　　　　　　（　　）

（4）小麦容重越大，品质越好。　　　　　　　　　　　　　　　　　　（　　）

（5）12度啤酒的酒精含量为12%。　　　　　　　　　　　　　　　　　（　　）

（6）青茶具有绿叶红镶边的特点。　　　　　　　　　　　　　　　　　（　　）

2. 填空题

（1）食品中的三大产热营养素是指糖类、_____和_____。

（2）矿物质按其在人体中含量不同可分为常量元素、_____和_____三大类。

（3）玉米粒储藏的具体做法是低温密闭储藏、_____和_____等。

（4）酿酒的基本原理可分为_____和_____两个步骤。

3. 选择题

（1）以下物质能被人体直接吸收的是（　　　　）。

　　　A．淀粉　　　　　B．蛋白质　　　　　C．蔗糖　　　　　D．葡萄糖

（2）不属于粳糯稻谷特性的是（　　　）。

　　　A．黏性大　　　　B．糙米呈椭圆形　　C．黏性小　　　　D．呈半透明状

（3）茅台酒的香型是（　　　）。

　　　A．浓香型　　　　B．清香型　　　　　C．酱香型　　　　D．米香型

（4）黄山毛峰属（　　　）。

　　　A．炒青绿茶　　　B．晒青茶　　　　　C．烘青绿茶　　　D．珠茶

4. 简答题

（1）食品污染的途径有哪些？

（2）简述食用油脂的种类及其生理功能。

（3）乳制品有哪些种类？

（4）简述酿酒的基本原理和酒的种类。

（5）茶叶中含有哪些成分？有哪几种类型？

📖 实训题

1．技能题

感官审评啤酒、茶叶和水果的质量。

2．实操题

白酒质量感官鉴定

（1）实验用品和用具。代表性酒2～4种若干瓶，酒杯若干。

（2）鉴定评分表。白酒感官鉴定100分制评分表如表6-13所示。

表6-13　白酒感官鉴定100分制评分表

年　　月　　日　　时

编号	色					香								味															风格			
	无色透明	浑浊	沉淀	悬浮物	带色酱香型除外	具有本品固有芳香	芳香不足	香气不纯	香气不正	带有异香	有不愉快的气味	有杂醇油味	有其他嗅味	具有本品应有的特点	欠绵软甜	欠回甜	淡薄	冲辣	后味淡	后味短	后味苦小曲酒放宽	焦糊味	涩味	辅料味	酒梢味	杂味	糖醇油腥味	其他杂邪味	风格突出	风格不突出	偏格	错格
	10分	4分	2分	2分	2分	25分	2分	2分	2分	3分	4分	5分	7分	50分	2分	2分	2分	3分	3分	3分	3分	3分	3分	5分	5分	5分	5分	5分	15分	5分	5分	5分

（3）进行感官审评，并写出实验报告。既要按一般要求写出实验报告，又要根据自己在审评中的感觉写出被评酒的评语。

3．实习题

调查市场上粮油、酒类和茶叶的销售和消费情况，并加以分析。

项目 7

服装商品

教学目标

知识目标

认识服装材料的种类和性能；了解纺织纤维的种类和鉴别；熟悉服装的分类及性能特点。

技能目标

掌握服装的质量鉴别及选购、穿用和保养技能。

能力目标

能够运用所学知识和方法鉴别服装质量，并初步具备经营服装的有关技能和咨询服务能力。

课中知识应用

引导案例

服装面料选择

消费者在购买服装时，如能懂得一些面料知识，就既能根据自己的需求选择相应面料的服装，又能防止上当。在选择面料时，首先看有无明显的瑕疵、有无色差及虫蛀、鼠啮等，若有，则不符合质量要求。不同的面料，其质地、价格各不相同。绸面料既有轻盈飘逸、凉爽透气的品种，适宜做衬衣、连衣裙，又有厚实庄重、光华富贵的品种，适宜做棉衣外套、旗袍等。真丝织品，手感光滑、轻柔，将面料互相摩擦时，会发出清脆的声响，称为丝鸣或绢鸣，缩水率一般在 5%～10%；假丝绸手感粗硬，易起皱，颜色艳丽，缩水率一般小于 5%。真麻织品，布面细洁光亮，带有自然的小疙瘩，手感粗而硬，表面容易起毛，易出折痕；假麻织品，抗皱性好，但是吸湿性较弱，穿着时感觉比较闷气。内衣的面料宜用棉布或棉织品，外衣的面料质地则应厚挺；夏季服装的面料应舒适、凉快，冬季的服装宜选用松软、厚实和保暖性好的面料。

服装是用于穿着并覆盖人体各部位的着装的总称。服装其实就是人体的包装物。因此，选购服装应因人而异，以人为本。服装材料是服装的重要组成部分，通常分为面料和辅料，服装的主要原料是纺织纤维。因此，认识服装的性能要从认识纺织纤维开始。

7.1 纺织纤维

7.1.1 纺织纤维的概念、种类和鉴别

1. 纺织纤维的概念

纤维是一类直径为几微米到几十微米，而长度比其直径大千百倍的细长柔韧物体。纤维的种类很多，并不是所有的纤维都能用来纺纱织布的。通常把用来制造纺织品的纤维称为纺织纤维。它应具备的基本要求分述如下。

（1）具有一定的强度、延伸度及适当的弹性和可塑性。强度通常指拉断一根纤维所需要的力。延伸度即加力使纤维被拉断时，伸长的长度与原来长度的百分比，一般在 10%以上。弹性是纤维变形后的回复性。可塑性是指在湿、热及压力下，纤维被塑造成固定形状的性能。

（2）具有一定的长度、细度。一般不能短于 10 毫米，纤维短、浮游纤维多，有损成纱质量。

（3）具有一定的化学稳定性。在水或其他普通溶剂中不溶解或很难溶解，对酸、碱等较为稳定。

（4）具有良好的吸湿性、保暖性、染色性。吸湿性是指纺织纤维从空气中吸收水分或向空气中散发水分的能力，这是人体舒适感对纺织纤维的要求。保暖性是阻止人体热量向外界流失的性能。染色性是指利用染料和纺织纤维之间发生物理化学作用，使染料附着于织物上，从而形成各种不同的色泽，且具有一定的牢度。

2. 纺织纤维的种类

纺织纤维的种类繁多，习惯上分为天然纤维和化学纤维两大类（见图 7-1）。

1）天然纤维

天然纤维是来源于自然界的植物、动物或矿物的纺织纤维，如棉、麻、羊毛、蚕丝等。其综合性能最符合人体卫生要求，具有优秀的纺织性能，天然纤维制成品吸湿、透气、保暖、舒爽。其自然的风格与相应的加工工艺相结合，能最大限度地满足人们对服饰美的追求。另外，天然纤维普遍具有较好的热稳定性。天然纤维除蚕丝为长纤维外，其余的均为短纤维。

（1）棉纤维。棉纤维属于种子纤维，是由棉子表皮细胞突起生长而形成的。棉纤维按棉花品种的不同分为长绒棉、细绒棉和粗绒棉 3 种。粗绒棉品质低劣，已渐被淘汰。细绒棉的长度为 25～31 毫米，细度为 18～20 微米，色泽洁白或乳白，有丝光，是产用量最大的品种。棉纤维中 85%以上是细绒棉，我国种植的棉花大多属于这一类。长绒棉较细且长度大，品质优良，其长度在 33 毫米以上，细度为 15～16 微米，色泽乳白或淡棕色，富有

丝光，用于纺织高档轻薄和特种棉纺织品。它主要产于埃及、苏丹、美国、秘鲁和中亚各国，我国新疆、广东等地区也有生产，长绒棉的产量约占棉纤维总产量的 10%。

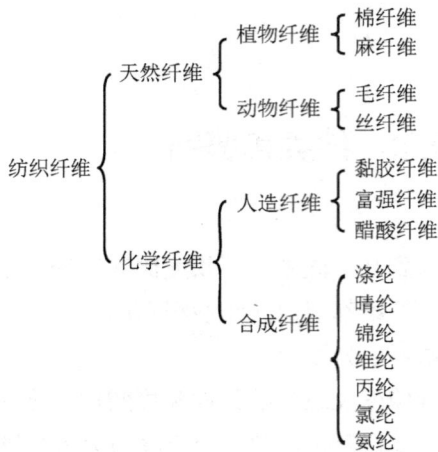

图 7-1 纺织纤维的种类

棉纤维的吸湿性强，使其织物服用性能好且不易产生静电、洗尘和被玷污。棉纤维具有良好的耐热性，在 110℃ 以下不受损坏。棉纤维是电的不良导体，有一定的导电性，不易积蓄静电。棉纤维遇碱一般不会被破坏，在纺织工业上常利用这一性能对棉纤维进行"丝光工程"处理，使其光泽度和染色性提高。棉纤维不耐酸，常温下质量分数为 65% 的浓硫酸即可将棉纤维完全溶解。棉纤维在天然纤维中耐日晒性能较好，但不如亚麻和羊毛。棉纤维具有较好的染色性，适宜棉纤维染色的染料种类较多，且吸色性及色牢度均较好。棉纤维耐微生物性差，容易发霉，但不易被虫蛀。棉纤维的强度在天然纤维中是最低的。棉纤维的弹性差，其服饰制成品易起皱，棉纤维的耐光性也不好。

（2）麻纤维。麻纤维是麻作物叶子或茎部中剥下的叶纤维或韧皮纤维。叶纤维是从麻类植物叶子或叶鞘中取得的纤维，如蕉麻、剑麻等。这类麻纤维质地粗硬，只能做绳索、渔网等，不可做纺织纤维。在韧皮纤维中，红麻、黄麻也较粗硬，主要用作包装材料（麻袋）、绳索、地毯等。纺织上使用较多的主要有苎麻和亚麻等。

苎麻是我国特产的，有"中国草"之称。苎麻纤维的长度为 20~250 毫米，平均为 60毫米，是麻类中最长的，平均直径为 40 微米，截面呈椭圆形，有中空腔。苎麻纤维的形态不规则，有时显条纹，有时显横纹，两端形状有呈圆形或长矛形的。苎麻纤维的强度在天然纤维中最高。苎麻纤维的刚性大，伸长率小，制成织物后硬挺、滑爽，但因弹性差，伸长率小，穿用中保形性差，易起皱。苎麻最大的特点是吸湿快、散湿快、透气凉爽、抗霉防蛀性能好，因此是夏季理想的衣着类原料。

亚麻主要产于俄罗斯，在我国黑龙江省有大量种植。亚麻纤维的平均长度为 17~25 毫米，平均直径为 12~17 微米，截面呈多边形。亚麻纤维的外表面平滑，两端渐尖，胞腔甚小，胞壁较厚，胞壁上有明显的节纹及稀少的纹孔。亚麻纤维的强度与苎麻纤维接近，亚麻纤维虽比苎麻纤维柔软，但比棉纤维硬挺，其织物挺直，但弹性差，皱后不易恢复。亚麻的吸湿、散湿速度仅次于苎麻，因此也常作为夏季服装材料。

麻纤维的强度在天然纤维中最高，其中苎麻纤维的强度最高，亚麻纤维次之。麻纤维的吸湿性比棉纤维还要强，散湿速度快，有手感干燥的感觉。麻纤维是电的不良导体，有很好的电绝缘性。麻纤维散热很快，其散热速度比棉纤维快，穿着麻织品有凉爽感。麻纤维耐酸不耐碱，若经碱处理则可提高柔软度和洁白度。麻纤维相互之间的抱合变低，这种特性影响麻织品的耐穿性，使其易起毛、不耐磨。麻纤维的染色性不如棉纤维，也难漂白，所以其织品的色泽都不艳丽，但这也使得麻类织品具有一种返璞归真的自来旧型的古拙之美。

（3）毛纤维。毛纤维一般指绵羊毛。从羊身上剪下的毛称为原毛，原毛中除含有羊毛纤维外，还含有羊脂、羊汗、泥沙、污物及草籽、草屑等杂质。可见，原毛不能直接用来纺织，必须经过选毛、开毛、洗毛、碳化等初步加工，才能获得较为纯净的羊毛纤维。我国是世界主要产毛国之一，澳大利亚、俄罗斯、新西兰、阿根廷等国都是世界著名的产毛国。

羊毛的粗细差异很大，最细的只有 7 微米，粗的可达 240 微米。细度是评价羊毛品质的重要指标。一般羊毛越细，细度越均匀，弹性、光泽、手感越好，强度也越高。羊毛的粗细因羊的品种、产地而不同，世界闻名的细羊毛是澳大利亚美利奴羊所产之毛。同产地、同品种的羊所产羊毛因其结构不同也有区别。

羊毛纤维的吸湿性在天然纤维中是最强的，在湿润空气中吸湿达 30%时，手感仍不觉潮湿。羊毛纤维柔软、弹性好，其织物不易产生褶皱。羊毛纤维尽管相对强度低，但弹性好，其织物较其他天然纤维织物耐磨，坚固耐用。羊毛纤维是热的不良导体，具有较好的保暖性能。羊毛纤维具有一定的耐热性和良好的耐低温性能。在沸水或 100℃蒸汽中，羊毛纤维会逐渐膨胀而失去弹性。这时如把羊毛压成各种形状并迅速冷却，其形状会经久不变，这就是羊毛纤维的可塑性。羊毛纤维的缩绒性是指羊毛纤维在湿热的条件下，受揉搓等外力作用时，由于表面鳞片层的定向运动，会相互发生黏合，引起织物表面收缩，厚度增大。羊毛纤维易被虫蛀，耐酸不耐碱，在受到碱的破坏后，其强度下降，颜色变黄，光泽暗淡，手感粗糙，弹性下降。羊毛纤维是天然纤维中耐日光性最好的，其染色性较植物纤维好。

毛纤维中的其他动物纤维主要有山羊绒、马海毛、兔毛、牦牛绒、骆驼绒等。①山羊绒是山羊身上的短绒毛，有"软黄金"之美誉。我国是山羊绒生产大国。山羊绒纤细而均匀，柔软而富有弹性，光泽柔和，具有集轻、暖、软、滑于一身的特点，是珍贵、高档的纺织原料，其产品具有外观华丽高雅、手感柔软、穿着舒适等特点。②马海毛是安哥拉山羊毛的商业名称。马海毛主要产于土耳其、美国和南非。马海毛长达 113~116 毫米，光泽与白度均好于羊毛，其制品有很好的弹性、手感和亮度，质轻而蓬松柔暖。③兔毛。用于纺织的兔毛主要是长毛兔所产的毛。兔毛细柔、洁白、保暖性好，但较脆弱，抱合力差，其制品虽柔软蓬松、美观别致，但易脱毛。④牦牛主产于我国西藏，牦牛绒是一种可与山羊绒媲美的高档纺织原料，其颜色多为黑褐色和黑色，保暖性强。⑤骆驼绒有良好的保暖性，其弹性较羊绒、兔毛好，强度高，光泽好，但缩绒性差，常用于生产粗纺呢绒、毛毯和针织绒等。

山羊绒有"软黄金"之称，我国山场资源丰富，能否大力发展？

（4）丝纤维。丝纤维一般指蚕丝。蚕丝是一种化学成分复杂的天然蛋白质高分子化合物，每根蚕丝都由两条平行的单丝组成。蚕丝是与众不同的长纤维。它细而长，因为太细，通常需将数根蚕丝合并处理后，再经织造。蚕丝因其优良的品性和优雅的外观被称为"纤维皇后"。丝织物的性能最接近人体皮肤，穿着舒适。我国是世界上最早种桑、养蚕、缫丝、织绸的国家，迄今已有几千年的历史。

蚕丝分桑蚕丝和柞蚕丝两种。桑蚕丝（俗称真丝）是由以在室内饲养、以桑树叶为饲料的家蚕茧缫成的，大多为白色，发出优雅的象牙光泽，手感柔软、滑爽而富有弹性。柞蚕丝是以野外放养的柞蚕茧缫成的，所以又叫野蚕丝，具有不同于桑蚕丝的"野性"：比桑蚕丝粗，没有桑蚕丝白。柞蚕丝一般用于织造中厚织品和各种装饰绸，它们是丝织品中风格粗犷狂放的一类织物。蚕丝中桑蚕丝的产量最高、应用最广，其次是柞蚕丝。

蚕丝具有较强的吸湿性，故穿着真丝服装使人体具有滑爽、舒适、凉快的感觉，同时可以防止湿疹、皮肤瘙痒等皮肤病的产生。蚕丝是电的不良导体，是电器的绝缘材料。蚕丝有柔和润亮的光泽，是其他纤维所不能比的。蚕丝耐酸不耐碱，具有较好的耐热性，但耐日光性较差。

2）化学纤维

化学纤维是经过化学处理和机械加工而制得的纤维。其在性能和形状上尽可能模仿综合性能良好的各种天然纤维，可能在单方面品性上接近甚至优于天然纤维，但其综合性能不如天然纤维。不断改进生产工艺，提高合成纤维的综合性能，使之接近甚至优于天然纤维，是化学纤维工业的努力方向。化学纤维按其所用原料及生产工艺的不同，可分为人造纤维和合成纤维两大类。化学纤维命名的原则是，人造纤维的短纤维一律叫"纤"（如黏胶纤维、富强纤维），合成纤维的短纤维一律叫"纶"（如锦纶、涤纶）。如果是长纤维，就在名称末尾加"丝"或"长丝"（如黏胶丝、涤纶丝、腈纶长丝）。

（1）人造纤维。人造纤维是以富含纤维素或蛋白质的高分子物质，如棉短绒、甘蔗渣、木材、芦苇等，经化学方法处理及机械加工而制成的。其化学成分接近天然纤维，其理化性能也接近天然纤维。人造纤维的常见种类有黏胶纤维、富强纤维、醋酸纤维等。①黏胶纤维是以天然纤维素为基本原料，经纤维素磺酸酯溶液纺制而成的。因这种溶液的黏度很大而得名，简称黏纤。黏胶纤维可制成长丝和短纤。长丝可用于丝绸类织造上，俗称人造丝；短纤有棉型、毛型，分别被称为人造棉、人造毛。黏胶纤维的吸湿性在化学纤维中是最强的，比棉纤维高，仅次于羊毛纤维，但缩水率较大。黏胶纤维是各种常见纤维中强度最低的一种，干态时强度接近棉纤维，但在湿态时强度明显下降。黏胶纤维的弹性较差，形态稳定性差，织物不挺括，易起皱变形。黏胶纤维比棉纤维容易上色，并且容易获得鲜艳的颜色。②富强纤维是通过改变普通黏胶纤维的纺丝工艺条件而开发的,简称富纤。其品质较黏胶纤维有较大改进,强度提高接近于优质棉纤维,湿态强度提高,缩水率较小,挺括,不易起皱,易洗易干,耐碱性也较好。③醋酸纤维是由纤维素被醋酸酯化而成的。醋酸纤维染色后颜色鲜艳,不受虫蛀,比重小于黏胶纤维,抗皱性优于黏胶纤维,面料手感柔软而富有弹性,与真丝相似,但吸湿性弱,易洗易干,不易变形。

（2）合成纤维。合成纤维是以石油、天然气、石灰石等为原料,提取出低分子化合物,再合成为仿丝、仿毛、仿棉的高分子纤维。其特点是强度高、弹性好、耐磨、不易霉、不易虫蛀,但吸湿性弱,染色一般比较困难。常见的合成纤维有以下几种。①涤纶,即聚酯纤维。虽问世较晚,但因其优越的综合性能,目前在合成纤维中产量最大。涤纶的优点是抗皱性好,织品做成的衣物挺括不皱,保型性极佳,且强度高,耐热性能好。但是涤纶的吸湿性弱,不易吸水,也不缩水,纺织工业中常将涤纶和天然纤维或其他化学纤维进行混纺,以提高织品的吸湿能力。②腈纶,即聚丙烯腈纤维,是合成纤维中另一大宗产品。腈纶柔软、蓬松、弹性好、保暖性好,有"合成羊毛"之称,但其强度大大高于羊毛。腈纶的主要优点是耐光性好,对日光与气候作用的抵抗力强,且耐热性较好。在合成纤维中,腈纶的染色性最好。但腈纶的吸湿性弱,易产生静电,耐磨性不好,易起毛、起球。③锦纶,即聚酰胺纤维,又称尼龙。锦纶与涤纶、腈纶并称三大合成纤维,是最早问世的合成纤维品种。锦纶的最大特点是耐磨性好,比羊毛高 20 倍,是所有纤维中最耐磨的。锦纶的弹性好、耐腐蚀性好。但锦纶的耐光性、耐热性差,吸湿性也弱。④维纶,即聚乙烯醇纤维。没有染色的维纶洁白如雪,柔软如棉,有"合成棉花"之称。维纶的吸湿性在合成纤维中是最强的,接近于天然纤维中的棉花,其织物风格也与棉相近。但因其抗皱性差、染色性也不好,所以在服用材料方面进展不大,主要用于生产工业用纺织品。⑤丙纶,即聚丙烯纤维,是所有纤维中最轻的,放在水里可漂浮起来。其强度较高,弹性较好,故有一定的抗皱性,且耐酸又耐碱,化学稳定性好。但丙纶的耐光性、耐热性差。丙纶主要用于生产地毯、装饰布、包装材料、绳索等。⑥氯纶,即聚氯乙烯纤维。其最大的特点是具有阻燃性。另外,氯纶也具有极好的化学稳定性、良好的保暖性和较高的强度与耐磨性。但其耐热性很差,在 70℃左右时就开始收缩、软化。其织物多做劳动防护服。⑦氨纶,即聚氨基甲酸乙酯纤维。其最大的特点是弹性优良、回弹率高,与橡胶相仿,故也称弹性纤维。氨纶的强度较高,耐热性、耐光性好,比重小,化学稳定性好,染色性也较好,但吸湿性较弱。它既可纯纺,又可混纺,广泛应用于针织品中,还大量用于各种服装的松紧部位。

相关链接 7-1

新型纺织纤维

（1）天然彩棉:天然生长的非白色棉花,目前已拥有棕、绿、紫、灰、橙等色泽品种,通常用来与白棉、合成纤维混纺,后工序不经染色,是真正意义上的环保绿色纤维,其长度与强度略逊于白棉。

（2）除鳞防缩羊毛：羊毛的鳞片使羊毛具有缩绒性，这给洗涤和使用带来了诸多问题，所以剥除和破坏羊毛鳞片是最直接也是最根本的一种防缩方法。经氯化处理后羊毛不仅获得了永久性的防缩效果，羊毛纤维也变细了，纤维表面变得光滑，富有光泽，染色变得容易，制品更加柔软、滑糯，具有抗起球、可机洗等特点，无刺痒感，羊毛织物具有更好的品质和更广的应用范围。这种处理方法称为羊毛表面变性处理，也有人称之为羊毛丝光处理。

（3）新型绿色纤维素纤维——Lyocell（莱塞尔）：产品废弃物土埋5～6周可生物降解，不构成环境污染，被称为21世纪的绿色纤维，为纤维素纤维的环保化生产及产品升级换代提供了方向。英国的考陶尔兹公司和奥地利兰精公司为主要的生产厂家，我国多引用英国的商品名（Jencel），译为坦赛尔或天丝。Lyocell纤维集天然纤维与合成纤维的优点于一身，具有纤维素纤维吸湿性强、透气、舒适等优点，穿着舒适性远优于涤纶，光泽优美，手感柔软，悬垂性优，飘逸性好，同时又具有合成纤维强度高的优点，其强力大于棉纤维和普通的黏胶纤维，具有良好的水洗尺寸稳定性和较高的性价比，其混纺性能好，可与其他天然纤维、合成纤维混纺。

（4）超细纤维：其制品手感柔软、细腻、滑爽，光泽柔和，超细纤维的比表面积大，表面吸附作用强，具有很强的清洁能力，可作为高吸水材料（如毛巾、纸巾）。超细纤维可用于制作仿真丝面料、高密防水透气织物、桃皮绒织物、仿鹿皮面料等。

（资料来源：新型纺织纤维.39健康网，2014-8-23）

3．纺织纤维的鉴别

（1）感官鉴别法。感官鉴别是靠人的感觉器官，主要通过眼看、手摸来观察纺织纤维的种类的。眼看用来鉴别纺织纤维的外观、色泽、长度、粗细及弯曲等状态。手摸用来鉴别纺织纤维的弹性或褶皱、柔软、凉爽、温暖、粗糙及平滑等性能特点。常见的纺织纤维的外观、手感情况如下：①棉纤维较细短，具有天然捻曲，弹性较差，手感柔软，光泽暗淡；②麻纤维较棉纤维长而粗，强力大，缺乏光泽和弹性，手感粗硬，有凉爽感；③羊毛纤维较棉纤维长，光泽柔和，呈卷曲状，手感温暖，弹性好，不易褶皱；④丝纤维细长，强力较大，光泽柔和悦目，手感光滑、柔软，有凉爽感；⑤黏胶纤维的外观与棉纤维相似，干湿强度相差大；⑥合成纤维的弹性好、强力大、手感滑润柔软。

（2）燃烧鉴别法。各种纺织纤维的化学组成不同，对热和燃烧的反应特征也不同。几种常见纺织纤维的燃烧情况如表7-1所示。

表7-1　几种常见纺织纤维的燃烧情况

纤维种类	燃 烧 情 况				
	接近火焰	在火焰中	离开火焰	燃烧时的气味	燃烧后的残渣形态
棉纤维、麻纤维	不熔不缩	迅速燃烧，产生黄色火焰，有蓝烟	继续燃烧，不熔融	烧纸样气味	深灰色细软粉末

纤维种类	燃 烧 情 况				
	接近火焰	在火焰中	离开火焰	燃烧时的气味	燃烧后的残渣形态
蚕丝	收缩	缓缓燃烧缩成一团，放出火焰	缓缓燃烧，有时自动熄灭	烧毛发的臭味	黑褐色小球，用手指一压就碎
羊毛纤维	收缩	缓缓燃烧，冒出蓝灰色烟且起泡	继续燃烧	烧毛发的臭味	有光泽的不定形黑色块状，用手指一压就碎
黏胶纤维	不熔不缩	燃烧快，产生黄色火焰，无烟	继续燃烧	烧纸样气味	灰烬极少，呈浅灰色或深灰色
涤纶	收缩熔融	有亮黄色火焰，无烟	时常自动熄灭	特殊芳香味	坚韧的浅褐色硬球，不易研碎
腈纶	收缩微融发焦	熔融燃烧，有发光小火花	继续燃烧	辛辣味	黑色小硬球
锦纶	收缩熔融	缓缓燃烧，有白烟，无火焰	时常自动熄灭	氨臭味	坚韧的浅褐色硬球，不易研碎
维纶	收缩熔融	缓缓燃烧，纤维顶端有火焰	继续燃烧	臭味	黄褐色不定形硬块凝结在纤维顶端，用手指强压可压碎
丙纶	缓慢收缩	熔融燃烧	继续燃烧	轻微的沥青味	硬黄褐色球
氯纶	收缩	熔融燃烧，冒黑色烟	不能延燃	有氯化氢气味	松脆黑色硬块

　　上述所列燃烧情况为单一燃烧特征，而混纺织品的几种纺织纤维的综合燃烧情况需要综合评价，所以应仔细观察不同纺织纤维混纺纱的不同燃烧特征。同时应注意整理剂对纺织纤维燃烧特征的干扰，如某些整理剂燃烧时放出的气味往往遮盖了纺织纤维自身的气味，经阻燃树脂整理的织品，其燃烧速度比未整理的要慢。

　　（3）显微镜鉴别法。将纺织纤维放在显微镜下进行观察，将其纵、横截面形态与已知的纺织纤维形态做比较，来判断纺织纤维的种类。几种不同纺织纤维的纵、横截面形态如表 7-2 所示。

表 7-2　几种不同纺织纤维的纵、横截面形态

纺织纤维的种类	纵截面形态特征	横截面形态特征
棉纤维	扁平带状，有天然转曲	腰圆形，有中腔
苎麻纤维	横节，竖纹	腰子形，有中腔及裂缝
羊毛纤维	表面有鳞片	圆形或接近圆形，有些有毛髓
桑蚕丝	平直	不规则三角形或三角形
黏胶纤维	纵向有沟槽	有锯齿形或多边形边缘
富强纤维	平滑	较少齿形或圆形
涤纶、锦纶、丙纶	平滑	圆形
腈纶	平滑	圆形或哑铃形
维纶	平滑	腰圆形
氯纶	平滑	接近圆形

（4）化学鉴别法。根据不同种类纺织纤维对一些化学药剂有不同反应的情况，可用化学药剂处理纺织纤维，观察反应情况和结果，以判断纺织纤维的种类。

一般来说，纯纺织品的纤维较易鉴别，选用一两种方法基本就能得出正确的判断。但混纺织品纤维的鉴别难度较大，大多需要几种方法配合使用，对其结果进行综合分析和研究，最后才能得出确切的结论。

相关链接 7-2

T公司销售不符合保障人体健康和人身、财产安全的国家标准的服装案

一、案情简介

2014年12月1日起，甲区局接连接到两份举报材料，称A超市销售的棉服存在严重质量问题，其中一份举报还附有产品实物。2014年12月5日，甲区局执法人员对位于甲区的A超市进行执法检查，对被举报的男棉背心、男式冲锋衣、女式冲锋衣3款服装进行抽样，经检验上述服装均不符合保障人体健康和人身、财产安全的国家标准。经查，上述3款服装是经营地在甲区的A超市总部T公司直接采购进货并配送至A超市门店销售的。为了抓住违法行为的根源，执法人员将查处的涉案产品范围扩展至T公司，并于2015年1月6日对T公司进行立案调查。在案件调查过程中，T公司提供了服装的购销合同、进销凭证等主要证据，并将已配送至各超市门店的涉案服装全部收回，但因内部管理不当，工作人员将收回的涉案服装退还给了供应商C公司，后经执法人员要求，T公司又从供应商处追回了已退还的大部分涉案服装。2015年1月20日，甲区局对追回的涉案服装依法采取了扣押的强制措施，并再次抽样。检验报告显示第二次送检的服装不符合保障人体健康和人身、财产安全的国家标准。据此，甲区局执法人员确认了T公司销售不符合保障人体健康和人身、财产安全的国家标准的服装的违法事实。

经调查，T公司从供应商处一次性采购男棉背心2725件，销售439件，男式冲锋衣1494件，销售196件，女式冲锋衣996件，销售87件，货值共计454 837.50元，获取违法所得14 588.97元。

二、处理结果

T公司销售不符合保障人体健康和人身、财产安全的国家标准的服装违反了《中华人民共和国产品质量法》（以下简称《产品质量法》）第十三条第二款的规定，根据《产品质量法》第四十九条的规定，甲区局对当事人做出如下行政处罚。

（1）责令停止销售不符合保障人体健康和人身、财产安全的国家标准的服装。

（2）没收违法销售的男棉背心1236件、男式冲锋衣1114件、女式冲锋衣788件。

（3）罚款460 000元。

（4）没收违法所得14 588.97元。

此外，甲区局案件的相关线索还被通报并移交至C公司所在地的质量技监部门处理。

三、相关法律规范

1.《产品质量法》第十三条

禁止生产、销售不符合保障人体健康和人身、财产安全的标准和要求的工业产品。具体管理办法由国务院规定。

2.《产品质量法》第四十九条

生产、销售不符合保障人体健康和人身、财产安全的国家标准、行业标准的产品的，责令停止生产、销售，没收违法生产、销售的产品，并处违法生产、销售产品（包括已售出和未售出的产品，下同）货值金额等值以上 3 倍以下的罚款；有违法所得的，并处没收违法所得；情节严重的，吊销营业执照；构成犯罪的，依法追究刑事责任。

3.《中华人民共和国行政处罚法》第二十七条

当事人有下列情形之一的，应当依法从轻或者减轻行政处罚：

（1）主动消除或者减轻违法行为危害后果的。

（2）受他人胁迫有违法行为的。

（3）配合行政机关查处违法行为有立功表现的。

（4）其他依法从轻或者减轻行政处罚的。

违法行为轻微并及时纠正，没有造成危害后果的，不予行政处罚。

4.《质量监督检验检疫行政处罚裁量权适用规则》第五条

行使行政处罚裁量权，应当遵循过罚相当原则，综合考量违法行为的手段、性质、情节、社会危害程度以及当事人三观过错等因素，决定是否给予行政处罚以及行政处罚的种类和幅度。

（资料来源：T 公司销售不符合保障人体健康和人身、财产安全的国家标准的服装案. 上海市质量技术监督局网站，2016-4-7）

7.1.2　纺织品的形成

1. 纱线

1）纱线的形成

纺织纤维除天然丝和化学纤维长丝可直接用于织造外，各种短纤维都必须先纺成纱后再供机织或针织。纺纱的目的就是把大量紊乱、零散、长短不齐和含有杂质的纤维材料制成具有一定细度、张力和其他性能的纱线。

纱线是形成各种织物的基本原料。纱线按所用原料可分为棉纺、毛纺、绢纺、混纺纱等品种。各种纺纱工艺虽各有其特点，但其成纱的基本过程和原理是一致的。一般都需要在经过把所用纤维原料整理、干松、混合和清除杂物后，使纤维平行排列成条状，再将纤维条合并和牵伸，使其达到所需的细度，最后牵伸并适当加捻，使纤维相互捻合成具有一定长度的纱。纱可直接用于织造，也可将纱两根或两根以上合并加捻，制成线后再织造。纱线是纱和线的总称。

2）纱线的质量指标

（1）纱线的细度和匀度。纱线的细度即纱线的粗细程度。它与织品的结构和外观有着密切的关系，在其他条件相同的情况下，纱线的粗细直接影响织物的刚挺度、厚度、耐磨性和保暖性等。一般棉纱等的细度用号数表示，生丝和化学纤维用旦数表示，毛纱等则用支数来表示。①号数，又称特数，指 1000 米长的纱线在公定回潮率下的重量克数，如棉纱长 1000 米，其重量为 19 克，其细度即 19 特（Tex，特克斯）。②旦数，又称旦尼尔数，指 9000 米长的纱线在公定回潮率下的重量克数。③英制支数，指在公定回潮率下，重 1 磅的纱线，其长度有 n 个 840 码，即 n 支纱线，如 1 磅棉纱长度有 45 个 840 码，即 45 支纱，以 45^S 表示。④公制支数，指在公定回潮率下，1000 克重的纱线其长度有多少个 1000 米即多少支纱线。

从上面可以看出，号数和旦数是定长制，数值越大，表示纱线越粗；支数是定重制，数值越大，表示纱线越细。

纱线的匀度是指纱线粗细均匀的程度。粗细不均匀的纱线除直接影响织物的外观外，在织造加工时还容易断头，降低服装的耐用性。这也是纱线质量的重要指标。

（2）纱线的捻度和捻向。捻度是纱线加捻的程度，一般情况下以单位长度内，纱线加捻的回数来表示。当纱线的细度单位分别用公制支数、英制支数、号数表示时，对应的捻度单位为捻数/米、捻数/英寸、捻数/厘米。纱线加捻对其断裂伸长率有很大影响，在一定范围内，提高纱线的捻度可使织物的弹性提高，但超过一定限度会使织物的弹性下降。此外，纱线加捻后会变细，长度相应缩短，织物的缩水率会增大。

捻向是纱线在加捻时的转回方向，即纤维在纱线中的倾斜方向。加捻后纤维自左上方向右下方倾斜的称为右捻纱，也叫顺手捻、S 捻；加捻后纤维自右上方向左下方倾斜的称为左捻纱，也叫反手捻、Z 捻（见图 7-2）。利用纱线的捻向和织物组织配合，可以织造出组织点突出、纹路清晰、光泽好、手感柔软、厚实的织品。织品的经纬纱捻向相同，织物的外观就较为明亮，反之则较暗。如果用若干根 S 捻、Z 捻线相间排列，织物就可产生隐条或隐格效应。

图 7-2　纱线的捻向

（3）纱线的强度和伸度。纱线的抗拉能力称为强度。在其他条件相同时，纱线的强度越高，织品越坚固耐用。纱线的强度用拉断纱线的荷重克数或千克数表示。

纱线在受到外力拉伸时，即发生伸长变形，纱线在一定荷重下拉伸长度对原长度的百分比称为纱线的伸度。纱线应具有适当的伸度，才能使纱线具有弹性和柔韧性。伸度过大，会使纱线松弛、强度降低；伸度过小，可使纱线的强度提高，但会使织物变硬。

3）纱线的分类

纱线按不同标准分为不同的类别。

（1）按纱线结构分类，纱线可分为 6 种。①单纱，短纤维经纺纱工艺制成的产品。②股线（纱），由两根以上的单纱合并加捻制得。③花式线，利用两根以上粗细不同、原料不同、结构不同或色泽不同的纱线捻合而成的特殊形状结构的股线。④包芯纱，由以长丝为芯，外面围以棉纱或其他服用性能好的短纤维单纱、芯纱近乎直线送出，外层短纤维单纱呈螺线状急速前进缠线芯纱而形成，如涤棉包芯纱。⑤包覆纱（包缠纱），由平行短纤维做芯纱，以另一种长纤维或短纤维包覆在外面而形成的纱。此种工艺制成的纱可提高织的物柔软性，也可减少织物起球。⑥膨体纱，一般指短纤维膨体纱，是高收缩纤维和常规纤维的混纺，由高收缩纤维受热收缩，常规纤维产生卷曲，从而使纱线体积膨大而获得。膨体纱蓬松、柔软、保暖性好，主要用于针织。

（2）按纱线的原材料组成分类，纱线可分为纯纺纱和混纺纱。①纯纺纱，由单纯纤维材料纺成的产品。纯纺纱有棉纱、毛纱、麻纱、绢纺纱等。其中绢纺纱是以养蚕、缫丝、丝织生产中产生的次茧和废丝为原料，经精炼、制绵、纺纱加工制成的。绢丝可织制轻薄的绢纺绸。②混纺纱，由两种或两种以上纤维材料纺出的产品。混纺纱可根据混纺原料及含量百分比等进一步分类，如涤毛混纺纱、涤棉混纺纱、涤毛黏混纺纱等。

（3）按纺纱工艺分类。棉纱根据纺纱工艺不同可分为普梳棉纱和精梳棉纱。普梳棉纱是利用普通纺纱系统纺出的棉纱。精梳棉纱是棉纤维在棉纺纺纱系统普通梳理加工的基础上又经过精梳加工过程的棉纱。精梳棉纱由于去除了短纤维、杂质，并经过多次梳理，纱条中的纤维平行顺直，条干均匀、光洁，纱线细，其外观和品质均优于普梳棉纱，常用于纺制高档府绸，制成 T 恤、汗衫和缝纫线等。

毛纱根据纺纱工艺和用料的不同可分为精梳毛纱和粗梳毛纱。精梳毛纱所用的纤维以较细、较长且均匀的优质羊毛为原料，并按加工工序复杂的精梳毛纺纺纱过程纺制而成。纱条中的纤维平行顺直，条干均匀、光洁，毛纱用于华达呢、凡立丁和派力司等精纺毛织物。粗梳毛纱由于用毛网直接拉条纺成纱，因此纱中的纤维长短不均，纤维不够平行顺直，结构松散，毛纱粗，捻度小，麦面毛茸多，用于大衣呢、法兰绒和地毯等。

（4）按纱线染整情况分类，纱线可分为 5 种：本色纱，又称原色纱，是未经漂白处理保持纤维原有色泽的纱线；染色纱，把原色纱经煮炼染色制成的色纱；漂白纱，把原色纱经煮炼、漂白制成的纱；烧毛纱，用燃烧的气体或电热烧掉纱线表面的茸毛而得到的纱线；丝光纱，棉纱经氢氧化钠的强碱处理，并施加张力，使纱线的光泽和强力都有所改善的纱线。

2. 织物

1）织物的形成

各种长丝和各种经过纺成纱线的短纤维，必须经过纺织形成织物，才能作为直接制作服装的服装材料。

2）织物的分类

织物的分类有以下几种标准。

（1）按所用原料分类，织物可分为纯纺织物、混纺织物和交织品 3 种。①纯纺织物，由一种纺织纤维经加工制成的织物，如纯棉布、纯涤纶织物。②混纺织物，由两种或两种以上纤维原料混合纺纱加工后制得的纺织品。混纺织物命名的原则：当混纺比不同时，混纺比大的在前、混纺比小的在后；当混纺比相同时，天然纤维在前，合成纤维在其后，人造纤维在最后，如涤棉布、毛涤花呢、涤/腈/黏仿毛花呢等。③交织品，由两种不同原料的纱线分别为经纱和纬纱交织而成的纺织品，如丝毛呢绒、线绒等。

（2）按加工方法分类，织物可分为机织物、针织物和无纺布。①机织物，采用经纱、纬纱相交织成的织物。机织物可以经染整加工成各种适应消费者需要的织物。机织物按组织不同还可分为平纹组织物、斜纹组织物和缎纹组织物等。②针织物，由纱线成圈相互套串编结而成的织物。针织物按生产方法不同可分为经编和纬编两大类。随着针织服装时装化、外衣化成为时尚，针织物的使用量越来越大。③无纺布（非织造布），不经传统纺纱工艺，而是采用类似于制造纸张那样的方法形成的薄片状的织品。无纺布起源于古老的毡制品，如今被赋予了新技术含量，成了新兴门类。无纺布在日常生活中常制成一次性用品，如尿布、抹布、其他卫生用品等，还可用作服装衬料、保暖絮片、工业滤布、土工布等。

（3）按用途分类，织物可分为服装用织物、装饰用织物（家纺类）和产业用织物。①服装用织物，用于制作各种服装的各类织物，包括面料和辅料。服装用织物必须具备实用、舒适、卫生、美观等基本功能，以满足人们工作、休息、运动等方面的需要，还应具备适应气候环境变化的性能。②装饰用织物（家纺类），起美化作用的织物，在品种结构、图案花纹、配色等方面，较其他织物有明显的针对性和特点，接近工艺美术品。装饰用织物应具有阻燃功能。③产业用织物，其涉及的领域十分广泛，如土工织物、农用织物、医用织物、渔业和水产养殖业用织物、军用织物、汽车用织物、特种防护用织物等。这类织物的结构、外形比较复杂，如管状织物、绳带类织物、网状织物、毡类织物、多向织物等。

7.2　服装材料

7.2.1　服装面料

1. 纺织品面料

1）棉织物

在棉纺设备上加工生产的纺织品均可以列为棉织物。它包括纯棉、棉与化学纤维混纺织物、棉型纯化学纤维织物。棉织物的种类随着纺织印染加工的不断发展而日益增多，由于组织不同，经纬纱支数、经纬密度及所用原料不同，棉织物的品种十分丰富。

（1）平布。平布一般是指平纹组织的棉织物。一般所用经纬纱相同或差异不大，经纬密度很接近，正反面也没有很明显的差异。根据纱线粗细平布可分为中平布、粗平布和细平布。粗平布：经纬纱在 32 特及以上或 18 支以下，质地较粗糙，布面有较多的棉结杂质，但手感厚实，坚牢耐磨，常用于包装材料、衬布和劳保服装材料。中平布：经纬纱在 21～31 特（19～28 支），布身厚薄口等，较坚牢。细平布：经纬纱在 10～19 特（29～59 支），布身细薄，布面均匀，手感柔软，通常加工为漂、色、花布，可作内衣裤、罩衫、夏季外衣、床上用品、印花手帕和医药橡胶底布等。

（2）府绸。府绸属高密度平纹织物，特点是经纬密度比为 2∶1，以形成菱形颗粒。优质府绸都是精梳纱织制的，布面光洁均匀，颗粒饱满清晰，光泽莹润柔和，手感柔软滑润，有丝绸的风格。府绸的品种很多，有纯棉、涤棉的，漂白、什色、印花、色织的，纱与半线、线等。府绸的用途广，多用于制作衬衫和各种外衣。其中粗支纱织造的府绸主要作为制作夹克、风衣和羽绒衫的面料。

（3）卡其布。卡其布有纱卡和线卡之分。纱卡一般是 3/1 斜纹组织，正面有斜纹纹路，斜向是"╲"左斜，其反面似卐纹，故称单面卡。由于纱卡的浮线较长，故摩擦性较斜纹布差，但密度加大后也可增加强力，使其坚牢。线卡的组织和纱卡不同，可分为 2/2"╱"织法和 3/1"╱"织法，也可按经纬用料的不同分为半线或全线卡其，线卡密度大，斜纹明显，布身坚硬厚实。

（4）劳动布。劳动布又称牛仔布或坚固呢，为服装领域中的大类面料，适用面广，实用性强，已成为常规大宗面料。传统品种系由靛蓝染色的藏蓝色纱为经，纬纱为本色纱。布正面经浮点多，故正面呈藏蓝色，反面纬浮点多，呈本色。如今是各种花色均有。劳动布适宜做各种休闲装。在国外，习惯将劳动布按重量分为轻、中、重磅各档，按不同要求分别选用。

（5）灯芯绒。灯芯绒的表面呈现耸立的绒毛，排列成条状，因形似灯芯草而得名。布面绒毛圆润丰满，手感厚实，保暖性能好，绒条纹路清晰，绒面整齐，绒毛耐磨，不易脱落，耐水洗，但缩水率较大。灯芯绒的品种很多，既适合制作秋冬季外衣，又常用来制作各种装饰用布。

2）麻织物

麻织物主要以苎麻、亚麻为原料，或以它们与其他纤维混纺的混纺纱为原料纺织而成。此外，也有全部用化学纤维纺制的仿麻织物。

（1）苎麻布。苎麻布是以苎麻为原料的麻织物，主要是平纹组织，有的也采用由平纹变化而来的重平组织。其布身细洁、紧密，布面光洁，纱支匀净，强力大，刚性好，手感爽挺，吸湿散湿快，散热性好，穿着凉爽舒适，出汗不黏身，抗虫蛀性强，是夏季服装的理想衣料之一。不过，如纤维的前处理不好，初穿时就会略有刺痒感。

（2）亚麻布。亚麻布是以天然亚麻纤维为原料的织物，通常以平纹组织为主，也有平纹变化组织。其特点是伸缩少，散热快，吸湿快，穿着凉爽舒适，是夏季服装的理想衣料之一。它与苎麻织物相比，无刺痒感。

（3）涤麻布。涤麻布是以涤纶和苎麻纤维为原料而制成细支纱的薄型混纺织物。涤麻布以平纹组织为主，经向密度大，纬向密度小，织物结构较稀疏，轻薄透气，兼有苎麻纤维和涤纶的优缺点，也是夏季服装的理想衣料之一。

3）毛织物

在毛纺设备上加工生产的纺织品均可以列为毛织物，又可称为呢绒，包括纯毛、混纺、纯化学纤维仿毛呢绒。呢绒按纺织工艺及织品外观可分为精纺呢绒、粗纺呢绒等。

（1）精纺呢绒。精纺呢绒是指用精纺毛纱织制的呢绒。其特点是纱支细，表面光洁，织纹清晰，手感柔软，丰满挺括，富有弹性。其常见品种有 3 种。①凡立丁、派力司，属夏季衣着用料，都是平纹组织。二者的区别在于，派力司采用混色毛纱织制，布面有白色的、隐约可见的雨丝状条纹，经纬密度稍大，手感挺括、滑爽，有弹性。凡立丁系素色匹染，呢面光洁平整，手感柔软，有弹性。②哔叽、啥味呢。二者在组织上都采用 2/2 斜纹组织织造，区别为哔叽为匹染素色织物，呢面光洁、平整；啥味呢采用混色纱织造，经轻缩绒整理，呢面有细微绒毛，织纹隐约可见，色泽以黑白混色为主，适合制作春、秋、冬季服装。③华达呢，有单面、双面、缎背之分。华达呢呢面光泽平整，正面纹路清晰，为素色。

（2）粗纺呢绒。粗纺呢绒是指以粗梳毛纱织造，经缩绒处理，织纹隐蔽、质地厚实的呢绒。其主要品种如下。①制服呢、麦尔登、海军呢，三者均为经缩绒整理的粗纺呢面毛织物，色泽以藏青色、黑色为主。三者的区别在于原料质量、织物紧度。麦尔登采用的原料质量最好，纱支细，紧度大，呢面细结平整，是高品质的粗纺呢绒。制服呢采用的原料质量最差，原料中有两型毛、粗毛，呢面较粗，底纹有显露。海军呢采用的原料质量介于二者之间。②大衣呢，其品种很多，按结构和外观划分有平厚大衣呢，立绒、顺毛、拷花大衣呢，花式大衣呢等。由于羊绒的使用，各种大衣呢近年来均倾向于轻、柔。

4）丝织物

丝织物是指采用长丝织造的各种织物，统称绸类。丝织物按原料划分有真丝绸、合纤绸、人丝绸、柞丝绸、交织绸、被面七大类；按传统名称、外观特征及组织结构划分可分为纱、罗、绫、绢、纺、绡、绉、锦、缎、绨、葛、呢、绒、绸 14 个品类。常用作服装面料的丝织物如下。

（1）纺类。纺类是应用平纹组织，生坯织成后，经炼染印花后制得的轻薄的花、素、条、格等织物。其经纬一般不加捻，有无光纺、电力纺、富春纺、尼丝纺等。其中富春纺为棉与人造丝交织品，尼丝纺为纯涤纶长丝织品。

（2）绉类。在织造时运用各种工艺及组织的变化，可使织品经向或纬向出现定向收缩，使绸面呈现均匀缩绉。常见的绉类有双绉、碧绉、涤纶纺真丝绉等，最常见的是双绉。双绉是以平纹组织织成的薄型绉底绸，经用 20/22 旦生丝 2～3 根合并，纬用 20/22 旦生丝 3～4 根合并且加强捻，按两根左捻、两根右捻，不同捻向有规律相间排列交织而成。双绉绸面有均匀、细致的凹凸、菱形状皱纹。

（3）缎类。织物底纹全部采用或大部分采用缎纹组织的花、素织物统称缎。缎紧密厚实，却又柔软光滑，织造时纬丝一般不加捻。其代表品种有花或素软缎、古香缎、织锦缎。其中织锦缎是色丝提花织物，根据色丝不同，有五彩、七彩等不同品种，富丽华贵，多制作被面。古香缎的装饰极富民族风情，古色古香，装饰性强，多为普通服饰之用，也为民族特需品。花、素软缎是缝制各种高档妇女服装如旗袍的常用面料，典雅、华贵之风兼而有之。

常见的丝织物还有绢类、绸类、罗类和绒类等，也有呢绒类。

5）常见织物的感官特征

（1）纯棉织物。纯棉强织物光泽较暗、柔和自然，经丝光整理的产品，光泽较亮；织物手感较软，无身骨，手摸有温暖感；布面有杂质，用手捏布料后放开，布面有明显的折痕且不易恢复；同样规格的织物比蚕丝织物重，垂感差。纱中的纤维纤细、柔软、很短，附有各种杂质和疵点，并且纤维长短不一，纤维的伸长度较小，干、湿状态的强力变化不大。普梳棉织物中的纱线有一些粗细节，常为中厚织物。精梳棉织物外观平整、均匀细腻，多为细薄织物。

（2）麻织物。麻织物的光泽自然、柔和，手感挺硬、爽利、有凉感，布面粗糙，有的有刺痒感，有随机分布的粗细节，弹性差，比蚕丝织物重，垂感差，用手捏布料后放开，布面有明显的折痕且不易恢复。抽出单纱拉断强力很大，解捻抽出纤维观察，纤维硬直、长短不齐，且因含有胶质而聚成小束。麻织物的色泽多为本色或浅淡颜色。

（3）纯毛织物。纯毛织物的光泽柔和，色泽纯正，手感柔润、温暖、丰满且有弹性，用手捏布料后放开，布面的折痕不明显且迅速恢复原状。抽出单纱拉断强力很小，纱中的纤维为短纤维，长度较长且有卷曲，整齐度较差。精纺毛织物纹路清晰，外观精致细腻，精纺毛织物中的纱线多为股线；粗纺毛织物表面毛茸厚实丰满，粗纺毛织物中的纱线多为单纱。

（4）蚕丝织物。蚕丝织物的光泽华丽、优雅、柔和，手感柔软、滑润，有身骨，有凉感，悬垂性好，飘柔、舒适。用手捏布料后放开，布面褶皱较少，但褶皱恢复较纯毛织物慢。抽出单纱拉断强力较大。揉搓蚕丝织物时有独特的响声，蚕丝织物下水柔软易皱。柞蚕丝织物的光泽、手感都不如桑蚕丝织物。

（5）合成纤维织物。合成纤维织物一般具有类似金属光泽，不自然，有的有蜡状光泽，手感滑腻；除维纶外，用手捏布料后放开，布面褶皱少，恢复快；一般轻于棉纤维、麻纤维、黏胶纤维织物，垂感较好。抽出单纱拉断力较大，纱中纤维的长度、整齐度较好。

2. 其他面料

裘皮和皮革是除纺织品面料外缝制服装的另一大类原料。它们的用量虽不如纺织品，但其独特的风格和性能是其他材料无法代替的。皮革的种类及主要性能会在第 8 章介绍，在此对裘皮的种类及性能做大致说明。

（1）天然裘皮。天然裘皮是从动物体上剥下的经过鞣制处理的毛皮。天然裘皮因具有质量小、手感柔软、吸湿透气、坚实耐用和保暖性极佳等优点，成为理想的冬季防寒服装材料。它既可作为面料，又可作为里料和絮料。另外，各种动物的皮张都具有美丽、自然的花纹和高贵、华丽的色泽。出于环保，现用天然裘皮多取自人工养殖的野生动物。

（2）人造毛皮。人造毛皮是用纺织工艺加工而成的一种在外观性能上与天然裘皮相似的一类裘皮替代品。随着人们环保意识的增强，穿用人造裘皮已经成为一种时尚，而且人造皮毛仿制工艺越来越先进。人造皮毛具有原料来源丰富、易加工、成本低、品种多、易保管等一系列优点，故其消费群体渐趋扩大。人造毛皮按毛绒原料构成和制成方法的不同又分为不同种类，其质量主要由毛绒的整齐度、均匀度、色泽、花纹、弹性等因素决定。

7.2.2　服装辅料

服装辅料是与服装面料相依存的配用材料，起衬托、填充、装饰等作用，运用得当不仅可以提高服装质量，还能为服装增添美感，起画龙点睛的作用。一件质量上乘的高档服装不仅对面料有较高要求，还要求辅料质量能与之相配。

1. 衬料与垫料

服装衬料与垫料是附在服装面料与里料之间起加固、造型、支撑和保暖作用的衬料。衬料和垫料的合理选择是做好服装的关键之一，因此二者被称为服装的"骨骼"。

服装的衬料与垫料的应用位置和种类根据面料和服装的款式而定，主要有领、胸、袖口、下摆、扣位、开叉和特殊设计所需的部位。

近年来，由于新纤维、新材料的广泛应用和纺织品成型方法和成型技术的进步，特别是组合型纺织复合材料的出现，衬料的功能和品种有了很大的发展。常见的衬料有棉布衬、麻布衬、动物毛衬、树脂衬、黏合衬、领底衬、腰衬、吊衬等。

服装的垫料主要有垫肩和胸垫两大类。垫肩是衬在上衣肩部的类三角形垫物，作用是使肩部加高加厚，人体穿着后，肩部平整，可以达到挺括、美观的目的。垫肩的主要品种有棉絮垫肩和化学纤维垫肩。胸垫是衬在上衣胸部的垫物，起造型及保暖作用。高档西服多用马尾衬加填充物制成，中低档服装也可用泡沫塑料压制的衬垫。

2. 服装里料

服装里料是部分或全部覆盖服装里面的材料，俗称夹里。当前除夏季服装外，一般服装均使用里料。使用里料的目的在于：使面料具挺括感及保护服装面料；提高服装的滑爽度，使之便于穿脱；遮盖服装内面，增加服装的美感，提高服饰的档次；增强中厚服装的保暖性，覆盖服装填料；对一些轻薄型、镂空型面料，起衬托花型的作用等。

适合做里料的纺织品很多，如天然纤维中的各种棉布、纯棉羽纱，一些素色绸缎类，化学纤维中的各种轻薄型长丝织物，各种较厚重的混纺、交织织品等。使用最普遍的为羽纱、美丽绸、涤纶绸、锦纶绸等。

在选择里料时应注意：里料的色牢度要好，以免洗涤时褪色；里料的透气性、吸湿性要强，要有一定的保暖性；里料要光滑，易于穿脱；里料的缩水率应与面料大本相当；应根据面料的档次，选择相应档次的里料。

3. 服装填料

服装填料是指服装面料与里料之间的填充材料，主要用于冬季服装的防寒保暖，也有防辐射、降温、卫生保健等功能。用于保暖的填料有棉絮、丝绵、化学纤维絮、羽绒、驼绒等絮填料；用于发挥一些特殊功能的防护型新型填料有防辐射填料、降温填料、导温填料、杀菌除臭填料等。

近年来，冬季服装趋向轻便、薄爽，各种质轻、保暖、易定型的化学纤维喷胶棉被大量使用，这些填料与面料合为一体，用其加工服装，不但工艺简便、快捷，而且成型后的服装体积小，外形美观、俏丽。

4. 其他辅料

其他辅料有纽扣、拉链、挂钩、环、锦纶搭扣、绳带等各种服装紧固材料；有花边、珠边等各种装饰材料；有尺码带、商标、吊牌等标志材料。这些辅料虽在服装整体中所占比例不大，但就其功能来说样样不可或缺。如果这些小字号的辅料在选择和使用上与服装整体不协调，就会因小失大，功亏一篑。

相关链接 7-3

"穿"越时空 70 年我国服装业实现美丽"蜕变"

个性的设计、考究的剪裁、科技感十足的面料……2019 年诸多中国服装品牌亮相纽约时装周。潮，是很多时尚界人二的评价。

中华人民共和国成立初期，我国纺织品尚不能自给。今天，我国已是世界最大的服装生产国、出口国，拥有完备的产业体系，科技、设计、品牌等水平与日俱增。

从穿暖到穿好，由服装到时尚，我国服装业实现美丽"蜕变"。中华人民共和国成立之初，我国纺织工业基础薄弱、设备简陋、技术落后，只能生产少量粗加工产品，水平远远落后于世界主要国家。

1949 年，我国仅有 58 个大型纺织厂或加工点，纺织品不能自给。今天，我国早已成为世界最大的服装制造国和出口国，拥有全球最大的消费市场。2018 年，我国生产服装超过 450 亿件。产业的规模大了，服装的多样性同样远超想象，不仅种类多、款式新、色彩艳，面料也越来越舒适。个性定制、智能穿搭等创新十分活跃。中国的服装品牌不断壮大，中国的时尚影响力显著提升。

李宁、波司登等先后登上国际时装周，中国服装设计师与诸多领域跨界合作，催生了不少潮牌与爆款。《百度国潮骄傲大数据》显示，"国潮""原创设计"等成为国产服装品牌新标签。

健康环保的玉米纤维面料、亲肤舒适的石墨烯印花面料、智能科技的感温感光面料……

在 2019 年的中国国际纺织面料及辅料博览会上，一项项面料科技"革命"引发业内关注。中华人民共和国成立初期，服饰制造仅有棉、麻、丝等为数不多的传统材料。今天，我国年产化学纤维 5000 万吨，占世界产量超 70%，诸多创新型面料研发生产走在世界前列。

"一块布"的创新折射了服装业巨大的科技变革。从协同设计、数码印染到智能制造……今天，服装业正成为创新要素汇聚地。

（资料来源："穿"越时空 70 年我国服装业实现美丽"蜕变". 新华网，2019-10-3）

案例分析 7-1

刘女士在某品牌店购买了一件据说是用"某国进口面料"制成的连衣裙，结果穿了不到一周，裙子就多处开线。中国消费者协会提醒消费者，在购买衣服时不要迷信进口面料，提防虚假标注。

许多消费者在为所选服装太贵而犹豫时，商家往往会用一句"这可是某国的进口面料"作为助推器，但进口面料不一定就是精品。目前，市场上服装面料成分和含量的虚假标注现象十分普遍，如只含少量羊绒的服装竟然标注成纯羊绒，混纺的标注成 100% 纯棉。有的面料含量用外文标注，让消费者雾里看花。有些衣物洗涤方法标注不明白，只有图标，没有文字说明，或者图标与文字不符。

问题：消费者在购买服装时应如何辨别面料？

7.3 服装

7.3.1 服装的功能

服装最基本的功能为实用功能。随着文明的进步，服装概念的内涵不断丰富，它的社会、文化生活的功能得到丰富和强化，如美化功能、标志功能。

1. 实用功能

服装的实用功能主要体现在防寒保暖、防暑隔热、适应气候变化等基本功能上，人们因季节变化而更换衣物就是为了实现这一功能。服装的实用功能还体现在保持皮肤清洁、维护身体健康方面。一方面，服装在人体与环境中形成了一道屏障，有效阻隔了生活环境中不洁物质及各种有害微生物与人体的接触；另一方面，服装也能将人体内分泌到皮肤表面的排泄物（如汗液）吸走，从而使人体感觉舒爽。服装的实用功能还体现在对人体的安全防护方面，如劳动保护等。

2. 美化功能

在物质生活丰富到一定程度后，人们着装的目的凸显为追求服装的美化功能，而逐渐淡化了服装的实用功能。当然，无论在什么情况下，服装最基本的功能——实用功能都是不会消失的。

单从物质方面看，服装的美由服装材料、款式、色彩等因素构成，但这只是单纯的材质美。完整的服装之美是服装材质美与穿着者状态美的完美结合，是服装的材料、款式、色彩等与穿着者的个人条件、穿着环境达到协调一致的一种特殊的美的表达方式。静态的服装会因穿着者的修养、风度而获得一种动态的美，即所谓的"衣在人穿"；有个人缺陷的人会因服装设计者独具匠心的设计而达到藏拙的目的，即所谓的"人靠衣装"。

3．标志功能

标志功能是指通过服装的外观形态来区别穿着者所属职业行业、社会地位、社会角色的功能。

7.3.2　服装的分类及其性能特点

1．按服装的穿着场合分类

1）礼服

礼服是指在各种正式礼仪活动中所穿的服装。礼服按性别而有所区别。

（1）男子礼服。按西方的习惯，男子礼服分为第一礼服、正式礼服、日常礼服 3 级。这其中有些繁文缛节虽随时代的发展有所简化，但其基本规范现今仍被国际社会接受，成为社交着装的国际惯例。第一礼服属最高级别，分为夜晚穿的燕尾服和白天穿的大礼服。如今第一礼服已基本不再出现，过去必须穿第一礼服的场合现已改穿正式礼服。正式礼服的式样为枪驳领或青果领，有缎面覆盖。门襟一粒纽扣，圆下摆，口袋为缎面双开线无袋盖形式，后摆不开衩。裤子与上衣同料。衬衫为白色双翼领礼服衬衫，配黑领结，春、秋、冬季常用黑色或深冷色调，夏季上衣用白色。日常礼服是形式变化较多的一类礼服，黑色为常见颜色，通常采用双排四扣枪驳领式。在礼仪性较明显的场合，如对服装没有做特别要求，那么现在一般都着日常礼服。

在着装追求舒适化、个性化的今天，国内在社交场合久已不见的中式开襟衫也频频露脸，但绝不是长袍马褂。在我国，中山装也是使用频率较高的礼服。

（2）女子礼服。女子礼服分为晚礼服和晨礼服。晚礼服是女子夜间在社交场合穿着的礼服，具有豪华、袒露、标新立异的特点，整体风格追求雍容华贵。晨礼服一般是高雅的裙服或套装，配以考究的首饰及与服装风格一致的鞋、帽、手袋、手套等。晨礼服追求的整体风格是典雅、庄重。中式旗袍在女子礼服中独树一帜，在性质不同的正式场合都可穿着。

2）生活服装

生活服装分为家居服和外出服。

（1）家居服。家居服是指在家庭环境中穿着的服装，包括家常服装、围裙衣、浴衣、睡衣、晨衣等。它追求的风格是舒适、方便、随意、温馨。

（2）外出服。外出服是指在闲暇户外活动时穿着的各式服装。这类服装在穿着上可以自由表达、自由搭配，是能体现穿着者个人修养和品位的服装。在日常生活中，在各种没有统一着装规定的职业群和工作场所，人们也常穿此类服装。这也是现今的一种时尚。

3）工作服

工作服一般包括防护服、标志服和办公服三大类。

（1）防护服。防护服即劳动保护服，是一类保证在特殊环境中工作的工作人员操作方便和生命安全的服装，如钢铁工人的石棉服、宇航员的宇航服、潜水员的潜水服等。

（2）标志服。标志服是有明显标志作用的服装，分为职业服和团体服。职业服是指公职人员按有关惯例和国家制度规定穿着的一定形式的服装的总称，也称制服，如军服、警服、海关服等。此类服装的特点是造型严肃、大方，款式统一、醒目。服装的整体风格适合职业特点，并配以专用标志标明穿着者的职业权限和身份。团体服是某些集团内部相对统一、具有鲜明特征的服装，广泛用于商业、餐饮业、证券业等行业，以及学校、公司和其他团体。团体服追求的风格是整体美、秩序美，目的在于通过统一的着装树立团体形象，并唤起成员的责任感、自信心。

（3）办公服。办公服是一类没有统一固定款式的服装，泛指白领阶层上班时穿着的服装。这是一类集大众要求与个人爱好于一身的服装。其总体风格追求端庄、简约，又不失时尚与实用。

4）运动服

运动服包括职业运动装和休闲运动装。

（1）职业运动装。职业运动装是指运动员和裁判员在训练和比赛时穿着的服装。其特点是简练、舒适、美观，既适合不同运动的特点，又有防护作用。

（2）休闲运动装。休闲运动装是指品种多样、大众化的运动服，笼统地适合在进行各种运动时穿着，而不再细分项目。其一般色彩艳丽，尺码宽大。其面料多选用有一定弹性、易洗免熨、吸湿爽身的面料。

2．按经营习惯分类

（1）西装。西装也称洋装，一般指男西式套装，是男子必备的国际性服装，有两件套（上下装）、三件套（上下装和背心）和单上装（上下装异料或异色）等。西装选料要求织物平挺洁净、手感丰满、弹性好、尺寸稳定性佳。

（2）中山装。中山装是我国有代表性的服装。近年来，正宗的中山装少了，但变形的中山装很多。这种服装的实用性强，四季皆宜。其衣料可选用各色卡其、花呢、中长华达呢等。

（3）旗袍。旗袍是我国富有民族特色的女装，既可作为礼服，又可作为日常便服，四季适宜，尤其是夏季，旗袍更为轻便、凉爽。旗袍整体修长，但款式也有变化，有中袖、短袖之分，又可镶嵌、滚边等，一般要求紧身合体，突出女性的体态美。旗袍颜色以平素为主，也有印花、织花，但忌格型。如果作为礼服穿着，那么面料选用要十分讲究，一般以丝绒和各类真丝为宜。

（4）夹克。夹克是流行的中青年服装，老人穿的也很多，属日常便服，也有作为工作服的。夹克的式样大方，适合男女穿着。其衣料可选用府绸、细支纱卡、灯芯绒、中长花呢，以及混纺织物、毛织物，衣料颜色以中浅为宜，如米黄、浅棕、银灰、栗色、蜜黄等。

（5）大衣。大衣的种类很多，款式变化多样，有春秋大衣、冬大衣和风雪大衣等。大衣按长度又分长大衣、中长大衣、短大衣等。大衣选料一般要求厚实、柔软、挺括、保暖，以毛料较为合适。

（6）羽绒服。羽绒服是一种防寒服装。鹅、鸭羽绒可提供较传统絮料更为良好的保暖性能，而且质轻，不易被水浸湿，不易黏结，便于清洗。羽绒服已逐渐取代了传统的棉衣，成为主要的冬季御寒服装。现在通过面料、絮料的改进，又增加了许多以短纤维织物为面料，以锦纶和涤纶絮片为填充材料的新型羽绒服，它已不含羽绒成分了，可改称防寒风衣。

（7）风衣。风衣是流行的御风外衣，是带有装饰性的可防风寒且美观、实用的夹大衣类服装。风衣衣料要求手感厚实、柔软，有弹性，身骨紧密结实，保暖防风性能好，保形性好，抗褶皱性好，具有挺括、新颖、美观等风格特点。

（8）女士套装。套装是近年女性穿着最广泛的服装，包括西服套装、时装套装，款式千变万化，可归纳为上短下长（上衣短小、裙子长大）、上长下短（上衣肥大宽松、裙子狭短）和上下适中 3 种类型。其面料选用十分广泛。

（9）裙子。裙子的款式丰富，式样多变，花色繁多，常见的有喇叭裙、直筒裙、连衣裙、开襟裙、斜裙等。裙子四季均可穿着，面料选用也很广泛，夏季裙料要求舒适、飘逸，冬季裙料要求保暖。

3. 按年龄及性别分类

（1）成人服装。成人服装有男装、女装和中老年服装之分。一般男装款式、色彩变化不多，注重用料与做工。时下男装的大品种有西服、夹克、衬衫、T 恤衫及休闲装。女装的款式、色彩、用料丰富且千变万化，流行趋势明显。如今，套装、裙装、休闲装应有尽有，而且各种功能服装的界线模糊，使各大类的品种更趋丰富。中老年服装当然也有性别区分。其共同的追求是在款式上趋于饰物减少，以追求庄重；线条变化简单，以适合中老年人在体型上的生理变化；用料趋于纯天然与高档；色彩趋于稳重和深沉，少受流行色影响。其整体风格是自然、舒适、得体而又不失身份。

（2）儿童服装。儿童服装分为婴儿服、幼童服、中童服、大童服等。其款式、色彩鲜明活泼，用料以纯天然为主流。

（3）青年服装。这是适合特殊年龄群消费者穿着的服装。不把它归为成年组是因为青年人是追求个性、独树一帜的特殊群体。此类消费者对服装流行趋势特别敏感，他们是各种新派前卫服饰的主体消费者。如今，国内青年服装市场前景广阔，值得研究的课题很多。青年人既逐潮流而动，又是消费潮流的创造者。青年服装在款式、色彩及用料上均以追求新、奇、异为主流。

小思考 7-2

有人认为服装分类只要像过去一样区分出男装、女装、成人装、儿童装就行了，不需要复杂化。你认为服装应如何分类？

7.3.3 服装的质量要求及检验

从广义上来说，服装的质量包括服装的产品质量、服装产品赖以形成的工作质量及服务质量。从影响服装产品的基本因素来看，有人（生产全过程的参与者）、设备、材料、方法、检验与环境6个方面。因此，服装的质量评价是一个很宽泛的概念。在此，我们集中关注的是材料、方法与检验3个方面，而材料的质量特性等内容，前面已充分介绍，不再赘述，所以讨论范围进一步集中到方法与检验两个方面。这里所说的方法，不是介绍具体工艺与制作过程，而是以介绍质量标准为主。因为标准就是具体的服装产品的质量要求和质量指标，是产品制作与形成的依据。

1. 服装的各项质量标准

1）服装号型标准

服装号型标准有3个：一是我国的国家强制性标准，即GB/T 1335《服装号型系列》标准；二是传统的S（小）、M（中）、L（大）、XL（加大）标法；三是欧式型号，用34～42的双数表示。号型标准是为适应服装工业化生产的要求和消费者需要而制定的服装尺寸统一标准，我国2008年发布的《服装号型系列》标准是在对全国各类消费者体形进行大量抽样调查的基础上，将我国消费者的体形规律进行科学分析而制定的。标准内容主要有号型定义、号型标志、号型系列和号型应用，号型标准分男子、女子、儿童3个部分，在使用几年后做了修改。目前，我国使用的服装号型标准为 GB/T 1335.1—2008《服装号型 男子》、GB/T 1335.2—2008《服装号型 女子》和 GB/T 1335.3—2008《服装号型 儿童》。

（1）号型定义。号指人体的身高，以厘米为单位，是设计和选购服装长短的依据；型指人体的胸围或腰围，以厘米为单位，是设计和选购服装胖瘦的依据。依据人体胸围与腰围之差，我国服装尺码标准将体形分为4类，如表7-3所示。

表7-3　体形分类代号　　　　　　　　　　　　　　　　单位：厘米

体形分类代号		Y	A	B	C
胸围与腰围之差	男	17～22	12～16	7～11	2～6
	女	19～24	14～18	9～13	4～8

注：胸围与腰围之差四舍五入取整数值。Y为胸大腰细体形，A为一般体形，B为微胖形，C为胖体形。

（2）号型标志。我国服装尺码标准规定，服装上必须标明号型，表示方法是号与型之间用斜线分开，后附体形分类代号，如170/88A。

（3）号型系列。服装号型系列以各体形中间体为中心，向两边递增或递减组成。我国服装尺码标准规定，身高以 5 厘米分档组成号系列，胸围和腰围可分别选择以 4 厘米、2 厘米分档组成型系列，由身高和胸围、腰围搭配分别组成 5.4、5.2 号型系列，以适应不同地区人们穿着习惯的需要。服装的尺寸规格也以号型系列为基础，根据服装的用途、款式需要，加放量设计。

（4）号型应用。由于每个人的身体尺寸与服装号型划分的档次不完全吻合，这就存在靠档问题。人们对服装号型的选择应向接近自己总体高、净体胸围和腰围的服装号型靠档。例如，身高为 163～167 厘米的人就向 165 号靠档，身高为 168～172 厘米的人就向 170 号靠档；胸围为 86～89 厘米的人可向 88 号靠档；再由胸围、腰围之差确定体形，即可买到适体的服装。

（5）针织服装的规格。针织服装除有男、女、儿童之分外，还有内衣、外衣之分。针织外衣规格一般参照服装号型规定。针织内衣、羊毛衫、运动衫一般以胸围、臀围作为规格依据。我国采用公制规格以圆筒形计算，每档相差 5 厘米。例如，50 厘米、55 厘米、60 厘米的为儿童规格，65 厘米、70 厘米、75 厘米的为少年规格，80 厘米以上的为成人规格。

2）服装的技术标准

对服装产品的质量要求除色彩流行、款式新颖、符合时尚外，还要具有适宜性、可靠性、经济性、安全性。对于不同品种、不同材料、不同档次的成衣，制定的质量要求和指标就是成衣的技术标准或质量标准。服装的技术标准既是生产者与销售商订货、交货的依据，又是服装厂生产、检验该产品的依据。服装的技术标准包括以下 6 个方面的内容。

（1）号型规格系列。必须按照我国服装尺码标准的规定设计号型，主要部位的规格不能超过我国服装尺码标准中允许的公差范围。

（2）辅料规定。使用衬布要与面料的性能相适宜，有收缩性的衬布必须预先进行缩水处理。缝线要与面料的颜色、缩水率等相适应。纽扣的色泽、质地要与面料相称。

（3）技术要求。这是我国服装尺码标准的重点，一般也包括 6 个方面：对条、对格；倒顺毛使用的规定；表面拼接范围；色差情况；外观疵点情况；缝制规定，整烫外观。这些要求是服装质量评价中最重要的因素。

（4）等级划分。等级划分是衡量产品质量优劣的一把尺子。成品等级以件为单位，分为合格品、不合格品。产品必须符合所有技术要求指标的规定。

（5）检验规定。检验规定包括检验工具、规格测定、缝制测定、外观测定、等级标志、抽验规定 6 个方面的内容，是检验时的具体步骤和检验方法。

（6）包装标志。成品必须有号型标志；必须有商标、产地等标志；包装要整齐、牢固，数量准确，注明各项内容；外包装符合合同规定。未列入标准的可另行规定。

3）服装的使用说明标准

服装的使用说明标准的采用，主要是为了保护消费者的利益。

（1）服装使用说明的主要内容。服装使用说明的主要内容如下：商标和制造单位；服装号型规格；采用原料成分，必要时还应标明特殊辅料的成分；产品的特殊使用性能，如阻燃性、防蛀、防火、防缩等；洗涤条件，包括说明能否水洗、水洗的方法及水温；洗涤剂的选择及脱水的方法；是否干洗和干洗剂的选择；熨烫方法和温度；穿用或使用时的注意事项；储藏条件、方法等。

（2）服装使用说明的基本图形及含义。我国国家标准 GB/T 8685—2008《纺织品 维护标签规范 符号法》对纺织品和服装使用说明的基本图形及含义有明确规定，如表 7-4 所示。

表 7-4　纺织品和服装使用说明的部分基本图形及含义

		符　　号	说　　明
水洗			—最高洗涤温度60℃ —常规程序
			—最高洗涤温度40℃ —常规工艺
			—最高洗涤温度40℃ —缓和程序
			—最高洗涤温度30℃ —常规程序
			—最高洗涤温度30℃ —缓和程序
			—手洗 —最高洗涤温度40℃
			—不可水洗
漂白			—允许任何漂白剂
			—不可漂白
干燥程序	自然干燥		—悬挂晾干
			—在阴凉处悬挂晾干
			—悬挂滴干
			—在阴凉处悬挂滴干
	翻转干燥		—可使用翻转干燥 —较低温度，排气口最高温度60℃
			—不可翻转干燥

4）服装的卫生安全性

服装的卫生安全性是指服装保证人体健康和人身安全所应具备的性质。纺织产品在印染和后整理过程中要加入各种染料、助剂等整理剂，这些整理剂中或多或少地含有或产生对人体有害的物质。当有害物质残留在纺织产品上并达到一定量时，就会对人体的皮肤乃至人体健康造成危害。因此，有必要对纺织产品提出安全方面的最基本的技术要求，使纺织产品在生产、流通和消费过程中能够保障人体健康和人身安全。GB 18401—2010《国家纺织产品基本安全技术规范》就是顺应此项要求的一项国家强制性标准。该标准于 2011 年 8 月 1 日起实施，适用于服用和装饰用纺织产品的通用安全技术规范，对服装的色牢度、甲醛含量、偶氮染料、气味、pH 这 5 项健康安全指标做出了详细规定，以控制纺织产品中主要的有害物质、保障人们的基本安全健康为目的。该标准将纺织产品分为三大类，分别是婴幼儿用品、直接接触皮肤的产品和非直接接触皮肤的产品。该标准对各指标做了明确规定，又将各指标分为 A、B、C 三类，其中明确规定婴幼儿用品应符合 A 类产品技术要求，直接接触皮肤的产品应符合 B 类产品技术要求，非直接接触皮肤的产品应符合 C 类产品技术要求，如表 7-5 所示。

表 7-5　《国家纺织产品基本安全技术规范》的纺织品分类示例

类　型	典型示例
A 类纺织产品（婴幼儿用品）	内衣、尿布、尿裤、围嘴儿、睡衣、手套、袜子、外衣、帽子、床上用品
B 类纺织产品（直接接触皮肤的产品）	内衣、文胸、腹带、背心、短裤、棉毛衣裤、衬衣、（夏天）裙子、（夏天）裤子、袜子、床单、被套、毛巾、泳衣、帽子
C 类纺织产品（非直接接触皮肤的产品）	毛衣、外衣、裙子、裤子、窗帘、床罩、墙布、填充物、衬布

5）服装的质量标志

服装的质量标志有商标、使用说明标志、质量认证标志、吊牌等。

（1）商标。商标是标明商品"身份"的法定标志，无论是在国内还是在国外，无商标的服装商品都一律不准上市。商标可表示商品出处，向消费者传递有关服装商品质量保证方面的信息，既可保护企业的信誉，又能维护消费者的利益。如今服装商品极其繁多，同用途、相近外观的服装，给消费者的选购带来一定的困难，这就需要用人们信得过的商标作为选择依据。

（2）使用说明标志。使用说明标志即在成品服装或服装包装上以不同方式标注的使用说明及图形符号。使用说明标志是商品质量标志的重要组成部分。使用说明标志的制定针对的是具有一般常识但缺乏专业知识的消费者，同时考虑到社会服务部门，如洗染店等。作为质量标志，使用说明标志必须与商品质量实际相符。使用说明标志在欧洲、美国、日本等地区和国家也属法定标志，没有使用说明标志的服装不准上市。

（3）质量认证标志。质量认证不是所有服装生产厂家都履行或都有能力通过的，因此质量认证标志是推荐性质量标志，非强制使用。纯羊毛标志即属认证标志，通过认证的毛纺织品及服装可以使用此标志。纯羊毛标志是由国际羊毛局为保持天然优质羊毛纤维的身价，于 1964 年推出的标志，由 3 个绒线团构成，如图 7-3 所示。

图7-3　纯羊毛标志

（4）吊牌。吊牌是对商品进一步说明的标志，如商标和使用说明标志难以表达的商品特性说明、合格水平、规格、使用方法、条码等。吊牌可以帮助消费者获得更多的有关商品质量特性的信息。吊牌的使用也是一种促销手段。

2. 服装质量的检验

这里所说的服装质量的检验，是指在服装进入市场销售之前，生产企业或订货方根据质量标准或订货合同对服装的质量评价。这样的工作需严格按照服装的技术标准在特定的环境条件下，使用特定的设备，按规定的方法与程序完成，从抽样开始，直至评出质量等级。服装质量的检验顺序及检验项目分述如下。

1）检验顺序

在很短的时间内，要对服装的质量做出准确评价，就必须遵循科学、合理的检验顺序：先上后下，先左后右（或先右后左），从前到后，从面到里。基本操作要求是不漏检，动作不重复、多余，达到既好又快的工作效果。

2）检验项目

检验项目主要有规格检验、疵点检验、色差检验、缝制质量检验、外观质量检验和卫生无害性检验。

（1）规格检验。用卷尺测量成衣各部位的尺寸，对照质量标准来判定成衣是否符合要求。通常测量的部位和方法有：领大，领子摊平横量，立领量上口，其他领量下口；衣长，由前身左侧肩缝最高点垂直量至底边；胸围，扣好纽扣或拉好拉链，将衣服前后身摊平，沿袖窿底缝横量；袖长，从袖最高点量至袖口边中间；总肩宽，由肩袖缝交叉处横量；裤（裙）长，从腰上口侧缝摊平垂直量到脚口或下摆边；腰围，扣上裤扣，以门襟为中心握持两侧，用软尺测量裤腰的中线尺寸；臀围，从侧缝袋下口处前后身分别横量。

（2）疵点检验。服装成品的疵点可以分为三大类：原料疵点、尺寸偏差及其他。疵点按其对服装质量的影响大小可再分为三大类，即次要疵点、主要疵点和重要疵点。次要疵点可被接受，它们对服装的可用性及售价等影响不大。主要疵点的存在会影响服装的可用性及售价，必须进行修补或当作次品出售。重要疵点的修补非常困难，甚至不能修补，只能当作次品处置。

（3）色差检验。色差规定是对原料的要求，即对衣服面料的要求。根据有关国家标准对色差的规定，服装的上衣领、袋面料、裤侧缝是主要部位，色差高于4级，其他表面部位4级。服装的色差检验，其工具是染色牢度褪色样卡。该样卡由5对灰色标样组成，分为 5 个等级。5 代表褪色牢度最好，色差等于零，由 4 至 1 代表褪色相对递增的程度，1 表示褪色最严重。

（4）缝制质量检验。在针距密度中规定明线（包括不见明线的暗线）的针距为每 3 厘米 14～18 针。面料的品种很多，为保证商品的外观和牢固，不同的面料应选不同的针距。例如，硬质面料的针距可以大一点，质地松软面料的针距可以小一点。线路顺直是指各缝制部位的线路不准随便弯曲，要符合服装造型的需要；线路要整齐，不重叠，无跳针、抛线，针迹清晰、好看，缝制的走止回针要牢固，搭头线的长度要适宜，无漏针、脱线现象，缝线松紧要与面料的厚薄、质地相适应。缝制质量中的对称部位要求基本一致。对成衣缝制质量的检查除看针迹外，还应看拼接和夹里。拼接主要看裤腰、下裆拼角处拼接是否合理，再看内部如挂面、领里等拼接是否符合要求。对有夹里的衣服应检查夹里的长短和肥瘦，以及里、面是否平伏。

（5）外观质量检验。这一检验项目主要是完成从整体上对服装的造型要求做出评判。在检验与判断时主要看服装是否整洁、平伏，折叠端正，左右对称，各部位熨烫平整，无漏烫，无死褶，无线头，无纱毛，各部位符合标准要求。线与面料相适应，包括色泽、质地、牢度、缩水率等方面，二者应大致相同，以能保证服装的内在质量与外观质量为准。纽扣的色泽应与面料色泽相称。

由于服装的种类很多，在鉴别和评价不同类型的服装外观质量时，应按各自的具体要求进行。

（6）卫生无害性检验。服装面料本身，无论是天然纤维，还是化学纤维，都没有发现对人体皮肤有明显的刺激作用。但服装面料在加工和染色过程中要使用多种化学物质，如染料、膨润剂、防缩剂、防皱剂、柔软剂、荧光增白剂等，这些物质若残留在服装面料表面，就可能对人体皮肤产生刺激，特别是对某些过敏性人群，化学刺激可能会危害皮肤健康，所以要对服装的卫生无害性进行检验。

7.3.4　服装的选购

1）粗懂选购常识

要想买到称心如意的服装，消费者必须具备以下常识。

（1）要懂一点面料知识。不同面料，其质感、用途、价格不同。消费者如果能懂一点面料知识，就既能根据自身的需求选择相应面料的服装，又能防止不法商贩以次充好、以假乱真的欺骗行为，避免上当。

（2）要懂一点服装制作知识。要知道控制服装整体质量的一些关键部位是什么地方，尺寸如何把握。要会查看做工，局部要仔细检查服装的针脚是否均匀、细密；整体要查看领、袖、口袋是否对称；衣袖、裤脚的长短肥瘦是否一致；要看整体熨烫是否平整等。

（3）要检查各种质量标志、标签。正规厂家的服装应有商标，一般附在上衣领下和下装的腰间。随商标应说明服装的规格、厂名、厂址等。在上装的摆缝处还应缀有标签，注明服装面料的成分、服装洗涤保养方法等。可以根据商标标签的有无及其标明内容的可信度、与服装实际情况的相符度来辨别服装的真伪。

（4）要会定号型。统一服装号型不可能一人一型、一人一号，还存在靠档的问题。因此，要自己买衣服，若是外衣，则一定要试穿；若为内衣，则要清楚自己的号型，选准规格。

（5）要问准价格。目前，服装价格不统一，这属于正常现象。在选购时最好能货比三家，慎重挑选。在小商品市场和集贸市场要能把自己掌握的服装与面料方面的知识综合起来加以运用，在砍价中争取主动权。

（6）要有主见。穿衣戴帽，各有所好。选购服装要根据自身条件，全面、周到地考虑。自身条件如体形、肤色、气质、爱好及经济承受能力等，是决定选购服装规格、色彩、款式、档次等的主要因素。总之，选购服装是系统工程。

2）细查服装内质

以上衣、裤子为例，在此做简要介绍。

（1）上衣。应以试穿目测为好，从前、后、侧 3 个方面检查。前看衣领两个尖角是否对称，不能有高低不齐或歪斜现象，衣领应挺括，领围大小合颈，领里不外露，还要看口袋位置是否正确，袋盖是否平舒。后看后身是否方登，肩胛部位是否宽舒，后叉是否平服。侧看肩缝是否顺直、窝服，袖子是否圆顺、吃势均匀，不能有凹凸不平或瘪陷的毛病，再看摆缝是否顺直、平服。

（2）裤子。分平面、上部、立体 3 步进行检查。在进行平面检查时，先将挺缝对齐、摊平，看栋缝是否顺直、不吊裂；侧缝袋是否平服，袋垫是否外露，裤脚是否服帖、大小一致、不吊兜。在进行上部检查时，将一只裤脚拉起，看下档缝是否对齐、顺直、不吊裂，与后缝的交叉处是否平直、不回不紧，褿子、省缝是否对称；后袋是否服帖、平服；穿眼小襟是否平服，位置是否准确；门襟、里襟配合是否合格、圆顺；拉链是否灵活。在进行立体检查时，将裤腰按穿着时形状提起，看前后栋缝是否圆顺，四格挺缝、裤片、缝子是否平整、不吊裂。

（3）面料、花纹检查。看面料有无明显疵点、色差及虫蛀、鼠咬等破损；看有格、条及其他图案的面料在拼紧处的对接有无偏差；看绒、毛面料光泽有无因倒顺毛引起的不正常的反差等。

相关链接 7-4

买衣服也要看安全标签

购买服装，普通消费者大多只是从颜色、款式、面料、舒适度等方面来选择。事实上大家忽视了选购商品最基本的常识——安全性。服装安全，消费者凭服装吊牌就能鉴别。

2014 年 7 月初，消费者陈先生在某服装店选购了 6 件品牌服饰，总价为 1.1 万元。付款后，细心的他看到服装吊牌上有"安全类别：GB 18401—2003B 类"的字样。

陈先生从事服装行业，了解这些字样所代表的含义。他认为这些服装是不合格商品，当场向店方索赔："这些衣服的安全标准是 2003 版的，早就过期了，你们居然把不合格的衣服卖给我，这是欺诈销售。"陈先生要求店方退一赔三。

店主王女士听得一头雾水，做了多年服装生意的她还是第一次听说服装安全标准还有新版、旧版标准，但她确信这批服装来自正规渠道，绝不是假冒伪劣产品。双方协商不下，便向区 12315 求助。

区 12315 的工作人员在了解事情的经过后，也对服装安全标准进行了了解。确如陈先生所说，在 2011 年 1 月 11 日之前，纺织类商品采用的安全标准系 2003 版。之后 2010 版标准出台，规定自 2012 年 8 月 1 日起，不符合 2010 版标准的纺织类商品，禁止生产、销售和进口。照此来看，这 6 件服装确有不合格的嫌疑，需要检测判定。

一听要检测，王女士坐不住了。原来在进这批服装时，厂家交代过这些服装是三四年前的积压服装，这些服装可能在染色牢度等方面已不符合要求。

于是王女士当场向陈先生致歉，随后在区 12315 工作人员的调解下，为陈先生做了退货处理，并赔偿经济损失 7000 元。

（资料来源：买衣服也要看安全标签. 鄞州新闻网，2014-7-16）

7.3.5　服装的洗涤、熨烫和保养

1. 服装的洗涤

服装在裁剪缝制、商品流通、日常穿着等和周围环境的接触中必然会被外来污物、灰尘及人体皮肤分泌物污染。服装一旦被玷污，如不及时清洗，不但有损服装外观，而且时间长了，织物的孔隙会被污垢阻塞，造成透气性下降，使人穿着不适，同时滋生的微生物会使织物的机械性能发生变化。服装洗涤的目的就是将滞留在衣物缝隙和纤维内部的污垢清除。洗涤方式可以分为湿洗和干洗两种。

（1）湿洗。湿洗就是人们常说的水洗，它是一种常规的洗涤方式，即将清洗剂溶于水中来清洗衣物。这种洗涤方式适用于多种织物。

（2）干洗。干洗是用有机溶剂（如苯、四氯化碳、四氯乙烯等）作为洗涤剂而去污的洗涤方式，适用于不耐碱、易缩绒的高级呢绒服装及其他易变形、易褪色的高档服装。但这种方式去除水溶性污垢效果较差，而且溶剂易燃、有毒、价高。

2. 服装的熨烫

熨烫就是给服装热定型。熨烫的作用是使服装平整、挺括、折线分明，合身而富有立体感。它是在不损伤服装、其材料的服用性能及风格特征的前提下进行的。在常温下服装及其材料纤维内部的大分子比较稳定，但当对其施以一定的温度、湿度（水分）和压力时，纤维结构就会发生变化，产生纤维的热塑定型和热塑变形。

（1）温度。不同面料因耐热性不同所需的熨烫温度不同。在熨烫服装时，温度控制很关键。温度偏低，达不到定型目的；温度过高，会损伤纤维。在选择服装熨烫温度时还要

把织物的色牢度与厚薄等情况考虑进去。适当降低熨烫温度，可以减少染料的升华和材料颜色的变化。对同一纤维的服装，厚的，熨烫温度可适当高些；薄的，温度可以适当低些。此外，对于混纺或交织面料缝制的服装，其熨烫温度的选择原则是就低不就高。各类纤维织物的熨烫温度如表7-6所示。

表7-6 各类纤维织物的熨烫温度

单位：℃

服装纤维种类	直接熨烫温度	垫干布熨烫温度	垫湿布熨烫温度
棉纤维	175～195	195～220	220～240
麻纤维	185～205	205～220	220～250
羊毛纤维	160～180	185～200	200～250
桑蚕丝	165～185	190～200	200～230
柞蚕丝	155～165	180～190	190～220
涤纶	150～170	185～195	195～220
腈纶	115～135	150～160	180～210
锦纶	125～145	160～170	190～220
维纶	125～145	160～170	—
丙纶	82～105	140～150	160～190
氯纶	45～65	80～90	—

（2）湿度。在熨烫服装时，湿度发挥了重要作用，直接影响着服装定型的效果。服装遇水后，纤维就会被润湿，进而膨胀、伸展，这时服装就易变形和定型。在手工熨烫时给湿的方法是垫布喷水，或者用蒸汽熨斗的水蒸气喷湿。在进行机械熨烫时，是靠上下模头分别或同时喷气，并通过控制喷气时间和抽气时间来控制给湿量的。

（3）压力。在熨烫服装时有了适当的温度和湿度后，还需要适当的压力。一定的熨烫压力有助于克服喷气时间对服装定型保持率的影响、纤维纱线间的阻力，使服装按照人们的要求定型。在手工熨烫时，熨烫压力靠熨斗的重力，或者通过熨斗施加压力；在机械熨烫时，熨烫压力则是重要的控制参数之一。

由此可见，服装熨烫时的温度、湿度、压力、时间及冷却的方式等因素，是相互影响并同时作用于服装及其材料上的。要取得好的熨烫效果，必须统一考虑和统筹选择这些工艺参数。

3. 服装的保养

服装在被穿用时，由于人的活动而受到多种力的作用，甚至由于经受反复张弛而产生疲劳。因此，一件服装不宜长期穿用，而应该轮换使用，以便服装材料的疲劳得以恢复，这样就可保持服装的良好状态，延长服装的寿命。在服装保养中要特别重视的是各种天然纤维类服装、天然裘皮类服装的保养。

（1）棉麻服装的保养。棉麻服装的保养一定要注意防潮、防霉，在收藏前需洗净、晾干。分深、浅色折叠收藏，避免久藏中因受潮而互相染色。久藏不穿的衣物每年夏季都要晒霉。

（2）丝绸服装的保养。丝绸服装保养的中心内容也是防潮、防霉。丝绸衣服比棉麻织品"娇气"，在洗涤时应注意轻搓、轻揉、少挤、不拧；不宜日光暴晒，宜晾干。织锦缎、古香缎、软缎、丝绒服装一般不水洗，在收藏时应折叠好，用布包好置于干爽、清洁的箱柜中，不宜挂藏，以免因自重导致变形，白色或浅色丝绸服装在收藏时不宜放置樟脑丸，也不能放入樟木箱中，以免泛黄。

（3）呢绒服装的保养。呢绒服装在收藏前要洗净（多数干洗）、熨烫、晾干，待充分干燥、凉透后再收存，宜放在通风阴凉处晾干，暴晒会引起褪色和光泽、弹性、强度的下降。高档呢绒服装最好悬挂于衣柜中，以免在叠放时因重压而变形。在收存时，要在衣服的口袋里及箱柜内放入用纸包好的樟脑丸，以防虫蛀。

（4）裘皮服装的保养。裘皮服装尤其是细毛类和名贵毛皮服装在穿着时应尽量避免被玷污和雨淋受潮。裘皮服装受潮会导致脱鞣变性而脱毛。裘皮服装收藏不当，会出现虫蛀、脱毛、绒毛纠结或皮板硬化等。在存放时，最好用美人肩之类的宽衣架将裘皮服装挂起来，并在大衣袋内放上用纸包好的樟脑丸。若放在箱内，则在折叠时应将毛朝里平放，宜放在箱子最上层，以免重压。在伏天，可取出晒晾、通风，以防虫蛀及霉变。

（5）皮革服装的保养。皮革服装不宜在雨、雪天穿用，收前晾晒时宜在上午 9～10 时、下午 3～4 时。不可暴晒，否则皮革会老化。在收藏时以挂藏为宜，并放置以纸包好的樟脑丸。为增加皮革的柔润度，可用布在表面轻敷一层甘油或保养皮革衣物专用制剂，在穿用前晾晒一下即可。收藏期间要注意防潮、防霉。

其他各类服装的保管方法相对简单。但不论何类服装，均应清洁、干爽地收存。存放的各项细节要按照服装的结构及面料的理化性质来定。

📖 课后归纳总结

🖥️ 本章小结

纺织纤维分天然纤维和化学纤维两大类。其中天然纤维有棉纤维、麻纤维、毛纤维、丝纤维，化学纤维有人造纤维和合成纤维。在天然纤维中，棉纤维的天然捻曲、毛纤维的天然卷曲和缩绒性、麻纤维的高强度和凉爽性、丝纤维的纤细和华贵性都是与生俱来的优良性能，这些性能决定了天然纤维面料的身价和质量品性。化学纤维中的人造纤维究其成分，与天然纤维相近，因此其理化性能也接近天然纤维。各种合成纤维均由矿物原料制成，共同的优点是强度普遍高于天然纤维，各具特殊品性，但综合性能不如天然纤维。不断改进生产工艺，提高综合性能，使之接近甚至优于天然纤维，是化学纤维工业的努力方向。

服装面料的性能还取决于纱线质量。评价纱线质量要从细度和匀度、捻度和捻向、强度和伸度等方面着手。在各种纱线的质量指标中，重点内容有细度指标，其表示方法有号数、旦数、英制支数和公制支数。纱线根据结构、原材料、纺纱工艺、纱线染整情况等标准分为不同种类。

要正确选用服装面料，学一点服装面料分类知识，了解常见面料的性能特点是必不可少的。在服装制作中，使用量大的面料主要是各种纺织品（包括针织品），其次为裘皮、皮革等。应重点了解各类纺织品面料的性能、特点、外观风格和用途。服装辅料有衬料、垫料、里料、填料、其他辅料。辅料的选择应服从服装整体质量的要求。

服装商品的质量鉴别及选购、穿用知识是本章总结性的内容，首先要掌握的内容有服装的各项质量标准，它是服装商品制作与形成的依据。其主要内容涉及号型标准、技术标准和使用说明标准等。其中号型标准是选购服装最基本的知识。其次要掌握的内容是鉴别、评价服装质量的必备常识——服装质量检验的顺序及项目。最后要掌握的是服装选购及保养等方面的常识。这些知识对指导消费有意义。其中对保养方法的了解很重要。各类服装的保养方法归根结底取决于服装材料特别是面料的性能。

主要概念

天然纤维　　化学纤维　　服装面料　　服装号型　　服装的卫生安全性

课堂讨论题

1. 如何进行纺织纤维和服装面料的感官鉴别？
2. 服装选材与设计要兼顾哪些方面？

自测题

1. 判断题

（1）棉纺织品耐碱不耐酸。　　　　　　　　　　　　　　　　　（　　　）

（2）在各类纤维中，腈纶的耐光性最好。　　　　　　　　　　　（　　　）

（3）合成纤维的耐热性普遍好于天然纤维。　　　　　　　　　　（　　　）

（4）在各类纤维中，维纶的吸湿性最强。　　　　　　　　　　　（　　　）

（5）包芯纱与包覆纱是结构相同的纱，只是叫法不同。　　　　　（　　　）

（6）山羊绒有"软黄金"之称。　　　　　　　　　　　　　　　（　　　）

2. 填空题

（1）纤维是一类细长而柔韧的物质，它的_____要比直径大千万倍。

（2）麻织物吸湿_____，散湿也_____，透气凉爽，是夏季服装的理想面料。

（3）羊毛的主要成分是_____。

（4）_____、_____、_____是熨烫服装三要素。

3．选择题

（1）黏胶纤维的强度（　　　）。

　　　A．不如棉纤维　　　　　　　　B．同棉纤维

　　　C．高于棉纤维　　　　　　　　D．高于麻纤维

（2）棉纤维具良好的保暖性，主要是因为其（　　　）。

　　　A．耐热性好　　　　　　　　　B．成分吸湿

　　　C．具有天然卷曲　　　　　　　D．具有中空结构

（3）天然纤维服装耐生物性能差是因为其（　　　）。

　　　A．吸湿性弱　　　　　　　　　B．吸湿性强

　　　C．耐光性差　　　　　　　　　D．具有特殊香味

4．简答题

（1）简述天然纤维和合成纤维的性能特点。

（2）服装的功能有哪些？

（3）简述服装的分类及其性能特点。

（4）简述服装质量的检验项目。

📖 实训题

1．技能题

掌握统一服装号型知识和技能，为消费者或同学提供看体拿衣服务。

2．案例分析题

市井老裁缝的服装设计理念

清代作家钱泳的《履园丛话》中记载了这样一个故事。旧时北京有个裁缝在做服装时，对穿衣人的性情、年龄、相貌，以至什么时候中举等都要问个清楚。有人不解，嗔怪之，他回之曰：如少年中举，必定性情骄傲，走起路来挺胸凸肚的，因此衣要缝制得前长后短；如果年老中举，大都意志消沉，走路不免弯腰曲背，衣就得前短后长；性急的，衣宜短；性慢的，衣宜长……

市井老裁缝的设计理念倒是与国际上公认的 TPO 原则（T 即 Time，代表时间、时令、日期、时代；P 即 Place，代表地点、场合；O 即 Object，代表对象，即个人的体形、肤色、气质、职业）相吻合。

问题：服装设计要兼顾哪些方面？

3．实习题

带着实际问题去逛服装商场，并认识和比较各种服装标签。

项目 8
日用工业品

教学目标

知识目标

了解日用工业品的分类，认识日用工业品的组成和结构，掌握日用工业品的性能特点、质量要求与选用。

技能目标

熟悉日用工业品的组成和结构，能对所介绍的日用工业品进行质量鉴别、挑选使用。

能力目标

能够运用所学的知识和技能，进行日用工业品的质量鉴别、挑选使用和咨询服务。

课中知识应用

引导案例

给孩子选购玩具一定要注意安全隐患

商店里有五光十色的玩具，家长在选择时，除考虑能开发智力、有启蒙教育作用外，还要注意安全、卫生与无毒。

一是要注意安全性。在给孩子选择玩具时，不仅要注意孩子的年龄及适用性，还要注意是否有安全隐患。例如，玩具是否光滑，玩具不要有毛刺，以免伤到孩子的皮肤。

二是要选择易清洗、易消毒的玩具。因为玩具玩久了容易携带病毒和细菌，造成疾病的交叉感染，所以要经常给玩具清洗、消毒，以利于保持玩具的清洁。

三是要选择无毒玩具。市场上出售的塑料玩具都是用聚氯乙烯塑料制成的，为了保持绚丽多彩的颜色经久不退，有些玩具中会加入金属镉。聚氯乙烯老化后可分解出对人体有害的氯化氢气体，镉的毒性很强，可损害人的神经系统。还有一些木制或铁皮制的玩具，表面上涂有油漆，而油漆中含有铅、砷、苯等有毒物质，如果孩子经常将玩具放在嘴里啃或玩完玩具后不洗手就吃东西，有毒物质就会慢慢经口进入体内，造成慢性中毒，从而引发各种疾病。

为了孩子的健康成长，家长在给孩子选购玩具时，除根据孩子不同年龄阶段的发展特点和需要外，还要注意安全、卫生及无毒，以免造成一些不良反应。

这一案例说明，商品的选购使用要根据商品的结构、性质和使用情况来进行。

日用工业品是指供人们日常使用的工业产品，俗称日用百货。日用工业品的种类繁多、性能各异、用途广泛，包括洗化用品、塑料制品、皮革制品、照相器材等，是人们生活工作中不可缺少的商品。

8.1　洗化用品

洗化用品是指用化学原料制成的用品，包括洗涤用品、化妆品等。

8.1.1　洗涤用品

1. 合成洗涤剂

合成洗涤剂是以合成表面活性剂为主要成分，并配有适量不同作用的助洗剂而制成的一种洗涤用品，有良好的去污性和耐硬水性；不受水温限制，节省时间，用途广泛；属于人工合成制品，有利于保护自然资源。

1）合成洗涤剂的组成及作用

合成洗涤剂包括表面活性剂、助洗剂和辅助剂。

（1）表面活性剂。表面活性剂是一种能在低浓度下降低溶剂表面张力的物质。其分子由两个不同部分构成，分子的一端由一个较长的烃链组成，它是憎水性的，能溶于油但不能溶于水，因此称为憎水基或亲油基；分子的另一端是较短的极性基团，它能溶于水而不能溶于油，称为亲水基。

根据表面活性剂在水溶液中离解出来的表面活性离子的电荷不同，表面活性剂可分为阴离子型、阳离子型、非离子型和两性离子型四大类：①阴离子型表面活性剂，常见的有烷基磺酸钠、烷基苯磺酸钠、脂肪醇硫钠等，适合在碱性或中性溶液中洗涤，常用于洗涤棉、麻、化学纤维织品，在工业上用作润湿剂、乳化剂和金属清洗剂；②阳离子型表面活性剂，常见的有胺盐型、季胺盐型等，适合在酸性溶液中洗涤，这限制了它在日常生活中的使用，它广泛应用于工业中的杀菌、消毒等；③非离子型表面活性剂，常见的有脂肪醇聚氧乙烯醚、烷基酚聚氧乙烯醚等，其水溶液呈中性，在碱性、酸性及金属盐类溶液中都比较稳定，可与任何类型的表面活性物混合使用；④两性离子型表面活性剂，常见的有羧酸盐型和甜菜碱型等。其水溶液中在酸性溶液中成阳离子型，在碱性溶液中成阴离子型，在中性溶液中成非离子型，是一种性能比较全面的活性物，但成本高，因而限制了它的使用。表面活性剂分子在水中的排列如图 8-1 所示。

（2）助洗剂和辅助剂。为了提高和改进合成洗涤剂的性能，常加入各种各样的助洗剂和辅助剂，以产生协同效应。助洗剂、辅助剂的种类很多，常见的有：①聚磷酸盐，主要作用是提高洗涤剂的综合性能，是一种良好的助洗剂，但由于易造成水质肥沃化，已逐渐被沸石等替代；②硅酸钠，在洗衣粉中与其他助洗剂同时使用，能起到协同效应；③碳酸钠，在碱性条件下具有良好的助洗作用；④硫酸钠，一般作为一种辅助助洗剂和填料来加以使用，主要作用是降低成本；⑤抗再沉淀剂，主要作用是阻碍污垢重新沉积于被洗织物上；⑥过氧酸盐，利用活氧，有除斑、漂白作用；⑦荧光增白粉，主要作用是提高被洗织物的白度，使有色织物洗后更显鲜艳夺目；⑧酶制剂，酶在一定温度下对血渍、奶渍、肉汁、牛乳、酱油斑渍等具有分解破坏作用，将酶制剂加入洗衣粉中可使洗涤溶液的去污力提高30%～60%。

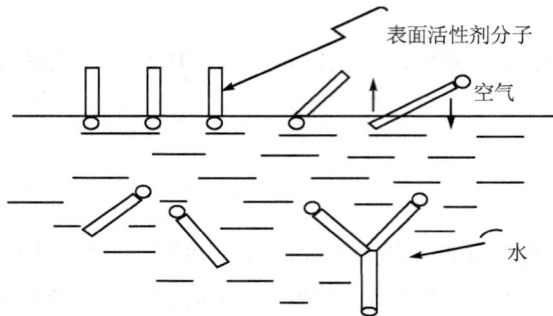

图8-1 表面活性剂分子在水中的排列

2）合成洗涤剂的去污原理

合成洗涤剂的去污原理是比较复杂的，一般可简单表示为

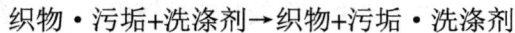

织物·污垢+洗涤剂→织物+污垢·洗涤剂

（1）污垢的种类及特点。根据污垢的特性，可将污垢分成3类：一类是油质性污垢，它们对衣物、人体黏附比较牢固，而且不溶于水；一类是固体污垢，这种污垢的颗粒较大，它们或单独存在，或与油水混在一起，但不溶于水；还有一类是水溶性污垢，它们溶于水或与水混合成液体溶液。3类污垢往往互相结合成一体，在外界条件影响下还会产生复杂的化合物。

（2）合成洗涤剂的性质。表面活性剂具有润湿、渗透、分散、乳化、增溶、泡沫等作用：润湿、渗透作用，表面活性剂减小了水、固体之间的界面张力，使水容易吸附、扩展到固体表面，并渗透到织物内部，既破坏了衣物和污垢间的吸引力，又破坏了污垢微粒间的吸引力，如图8-2所示；分散作用，表面活性剂在固体微小粒子周围形成一层亲水的吸附膜，使固体离子均匀分散在水中形成分散液；乳化作用，与分散作用类似，使油粒均匀分散在水中形成乳浊液，如图8-3所示；增溶作用，表面活性剂使憎水性液体或固体在水溶液中的溶解度增大，如图8-4所示；泡沫作用，表面活性剂减小了水、空气之间的表面引力，空气分子分散在水中形成泡沫，如图8-5所示。

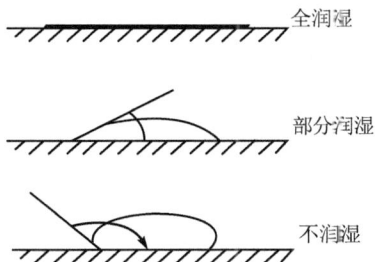

图 8-2 液滴润湿固体表面示意图

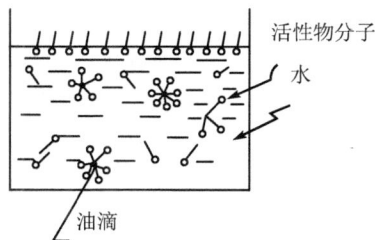

图 8-3 油在合成洗涤剂溶液中形成乳浊液示意图

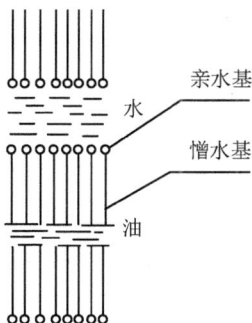

图 8-4 表面活性剂对油的增溶现象示意图

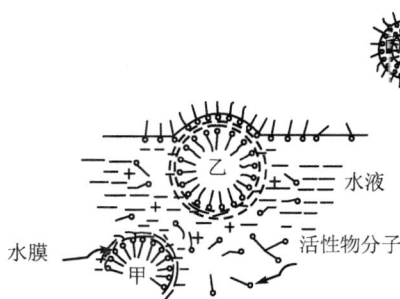

图 8-5 泡沫形成示意图

（3）合成洗涤剂的去污作用。合成洗涤剂去污，首先是减小污垢与被污物之间的引力，润湿、渗透作用能使它们之间的引力减小，也能使污垢被破坏为固体微小粒子，这时通过机械力的作用，使污垢脱离被污物大量卷离到洗涤液中，再通过分散、乳化、增溶作用，使污垢不再沉积于被污物表面。因此，合成洗涤剂的去污作用实质上是润湿、渗透、分散、乳化、增溶等作用的综合效用。

相关链接 8-1

用洗衣粉清洁衣服上的污垢 表面活性剂你了解吗?

油污沾到衣服上，如果只用水进行揉搓，那么油渍很难去除，因为油不溶于水。这时洗衣粉就派上用场了，它能去除衣服表面上的油污。其实，洗衣粉中能够去除油污的主要成分是表面活性剂，那么表面活性剂是什么呢?

从构成来讲，表面活性剂分子具有典型的两端结构：一端是亲水而憎油的基团，该基团易溶于水，被称为亲水基；另一端是亲油而憎水的基团，该基团不溶于水而溶于油，被称为憎水基。当表面活性剂溶于水时，在水面上，表面活性剂分子的亲水基在水侧，而憎水基则被排斥在水的外面，形成定向排列的表面活性剂分子。这种表面活性剂分子的定向排列，削弱了表面水分子之间的引力，可以强烈减小水的表面张力，从而增加水对衣服的润湿、渗透，同时可以促使污渍分散、乳化，从衣服表面脱落。当水的表面被占满后，水的表面张力就减小到最小。

当表面活性剂在水表面排满后，其他表面活性剂分子就进入溶液，形成胶束。胶束是无数个表面活性剂分子聚集在一起形成的（球状或棒状），它的排列也是非常有序的，一律是亲水基朝外、憎水基朝里的定向排列。在洗涤衣物时，通过机械揉搓和水的冲刷，表面活性剂分子中的憎水基将油污润湿溶解，并分散成细小的乳浊液，进入胶束内部，这样衣服的污渍就掉了下来。从表面上看是水把污渍溶解了，其实是污渍被表面活性剂分子润湿、分散，以乳浊液形式进入由表面活性剂分子包围的稳定胶束中了。最后经清水漂洗，污渍就随水流走了。从表面上看，是水对污渍的溶解度增大，实质上是表面活性剂分子的作用——增溶作用，提高洗涤效果；另外，有些表面活性剂还有发泡作用，这些协同效果共同发挥作用，都是为了减小污渍与衣物之间的结合力，再在水流和外力作用下将衣物洗净。

是不是洗衣粉用得越多，衣服就洗得越干净呢？实验发现，当洗衣粉的浓度为 0.2%～0.5% 时，水溶液的洗涤去污能力最强，表面活性最高。也就是说，在一盆清水（约6升水）中加入 5～10 克（约1茶匙）的洗衣粉就足够了。若洗衣粉加得过多，不仅不能提高去污效果，还会因溶液中碱性的增加，对衣服纤维造成损伤。另外，大量洗衣粉附着在衣服上，泡沫多，不易漂净，费水、费时间，不但造成浪费，而且残留在衣物上的成分会对皮肤造成伤害，引起过敏反应等。

表面活性剂不仅用于洗衣粉的生产，还广泛用于肥皂、洗发水等的制造。另外，表面活性剂还用于杀虫剂、农药的润湿剂及食品工业中。表面活性剂的品种超过1万种，从日用化学品到石油、食品、农业、卫生、环境等行业，应用广泛，因此有人称其为"工业味精"。

（资料来源：科普中国）

3）合成洗涤剂的分类与合成洗衣粉

（1）合成洗涤剂的分类。合成洗涤剂按其外观形态可分为粉状、空心颗粒状、液体状、浆状、块状等；按用途可分为人体用、织物用、厨房用、食品用、住宅用；按活性物含量可分为20型、25型、30型；按泡沫多少可分为无泡型、低泡型、中泡型、高泡型；按助洗剂的特点可分为无磷型、加酶型、漂白型、增白型、加香型等。

（2）合成洗衣粉。这是合成洗涤剂用品中的主要品种，为空心颗粒状，具有相对密度小、易溶解、干爽结实、流动性好、便于包装和储存等特点。合成洗衣粉一般以一种洗涤表面活性剂为主体，也可采用两种以上的复配方，并加有相当量的助洗剂和辅助剂。合成洗衣粉的品种很多，各有特点：丝毛洗衣粉，具有洗后手感柔软、光泽度好、强度不受损失、去污力强、易漂洗等优点，适于清洗涤丝、毛或混纺等精细织物；杀菌洗衣粉，特点是既能洗涤去污，又能消毒、杀菌，是一种双功能高效洗衣粉；浓缩洗衣粉，特点是用量少（是普通洗衣粉的 1/4 左右）、去污力强、泡沫少、易漂洗，适合洗衣机使用；无磷洗衣粉，用沸石等替代聚磷酸盐，是环保类洗衣粉。

4）合成洗涤剂的质量要求

评价合成洗涤剂的质量需依据不同的指标。

（1）合成洗涤剂的感官品质指标。优质的合成洗涤剂应色泽均匀，无异味，受一般外界因素影响无变质情况；液态合成洗涤剂则要考虑其透明度、稠度、保存性等；固体洗衣粉颗粒的直径应在 0.5～0.8 毫米，颗粒均匀，视比重在 0.28～0.36 克/毫升，流动性好，没有发黏结块、受潮结块现象。

（2）合成洗涤剂的理化质量指标。表面活性剂的含量以百分比表示，其含量高低涉及合成洗涤剂的类型和去污力强弱，不皂化物含量越低越好；丝毛型合成洗涤剂的 pH 应呈中性，棉麻型合成洗涤剂的 pH 则呈碱性，但小于等于 10.5；去污力越强、生物降解率越大越好；对人体无害，对皮肤的刺激性越小越好等。

案例分析 8-1

试分析表 8-1 中合成洗涤剂的 3 个配方，判定其各属何类洗涤剂，各自的性能特点及用途。

表 8-1　合成洗涤剂的配方

单位：%

成　　分	甲　配　方	乙　配　方	丙　配　方
烷基苯磺酸钠	30	15	10
烷基磺酸钠	—	10	—
非离子型（聚醚）	—	—	4
肥皂	—	—	3
三聚磷酸钠	16	16	40
碳酸钠	—	4	—
硅酸钠（干）	5	6	6
羧基甲基纤维素	2	1.2	1.4
荧光增白剂	0.05	0.1	0.1
硫酸钠	43	44	23.5
水分	余量	余量	余量

2. 肥皂

肥皂是用油脂与碱经皂化作用制成的高级脂肪酸盐，并辅以各种辅助原料制作而成的产品。肥皂一般为块状，其特点是溶解度大，去污力强，有一定的硬度，使用方便，起泡迅速而且丰富等，但不适合在硬水中洗涤。

1）肥皂的组成及作用

组成肥皂的原料分为主要原料、辅助原料和填充原料。

（1）主要原料。主要原料为油脂和碱，油脂是制皂的基本原料，要求含量纯净、无杂质、无臭、无味、无酸败；碱在制钠皂时用氢氧化钠，在制钾皂时用氢氧化钾。

（2）辅助原料。加入辅助原料的目的是提高肥皂特有的性能，如加入香料不但可增加香味，而且具有良好的杀菌和消毒功效；加入色料的目的是提高美观性；药料主要是消毒剂和防腐剂，但必须适量。

（3）填充原料。填充原料是填充肥皂体积与增加重量的材料，主要包括水溶性填充料，如水玻璃、碳酸钠等；水不溶性填充料，如洗涤陶土、碳酸钙、石膏、滑石粉等，这类填充原料以填充体积和降低成本为目的。

2）肥皂的分类及主要品种

肥皂家族分支繁茂。

（1）肥皂的分类如图8-6所示。

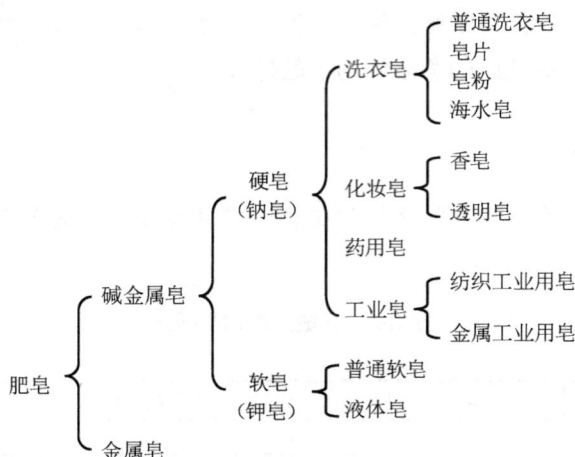

图8-6 肥皂的分类

（2）肥皂的主要品种。洗衣皂是指用于洗涤衣物的块状肥皂，根据脂肪酸含量分为42型、47型、53型、60型等；透明皂的总脂肪酸含量在72%左右，具有耐用、碱性小、溶解度大、泡沫丰富等特点；香皂的总脂肪酸含量在80%以上，用于清洁皮肤，属于化妆洗涤用品，其特点是组织紧密细腻、易于溶解、泡沫丰富、去污力强、对皮肤刺激小、质地纯洁、气味芳香长久、总脂肪酸含量高；药用皂是加有杀菌剂的肥皂，不但可以作为一种洗涤剂，而且可以作为一种消毒杀菌剂，其总脂肪酸含量也在72%左右；液体皂是以肥皂的主要成分和质量优良的合成表面活性剂复配而成的，集中了肥皂和合成洗涤剂的优点，特点是能软化硬水，pH在10以下，性能温和，使用方便，泡沫力低，去污力强；金属皂是一种工业用皂，不能溶于水，因此不能用于洗涤污垢。

3）肥皂的质量要求

判断肥皂的质量依据两种质量指标。

（1）肥皂的感官质量指标。从外观上看，洗衣皂应硬度适中，不发黏、分离、开裂；香皂应干硬，细腻均匀，无裂纹、气泡、斑点、剥离、冒汗等现象。从色泽上看，洗衣皂的颜色应均匀、洁净；香皂的色泽应均匀而相对稳定。从形状上看，洗衣皂的形状应端正、收缩均匀，不得有歪斜、变形、缺边、缺角等现象；香皂可以压成各种形状，但同样不得有歪斜、缺裂或字迹模糊等现象。从气味上讲，洗衣皂应无不良气味，而香皂应具有各种天然或合成香料配成一定类型的持久香味。

（2）肥皂的理化质量指标。洗衣皂的理化质量指标如表 8-2 所示，香皂的理化质量指标如表 8-3 所示。

表 8-2　洗衣皂的理化质量指标

指 标 名 称	53 型	47 型	42 型
总脂肪酸含量/%	53	47	42
每块总脂肪酸实际质量不低于标准重量/%	95	95	95
游离碱（氢氧化钠）含量不高于/%	0.3	0.3	0.3
脂肪酸凝固点/℃	37～45	37～45	37～45
硅酸钠用二氧化硅表示不小于/%	2.0	2.0	2.5
泡沫（40℃）最高点不低于/毫米	170	170	160
泡沫最高点过 5 分钟后不低于/毫米	160	160	150
40℃±1℃时的溶解度/（毫克/厘米$^{-3}$）	20～35	20～35	20～40

表 8-3　香皂的理化质量指标

指 标 名 称	优　级	一　　级	二　　级	三　　级
总脂肪酸含量/%	80	80	80	80
总脂肪酸含量允许不低于/%	78.5	78.5	78.5	78.5
游离碱（氢氧化钠）含量不高于/%	0.05	0.05	0.05	0.05
开裂（级）不大于	2	3	4	5
糊烂（20℃±10℃）不大于/毫米	2	2	3	3
剖面白心气泡（级）不大于	1	2	3	4
脂肪酸凝固点/℃	37～43	37～43	37～43	37～43
泡沫（40℃）最高点不低于/毫米	180	175	170	165
泡沫最高点过 5 分钟后不低于/毫米	175	170	165	160

8.1.2　化妆品

相关链接 8-2

国家药品监督管理局发布 27 批次化妆品不合格通告　郁美净、新碧"上榜"

国家药品监督管理局 2019 年 12 月 23 日发布的《关于 27 批次不合格化妆品的通告》称，近期检验的 27 批次不合格化妆品主要为染发类产品、婴儿爽身粉、防晒霜等。

该通告显示，标示生产企业/代理商名称为天津郁美净集团有限公司的郁美净儿童爽身粉被检测出重金属铅超出限值。据了解，儿童爽身粉铅含量限值规定为小于等于 10 毫克/千克。而通过复检后，该批次郁美净儿童爽身粉的铅含量为 19.3 毫克/千克，超出限值近一倍。

实际上，在 2019 年 12 月 9 日，天津市药品监督管理局就曾发布关于天津郁美净集团有限公司的行政处罚决定书。该决定书显示：天津郁美净集团有限公司生产的 3 批次郁美净儿童爽身粉经检验、复检，铅含量的检验结果超出标准规定，不符合国家《化妆品卫生标准》，被行政处罚。行政处罚决定书显示，依据《化妆品卫生监督条例》《化妆品卫生标准》的相关规定，没收当事人的郁美净儿童爽身粉39 441盒、没收违法所得4019.66元，并处违法所得4倍的罚款16 078.64元。

此外，由曼秀雷敦（中国）药业有限公司委托加工及经销产品：新碧户外骄阳防晒喷雾、新碧冰凉清透防晒喷雾，被检出成分与批件及标签标识成分不一致，检出标签未标识的防晒剂：甲氧基肉桂酸乙基己酯，被认定为不合格产品。

（资料来源：《广州日报》）

化妆品是以涂抹、喷洒或其他类似方法，施于人体表面任何部位（如表皮、毛发、指甲、口唇、口腔黏膜等），起到清洁、保养、美化或消除不良气味作用的日常用品。它有令人愉快的香气，能充分表现人体的美，给人以容貌整洁、讲究卫生的好感，有利于人们的身心健康。

1. 化妆品的种类

（1）化妆品按物理性状可分为：①膏霜类，有雪花膏、香脂、润肤霜、防晒霜、洗发膏等；②粉质类，有香粉、爽身粉、香粉饼、胭脂等；③液体状类，有香水、花露水、冷烫水、生发水等；④胶状类，有指甲油、清洁面膜等；⑤笔状类，有眉笔、唇线笔等。

（2）化妆品按用途可分为4种。①护肤类，有保护皮肤类的雪花膏、香脂、奶液、防冻霜等；营养类的人参霜、珍珠霜等，营养霜主要品种的营养成分与主要功能如表8-4所示；药疗类的粉刺霜、祛斑霜等。②发用类，有保护头发类的发乳、护发素等；营养类的头发营养水、奎宁等；美发类的染发剂、冷烫水等；药用类的去屑水、止痒水等。③清洁卫生类，有洗发类的洗发膏、洗发精等；洗面类的清洁霜、洗面奶等；卫生类的香水、痱子粉等。④美容类，有美容皮肤类的修面整容水、香粉等；美化指甲类的指甲油、去光水等。另外还有儿童用、男用等类化妆品。

表8-4 营养霜主要品种的营养成分与主要功能

主 要 品 种	营 养 成 分	主 要 功 能
人参霜	人参提取液中含有多种维生素、激素、糖类等	促进皮肤血管末梢的血液循环，增强新陈代谢，有活化、滋润和调理皮肤的功能
珍珠霜	珍珠粉中含有多种氨基酸（20多种）	促进皮肤的新陈代谢、组织再生，使皮肤细嫩，并有防治皮肤病的作用
蜂王浆	蜂王浆中含有蛋白质、脂类、维生素、酶等	能增强皮肤的抵抗力，防止皮肤变粗糙，增强皮肤的弹性和新陈代谢
灵芝霜	灵芝霜中含有多肽与酰胺类物质、甘露醇、麦角甾醇等	有滋润皮肤的作用，促进皮肤的新陈代谢，减缓皮肤衰老速度

2. 化妆品的主要品种及性能特点

（1）雪花膏。雪花膏是硬脂酸、甘油和水在乳化剂的作用下形成的水包油乳化体，是一种半固体膏状化妆品，白似雪花，涂在皮肤上遇热融化，像雪花一样消失，故得名雪花膏。其特点：搽在皮肤上不油不腻，使皮肤有滋润、滑爽、舒适的感觉；待水分蒸发后，在皮肤上留下一层透明薄膜，能隔离外界干燥空气与皮肤，防止皮肤中的水分过快地挥发，从而调节和保护角质层；有适当的含水量，使皮肤柔软、滋润；适合春、秋季和油性皮肤的人使用。雪花膏加入一些特殊成分可形成不同品种，如图 8-7 所示。

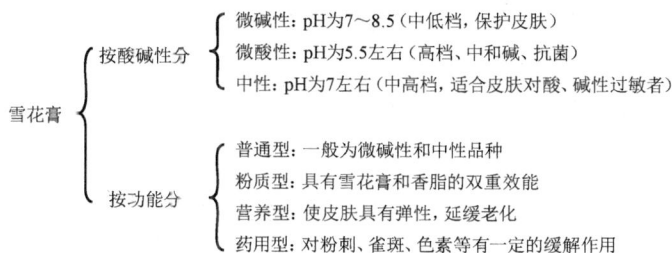

雪花膏
按酸碱性分
- 微碱性：pH为7～8.5（中低档，保护皮肤）
- 微酸性：pH为5.5左右（高档、中和碱、抗菌）
- 中性：pH为7左右（中高档，适合皮肤对酸、碱性过敏者）

按功能分
- 普通型：一般为微碱性和中性品种
- 粉质型：具有雪花膏和香脂的双重效能
- 营养型：使皮肤具有弹性，延缓老化
- 药用型：对粉刺、雀斑、色素等有一定的缓解作用

图 8-7　雪花膏的种类

小思考 8-1

为什么说微酸性雪花膏是雪花膏中的高档品种？

（2）香脂。香脂又名冷霜，是油类物质在乳化剂的作用下形成的油包水型乳化体，外观与雪花膏相似，也是半固体膏状化妆品。其含油量高于雪花膏，具有抗寒、润肤性能，防止皮肤干燥、冻裂的功能比雪花膏强，适合冬季或干性皮肤的人使用。其品种与雪花膏类同。

（3）洗发液。洗发液又名香波，是一种以表面活性剂为主体配方而制成的，具有清洁人的头皮和头发，并保持其美观作用的液体洗发用品。其特点是洗涤力温和，无碱性刺激作用，洗后易于梳理和冲洗，可加入营养和药性物质，使洗发、护发、美发功能融为一体，有去头屑、减皮脂和治头癣等效果。

（4）香水类。香水的基本成分是酒精和香精，一般香精含量高（15%～25%），且香精质量高的称为香水；香精含量低（3%左右），香精质量较次，且加的香精中有防蚊虫效果的称为花露水。高级香水用天然动物香料和经陈化酒精配制，香味持久；花露水也是一种卫生用品，喷在身上可以除汗臭，防蚊叮、虫咬。

3. 化妆品的质量要求

化妆品的包装应整洁、美观、封口严密、没有泄漏，商标、装饰图案和文字说明等应清晰、美观、色泽典雅、配色协调；使用说明书中应写明商标、品名、生产许可证编号、产品用途、生产日期、保质期、厂家厂地、容量或重量、香型、主要原料、使用方法、使用注意事项及安全警告、产品储存条件及方法等；从色泽上讲，无色固状、粉状、膏状、乳状化妆品应洁白有光泽，液状应清澈透明，有色化妆品应色泽均匀一致，无杂色；从组织状态上讲，固状化妆品应软硬适宜，粉状应粉质细腻，膏状、乳状应稠度适当、质地细腻，液状应清澈、均匀、无颗粒杂质；从气味上讲，化妆品必须具有芬芳的香气，香味可根据不同的化妆品选用不同的香型，但必须持久，没有强烈的刺激性；从安全卫生性上讲，外观应良好，没有异臭，对皮肤和黏膜没有刺激和损伤，无感染性，使用安全等。

化妆品的微生物学质量应符合下列规定：眼部化妆品及口唇等黏膜用化妆品，以及婴儿和儿童用化妆品的菌落总数不得大于 500CFU/毫升或 500CFU/克；其他化妆品的菌落总数不得大于 1000CFU/毫升或 1000CFU/克；每克或每毫升产品中不得检出粪大肠菌落、绿脓杆菌和金黄色葡萄球菌；化妆品中霉菌和酵母菌的总数不得大于 100CFU/毫升或 100CFU/克。化妆品中的有毒物质限量如表 8-5 所示。

表 8-5　化妆品中的有毒物质限量

有毒物质	限量/（毫克/千克⁻¹）	备　　注
汞	1	含有机汞防腐剂的眼部化妆品除外
铅	40	含醋酸铅的染发剂除外
砷	10	
甲醇	2000	

4．化妆品保质期的检验

禁止销售超过保质期的化妆品。化妆品包装上的生产日期、保质期不得更改或加贴不干胶小票。

在符合规定储存条件，产品包装完整，未经启封条件下，国家（或行业）标准按不同化妆品对保质期分别做了规定。

（1）发用类。①头发用冷烫液：1 年。②发乳：瓶装 1 年，散装 9 个月。③洗发液：1 年。④发油：1 年。⑤护发素：1 年。⑥染发水、染发粉：1 年。⑦染发乳液：1 年。⑧洗发膏：1 年。

（2）其他类。①唇膏：1 年。②润肤乳液：瓶装优级品 3 年，一级品 2 年，合格品 1 年，散产品 9 个月。③香脂：盒装、瓶装 1 年，散装（大瓶、铁听）9 个月，在保质期内产品应无明显渗油、变色现象。④化妆粉饼：1 年。⑤指甲油：1 年。⑥雪花膏：瓶装、覆塑料袋装 1 年，散装（瓶、听）、塑料袋装 9 个月。在保质期内雪花膏的干缩程度应是四周无脱壳及油水分离现象。⑦花露水、香水：1 年。在保质期内花露水、香水应无明显沉淀、干缩现象。⑧香粉、爽身粉、痱子粉：1 年。⑨洗面奶：3 年内质量无变化的可以不标保质期；3 年内质量可能发生变化的要注明保质期，保质期从产品生产之日起算。

5．化妆品的选用与保管

1）化妆品的选用

化妆品的选用有不同的标准。

（1）根据各自的皮肤性质、发质选用。皮肤的性质可分为油性、中性、干性、混合性 4 类，选用护肤性化妆品应根据自己的皮肤性质来确定。例如，干性皮肤者应选用油质性护肤品，油性皮肤者应选用水质性护肤品。发用类化妆品的选用也应根据自己的发质来确定。

（2）不同季节、不同时间应选用不同的化妆品。一般冬天应选用油包水型化妆品，夏季应选用水包油型化妆品；白天用日霜，晚上用晚霜等。

（3）药物类化妆品根据说明书慎用。药物类化妆品对皮肤有一定的疗效作用，但因人体皮肤的吸收功能有限，所以药物类化妆品的疗效也有限，属防病型。如果患有面部色素沉着或痤疮等，应及时到医院治疗。

（4）新品牌化妆品在使用前应试用。当买到一种新品牌化妆品时，不妨自己做一个皮肤试验，将少许化妆品涂在耳根等部位，如果一天后出现发红或瘙痒不良反应，就说明皮肤不适合使用这种化妆品，不宜使用。

（5）香水类化妆品的使用。在选用香水类化妆品时应注意性别，男性宜选用男用香型，女性应选用女用香型。香水含酒精和香精较多，不宜用于脸部和皮肤破裂处，花露水则可直接涂抹于皮肤上。

（6）防晒霜选择应考虑 SPF 值。SPF 值也称防晒系数，SPF 是指皮肤抵挡紫外线的时间倍数。一般黄种人的皮肤平均能抵挡阳光 15 分钟而不被灼伤，那么使用 SPF 20 的防紫外线光用品，便有约 300 分钟（15×20）的防晒时间。SPF 值过大的防晒霜中掺有过多的紫外线吸收剂，会导致一部分人出现过敏反应，因此在日常护理、外出购物时等可选用 SPF 5～8 的防晒用品；在外出游玩时可选用 SPF 10～15 的防晒用品；在游泳时可选用 SPF 20～30 的防水性防晒用品。

2）化妆品的保管

化妆品属于易变质、易损耗产品，其储存期一般不宜超过 1 年。在保管中要求库房干燥、阴凉、通风，适宜温度为 5℃～30℃，相对湿度不应超过 80%；在搬运时必须轻装轻卸，堆码不宜过高，切勿倒置，远离热源、电源；经常检查有无破损、变质现象，及时采取补救措施。

📋 案例分析 8-2

一种护肤品全家共用不科学

一种护肤品适合全家共用吗？消费者经常被一些产品的宣传广告搞得一头雾水。美国加州大学的有关专家认为，即使一家人，肤质也可能完全不同，所以全家人共用一种护肤品是极不科学的。

使用护肤品，首先应遵循以下原则：干性皮肤要保湿；油性皮肤要注意清洁；混合性皮肤要保持水油平衡；过敏性皮肤要避免刺激。各种肤质的护肤品一定要严格区分开来。

家中肤质不同的人也应该有属于自己的特殊护肤品。特别需要指出的是，敏感性皮肤的人在选购护肤品时应尽量避免酒精、矿物油和香精等致敏成分，在使用护肤品时不要把产品盒子轻易丢掉，因为万一出现过敏，可以根据说明书中的产品成分确定过敏原。因为不同年龄阶段肤质有所不同，所以家里的孩子、老人也应该拥有属于自己的护肤品。

问题：专家意见对你选购护肤品有何帮助？

营养霜的市场调查结果如表 8-6 所示。

表 8-6 营养霜的市场调查结果

品牌	名 称	主 要 成 分	主 要 特 点	净含量
资生堂	润手霜	特制内滑成分，能迅速滋养手部肌肤	无香料、无色素，用后感觉自然、不油腻	20 克
资生堂	防裂润手霜	特有尿素配合，深入皮肤内部，促进血液循环，使角质柔软	特效防裂、无香料、无色素，用后感觉自然、不油腻	40 克
兰贵人	蛤蜊润手霜	利用高新生物技术，从蛤蜊中提取纯度的蛤蜊油精制而成	滋润粗糙、干裂、蜕皮的双手	120 克
雅芳	滋蕴高效润手霜	磷脂囊深海蛟油、绵羊油等滋养成分及抑制细菌滋长之特殊成分	高效滋润，保持角质层湿润，7 天内即能改善和预防因接触化学洗涤剂、季节变更引起的皮肤干燥、瘙痒等现象	75 克
雅芳	滋丽芦荟润手霜	芦荟等天然护肤成分	使粗糙干燥、皲裂的双手得到滋养	75 克
屈臣氏	润手护甲乳液	特殊配方	不油不腻，可软化双手粗糙及干裂皮肤，防止指甲裂开、破损及折断	100 毫升
凡士林	特效润手霜	牛奶中提取的精华成分	补充营养，使肌肤如牛奶般润泽	75 毫升
美加净	柔润护手霜（角质柔化配方）	足量植物型添加剂、胚芽弹性蛋白	帮助手部表皮角质层细胞恢复并保持正常、有效的排列	80 克
小护士	保湿营养润手霜	保湿因子、滋润元素	润而不腻，维持 pH 平衡，形成一层保护蜡，使手部肌肤免受硬水、洗涤剂、寒风等伤害	45 克
东洋之花	绵羊奶护手霜	采用全新绵羊初乳缓释保湿营养配方，添加特殊角质软化剂	作用深入且持久，令肌肤保持充盈的水分与营养，可使双手柔滑、细致	90 克
采诗	暖手特润霜	BHA 再生素，去死皮，防止干燥，减少皱纹，收小手部过大毛孔	渗入手部肌肤，形成保温、暖手保护层，使手部立即有滋润、暖手的感觉	60 克
丹芭碧	绵羊油润手霜	绵羊油及多种营养成分	防止干裂，抗寒能力强	70 克
丹芭碧	芦荟润手霜	芦荟萃取液	高效保湿，对受损的肌肤组织有舒缓和修复作用	70 克
羽兰	绵羊油保湿护手霜	纯羊毛脂、蛋白质、氨基酸及天然营养保湿成分	滋润干裂、粗糙、蜕皮的双手，性质纯净、温和	90 毫升
埃美诗	绵羊油止痒润手霜	绵羊油、止痒营养成分	滋养、润滑、止痒，对改善皮肤粗糙、干裂效果显著	60 毫升
康诺	木瓜、白肤护手霜	木瓜精华、维生素 C	迅速被吸收，补充肌肤所需水分及养分，防止皮肤干燥、粗糙、开裂	60 克

注：1. 本表格所列内容为随机市场调查结果，调查对象包括各类超市、大型商场、百货商店等。

2. 本表格所列各项内容均取自产品说明。

[资料来源：阿苇. 解读护手霜. 健康与美容，2001（1）]

8.2　塑料制品

塑料是以合成或天然的高分子材料为主要成分，可在一定温度和压力下塑制成型，而在常温下保持形状不变的材料。塑料具有质量小、强度高、化学稳定性好、绝缘性好、着色性好、具有一定的透明度等优点，但也有易变形，尺寸稳定性差，导热性、耐热性差，易老化等缺点。近年来，塑料的环保问题也越来越被人们关注。

相关链接 8-4

2020 年年底我国部分地区、部分领域将禁止塑料制品的产销和使用

国家发展和改革委员会、生态环境部联合印发《关于进一步加强塑料污染治理的意见》（以下简称《意见》），《意见》提出，到 2020 年年底，我国将率先在部分地区、部分领域禁止、限制部分塑料制品的生产、销售和使用，到 2022 年年底，一次性塑料制品的消费量明显减少，替代产品得到推广。

国家发展和改革委员会新闻发言人孟玮介绍，《意见》按照"禁限一批、替代循环一批、规范一批"的原则，分 2020 年、2022 年、2025 年 3 个时间段，明确了加强塑料污染治理分阶段的任务目标，对不同类别的塑料制品提出了相应管理要求和政策举措。

《意见》还提出，禁止生产、销售超薄塑料购物袋、超薄聚乙烯农用地膜。禁止以医疗废物为原料制造塑料制品。全面禁止废塑料进口。分步骤禁止生产、销售一次性发泡塑料餐具、一次性塑料棉签、含塑料微珠的日化产品。分步骤、分领域禁止或限制使用不可降解塑料袋、一次性塑料制品、快递塑料包装等。研发、推广绿色环保的塑料制品及替代产品，探索和培育有利于规范回收和循环利用、减少塑料污染的新业态新模式。加强塑料废弃物分类回收和清运，规范塑料废弃物资源化利用和无害化处置。

孟玮指出，下一步，国家发展和改革委员会将积极会同有关方面，形成推进塑料污染治理的工作合力，适时更新和发布塑料制品禁限目录，细化具体品类的禁限范围和执行标准，确保取得实效。

（资料来源：商闻. 2020 年年底部分地区、部分领域将禁止塑料制品的产销和使用. 中国网，2020-1-19）

8.2.1　塑料的组成与分类

1.　塑料的组成

（1）树脂。树脂一般包括天然树脂和合成树脂，构成塑料的一般是合成树脂。合成树脂是以煤、石油、天然气及一些农副产品为主要原料，由具有一定条件的低分子化合物，通过化学或物理方法结合而成的高分子化合物。塑料中合成树脂的含量一般可达 40%～100%，是塑料全部组成的黏合剂，也是决定塑料工艺性质和性能特点的内在因素。合成树脂的成分和结构不同，其性质也各不相同。

（2）塑料助剂。在塑料中加入助剂的目的主要是改善加工性能、提高效能和降低成本。不同种类的塑料因成型加工方法及使用条件不同，所需助剂的种类和用量也不同，常见的助剂有：①增塑剂，能提高塑料的柔软性、延伸性、可塑性，降低塑料流动温度和硬度，有利于塑料制品的成型，但抗张强度、弹性模量、介电性质则有所降低；②稳定剂，塑料制品在加工、储存和使用过程中，在光、热、氧的作用下易老化，为了延缓和阻止老化现象的发生，必须加入稳定剂，主要有热稳定剂、光稳定剂和抗氧剂等；③阻燃剂，能提高塑料着火温度、延缓燃烧速度或阻止燃烧；④抗静电剂，能消除或防止塑料表面静电；⑤发泡剂，能使塑料产生微孔，这类物质多为随温度变化可气化或产生气体的化合物，前者称为物理发泡，后者称为化学发泡；⑥着色剂，能改变塑料固有的颜色，美化塑料制品；⑦润滑剂，能改善塑料加热成型时的脱模性和提高制品的表面光洁度；⑧增强材料和填料，为改善塑料性能、降低塑料成本、扩大塑料应用范围而加入的物质，常用的有玻璃纤维、石棉、碳酸钙、滑石粉、纤维素等。

2．塑料的分类

（1）按成型性能，塑料可分为热固性塑料和热塑性塑料两大类。①热固性塑料经加热成型后，形成质地坚硬、不溶于任何溶剂的塑料，即使再加热也不能使其软化，只会碳化，它们的大分子为网状结构。常见的热固性塑料有酚醛塑料、脲醛塑料、密胺塑料等。②热塑性塑料是一类加热软化、冷却变硬的塑料。即使成型了，也可通过再次加热使其软化，重新成型，它们的大分子为长链型或支链型结构。常见的热塑性塑料有聚乙烯、聚丙烯、聚氯乙烯、聚苯乙烯、有机玻璃、聚酯、聚酰胺和硝酸纤维素等。

（2）按应用范围，塑料可分为通用塑料和工程塑料两大类。

（3）按可燃程度，塑料可分为易燃性塑料、可燃性塑料和难燃性塑料三大类。

（4）按毒性，塑料可分为无毒塑料和有毒塑料两大类。

（5）按是否呈微孔结构，塑料可分为泡沫塑料和非泡沫塑料两大类。

8.2.2 塑料主要品种的性能特点及制品

（1）聚乙烯塑料。聚乙烯塑料具有质轻、不易脆化、无臭、无味、无毒、化学稳定性强、绝缘性好、有一定的透气性等特点。聚乙烯按密度可分为高密度、中密度和低密度 3 种。低密度聚乙烯的质地较软，外观呈乳白色半透明状，使用温度为 80℃～100℃，比重为 0.91～0.92，具有较好的柔软性、伸长率和耐冲击性，适合制造较柔软的制品，如奶瓶、杯子、薄膜等；高密度聚乙烯的质地刚硬，耐热性、耐寒性较好，外观呈乳白色不透明状，比重一般为 0.9～0.96，使用温度可达 100℃，抗拉强度较高，适合制造较刚硬的制品，如衣钩、管道、饮料周转箱等；中密度聚乙烯的性能介于低密度聚乙烯和高密度聚乙烯之间，适合制造热水瓶壳、水桶、面盆等。

（2）聚氯乙烯塑料。聚氯乙烯塑料的主要特点：色泽鲜艳、不易破裂；结构较为紧密，比重可达 1.3 左右；耐腐蚀，气密性好，硬度和刚性比聚乙烯塑料大；耐老化，电绝缘性好，有较高的机械强度，有很好的阻燃性；耐热性差，使用温度最好在 40℃ 以下，遇冷出现变硬发脆现象；耐光性较差，遇热易变形等。聚氯乙烯塑料在日用品方面主要是制造肥皂盒、鞋底、薄膜等；在工业品方面主要用于制造管材、板材、建筑材料等。

（3）聚丙烯塑料。聚丙烯塑料呈乳白色半透明状，是最轻的一种塑料，比重为 0.9～0.91；无毒、无味，机械性能比聚乙烯塑料好；耐冲击、耐磨、耐腐蚀、绝缘性好；具有良好的拉伸强度、耐热性和气密性，使用温度可达 110℃，在没有外力作用下，即使温度达到 150℃，也不会变形；但耐自然老化和耐寒性较差。聚丙烯塑料适合制造撕裂薄膜、各种容器、家电外壳等。

（4）聚苯乙烯塑料。聚苯乙烯塑料属硬塑料，敲击时会发出铿锵的金属音响；硬度高、表面光滑、富有光泽；无毒、无味，透光率仅次于有机玻璃；具有良好的耐水、耐光和耐化学性能，特别优异的电绝缘性和弱吸湿性；但强度低、脆性大、耐热性低、易于燃烧，长期使用温度只有 70℃ 左右。它适合制造牙刷柄、电器外壳、玩具等。

（5）聚酰胺塑料。聚酰胺塑料呈白色半透明状，无毒、无味、强度高，最大的特点是耐磨性好，而且可以自行润滑，耐油性也好，但耐酸性和耐光性较差。除用于纺织、机械外，聚酰胺塑料还被大量用于汽车、电子/电器、日用品等领域。

（6）有机玻璃。有机玻璃系聚甲基丙烯酸甲酯塑料，最大的特点是既透明又结实，透光率可达 92%，比普通玻璃还高，质轻、强度高、脆性小、耐气候性好，外观极为美观。在有机玻璃中加入荧光剂可制成荧光塑料，加入珠光剂可制成珠光塑料，但表面硬度低，耐磨性、耐热性差，使用时超过 100℃ 即软化变形。有机玻璃适合制造纽扣、文具、眼镜、标牌等。

（7）酚醛塑料。酚醛塑料有较好的耐热性和耐寒性，不易燃烧，表面硬度高，电绝缘性好，可耐 110℃ 高温；耐腐蚀性也好，不易老化，对各种油类和溶剂具有较强的抵抗力；但色泽比较深暗，脆性较大，吸水性也较强。酚醛塑料适合制造纽扣、锅壳把手、电器零件等。

（8）脲醛塑料。脲醛塑料的色泽鲜艳，表面硬度高，耐热性、耐寒性、耐磨性、电绝缘性好，耐油且不受弱碱和有机溶剂的影响，但不耐酸。其耐热性、耐水性和化学稳定性比酚醛塑料差，适合制造纽扣、电器开关插座、贴面板等。

（9）密胺塑料。密胺塑料无毒、无味、耐酸碱，表面硬度和耐冲击强度都比较高，其制品不易破碎，吸水性弱，耐热性好，能长期在 110℃ 左右时使用，沾上污渍后易清洗，但破损后难以修补。密胺塑料适合制造各种食具、电器的绝缘零件等。

（10）硝酸纤维素塑料。硝酸纤维素塑料本身无色透明，着色性能好，最大的特点是质轻、弹性特别好，最大的缺点是易燃。硝酸纤维素塑料适合制造乒乓球、文具、眼镜架等。

案例分析 8-3

使用保鲜膜有讲究

目前，生产食品保鲜膜的原料主要有 3 种，分别是聚乙烯、聚氯乙烯和聚二氯乙烯。市面上所售的大多数保鲜膜使用的原料是聚乙烯，由于其在生产过程中不添加任何增塑剂，被公认为最安全。

然而，超市中用来包裹食品的保鲜膜也有可能使用聚氯乙烯材质。实验证明，这种保鲜膜为增加其附着力，含有名为乙基己基氨的增塑剂。该增塑剂对人体内分泌系统有很大的破坏作用，会扰乱人体的激素代谢。对此，消费者可以采取以下办法：回家后就把保鲜膜撕掉，将食物用食品保鲜袋包装起来，再放进电冰箱；也可以将食物装在有盖的陶瓷容器中；如果是没有盖的容器，那么在覆盖保鲜膜时，尽量别把食物装太满，以防接触到保鲜膜。

（资料来源：王雯. 生活提示：使用保鲜膜有讲究. 中华人民共和国中央人民政府门户网站，2008-7-16）

问题： 在选用食品保鲜膜时应注意哪些问题？

8.2.3　塑料的外观质量要求及鉴别

1. 塑料的外观质量要求

塑料的品种很多，结构与造型各异，一般要求外形完整且无缺陷，表面光洁、平滑，无凹凸现象，无皱纹、裂痕、小孔、麻点等。有色制品要求光泽均一，不可混有杂色或深浅不均；透明制品必须去杂彻底，有一定的透明度和光泽度，无水泡、裂纹；吹塑成型的各类容器制品要求厚薄均匀；塑料薄膜制品则需注意砂眼杂质；装配类塑料制品的尺寸和规格必须符合要求等。

2. 塑料制品的外观鉴别

从各种塑料制品的外观特征如色泽、透明度、光滑性、手感、表面硬度、敲击声，以及将其放入沸水中和放入水中等来区分和判断塑料的种类。几种常见塑料制品的外观特征分述如下。

（1）聚酰胺塑料制品：表面光滑、坚韧，色泽淡黄，敲击时无清脆声。

（2）酚醛塑料制品：表面坚硬，清脆易碎，断面结构松散，多为黑色、棕色的不透明体，敲击时发出木板的沉闷声，俗称电木。

（3）脲醛塑料制品：表面坚硬，清脆易碎，断面结构紧密，大多为浅色半透明体，并有玉石之感，俗称电玉。

（4）密胺塑料制品：外观手感似瓷器，表面坚硬、光滑，断面结构紧密，在沸水中不软化。

（5）硝酸纤维素塑料制品：富有弹性，用柔软物摩擦表面能产生樟脑气味。

3. 塑料的燃烧鉴别

不同塑料在燃烧时会发生不同的化学反应，表现出不同的反应状态：有的熔融，有的产生浓烟，有的发出强烈的气味等。根据不同塑料的燃烧特性，可以进行塑料种类的鉴别。此法具有简单、迅速的特点，但需选取小块试样。各种常见塑料的燃烧特征如表8-7所示。

表8-7　各种常见塑料的燃烧特征

塑料名称	燃烧难易程度	离火后是否自熄	火焰的特点	塑料的变化状态	气味
聚乙烯	易	继续燃烧	上端黄色、下端蓝色	熔融、滴落	与燃烧蜡烛的气味相似
聚氯乙烯	难	离火即灭	黄色、下端绿色，有白烟	软化	刺激性酸味
聚丙烯	易	继续燃烧	上端黄色、底部蓝色，有少量黑烟	熔融、滴落膨胀	石油味
聚苯乙烯	易	继续燃烧	橙黄色，有浓黑烟	融化、起泡	特殊臭味
聚酰胺	缓慢燃烧	慢慢熄灭	蓝色、顶端黄色	熔融、滴落	特殊羊毛、指甲烧焦味
有机玻璃	易	继续燃烧	浅蓝色、顶端白色	融化、起泡	有水果香味
酚醛	难	熄灭	黄色火焰	颜色变深，有裂纹	木材和酚味
脲醛	较难	熄灭	黄色、顶端蓝色	膨胀，有裂纹，燃烧处变白	特殊的甲醛刺激气味
密胺	难	熄灭	亮黄色	膨胀，有裂纹，发白	类似尿素的臭味
硝酸纤维素	极易	继续燃烧	黄色	迅速完全燃烧	无味

用燃烧法进行塑料鉴别时，必须采用无烟火焰。检验时用镊子夹小块塑料，放在火焰中燃烧，然后离开火源，仔细观察塑料在燃烧过程中的各种状态和气味，以进行鉴别。

相关链接8-5

揭秘塑料瓶底数字的真实含义

很多塑料容器都有一个"身份证"——三角形符号（见图8-8），三角形中有1~7的数字，每个编号代表一种塑料容器，它们的制作材料不同，使用禁忌也存在不同。

图8-8　塑料容器的"身份证"

（1）PET（聚对苯二甲酸乙二醇脂），常见的有矿泉水瓶、碳酸饮料瓶等。在耐热至70℃时易变形，有对人体有害的物质融出。1号塑料制品在使用10个月后，可能释放出致癌物DEHP（邻苯二甲酸二辛酯）；不能放在汽车内晒太阳；不要装酒、油等物质。

（2）HDPE（高密度聚乙烯），常见的有白色药瓶、清洁用品、沐浴产品。2号塑料制品不要作为水杯，或者用作储物容器装其他物品。它难清洁，不要循环使用。

（3）PVC（聚氯乙烯），常见的有雨衣、建材、塑料膜、塑料盒等。3 号塑料品的可塑性优良，价格低，故使用很普遍，只能耐热 81℃，在高温时容易有不好的物质产生，很少被用作食品包装。它难清洗、易残留，不要循环使用。不要购买用 3 号塑料制品盛装的饮品。

（4）LDPE（聚乙烯），常见的有保鲜膜、塑料膜等。4 号塑料制品在高温时会产生有害物质，有害物质随食物进入人体后，可能引起乳腺癌、新生儿先天缺陷等疾病。保鲜膜不要放进微波炉中。

（5）PP（聚丙烯），常见的有豆浆瓶、优酪乳瓶、果汁饮料瓶、微波炉餐盒。5 号塑料制品的熔点高达 167℃，是唯一可以放进微波炉的塑料盒，可在小心清洁后重复使用。需要注意，有些微波炉餐盒，盒体以 5 号 PP 制造，盒盖却以 1 号 PET 制造，由于 PET 不能抵受高温，故不能与盒体一并放进微波炉。

（6）PS（聚苯乙烯），常见的有碗装泡面盒、快餐盒。6 号塑料制品不能放进微波炉中，以免因温度过高而释放出化学物。6 号塑料制品在装酸（如柳橙汁）、碱性物质后，会分解出致癌物质。避免用快餐盒打包滚烫的食物。别用微波炉煮碗装方便面。

（7）PC（其他类），常见的有水壶、太空杯、奶瓶。百货公司常用这种材质的水杯当赠品。该类塑料制品很容易释放出有毒的物质双酚 A，对人体有害。在使用时该类塑料制品不要加热，不要在阳光下直晒。

（资料来源：揭秘塑料瓶底数字的真实含义. 中国质量报，2011-7-8）

8.3 皮鞋

皮鞋是用猪皮、牛皮、羊皮、马皮或合成革等主要材料做鞋帮，以皮革、橡胶、塑料等材料做鞋底，鞋底与鞋帮采用模压、硫化、胶粘、线缝和注压等工艺加工制成的鞋类。皮鞋在鞋类产品中属于比较高档的产品，不但要求穿着舒适，而且要求造型美观。皮鞋的帮样结构、花色品种、款式等都随着年龄、性别和季节的不同而变化。

8.3.1 皮革的种类、优缺点及鞋用革的外观质量要求

1. 皮革的种类

皮革的种类很多，按原皮种类可分为牛皮革、猪皮革、羊皮革、马皮革、麂皮革等；按整饰加工可分为正面革、绒面革、修面革、多脂革等；按皮革用途可分为鞋面革、服装革、箱包革、沙发革、皮带革，以及工业革、装具革等。每类中又可细分为小类，如鞋用革又分为鞋面革、鞋底革、鞋里革、内底革、沿条革等。

2. 皮革的优缺点

皮革与纺织品及橡胶、塑料相比，具有以下优点。

（1）具有良好的耐热性和耐寒性。皮革制品一般在 60℃以上的热水中才会收缩，有些

革甚至在沸水中也不收缩，在 150℃时也不变形；甚至在-60℃时仍保持一定的柔软性和坚固性。

（2）具有较高的机械强度。其耐磨强度、抗张强度、拉伸强度和耐折度等在一定的程度上都比橡胶、塑料好；其延伸性和变形性都好于橡胶、塑料。

（3）由于皮革属于多孔性的变性物质，因此它具有保温性、透气性、透湿性和卫生性。

（4）由于皮革具有很好的着色能力，因此它具有鲜艳的颜色和很好的光泽。

皮革的主要缺点是耐水性差。因为皮革中填充着可溶性物质，当这些可溶性物质遇到水时，就会被水溶出来，这样皮革就变得疏松而不耐磨，也容易破裂。此外，皮革的耐酸碱能力较差。又由于皮革的原料主要来源于动物皮，因此其价格也较高。

3．鞋用革的外观质量要求

（1）鞋面革。鞋面革要有一定的延伸性和可塑性，革身柔软、丰满、有弹性；在穿用时，由于鞋面要被反复地拉伸、曲折，因此鞋面革要有耐拉伸、耐曲折、耐碰擦的性能，不易断裂；为了使人在穿用时舒适，鞋面革还要有良好的耐水性、透气性和透水汽性。

（2）鞋底革。外底革要求耐磨性能特别好，抗压缩和耐弯曲变形能力强，身骨好，吸水性弱，受潮干燥后变形小，革面平整、光滑、细致，不裂面，无龟纹，颜色均匀一致；软底革则要求厚度均匀一致，不应有发脆、僵硬、延伸过大、不牢等缺点；内底革要求耐汗性和耐温热稳定性好。

（3）鞋里革。鞋里革要求平整、细致，质地薄而柔软，略有光亮，不能喷染溶于水的色料。

8.3.2　皮鞋的结构

皮鞋是由鞋帮和鞋底两部分构成的，下面以包头式皮鞋为例来讲解皮鞋的结构，如图 8-9 所示。

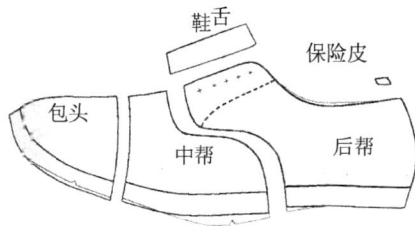

图 8-9　包头式皮鞋的结构

1．鞋帮

皮鞋鞋帮的式样变化最多，各式各样的皮鞋的区别就在于鞋帮的式样、结构不同。鞋帮一般包括包头、中帮和后帮 3 个部分，包头与中帮又合称为前帮。

（1）包头。包头即鞋尖部位，是皮鞋最显露的部位。包头的作用是保护脚趾不受外物碰撞。为了使皮鞋美观、耐用，包头部位应选择表面平整、无伤残、色泽光亮、厚薄均匀、结构紧密、挺括的面革。包头的内层垫有一层较硬的内包头，使鞋头保持固定形状，内包头是用硬革裁切成的；内包头里层垫有柔软的衬革或衬布，以防硬革摩擦脚。

（2）中帮。中帮是皮鞋的主要部分，要受体重的撑压和反复的伸曲作用，是鞋帮承受外力最大的部分。中帮所用革要求柔软、密致，机械强度（耐折和拉伸）高、延伸性好，不应有伤残和裂痕。

（3）后帮。后帮由内、外侧两块皮革缝合而成。后帮的作用是端正托住脚后跟，后帮不负荷过大的压力，穿用时也不显露（尤其内侧后帮更不显露）。后帮应使用面革质量较次的部位，厚度可薄于前帮。后帮里层沿脚后两侧垫有用硬革切制的重跟，用以托住脚后跟，保持后帮的形状，又保证后帮不被脚跟磨坏；最里层是后帮里子，此部位要经常摩擦，须使用较密致的鞋里革；两块后帮结缝的革条称为保险皮，保险皮需要承受较大的张力，革料质量应高于后帮。鞋眼部位的下方垫有柔软的革片——鞋舌，用以垫隔鞋眼和鞋帮对脚面的摩擦和硬压作用，可使用柔软的面革。

2. 鞋底

鞋底由大底、膛底、沿条、鞋跟、垫心和勾心等部分组成。女鞋鞋底有低跟、中跟和高跟之分，一般鞋跟高 30 毫米左右的为低跟，60 毫米的为中跟，超过 60 毫米的为高跟。

（1）大底。大底也叫外底，是鞋直接与地面接触的部位，是皮鞋的主要组成部分。在穿用时，大底需反复承受重压、弯曲、摩擦作用。由于大底与地面直接接触，常有潮湿和干燥的变化，因此大底要选用结构紧密、质地坚实、耐摩擦的革作为原料。一般要求男鞋大底厚度在 3.5 毫米以上，女鞋大底厚度在 3 毫米左右。厚底靴鞋常在大底前部加前撑，对前撑的要求与大底相同。装有前撑大底的靴鞋，其外底仅起衬托的作用，并不与地面接触，故对其质量要求可适当降低。用作皮鞋大底和前撑大底的原料有皮革、橡胶、塑料等。有关研究表明，鞋子每减轻 1 克，相对人体背部负荷减轻 6 克。因此，近年来橡塑鞋底以其轻便、耐磨、弹性好而深受人们青睐。

（2）膛底。膛底也叫内底。它是鞋底的最上层，即与脚掌直接接触的部位。它的作用是保持皮鞋内部固定的底形，使脚掌接触在一个平整、舒适的底面上。膛底承受着体重压力和行走时的弯曲作用，经常受汗液的侵蚀，故要选择坚实、紧密且有一定透气性的原料。一般选用厚度为 3 毫米左右的内底革，其表面应光滑、平整，对于高档皮鞋，还需在膛底表面加上一层柔软鞋垫。

（3）沿条。沿条是连接鞋帮、膛底和大底的革条，围在鞋帮的外沿，沿条的上层是膛底和鞋帮，下层是大底。它具有承上启下的作用，负荷着上下两层的作用力，故需使用坚实的底革或沿条革来裁切。皮凉鞋所用的沿条是为了加固缝口和装饰边沿，可采用较次的革料；单底鞋不用沿条，大底与鞋帮和膛底直接缝合。

（4）鞋跟。一般男鞋、女鞋的低跟或中跟均由多层皮组成（由多层跟里皮和跟面皮构成）。跟里皮是用零碎的底革拼成的，跟面皮要求与大底的原料相同。高跟鞋的鞋跟采用木制和塑料制，表面用皮革包裹，下面钉有跟皮。

鞋跟是承受人体压力最大的部位，不但在走路时受到很大摩擦力，而且在人体转动时受到最大的摩擦力。鞋跟在全鞋中的作用是使体重均匀地分布在鞋底上，达到站时平稳、行走时舒适的效果。因此，鞋跟要高矮一致，平稳、匀称。高跟鞋的鞋跟要用钉使其与底部钉牢。

（5）垫心。在膛底与大底之间存在空隙，垫心是填充在空隙之间的材料，常用纸板或棉花碎料作为垫心的原料。垫心的原料要柔软而有弹性，耐弯曲并有吸湿性，其作用是增加弹性。

（6）勾心。勾心是者用来支撑鞋底弓形部位的材料（见图 8-10），要有较大的硬性和弹性，常用的有铁勾心、钢勾心。铁勾心要求镀刷防锈物。钢勾心一般用 65 号锰钢制作，硬度和弹性极值非常理想，结构合理，质量小，并且符合制鞋工业标准化、系列化的要求。钢勾心在制鞋机械化装配工艺操作中和穿着过程中不会断裂，也不会产生永久性变形，是理想的标准化鞋部件。

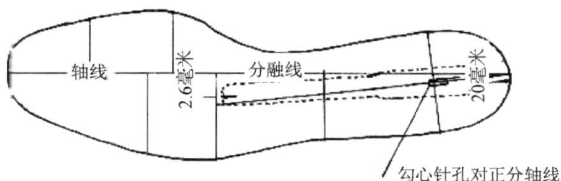

图 8-10　皮鞋的勾心

8.3.3　皮鞋的种类、品种、号型与质量要求

1. 皮鞋的种类

皮鞋的种类繁多，分类方法很多，常见的有以下几种：按穿用对象可分为小童鞋（13～16 号）、中童鞋（16½～19½号）、大童鞋（20～23 号）、女鞋（21½～25 号）、男鞋（23½～30 号）；按用途可分为皮单鞋、皮凉鞋、皮棉鞋、皮单靴、皮棉靴、皮马靴、运动鞋、劳动保护鞋等；按式样可分为高帮鞋、低帮鞋、坡跟鞋、厚底鞋等；按帮面原料可分为牛皮鞋、羊皮鞋、猪皮鞋、合成革鞋等；按加工成型方法可分为黏胶皮鞋、线缝皮鞋等。

2. 皮鞋的品种

（1）牛皮鞋。牛皮鞋是以牛皮为面革做成的各种皮鞋的统称。其特点是鞋面光亮、平滑，质地丰满、细腻、坚实，手感硬而有弹性，毛孔细圆而均匀，外观平坦而柔润。牛皮又有黄牛皮、水牛皮之分，水牛皮不如黄牛皮丰满、细致。鞋的大底有成型橡塑底和水牛皮底等多种，成型橡塑底多采用黏合剂黏合而成，水牛皮底多采用线缝法成型。

（2）猪皮鞋。以猪皮为革面制成的各种皮鞋。猪皮光面鞋的外观不好，粒面粗糙，耐水性能差，吸水后易膨胀变形。但由于皮纤维粗壮、坚韧，故耐磨强度高，透气性好。为了克服其粒面的缺点，进行了猪皮粒面的美化工作，改善了外观，成品鞋质量有很大提高，已成为颇受欢迎的皮鞋之一。

（3）羊皮鞋。羊皮鞋以山羊革为主要原料，厚度为 0.4～0.6 毫米，质地柔软，伸缩性好，穿着舒适、方便，可染成各种鲜艳的颜色，并且不易褪色。但其强度低，牢度差。羊皮有山羊皮和绵羊皮之分，山羊皮的质地和粒面不如绵羊皮柔软、细致，但成革坚实，强度较高。

（4）麂皮绒面皮鞋。麂皮绒面皮革是各种绒面鞋中质量较好的一种，麂皮由于皮面粗糙，斑痕较多，因此不宜制成正面革，多用于制作绒面革。其厚度为 0.5～1.2 毫米，纤维组织细密而柔软，弹性、强度、韧性、耐磨等性质都比羊皮革好。其外观效果好，绒面细腻而有光泽。

绒面皮鞋中还有绒面牛皮鞋、绒面猪皮鞋和绒面羊皮鞋等。在鞋面革中还有人造革、合成革等。

3. 皮鞋的号型

鞋号和型号是表示鞋子大小和肥瘦的一种特征。

全国统一鞋号以脚型作为制定鞋号的基础。鞋的长度以号来表示，单位为厘米，一厘米为一号，半厘米为半号，如 23、23½、24、24½等。

鞋的肥瘦以型来表示，肥瘦以踝围的大小为标准，分 1～5 型，表示为（一）、（二）、（三）、（四）、（五）。其中，（一）型最瘦，（五）型最肥。型间距为 7 毫米，如 22 号（一）型鞋比 22 号（二）型鞋的踝围小 7 毫米。

我国成年男女皮鞋系列为女 21½～25 号，男 23½～27½号，28～30 号为特号鞋。童鞋设（一）～（三）型，成人鞋设（一）～（五）型。

4. 皮鞋的质量要求

皮鞋的质量须从原材料和加工制造两个方面来鉴定。鉴定范围一般是从外观来检查，缝结强度、耐压强度等物理机械指标只用于特定的条件。皮鞋的质量应符合穿着舒适、外表美观、坚固耐久 3 个方面的要求，各级皮鞋都应有其相应的质量。

对于鞋帮的主要要求：前帮不能有明显的伤痕，包头应细致、光亮、颜色一致；后帮的非显露部位可允许有轻微伤残，但不能有裂面、掉浆、脱色等缺陷；跟型要有似鹅蛋形的弯势，后帮高低适当，不卡痛踝骨；鞋里应无皱褶、明伤、油污；鞋跟的距离相等，左右均匀对称，无破裂和不平现象；主跟和内包头需要下部坚硬，上部柔软而有弹性。

对于鞋底的主要要求：膛底无露线或露钉尖等现象；沿条平整，宽窄均匀；大底无裂面或其他明伤，槽口整齐，无破裂、露线等缺点；鞋跟平整，高度一致；大底、沿条、鞋跟的厚度都必须符合规定。此外，缝线应均匀、整齐，针码符合标准，每双鞋的左右两只应具有相同的质量。

8.3.4　皮鞋的选购、皮革的外观特征与皮鞋的保管

1. 皮鞋的选购

（1）造型优美。皮鞋的跟型和皮鞋的整体造型要好看。随着国内外流行式样的变化，

皮鞋不断推陈出新，消费者在选购皮鞋时应挑选线条舒展、造型具有立体感、式样新颖、色彩雅致的皮鞋。皮鞋的色泽多样，消费者在挑选时要注意与自己的服饰整体协调。例如，粗花呢服装应同印花皮鞋搭配，条绒服装应和绒面革皮鞋搭配，毛料服装应和牛皮鞋搭配等。

（2）要适合脚型。皮鞋楦的肥瘦分一型半、二型、二型半、三型、三型半、四型、五型。一般男鞋是肥型的，女鞋是瘦型的。皮鞋跟的具体尺寸很多，常见的有平跟、坡跟、酒杯跟、调羹跟、中跟、中高跟、粗跟、高跟等。消费者在选购时，一定要经过试穿，还应注意预防高跟鞋综合征、松糕鞋综合征等。

（3）尺码宜大不宜小。例如，脚长 25 厘米，则宜选择长 26 厘米的鞋（特别是尖头皮鞋），否则脚趾会轧痛，走路也不方便。

（4）规格质量。皮鞋上一般有 5 种标记：①尺码，标明皮鞋的长度；②编号，同双编号一致，防止错对；③型号，标明鞋楦的肥瘦；④产品等级和检验工号，一般用同一个戳号，产品等级有一级、二级，也有标正品、副品的，它说明产品质量的不同和价格的区别，检验工号是检验员的代号；⑤商标，它是商品的标记和信誉的象征，也是质量的承诺。这5 种标记各有重要作用。

2. 皮革的外观特征

（1）猪皮革。猪皮革的表面毛孔圆而粗大，毛孔以倾斜方向伸入革内，而且每 3 个毛孔排列成一组，呈品字形，每组相隔较远，革面比较粗糙，成革机械强度较高。

（2）黄牛皮。黄牛皮的表面毛孔细小而呈圆形，分布均匀而紧密，但排列不规则，好像满天星斗，革面丰满、细致。手感坚实而富有弹性，毛孔也较直地伸向里面。

（3）水牛皮。水牛皮的表面毛孔比黄牛皮粗大而稀少，革面较松弛，成革粒面比黄牛皮粗糙，但成革机械强度高。

（4）山羊皮。山羊皮的表面毛孔清楚，呈扁平圆形，革面细致，纤维紧密，粒纹是在半圆形的弧上排列 2～4 个针毛孔，周围有大量的细绒毛孔，形成有形粒纹，成革坚实，成革机械强度较高。

（5）绵羊皮革。绵羊皮革的革面较松，毛孔细小，呈扁圆形，由几个毛孔构成一组，排成长列，似鱼鳞形或锯齿形，分布均匀，手感柔软，但坚牢度不如山羊皮。

（6）马皮革。马皮革的表面毛孔不明显，仔细观看时能发现椭圆形，比牛皮毛孔略大，有规律地排列成山脉形状，革面较为细致、柔软，但色泽昏暗，不如牛皮光亮。

（7）再生革。再生革是皮渣、皮纤维被磨碎，经高压用黏合剂黏合，形成片状，然后经片机片到需要厚度，再经过涂饰而形成的具有一定皮革特性的革。其特征为粒面经修饰，然后压上花纹，花纹种类为牛、羊、猪皮等，但花纹无毛孔眼，花纹浮在皮表层上，表面光泽亮，塑料感强。

（8）人造革。人造革是在布底基上涂饰聚氯乙烯树脂，经处理成的革。其特征为质地柔软，富有弹性，不易燃烧，耐热温度低，透气性差，遇低温发硬，塑料感强，光泽亮，冬天摸有冷凉感。

（9）合成革。合成革是在布底基上涂饰聚氨酯微孔弹性体生成的复合材料。其特征为表面硬度高，机械强度、耐磨性、弹性等都优于人造革，透气性接近天然皮革，在低温下质地同样柔软，塑料感强，光泽亮，各部位的纹理规则一致。

3. 皮鞋的保管

（1）防潮。皮革的含水量为 16%～18%，在正常温度条件下能保持平衡。当湿度增大时，皮革将吸收水分，水分过多就容易发霉，不仅表面产生难以消除的霉斑，革质强度也会降低。因此，保管皮鞋首先要注重防潮，保管和陈列的地方要干燥、通风，离地面和砖墙远些。

（2）防热。皮革除含有一定量的水分外，还需含有一定量的油脂，以保持其柔软度和光泽度。若保管环境温度过高，皮革水分蒸发，革面纤维干枯发脆，就可能出现裂面和变形的现象；若积热不散，就会引起油脂的分解变质，降低皮革的强度和韧性，也易引起橡胶和塑料配件的老化。所以，保管和陈列的皮鞋，不应受日光照射；不应靠近炉火、暖气管、电热器具等。

（3）防酸碱。皮革接触到带有酸性或碱性的物质，其皮面会由于腐蚀作用而产生裂纹、折断，其韧性和弹性会降低，因此皮鞋不能和肥皂、碱面、化工原料及一些副食品等放在一起。

（4）防虫蛀和鼠咬。皮革本身含有动物蛋白质纤维和油脂成分，很容易被虫蛀和鼠咬，保管皮鞋必须注意防虫蛀和鼠咬。

（5）防尘。尘埃落附在鞋面上能吸去革面表面层上的油脂，使革面变得粗糙和僵硬。当油脂含量降低后，皮革表面更易吸潮发霉，因此在保管皮鞋时必须注意保持皮鞋的洁净。

（6）防挤压。皮鞋不可被挤压，以免变形走样；不能受硬物摩擦；堆码时也不能过高，防止重压变形。

总之，皮鞋应妥善保管，对库房的要求：阴凉、干燥和密封，库内温度以不超过 30℃为宜，相对湿度宜保持在 50%～80%。为了防止发霉，可在皮鞋表面喷刷防霉剂；为防止生虫，应放置樟脑丸等。

8.4 照相机

在现代社会中，照相机已被应用到各个领域，不仅用来拍摄人像和风景、新闻图片，进行摄影艺术创造；还能通过人造卫星，把宇宙间和地球上的实况拍摄下来；通过显微镜，拍摄到肉眼看不到的微生物；能将海底的情景真实地记录下来；能翻拍各种图案、文物资料和实物；是公安司法部门用来侦破案件、采取罪证的一种重要手段，是现代化国防的重要设备之一。

8.4.1　光学照相机的工作原理

光学照相机的工作原理和人眼看景物的道理差不多，主要利用了凸镜成像原理（见图 8-11）。照相机的前部有镜头，相当于一个凸透镜，后部有底片，能记录摄像，照相机在拍摄景物时，景物的生成通过镜头会聚到底片上，形成缩小的倒立实像，经过冲洗和印相就得到相应的照片。由于景物千变万化，有亮有暗、有远有近，因此照相机除了镜头和底片，还需要其他的调节、控制等装置。

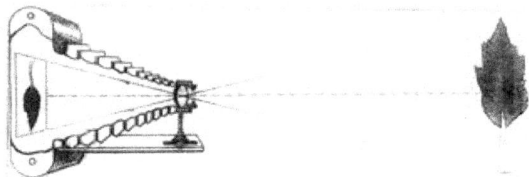

图 8-11　光学照相机的成像原理

8.4.2　光学照相机的结构

光学照相机由镜头、光圈、快门、取景器、测距器、卷片、机身（暗箱）等主要部件构成。图 8-12 为凤凰 205E 照相机。

图 8-12　凤凰 205E 照相机

1. 镜头

镜头的作用是通过光线把景物集结成影像并投射到感光片上，使感光片接收清晰的影像，它的好坏直接决定了光学照相机的性能。

最早的镜头是由单片凸透镜制成的，也叫新月形镜头，现在在最简单的低级光学照相机上，偶尔也会使用这种镜头。这种镜头的镜面直径很小，光线强时曝光太多，光线暗时曝光不足，另外还存有光学上的几种误差，像的中间和四周不能同时清晰，像也会变形。为了克服这些缺点，又发明了一种灭色镜头，由一片凸透镜和一片凹透镜组合在一起，也称消色镜头，它的色散差已得到较好的纠正，适合拍摄风景，也叫风景头，但成像质量不理想。现在，除装在普及型低级光学照相机上的镜头外，其他镜头都由多片多组的不同材料制成，并在每一块与空气接触的镜面上都加上一层紫色、米黄色或深蓝色的增透膜，因而大大降低了光线的干扰和反射，使通光量增加。镜头的相对口径也在朝着较大的方向发展，各种光学误差已较小，但也越来越复杂了。

光学照相机镜头上有两个很重要的参数，一个是镜头焦距，另一个是镜头的有效口径。

（1）镜头焦距。镜头焦距是镜头焦点到镜头中心的距离，用 f 表示。不同用途的光学照相机，镜头焦距差别很大。一般按焦距长短可分成标准镜头、远摄镜头和广角镜头 3 种。标准镜头是指镜头焦距和所用底片对角线长度大体相等的镜头。对于 135 相机，f 在 40～58 毫米的都算标准镜头；对于 120 相机，f 在 75～85 毫米的都算标准镜头。使用标准镜头拍摄的照片，符合人们的视觉习惯，看起来比较舒服，所以一般都采用标准镜头。远摄镜头是指镜头焦距比所用底片对角线长的镜头。对于 135 相机，f 大于 58 毫米的；对于 120 相机，f 大于 85 毫米的都算远摄镜头。在同一地方拍摄同一个物体，使用远摄镜头所得的像比标准镜头大。广角镜头是镜头焦距比所用底片对角线短的镜头。对于 135 相机，f 小于 40 毫米的；对于 120 相机，f 小于 75 毫米的都算广角镜头。广角镜头拍摄到的角度范围大，标准镜头的视角大约为 53°，而广角镜头在 75°～110°。在同一个地方拍摄景物，使用广角镜头拍摄的景物范围比标准镜头宽。

（2）镜头的有效口径。有效口径是用来表示镜头最大通光量的，即镜头通过光线的能力，一般用镜头口径与镜头焦距之比表示：

$$镜头的有效口径 = \frac{镜头口径}{镜头焦距}$$

光学照相机镜头边框上都刻有有效口径的比值，有效口径越大越好。有效口径大的镜头能够拍摄比较暗的景物。

2．光圈

为了调节通光量，在镜头中间装一个虹膜式的可以收缩的光孔，这个调控装置叫作光圈。光圈能调节镜头的景深范围，光圈缩小，景深延长；光圈放大，景深缩短。景深就是景物前后的清晰范围，因此光圈对摄影有很重要的作用。光圈值的刻度，就是各级光孔口径通光量相比较的数据，每一级光圈的通光量恰好相差一倍，它们有几种不同的排列。我国生产的光学照相机的排列顺序是 1、1.4、2、2.8、4、5.6、8、11、16、22、32，数字越大，光圈越小。光圈口径是可以连续改变的，光圈一般是由 5 片或 5 片以上的薄钢组成的，中心随着差拨杆放大或缩小。光圈的调节收缩有手动收缩、半自动收缩和全自动收缩 3种形式。

3．快门

快门是控制曝光时间的装置，快门开启的时间以秒为单位，一般设有慢至 1 秒、快至 1/1000 秒等多级速度，按照相差 50% 的序列递减，以适应各种拍摄情况的需要。此外，还有两个手控曝光时间标记——B 门和 T 门。B 门是手按下快门按钮快门打开，手抬起快门关闭；T 门是手按一次快门按钮快门打开，手抬起后仍不关闭，需要再一次按下快门按钮，快门才关闭。快门只能一挡一挡改变，千万不要把快门放在两挡之间使用，这样容易损坏快门。快门按构造不同，可分为机械快门和电子快门两大类。

4．取景器

取景器是用以观看被摄景物范围的装置。从取景器中看到的景物，一般都比底片上的略小，以保证所看到的景物可以完全拍出。

取景器有以下 3 种。①框式取景器，由前后可以折叠的方形柜架构成，通过方框直接取景，多装于老式光学照相机上。②光学平视取景器，它由取景窗口、目镜等构成。取景时，眼睛平视观察，观察到的景物上下左右都和实物相同，用来拍摄运动的物体很方便。③反射式取景器，有俯视和平视之分，它由镜头、毛玻璃和一块 45°角的反光镜共同构成。俯视反射式取景器观察物和实际景物上下一致，但左右相反，用来拍摄运动物体有一定的困难；平视五棱镜反射式取景器观察到的景物和实际景物上下左右都一致，并且无论换用何种焦距镜头，在取景器中看到的景物和拍摄的景物范围都基本一致。单镜头反光照相机基本采用这种取景器。

5．测距器

在拍摄各种景物时，应根据被摄物体的远近，随时调整光学照相机镜头的焦距，保证感光片上能获得清晰的影像。光学照相机上的这种装置就是测距器，也叫调焦器。

测距器有固定式、目测式、光测式等。现在采用的基本是光测式，常见的有重影式、截影式、俯视反光式、平视五棱镜反光式和自动式等。重影式是以虚实重叠或分离为依据的；截影式是以两截景物合成一个整体为准；俯视和平视五棱镜反光式以景物在磨砂玻璃上成像清晰为完成调焦过程；自动式利用电子技术进行自动调焦，操作简便。

6．卷片和机身

卷片结构从外表上看，有旋钮、扳手、摇柄、发条和电动机等几种形式；在构造上，主要分为机械卷片和电动卷片两类。机械卷片有红窗计数、自动停片和自动计数、发条卷片 3 种结构。电动卷片为自动输片，有内藏和外配两种款式。

机身是光学照相机的主体，有了它才能装置其他机件。机身又起到暗箱的作用，制造机身的材料有胶木、塑料、金属等。

8.4.3　光学照相机的品种、质量检查、使用与保养

1．光学照相机的品种

（1）135 帘幕快门照相机。它的体积小，镜头口径大，速度快，拍片多，能更换镜头，经久耐用，在 20 世纪 30—50 年代深受人们喜爱。其主要品种有国产的上海牌 58-Ⅰ 型、红旗Ⅱ型，以及进口的莱卡、康太克斯等。由于这种照相机的校正视差能力差，操作麻烦，现在已基本被 135 单镜头反光照相机取代。

（2）120 双镜反光照相机。它的特征是有两个镜头，上镜头取景，下镜头拍摄景物。拍照时测距取景容易掌握，取景框内看到的景物与实拍照片画面相同，深受广大摄影爱好者欢迎。其主要品种有国产的海鸥 4 型系列、珠江 4 型、牡丹 2 型，以及进口的雅西卡 124、

禄来等。

（3）135 平视取景照相机。它的特点是小型轻便，自动决定曝光参数，有各种曝光方式。有的还把微型闪光灯组装在照相机内成为一体，并能自动记录拍摄日期，是一种适合业余摄影爱好者使用的中低档照相机，主要品种有国产的凤凰 205、东方 S₂、长城 S₂-1、西湖 PT-4，以及进口的柯达 35、阿克斯等。

（4）单镜头反光照相机。它有 135 和 120 两种，是一种适合专业和业余摄影者使用的较高级照相机。其性能优越，设备齐全，自动化程度高，能适合各种复杂场合摄影的需要，使用较为方便。其主要品种有国产的海鸥 DF 型、凤凰 MD 型、孔雀 DF 型、珠江 201 型，以及进口的佳能、尼康、美能达、富士、理光、宾得、亚西卡等。120 单镜头反光照相机的性能特点与 135 单镜头反光照相机近似，只是它使用的胶卷和拍摄的底片稍大一些。由于体积大、价格高，120 单镜头反光照相机的品种、产量和使用面等均没有 135 单镜头反光照相机广泛。单镜头反光照相机的主要品种有哈斯、布朗尼卡、禄来、玛来雅等。

（5）傻瓜照相机。这种照相机只需按快门，一切不用调，使用极为简便。低档机多采用简易型设计，快门速度固定，光圈固定或仅有两三档可调，焦距固定，结构简单，价格低廉；中档机多有电子程序快门，目测区域调焦，手动或电动卷片；高档机同时具有自动曝光、自动调焦、自动输片和自动倒片功能，使用方便，价格稍高；超级机在高档机的基础上又增加了双焦（如 30 毫米与 80 毫米）或变焦（135～70 毫米）功能，结构复杂，价格昂贵。

2. 光学照相机的质量检查

（1）检查外观。光学照相机的外观应具有以下几个特征。

① 外表没有裂缝、没有划伤。

② 电镀表面无泛黄、剥落的现象。

③ 镜头与机身联结紧密无松动。

（2）检查镜头。打开后盖，按下 B 门，将光圈开到最大一挡，镜头对着光亮处，即可检查镜头。检查以下内容。

① 镜头表面是否有划伤，镜头边缘是否有破碎现象。

② 镜头上是否有尘埃和金属屑。

③ 镜头上是否有丝状物霉菌。

④ 镜头上是否有气泡。在中心部位有较大气泡是不允许的，若气泡在镜头边缘，则可以接受。

⑤ 镜片是否明显脱胶与有水泡。

⑥ 观察最小两挡光圈是否有区别，没有区别是不符合要求的。

⑦ 光圈叶片上是否有锈斑和油渍。

⑧ 逐级拨动光圈，检查各挡光圈收缩的形状是否一致，严重不规则的会影响光圈值的正确性。

⑨ 光圈的调节环、调焦环和变焦环等，转速是否均匀。

（3）检查快门。快门可以从几个方面检查。

① 释放快门时，声音要清脆，铿锵有力。

② 低速度快门（如 1、1/2、1/4、1/8 挡），凭听觉检查它们有无明显差别，后一挡时间是前一挡时间的一半。

③ 检查 B 门的好不，因为它影响高速度快门的稳定性。按下 B 门，听到轻快的齿轮声为正确的。

（4）检查自拍机装置。正常的自拍机装置，在使用时运转声音清脆，频率稳定，自拍延长时间为 8～12 秒。在自拍机刚开始运行时，快门叶片不应打开。

（5）检查调焦装置。磨砂玻璃或五棱镜反光式调焦装置，拨至无限远标志，无限远处的景物必须清晰。重影式调焦装置，双影必须明显，当调至无限远时，上下左右必须重叠。在检查近距离调焦时，可以用尺测量验证。

（6）检查闪光同步。先将闪光灯的同步连线接在照相机上或者接入插触点，将闪光灯充电，把光圈开到最大；打开后盖，将闪光灯和光学照相机都对着白墙；透过镜头观看，再按下快门按钮；闪光灯闪亮，当快门开启时，看见闪光灯反射光入镜头，说明快门与闪光是同步的。

（7）检查计数器。观察计数器在卷片时是否变动数字。在打开后盖时，计数器应自动复零。

（8）检查电子自动装置。装上电池，观察各种自动功能是否有效、可靠。

3. 光学照相机的使用与保养

（1）光学照相机的使用。光学照相机是由光学、机械、电子等部件构成的比较精密的摄影工具，它的种类繁多，造型各异。即使同一品牌的光学照相机，型号不同，其使用方法也不同。在光学照相机的使用过程中，首先要仔细阅读产品说明书，熟悉所用光学照相机的性能，掌握正确的使用方法。要了解怎样打开和关紧底盖，怎样装卷、卷片、倒片，了解光圈、快门、自拍机、调焦装置、取景装置、景深表的位置和调节方法，并要实际操作一下，看各种装置是否正常，然后装上胶卷，进行取景，定光圈和快门、调焦距、按快门、卷片，最后取出胶卷，及时冲洗。对于装有电子装置的光学照相机，在装上胶卷后，要根据胶卷的感光度调定好片速调节装置，注意弄清曝光系统是快门先决式、光圈先决式，还是程序式自动曝光或多功能式。及时更换新电池，长时间不用的光学照相机，应将电池取下。对于外接闪光灯的光学照相机，要特别注意配套，不要随便使用其他闪光灯，否则会烧坏光学照相机。

（2）光学照相机的保养。镜头的镀膜和镜片质地较嫩，极易损伤，要注意不要碰撞镜头，尽量防止镜头被污染。在不拍照时，随手盖上镜头盖，不要让镜头暴冷暴热，防止镜头发霉。使用推拉式变焦镜头或转动式变焦镜头，要用擦镜头纸或脱脂棉擦拭镜头表面，不要用擦眼镜布、手帕、衣服等物擦拭镜头。镜头表面上的灰尘，可用橡皮吹气球或驼毛刷轻拂，不能用嘴吹。镜头表面的手印痕、污垢，先用吹气球吹，再用脱脂棉沾微量乙醇和乙醚混合液轻擦，最后用未沾溶液的脱脂棉擦去余迹。整机的保养要注意避免摩擦、碰撞和强烈震动，长时间不用的光学照相机，应将光学照相机与皮套分开保存。在保存时，擦净光学照相机，快门与自拍机释放，快门速度调到B门，光圈开到最大挡，计数器复零，电子照相机还需取出电池，最后把光学照相机放在盛有干燥剂的玻璃器皿或塑料袋内密封好。还要注意，光学照相机不宜在高温和严寒下长期使用。

8.4.4 数码相机

1. 数码相机概述

数码相机是以电子存储设备作为摄像的记录载体，通过光学镜头，在光圈和快门的控制下，实现在电子感光设备上的曝光，完成被摄图像的记录。数码相机的结构形式和工作原理与光学照相机差不多，主要差别在摄像记录和储存上，光学照相机将摄影记录和储存在胶片上，数码相机以数码信息的形式将摄影记录和储存在存储器上。像素越高的数码相机，拍出来的照片清晰度越高。数码相机的分辨率一般在几百万像素到几千万像素，主要品牌有尼康、柯达、奥林巴斯、卡西欧、佳能、富士、三星等。用数码相机记录的影像，不需要进行复杂的暗房工作就可以非常方便地用数码相机的液晶显示屏、电视机及个人计算机再现出来，也可通过打印机直接输出。数码相机与光学照相机各有特点，如果你想拍几张高质量的照片或做精美广告，那么最好选择光学照相机；如果你想做新闻报道，拍些普通的生活照或想把照片插入网页中，就选择数码相机。

小思考 8-2

消费者都喜欢用数码相机，是因为数码相机比光学照相机好吗？

2. 数码相机的分类

1）按照分辨率分类

（1）普及型。普及型数码相机的分辨率至少应为640像素×480像素。这种分辨率的照片在电视机或显示器上输出的效果还是不错的，用于制作网页或家庭照片光盘也不成问题。

在其他功能上，普及型数码相机虽然不及其他两个档次，但仍具备了LCD（液晶显示器）和可插拔存储卡。如果只想利用数码相机记录画面，而不苛求画面质量，不需要打印输出，那么这类数码相机十分适合。

（2）专业型。专业型数码相机的主要用户是新闻记者，超高分辨率是这类数码相机的首要标志，其分辨率至少为1280像素×1024像素，其CCD（电荷耦合器件）的分辨率为几百万像素，而其色彩深度为24位或36位。

此外，这类数码相机还将可互换镜头、先进的自动对焦和曝光系统、快速的数据存储、可选择的高容量存储卡等优势综合到一起，满足了专业要求。

（3）高级型。这类数码相机主要针对一般商业用途和对画质要求较高的家庭用户。其最高分辨率一般是 1280 像素×1024 像素或 1024 像素×768 像素，而一些新型号的分辨率则高达 1536 像素×1024 像素，这种等级的分辨率可以确保 5 英寸×7 英寸（1 英寸≈2.54 厘米）或更大的输出效果，其 CCD 的分辨率在百万像素以上。

此外，这类数码相机还具有自动对焦的光学镜头（许多型号还是变焦镜头）、清晰的 LCD、灵活的存储卡，拍摄起来更像在使用一部高档傻瓜照相机，足以满足日常拍摄的需要。

2）按照技术特点分类

（1）面阵 CCD 数码相机。面阵 CCD 数码相机是采用面阵 CCD 作为图像传感器的一类数码相机。它由并行浮点寄存器、串行浮点寄存器和信号输出放大器组成，三色矩阵排列分布，形成一个矩阵平面。在拍摄影像时由大量传感器同时瞬间捕捉影像，且一次曝光完成。因此，这类数码相机的拍摄速度快，对所拍摄景物及光照条件无特殊要求。面阵 CCD 数码相机所拍摄的景物范围很广，无论是静止的还是移动的，都能拍摄。目前，绝大多数数码相机都属于面阵 CCD 数码相机。

（2）线阵 CCD 数码相机。线阵 CCD 数码相机也称扫描式数码相机。与面阵 CCD 数码相机不同，这类数码相机采用线阵 CCD 作为图像传感器。这类数码相机的拍摄一般都由计算机控制，并且在曝光的同时将所生成的文件数据实时地通过数据电缆传输到计算机的存储设备中进行存储。这种特殊的工作原理还使得其实际拍摄时的曝光时间非常长，一般在十几分钟左右。当然，这类数码相机所拍摄的图像质量是最高的，通常只在专业领域中使用。由于其曝光时间过长，线阵 CCD 数码相机无法用来拍摄运动的景物，并且对光源的要求十分苛刻。这也使得它的应用范围相当有限，一般只能用来拍摄连续光源的静止物体。

（3）CMOS 数码相机。CMOS 数码相机采用 CMOS 作为图像传感器。CMOS 实际上是一种互补金属氧化物半导体集成电路，它是近年来发展起来的新型集成电路。CMOS 有结构简单、成本低廉、耗能低和集成度高等特点，在 CMOS 中甚至可以把数码相机的其他功能集成进来，这些优点使得 CMOS 越来越被人们看好。虽然 CMOS 在清晰度方面还有待提高，但由于 CMOS 的制造成本较 CCD 降低了许多，因此 CMOS 数码相机的价格一般家庭都能够接受，加之其功耗小，非常适合普通家庭使用。

3）按照储存能力分类

（1）联机型数码相机。联机型数码相机本身并不带有存储设备，这类数码相机在使用时必须与计算机相连，将计算机作为其存储设备，将所拍摄内容直接存储到计算机的存储设备中。这类数码相机设有 RS-232 串行数据接口，并附有与个人计算机和 MAC 机连接所需的并行、串行电缆。

（2）脱机型数码相机。脱机型数码相机顾名思义就是数码相机自身带有存储器，在使用时可以脱离计算机独立拍摄，目前市场上的数码相机基本属于脱机型数码相机。这类数码相机由于所带的存储器方式不同，又可分为固化式和可移动式两种。

脱机型固化式数码相机的存储器是与数码相机固化在一起的，不能另外再接其他存储设备，也不能更换，这使得数码相机的存储能力受到很大的限制。一旦存储器的空间被占满，就只能先进行删除，再进行拍摄，因此这类数码相机不适合连续的大量拍摄。

脱机型可移动式数码相机的存储形式是采用存储卡或其他可更换存储器作为存储设备，当存储设备存满后，可以像计算机的软盘一样随时更换。因此，只要有足够的存储卡，就可以进行任意的拍摄，不会有任何存储容量上的限制，这类数码相机是市场发展的方向。

此外，数码相机还可以根据取景器的特征分为单反型数码相机、双镜头数码相机和LCD取景数码相机；根据数码相机的操作程度分为全自动数码相机、半自动数码相机和手动数码相机；根据组成结构分为集成式数码相机和非集成式数码相机；根据传输方式分为USB数码相机、PCI数码相机和PP数码相机等。

3．数码相机的选购

如今电子产品更新换代很快，要想在琳琅满目的数码相机中选择一款既适用又不会很快被淘汰的数码相机并非易事。所以，在购买前，可以从购买数码相机的目的、需要什么样的功能、使用的难易程度和经济承受能力等方面来考虑。

1）分辨率

分辨率是在选购数码相机时首先应注意的因素。在经济条件允许的情况下，分辨率越高越好，因为分辨率直接影响图像的清晰度。分辨率越高，所拍摄的图像质量就越好。

2）存储能力

内置内存的容量越大越好。除了内置的内存，如果还有插入存储卡的扩展槽就更好了。使用可移动存储卡，不管使用的是全尺寸的 PC 卡还是微型卡，都可以很方便地提高相机的图像存储能力，在将相机中的照片下载到计算机之前可以拍摄更多的图像。使用可移动存储卡对笔记本电脑用户来说尤为适合，这使得下载图像非常方便。

可根据拍摄的具体情况，合理选择存储器。如果偶尔拍摄少量景物，那么可使用内置式存储器；如果外出但并非大量拍摄，那么可使用一般容量的 CF 卡或 SM 卡；如果外出大量拍摄，那么可使用高容量的 CF 卡、PC 硬盘卡或 XD 卡。

3）色彩深度

数码相机的色彩深度反映了其对色彩的分辨能力，它取决于"电子胶卷"的光电转换精度，用"位"来表示。色彩深度值越大，正确记录色彩的能力就越强，就越能真实地反映景物亮部和暗部的细节。通常，数码相机的色彩深度为 24 位或 36 位，即三原色中的每种原色的色彩深度都是 8 位或 12 位。目前，几乎所有的数码相机的色彩深度都达到了 24 位，可以生成真彩的图像，某些高档数码相机的色彩深度已达到了 36 位。

4）电池

电池是在选择数码相机时易忽略的问题，实际上它是非常重要的。在数码相机的运作过程中，电池消耗构成了数码相机长期运行过程中的主要花费。使用充电的电池可降低长期使用的费用，特别是带有 LCD 及内置闪光灯的机型，其电池消耗多，就更为明显，所以在价格与功能相差不多的情况下，应该选购带交流电源适配器的机型。

5）选购时应注意的问题

（1）过高的像素会加重存储器的负担。一般来说，600 万像素已经可以满足普通 10 寸以下照片的冲印要求，而 800 万像素则可以满足 A4 纸张大小照片的冲印。但使用普通消费级数码相机的用户，对于 10 寸以上照片的冲印需求是非常小的。因此，对一般消费者来说，600 万像素足以满足日常冲印的要求，没有必要过分追求高像素。过分追求高像素，存储卡的容量势必要增加，512MB 的存储卡对 800 万像素的数码相机来说只能拍摄照片 150 张左右，而对 600 万像素的数码相机来说能拍得更多。

（2）有些功能少选为妙。如今数码相机的功能越来越多，有的能听歌，有的能打游戏等。但当你用只能靠指甲才能控制的 4 个按钮来打游戏时，恐怕就没有了游戏的性质，这其实是厂商的一个卖点。

6）验货时的注意事项

（1）镜头、LCD 上是否留有指纹。如果不是全新的数码相机，那么这些地方往往容易露出马脚。

（2）锂电池的触点上是否有使用过的痕迹。如今大多数数码相机都采用锂电池，全新的锂电池触点为金黄色的，没有任何杂色。使用过的锂电池，其触点上会有和电池仓接触的痕迹。

4. 数码相机的使用、保养和维护

数码相机在使用、保养和维护方面与光学照相机一样，存在防水、防尘、防震等方面的要求。不仅如此，数码相机由于其结构和功能的特点，对使用、保养和维护还构成了许多新的要求，具体应注意以下几个方面。

（1）掌握正确的操作规程。数码相机是精密的仪器，操作精细。因此，必须严格按照说明书的操作步骤进行操作，在更换电池和存储卡时，一定要关闭数码相机的电源开关，否则极易出现故障。在将数码相机中的图像下载到计算机上时，需要将数码相机与计算机用导线连接起来，在连接之前一定要关闭数码相机，以免带电操作损坏数码相机。

（2）影像传感器的使用和维护。影像传感器是数码相机成像的核心部件，对于不能交换镜头的普通袖珍数码相机来说，影像传感器是不暴露的，封装在数码相机的内部，不需要对其进行刻意的维护。而对于经常需要更换镜头的数码单反相机来说，影像传感器就位于反光镜的后面，若灰尘进入机身内，就很有可能落在影像传感器上，因此数码单反相机在交换镜头时，要将机身的镜头接环面朝下安装镜头，尽量避免灰尘进入。

（3）存储卡的使用和维护。数码相机的存储卡都很小而且很薄，极易折断，存储卡片基上的金属触点极易被污染和划伤，所以最安全的方法就是将存储卡放入专用包装盒内或数码相机内。平时一定要将存储卡保存在干燥环境中，已存有图像文件的存储卡还要尽量避磁、避高温存放。

在数码相机内拔插存储卡时，必须关闭数码相机的电源，而且在拔插时要保持卡与插槽的平行状态，否则容易损坏数码相机与存储卡连接的针脚。多数数码相机有录音功能，

可将拍摄时的注释性解说及现场声音记录下来，以备查询。

（4）LCD 的使用和维护。数码相机的 LCD 是观看照片和取景构图的显示器件，是数码相机十分重要的配件。它不但价格高，而且由于使用的频率相当高，容易受到损伤。在使用和存放数码相机时，要注意不要让 LCD 表面受到挤压，更要防止失手将 LCD 碰坏或摔坏。

（5）电池的使用和维护。将数码相机买回来后，第一件事情就是拿出备用的电池进行充电，因为一般来说，一块新的电池中的电量很低甚至是没有电的。在最初 3 次给电池充电时，必须有足够长的充电时间，为名义充电时间的 2～3 倍。一般来说，锂电池的充电时间要在 6 小时以上，镍镉、镍氢电池的充电时间必须在 14 小时以上，这样才可以激活电池的性能。如果不经过足够时间的充电，电池的使用时间就会变短。一般来说，一块新的电池要经过 3～5 次充电、放电的过程，电池的续航能力才能发挥到最佳状态。

如果有相当长的一段时间不使用数码相机，就应该将电池从数码相机中取出，存放到一个干燥、阴凉的地方，避免和金属物品放在一起。

课后归纳总结

本章小结

洗涤用品中的肥皂和合成洗涤剂是人们常用的生活必需品，它们的主要成分是表面活性剂，不同种类的表面活性剂及其组合，构成了众多性能各异的洗涤用品。洗涤用品的质量可以从感官品质指标和理化质量指标方面来考察，还必须考虑其环保性。

化妆品的种类很多，它主要起清洁、保养、美化或消除不良气味的作用。化妆品的质量可从包装、使用说明书、色泽、组织状态、气味和安全卫生性方面来检查，在选用时应根据人的皮肤、发质及季节等来进行，保管库房应干燥、阴凉、通风，有适宜的温度和湿度。

塑料是以合成树脂为主要成分的高分子化合物，合成树脂不同，其制品的性能和用途也不同。常见的塑料有十大品种。塑料的外观质量要求，不同的制品要求不同。塑料制品的鉴别主要有外观鉴别法和燃烧鉴别法。

皮鞋的原料皮来源于动物界，人造革、合成革已成为其重要组成部分。皮革独具特色，种类很多，制品也很多。皮鞋的质量须从原材料和加工制造两个方面来鉴定。皮鞋在保管时，应注意防潮、防热、防酸碱、防虫蛀和鼠咬、防尘、防挤压等。

照相机的工作原理与人眼看景物的道理差不多。照相机的种类很多，检查和评价照相机的质量主要从结构入手。在使用和保养照相机时要认真阅读说明书，掌握正确的使用方法，将照相机存放在干燥和密封的环境中。

？ 主要概念

合成洗涤剂　　表面活性剂　　塑料　　皮鞋　　镜头焦距　　数码相机

✎ 课堂讨论题

1. 怎样选用护肤性化妆品？
2. 皮鞋的结构及皮革的种类与皮鞋质量的关系是怎样的？

自测题

1. 判断题

（1）洗衣粉是空心颗粒状合成洗涤剂。　　　　　　　　　　　　　　　（　　）
（2）肥皂属阴离子型表面活性剂洗涤用品。　　　　　　　　　　　　　（　　）
（3）化妆品是保护和美化皮肤的日常用品。　　　　　　　　　　　　　（　　）
（4）在玻璃中，有机玻璃的透光性能优良，又不易破碎。　　　　　　　（　　）
（5）皮革具有良好的耐热性和耐寒性。　　　　　　　　　　　　　　　（　　）
（6）数码相机比光学照相机的性能优良。　　　　　　　　　　　　　　（　　）

2. 填空题

（1）在 4 种表面活性剂中，常用的是_____和_____两种。
（2）肥皂的组成可分为主要原料、_____和_____3 个部分。
（3）化妆品的储存期一般不宜超过_____，适宜的温度是_____。
（4）塑料制品中加入的抗老化剂有热稳定剂、_____和_____等。
（5）皮鞋的包头由外包头、_____和_____3 个部分组成。
（6）照相机的曝光系统有的是_____先决式，有的是_____先决式。

3. 选择题

（1）棉麻型合成洗涤剂的质量指标是（　　）。

　　A. 泡沫少　　　　B. 不皂化物含量高　　C. pH≤10.5　　D. 对皮肤刺激小

（2）香皂的总脂肪酸含量在（　　）。

　　A. 50%以上　　　B. 60%以上　　　　C. 70%以上　　　D. 80%以上

（3）保护头发类的发用化妆品是（　　）。

　　A. 洗发膏　　　　B. 发乳　　　　　　C. 头发营养水　　D. 去屑水

（4）属于热固性塑料的有（　　）。

　　A. 聚乙烯塑料　　B. 聚苯乙烯塑料　　C. 密胺塑料　　　D. 硝酸纤维素塑料

（5）皮鞋的质量应符合的条件是外表美观、坚固耐久和（   ）。

　　A．安全卫生　　　B．适用　　　　　C．穿着舒适　　　D．物美价廉

4．简答题

（1）合成洗涤剂和肥皂的去污原理是什么？

（2）洗涤用品的分类及质量要求是什么？

（3）简述两种塑料品种的性能特点、用途及外观鉴别。

（4）在皮鞋的选购与保养中应注意哪些问题？

实训题

1．技能题

（1）对洗涤化妆品进行技能鉴定，并填写表 8-8。

表 8-8　洗涤化妆品技能鉴定评分表

班级：　　　　　姓名：　　　　　学号：　　　　　成绩：

鉴定内容、方法及要求	感官鉴别 3 种洗涤化妆品的真伪、香型、质量；目测 3 位消费者的肤质、发质，并建议购买品种；介绍并展示商品、答复咨询、指导化妆；销售 3 种商品，要求将结果、原因写在记录上，接待、指导、业务销售熟练无差错			
鉴定项目	鉴定标准	评分标准	鉴定记录	扣分
鉴定商品	商品标志、香型、外观和一般内在质量鉴别迅速、正确，并能说明分析原因，时间为 180 秒	质量 24 分，时间 6 分，共 30 分。每漏一项标志、一个质量问题每件每项扣 2 分，分析原因不合要求，每个品种扣 1～3 分，时间每超过 5 秒扣 1 分		
目测肤质、发质	目测肤质、发质迅速、准确，建议品种适用，时间为 50 秒	质量 12 分，时间 3 分，共 15 分。每错一个肤质、发质每人每项扣 1 分，建议品种有误每件扣 1 分，时间每超过 5 秒扣 1 分		
接待技能	介绍并展示商品的性能特点、使用和保养方法，答复咨询、指导化妆，内容全面、准确、重点突出，方法得当，语言简明，时间为 10 分钟	质量 24 分，时间 6 分，共 30 分。每漏或错一处扣 2 分，化妆品选用不当、指导方法不当分别扣 2～4 分，语言不简明、不热情分别扣 1～3 分，时间每超过 10 秒扣 1 分		
销售商品	计价、开票迅速、准确、无差错。字迹清晰，唱收唱付清楚，包装新颖、美观，反映礼品特点，时间为 5 分钟	质量 20 分，时间 5 分，共 25 分。每张发票缺错项每个扣 1 分，金额找零差错每笔扣 2 分，字迹不清晰、唱收唱付不合要求每笔各扣 1 分，包装美观、新颖不合要求，未反映礼品特点每笔扣 1～3 分，捆扎不牢、未留提环每笔各扣 1～2 分，时间每超过 10 秒扣 1 分		
考评员：　　　　　计时员：			合计	

考评日期：　　年　　月　　日

（2）教室中的塑料制品有哪些？各属于什么塑料？

2．实验题

皮鞋的感官鉴别实验

感官鉴别以猪皮、牛皮、羊皮、人造革、合成革为鞋帮的男女各式皮鞋的皮革种类，结合皮鞋其他部位用料来鉴别皮鞋的质量，在写出实验报告的同时，对所鉴别皮鞋的质量做出评价。

实验报告：皮鞋的感官鉴别实验

报告人：　　　　　　　　　报告日期：

一、实验目的

二、实验内容

三、实验步骤

四、实验结果

五、问题讨论（若实验中没有发现问题，可略）

3．实习题

开展一次照相机知识咨询活动。

项目 9
家用电器

课中知识应用

引导案例

IFA2014：智能互联是消费电子的发展趋势

2014 年第 54 届柏林国际电子消费品展览会（IFA）表明，智能互联仍然是未来几年消费电子产品发展的主流趋势，同时一些新理念和技术应用也崭露头角。

一是超高清电视机技术日臻成熟。OLED（有机发光二极管）技术显现出未来电视机发展的趋势。曲面超高清电视机成为各大厂商争相比拼的新战场。二是可穿戴设备风头正劲。从智能眼镜、智能手表再到智能手环，可穿戴设备在本届展会上可谓出尽了风头。三是家用电器智能互联打造"智慧生活"。智能互联的初级阶段是可以让家用电器操作更加智能、直观，高级阶段则是打造个性化智能家庭。四是流媒体音乐服务催生外设产品火热发展。越来越多的人选择直接在网上听音乐，而不是从网上购买音乐。

智能和移动互联是当今消费电子发展的最大趋势，家用电器实现智能化，形成智能家庭，智能家庭进一步融入智能社区，再成为智能城市的一部分，是人们对家用电器发展的构想。

家用电器是在家庭和类似条件下使用的电子器具和电器器具的总称。家用电器能减轻人们的家务劳动负担，改善生活环境，丰富人们的物质和精神文化生活，是生活现代化的基本标志。随着人们生活水平的提高，科学技术的进步，特别是微计算机的应用和普及，网络时代的到来，家用电器已迈入组合化、多功能、网络化、智能化时代。

9.1　家用电器的分类和基础知识

家用电器的种类很多，常按工作原理或用途来分类。与家用电器密切相关的基础知识，主要有电声学基础、人耳的听觉特性、光的特性、人眼的特性、无线传播等。

9.1.1　家用电器的分类及特点

1．家用电器的分类

1）按工作原理分类

（1）电子器具。电子器具是指将电能转换为声音或图像，以电子元件为基础，通过电子技术完成各种功能的家用电器，如收音机、电视机、手机、计算机等。

（2）电动器具。电动器具是指将电能转换为机械能，由电动机带动工作部件完成各种功能的家用电器，如洗衣机、电风扇、吸尘器等。

（3）制冷器具。制冷器具是指消耗电能进行热交换，通过制冷装置造成适当低温的家用电器，如电冰箱、冷饮机等。

（4）电热器具。电热器具是指以各种电热元件完成电能到热能的转换，实现加热功能的家用电器，如电熨斗、电暖器、电热饮具等。

（5）照明器具。照明器具是指使用电光源实现电能到光能转换的家用电器，如各类灯具等。

2）按用途分类

（1）视频器具。视频器具主要用于收看电视节目，录制和播放图像节目、生活片段等，如电视机、录像机、摄像机、影碟机、家庭影院等。

（2）电声器具。电声器具主要用于家庭收放电台节目、录制和播放音乐等，如收录机、组合音响、复读机、激光唱机等。

（3）空调器具。空调器具主要用于调节室内的温度和湿度，加速空气流动，改善室内环境等，如空调器、电风扇、空调扇、负离子发生器、加湿器等。

（4）冷冻器具。冷冻器具主要用于食品的冷冻和冷藏，如电冰箱、冷冻箱、冷饮机等。

（5）清洁器具。清洁器具用于个人卫生和环境卫生的清洁，如洗衣机、吸尘器、电熨斗、淋浴器等。

（6）整容保健器具。整容保健器具主要用于个人容貌的整理和保健，维持人体健康，保持机体活力等，如电吹风、电动剃须刀、美容器、电动按摩器、电针灸等。

（7）厨房器具。厨房器具主要用于食品加工、烹制和食品饮具洗涤消毒等，如电饭锅、微波炉、电磁炉、电水壶、抽油烟机、洗碗机、消毒柜、榨汁机等。

（8）取暖器具。取暖器具主要用于生活取暖和空气加热，如电暖器、暖手器。

（9）文化办公用品。文化办公用品主要用于家庭学习、办公、通信，如家用计算机、手机、电话机、传真机、打印机等。

（10）娱乐器具。娱乐器具主要用于业余娱乐消遣，如电动玩具、电子游戏机、电子乐器等。

（11）照明器具。照明器具主要用于室内外照明及艺术装饰，如各种灯具及配件。

（12）其他器具。其他器具不能归入以上各类的家用电器，如电子钟表、电子门锁、防盗电器、数码相机等。

2. 家用电器的特点

（1）家用电器一般在有电能的条件下才能正常运转。

（2）家用电器一般都要带电工作和操作，因此安全性是这类商品的首要指标。

（3）家用电器的结构比较复杂，要求电器元件的可靠性高，要达到质量需要的规定值。

（4）家用电器既是家庭用品，又是美化家庭环境的装饰品，要求造型美观、装饰新颖、色调柔和、外形结构合理。

（5）家用电器要求寿命长、可靠性高。

（6）家用电器要求耗电少、经济费用低。

（7）家用电器的安装、使用和维护都直接影响着家用电器的质量。

相关链接 9-1

光波炉与微波炉的区别

光波炉又叫光波微波炉，它和普通微波炉的最大区别就在于其加热方式。普通微波炉内部的烧烤管普遍使用铜管或石英管，铜管在加热以后很难冷却，容易导致烫伤，而石英管的热效不太高。

光波炉的烧烤管由石英管或铜管换成了卤素管（光波管），能够迅速产生高温高热，冷却速度也快，加热效率更高，而且不会烤焦，从而保证食物色泽。从成本上来讲，光波管的成本只比铜管或者石英管高出几元，所以现在光波管在微波炉上的使用非常普遍。

实质：光波是微波炉的辅助功能，只对烧烤起作用。没有微波，光波炉只相当于普通烤箱。市场上的光波炉都是光波、微波组合炉，在使用中既可以微波操作，又可用光波单独操作，还可以光波和微波组合操作，也就是说，光波炉兼容了微波炉的功能。

（资料来源：光波炉与微波炉的区别. 装修知识网，2009-9-7）

9.1.2 家用电器的基础知识

1. 电声学基础

（1）声波。声波是指由机械振动或气流振动引起的周围弹性媒质发生的波动现象。它具有波的一切特性，如反射、绕射、折射、干涉等。

（2）声波的几个基本参量是声强（I）、声速（V）、声压（P）、声功率（W）。

（3）声音的 3 个特性。

① 音调。音调表示声音的高低，和频率（f）有关，频率高声音尖，频率低声音粗。

② 音量。音量的大小主要取决于振幅的大小，振幅大音量大，反之亦然。音量大小一般用声压来表示，单位是微巴（μb）。

③ 音色。音色表示某种乐器或声源所发出声音的特点，如当两架钢琴同奏一首曲子时，虽让它们发出同样的音调和音量，但人耳仍能区分它们。音色与许多因素有关，主要取决于声波的波形。

（4）声音的 3 个特性与交流电的 3 个特性一一对应。

① 音量与交流电的振幅相对应。

② 音调与交流电的频率相对应。

③ 音色与交流电的波形相对应。

2．人耳的听觉特性

（1）可闻域。频率（f）：20～20 000 赫兹。声压（P）：0.0002～200 微巴。

（2）对声音的强弱感觉与声压和声强成对数关系。人们根据人耳的这一特性，采用了一种简便的计量方法来表示声音的强弱，即把声音的强弱划分为 12 级，然后把每级划分为 10 个分级，这样用 120 个分级就能把声音的强弱表示出来。分级有一个专用的名词，就是我们常说的分贝，用 dB 表示。

以上把声音划分为 12 级就如同用 12 级来划分风力大小一样，但风速究竟多大，只有在必要时才提到。

（3）双耳效应。我们在听声音时用双耳，双耳间的距离大约为 20 厘米，由于声音在时间、强度和相位等方面有差别，尽管这种差别比较微小，但灵敏的人耳还是可以听出来，由此可以判断出声音的方向，确定声源的位置。立体声就是根据人的双耳效应研究出来的。例如，台上有两人站在两边对话，即使闭上眼睛也能分辨出是左边还是右边的人在说话，这就是立体声效果，绝不是简单地多装几只扬声器就能起到的作用。可是，往往有人把左、右各装两只扬声器的收录机称为立体声收录机，这显然是一种误解。

既然声源的定位主要是双耳效应，人们自然就想到利用两个传声器来代替双耳，以达到传送立体声的目的，所以一般把双声道录放系统发出的声音称为双声道立体声（见图 9-1）。如果用多个声道录放系统，发出的声音就具有把聆听者包围起来的一种重放效果，称为多声道环绕立体声。

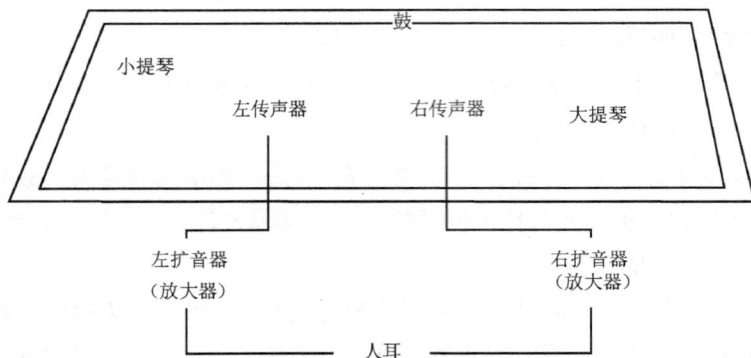

图 9-1　双声道立体声示意图

（4）人耳具有一种不寻常的能力，能在噪声环境中有选择地分出他感兴趣的某些信号。这是因为人耳对声音除了有方位感，还有注意力集中的心理因素。当然，这只能在噪声与信号相比不大时。所以，收录机中常用信噪比表示其质量指标之一。

一般来说，人耳只有在适当混响的空间里，才能听到声音的明朗、响亮、层次丰富、浑厚有力及悦耳动听。

小思考 9-1

小口径扬声器的高频重放效果好，大口径扬声器的低频重放效果好，所以立体声录音机一般有 4 个或 4 个以上扬声器。那么，有 4 个扬声器的录音机就是立体声录音机吗？

3. 光的特性

（1）光的本质。光和实物一样，是物质的一种，它同时具有波的性质和微粒的性质。在这里我们主要涉及光所具有的波性质，所以我们可以认为光是电磁波的一种。

（2）可见光。其波长范围为 380～780 纳米。

（3）三基色原理。彩色光的混合如图 9-2 所示，颜料混色如图 9-3 所示。

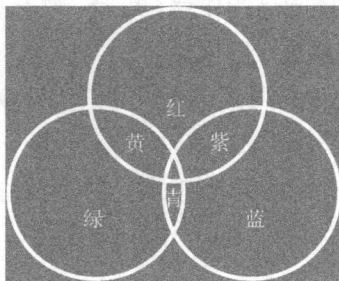

图 9-2　彩色光的混合

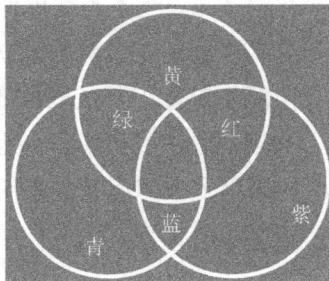

图 9-3　颜料混色

自然界大多数颜色可分为红、绿、蓝3种基本颜色。这3种基本颜色又可以按不同的比例混合得到各种颜色。彩色正是利用了这一原理。我们看到：

红光+绿光=黄光　　　红光+蓝光=紫光

绿光-蓝光=青光　　　红光+绿光+蓝光=白光

（4）光源。光源分为热光源和冷光源。

① 热光源。热光源是当物体被加热到一定程度时所发出的热辐射现象。一般物体当被加热到500℃左右时，开始辐射一部分暗红的可见光，当被加热到大约1500℃时开始发出白光，其中还有相当多的紫外线。例如，太阳光，早上为2000K，中午为6500K，上午和下午为3000～4000K。常见的热光源有钨丝灯、太阳。

② 冷光源。常见的冷光源有荧光、磷光、日光灯、液晶、等离子体。

4．人眼的特性

（1）生理特性。生理特性包括两个方面：①盲点；②人眼视野上下、左右的比例为3∶4。

（2）亮度感觉与亮度成对数关系。

（3）彩色三要素。①亮度，明亮程度的感觉；②色调，颜色的感觉；③饱和度，彩色色泽深浅的感觉。

（4）分辨力。人眼对于彩色的分辨力远低于对黑白的分辨力。如果我们在距离电视机屏幕一定距离处能辨别出白色衬底上大小为1毫米的黑色细节部分，那么在同样的条件下，在红色衬底上的绿色细节部分在大小为2.5毫米时才能被我们辨别出来，在蓝色衬底上的绿色细节部分在大小为5毫米时才能被我们辨别出来。视觉敏感度如表9-1所示。

表9-1　视觉敏感度

单位：%

配　色	视觉敏感度	配　色	视觉敏感度
黑白	100	绿红	40
黑绿	94	红蓝	23
黑红	90	绿蓝	19
黑蓝	26		

（5）视觉惰性原理和闪烁感觉。实践证明，当光线闪烁达每秒50次以上时，人眼感觉不到闪烁变化，看到的是无闪烁的光线。

实践得出，临界闪烁频率为48～50赫兹，电影就是利用这一原理，将一些固定的图像变成连续活动的画面的，电视机也是如此。

5．无线传播

（1）无线电波的波段划分如表9-2所示。

表 9-2　无线电波的波段划分

波段、频段名称	波长、频率范围	典 型 应 用
极长波 极低频（ELF）	100～1000 千米 30～300 赫兹	电力
超长波 甚低频（VLF）	10～100 千米 3 千赫兹～30 千赫兹	导航、声呐
长波 低频（LF）	1～10 千米 30 千赫兹～300 千赫兹	导航、无线电信标
中波 中频（MF）	100～1000 米 300 千赫兹～3000 千赫兹	调幅广播、海上无线电、海岸警戒通信、测向
短波 高频（HF）	10～100 米 3 兆赫兹～30 兆赫兹	调幅广播、通信、业余无线电
超短波 甚高频（VHF）	1～10 米 30 兆赫兹～300 兆赫兹	调频广播、电视、移动通信、导航
微波　分米波 特高波（UHF）	10～100 厘米 300 兆赫兹～3000 兆赫兹	广播电视、移动通信、卫星、定位导航、无线局域网
厘米波 超高频（SHF）	1～10 厘米 3 吉赫兹～30 吉赫兹	卫星广播、卫星电视、卫星通信、机载雷达、无线局域网
毫米波 极高频（EHF）	1～10 毫米 30 吉赫兹～300 吉赫兹	通信、雷达、射电天文、实验研究
亚毫米波 超极高频（SEHF）	0.75～1 毫米 300 吉赫兹～400 吉赫兹	

（2）长波及中波的传播。长波及中波在电离层中受到强烈的折射，无论投射于电离层的入射角多么小，都会返回地面。长波的传播特点是比较稳定，但传播距离有限，一般不超过 3000 千米。

（3）短波的传播。短波的优点是能以很小的功率借天空波传送到很远的距离。因此，短波可以用于远距离的国际无线电广播、无线通信等。

（4）电视电波传播的特点。电视广播采用频率很高（几十兆赫兹）、波长很短的超短波传播，超短波只能沿着发射天线与接收天线间的视线，以直射波的形式传播。然而，超短波还可以通过地面或障碍物反射传播，因而又存在反射波。直射波与反射波同时存在，造成电波以多途径的方式到达电视机。就连房内四周墙壁及家具也反射电波，这使电视信号场强的分布变得十分复杂，有的地方强，有的地方弱。

（5）卫星传播。一般来说，只要有 3 颗定点卫星，就可实现全球传播。

📋 案例分析 9-1

各类家用电器均有安全标准，消费者应严格按使用要求操作，方可避免事故的发生。家用电器安全标准共分 0 类、01 类、Ⅰ 类、Ⅱ 类、Ⅲ 类五大类。

（1）0 类。这类电器只要求带电部分与外壳隔离，没有接地要求。这类电器主要用于人们接触不到的地方，如荧光灯的整流器等。

（2）01 类。这类电器有工业绝缘，有接地端点可以接地或不接地使用。在干燥环境（木地板的室内）中使用，可以不接地；否则应予接地，如电烙铁等。

（3）Ⅰ类。这类电器有工作绝缘，有接地端点和接地线，规定必须接地或接零。接地线必须使用外表为黄绿双色的铜芯绝缘导线。在接地线引出处应有防止松动的装置，接触电阻应大于 0.1 欧姆。

（4）Ⅱ类。这类电器采用双重绝缘或加强绝缘，没有接地要求。所谓双重绝缘，是指除有工作绝缘外，还有独立的保护绝缘或有效的电器隔离。这类电器的安全程度高，可用于与人体皮肤相接触的器具。

（5）Ⅲ类。这类电器是使用安全电压（50 伏以下）的各种电器，如剃须刀、电热毯等电器。在不能安全接地又不干燥的环境中，必须使用安全电压型的产品。

问题：请说出你日常所接触的家用电器属于安全标准的哪一类，以及在使用中应注意的事项。

9.2　电子类家用电器

电子类家用电器的品种很多，组合音响和彩色电视机是它们的典型品种，也是电子类家用电器学习、研究的代表性品种。

9.2.1　组合音响

组合音响是收、唱、录、放等功能齐全的高保真重放系统。但是这种组合并非简单的机械性拼装，而是包括电路在内的重新设计和组合。组合音响能够如实地反映声音信号的本来面目，并使人有亲临音乐会现场的感觉。

1. 组合音响的分类

（1）按结构特点分类。组合音响按结构特点可分为分体式和一体式两种。分体式组合音响把各部分分成独立的单机，每个单机一般只能完成一种相应的功能，各单机的外形尺寸基本相同，可分层叠放，各单机之间用专用导线连接；而一体式组合音响，除了音箱单独分开，其他各部分都组合在同一机箱内。

（2）按式样分类。组合音响按式样可分为台式和落地式两种。台式组合音响的体积较小，质量较小，适宜放置在台面上；而落地式组合音响有两个很大的音箱，整机体积大，但音质较好。

（3）按性能分类。组合音响按性能可分为普及型和高档型两种。普及型组合音响的内部电路简单，电声性能指标不高，但其价格较低，一般不带激光唱机和卡拉 OK 混响器；高档型组合音响的内部结构复杂，外形豪华，具有较多功能，通常均带激光唱机，它的电声指标高，音质好。

2. 组合音响的一般组成

（1）立体声唱机。组合音响的立体声唱机主要用于播放高质量的唱片，一般为半自动或全自动操作。立体声唱机是一种将记录在唱片上的信息转变为相应音频信号的装置，它由一套机械系统和一套电子电路组成，它由检音器上的检音头在做匀速圆周运动的唱片声槽中进行凹凸不平的位置移动，使检音器产生机械振动导致检音器中的换能器件（如晶体）产生与机械振动成正比的信号电流，然后把信号电流送到前置放大器中进行均衡放大，最后由扬声器还原成声音。

（2）激光唱机。激光唱机也叫 CD 唱机，它采用了激光、数字技术和微计算机技术，其音响效果达到目前家用音响装置的最高水平，是组合音响中最理想的音源。

激光唱片将连续变化的声波通过模/数变换后，变成数字化的音频信号，然后通过脉冲编码调制，以坑点的形式记录在唱片上，反映在激光唱片（CD 唱片）上的是一系列表征音频信号特征的坑点。

激光唱机主要将记录在激光唱片上的坑点信号取出，然后解调（解码）还原成模拟的音频信号。激光唱机主要由激光检音器及唱盘系统、伺服系统、信号处理系统、信息存储与控制系统等组成。

激光唱机由于采用了激光技术、数字信号处理技术、精密伺服技术和微计算机技术，并且其检音器与唱片是非接触式的，因此它的电声性能、唱片的永久性都是普通唱机无法比拟的。表 9-3 列出了激光唱机、录音机与普通唱机的性能比较。

表 9-3　激光唱机、录音机与普通唱机的性能比较

性能　　　品种	激光唱机	录音机		普通唱机
		普及机	高级机	
频率响应/赫兹	20～20 000	100～6300	60～18 000	60～20 000
动态范围/分贝	90 以上		70 以上	75 以上
信噪比/分贝	90 以上	35 以上	63 以上	60 以上
分离度/分贝	90 以上		60 以上	20～30
失真度/%	<0.01	0.3～1	0.3 以下	0.1～0.2
抖晃率/%	仪器无法测量	0.2～0.4	0.15～0.3	0.03

（3）调谐器。调谐器包括调频波段（FM）、中波（MW）和短波（SW）波段。调谐器在组合音响中用来接收无线电广播信号，并将其转变为音频信号送入功率放大器中，最后由音箱还原成声音。

（4）双卡录音座。组合音响中的双卡录音座就是双卡录音机去掉音调、音量控制器、功放、音箱后的电路及机械传动系统。在组合音响中，双卡录音座的音响效果良好，高档录音座中还设有杜比降噪系统，使重放效果更加明显。

（5）卡拉 OK 混响器。卡拉 OK 功能可分为声视频卡拉 OK 和声频卡拉 OK 两种。声视频卡拉 OK 要与录像机、影碟机及 VCD 机配合使用（有些组合音响中配有 VCD 机），当然还需与电视机配合使用。声频卡拉 OK 在机内即可实现，将话筒插入孔（MZC）中，

录音座播放专门的卡拉 OK 磁带，将组合音响功能选择开关设在磁带位置，适当调节机器音量和话筒音量，使二者的音量大小适中，平衡输出。同时调整混响时间，使高音清晰、低音浑厚，音质丰满、清晰、响亮。

（6）图示式音调控制器和实用频谱式电平指示器。图示式音调控制器有 5 段、10 段等几种，用来对各频段信号进行提升或衰减处理，以满足使用者对某一频域音响的偏爱。实用频谱式电平指示器是一个全发光式频谱电平指示器，共有 5 列、5 行，将音频范围内信号分成 5 个频率点和 5 级进行信号电平指示。

（7）功率放大器。组合音响的功率放大器按结构分为两种形式：一种是不带前置放大器功能的单纯功率放大器；另一种是带前置放大器的功率放大器，称为综合功率放大器。前置放大器主要用来控制放大、均衡各路输入段音频信号，调整信号的频响、幅度等，以美化音质。功率放大器的作用是将前置放大器输出的音频电压信号进行功率放大，以推动扬声器放音。

（8）音箱。音箱又称扬声器箱，它由扬声器、分频网络及箱体等组成。音箱的作用是获得高保真、立体声的放音效果，一般高保真的放音频率范围要求达到 40～16 000 赫兹，而单只扬声器很难重放整个频率范围，这需要有多只扬声器工作在不同频率范围，以给出均匀的频率特性和指向性；分频网络可完成对整个频率范围的划分，通过分频网络组成的扬声器系统（音箱）具有频响宽、效率高等特点。

3．组合音响的质量检验

1）外观检验

组合音响的外观要求设计新颖、豪华、美观，各种指示要醒目大方，外壳要求平整、光洁，不应有划伤、脱漆、锈蚀等现象，各开关、按钮等应操作灵活自如。

2）性能检验

收音部分高低端频率的各电台信号强弱大体一致，大、小信号均无失真现象，在距人耳 1 米处倾听应无交流声，无各种噪声、杂音，无混台串音、哨叫和自激振荡等现象，调谐指示器的反应灵敏，用电平表指示的表针摆动应平稳，用发光二极管指示的跳动应准确，颜色应明亮、鲜艳。灵敏度越高越好，信噪比越大越好。灵敏度高，能收到微弱电信号能力的强，收到的台多，声音清晰。

（1）录放音部分。选择一个质量可靠的磁带、磁盘、光盘、声卡、语音芯片等语音存储器，把音量调到最小，逐个按下放、录音、倒、快进等功能按键，若是磁带，则分别观察磁带卷绕情况，磁带应卷绕整齐，没有上下参差不齐的现象。同时倾听录音机械在运转时发出的"沙沙"声，在工作于录、放音状态时，声音应流畅而均匀；在工作于快进和倒带状态时，由于速度较快，机械动转声稍大是正常的，但必须均匀，不应带有节奏的响声或其他撞击声，更不允许有转动呆滞或停转现象。随后把音量调至最大，重复上述各动作，此时，除机械传动系统的"沙沙"声外，在扬声器中还有轻微的"哈"声，在各种工作状态及由一种工作状态转换成另一种工作状态时，在扬声器中均不应有其他杂声出现。再将短路插头插入话筒插孔，按下录、放音按键使录音机呈录音状态（实际处于消音状态），在运转数分钟后，倒放至原起始位置进行放音，若噪声显著增大，则说明录放音部分的消音功能不佳。最后进行录放试听，将音量调至适中大小，按下录音装置，在距话筒 0.5～1 米处讲几句话或唱一段歌曲，然后倒放音，此时听到的声音应清晰、噪声小、有真实感，熟人能很快判断出是谁的声音。若声音颤抖、混浊、噪声明显、变调等，则说明该音响录放音或机械部分的质量有问题。将音量调至最大放音略有失真是正常的。对于立体声检查，可放入一个立体声磁带或光盘，观察两个声道是否平衡，检查时检查者要站在距音响 1 米远的地方，检查者所在的位置对两组音箱的张角为 40°～50°，调节声道平衡按钮，应能听到立体声。

（2）音箱部分。一观工艺，从音箱外表的第一印象来判断该音箱的档次和品质，最好的音箱多用天然木材打造；现在一般用中密度纤维板敷一层木皮做装饰，表面打磨得油光锃亮如乐器，这样的音箱可以算中档以上音箱；若表面敷的是聚氯乙烯塑料贴皮，则档次要低一等。二掂重量，好的音箱每只箱子的质量可能为 10～20 千克，低档音箱的质量大多较小。三是敲箱，用指节敲击箱体上下左右发出坚实的脆响，说明箱体木质坚硬，内部有多根筋支撑，并有一定的吸音和驻波措施，可以认为是正规厂家产品。四是认铭牌，箱体背面有一块制作精致的铭牌，上面印有厂家商标、生产序号、各种技术指标等，可以说是音箱的"身份证"。一般来说，在试听时，好的音箱应该是很耐听的，具有明显的个性，能表现出音乐背景中最细微的变化。

（3）唱片、激光唱片的播放效果。在试听时，要求音响效果达到高音清晰、明亮；中音丰满而舒适，并且有弹性；低音温柔而有力度，立体声效果强，真正体现出音乐厅演奏的真实感、空间感和临场感。

4．组合音响的使用方法

（1）装配方法。组合音响分层越多，则连线也越多，连接成的装配主要有输入、输出线的装配和音箱的连线装配，在装配前先详细阅读说明书中的接线图，切不可盲目乱接，装配错误有可能损伤机器。

一般组合音响配有左（L）、右（R）两声道音箱，高档机中除了左、右声道，还配有两只重放环绕立体声的后方小音箱。在给音箱连线时，连线尽可能不要太长，不要用普通的电线连接，最好采用双股平行音箱连接专用线。

（2）音箱的摆放。音箱摆放是否合理，关系到能否聆听到完美的立体声。音箱在居室中正确的摆位一般是左右主音箱相距 1.5～3 米，并保持同一水平，音箱离侧墙的距离不少于 30 厘米，有条件的用钢脚钉坐地，则低频会变得更加浑厚有力。若低音不足，可背贴墙放置，低音可增强一倍，置于墙角，则再次倍增。聆听者的位置以与左右音箱成 40°～50°角为佳。音箱的摆放如图 9-4 所示。

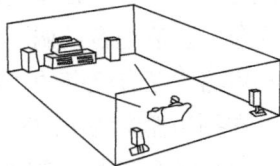

图 9-4　音箱的摆放

9.2.2　彩色电视机

1. 彩色电视机的分类

（1）彩色电视机按广播制式可分为 NTSC 制（美国、日本、加拿大、韩国等国采用）、PAL 制（德国、英国、意大利、中国等国采用）、SECA 制（法国、俄罗斯、东欧各国采用）。

（2）彩色电视机按屏幕尺寸的大小可分为小屏幕彩色电视机和大屏幕彩色电视机。

（3）彩色电视机按功能可分为普通电视机、高清晰度电视机、遥控电视机、卫星电视机、多画面电视机、语言多重电视机、投影电视机、多媒体电视机、平板电视机、立体电视机、3D 电视机、交互电视机、云电视机等。

（4）彩色电视机按电视机屏幕的显像方式可分为荧光显示电视机、液晶显示电视机和等离子体显示电视机等。

（5）彩色电视机按电路工作原理可分为模拟电路电视机、数字电路电视机等。

2. 显像管彩色电视机的工作原理

（1）把景物变成电信号。先将景物摄像，并根据三基色原理，将自然界千差万别的颜色的光分解成红、绿、蓝 3 种单色光，把这些不同色光转换成图像电信号，再由电视台加工后发出。

（2）图像的分解与传递。从新闻图片中可以发现，图片是由许多明暗及疏密不同的小点组成的，这些小点叫作像素。因此，任何图像都是由像素构成的。图像中的像素越小，数目越多，图像越清晰。报纸上的图像，每平方厘米内有 1000 多个像素，35 毫米的电影片每幅图像有 100 多万个像素。我国电视标准规定，每幅图像有 625 行，画面宽与高的比是 4∶3，因此在垂直方向上的像素的数目就等于行数，为 625 个，在水平方向上的像素的数目为 4/3×625≈833（个），所以整个画面的像素数目为 625×833=520 625（个），这样就能传送出较高质量的图像了。高清晰度电视机的每幅图像有 1125 行，宽与高的比为 5∶3，则每幅图像的像素数目为 1125×5/3×1125=2 109 375（个），这样不但图像高度清晰，而且有宽银幕效果。

当然，这是固定的图像，那么如何变成活动的图像呢？采用与电影相同的原理，使传送画面的速度为每秒 25 幅（帧）画面。由于使用隔行扫描，每幅分两场传送，因此 25 幅图像分为 50 场出现在荧光屏上，这样原来静止的画面就被人们视觉感到是连续的、活动的图像。

（3）电视信号的放大与解码。从天线来的电视高频信号经高频头变成中频信号，再经公用通道检波，分离为彩色全电视信号和伴音信号。彩色全电视信号分成 3 路，一路传送同步分离电路，分离出行、场同步信号，分别控制行、场扫描；另两路分别传送亮度信号和色度信号，经矩阵电路得到红（R）、绿（G）、蓝（B）3 个基色信号，并放大显像所需的幅度。电视信号的发送过程如图 9-5 所示。

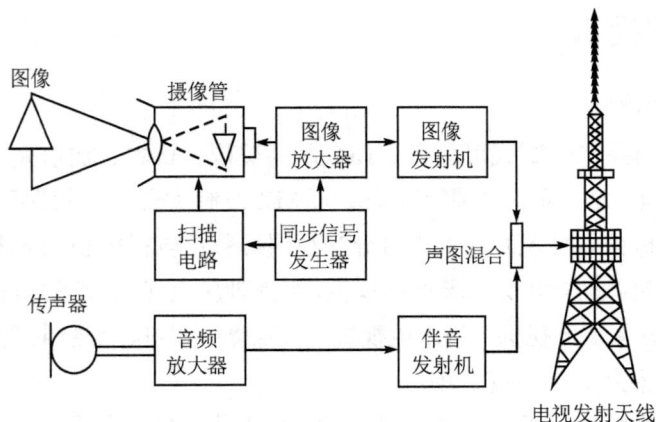

图9-5　电视信号的发送过程

伴音信号经伴音通道成为音频电信号，并推动扬声器工作，重现电视台所送的电视伴音。

（4）显像。这一工作主要由显像管来完成。显像管是电视机中最大、最重，也是最关键的一部分，它将电视信号转换成电视图像。显像管由电子枪、荧光屏及玻壳3个部分组成。玻壳中被抽成真空，电子枪位于圆柱形的管颈内，它发射出很细、高速的电子束穿过铝膜轰击荧光屏粉，使之发光。

彩色显像管实际上是三合一管，它的荧光屏是由大约120万个荧光粉点组成的。其中1/3是红的，1/3是绿的，1/3是蓝的，这些相继交错的微小彩色荧光粉点很小，其直径只有0.4毫米左右，而且相互靠得很近，构成40万个像素。当3个电子束轰击红、绿、蓝荧光粉点时，这些荧光粉点就使屏幕上出现了电视台所送的彩色图像。

彩色电视机的电路图如图9-6所示。

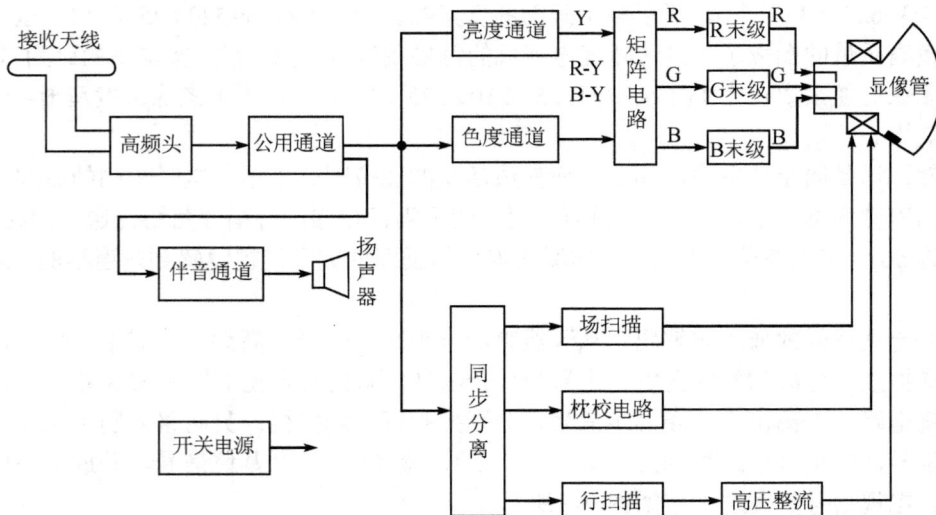

图9-6　彩色电视机的电路图

3. 显像管彩色电视机的质量要求和质量检验

1）质量要求

（1）图像重现率。图像重现率是指电视机能够完整地重现电视台发送图像的能力。一般来说，水平与垂直方向的图像重现率不低于 90%。

（2）同步灵敏度。同步灵敏度是指电视机在保持图像稳定的情况下，接收微弱信号的能力，在 75 欧姆阻抗输入时应不低于 75 微伏。

（3）选择性。选择性是指电视机对邻近频道电视信号的抑制能力。要求在-1.5 兆赫兹处或以下衰减不小于 30 分贝，在 8 兆赫兹处或以上衰减不小于 40 分贝。

（4）自动增益控制作用。自动增益控制作用是指在接收强弱不同的电视图像和伴音信号时，电视机自动调整增益，以保证有稳定输出的能力。要求在输出电平变化±1.5 分贝时，输入电平变化不小于 60 分贝。

（5）亮度鉴别等级。亮度鉴别等级是指不同的图像调制度与屏幕亮度之间的关系。亮度等级多，则图像层次丰富，画面柔和，伴音效果好。一般要求亮度鉴别等级不低于 8 级。

（6）图像分辨力。这是电视机清晰度指标，反映电视机接收图像细节的能力。图像分辨力线数越多，则图像越清晰。要求图像中央分辨力，水平方向不少于 300 线，垂直方向不少于 400 线。

（7）白平衡。白平衡是指彩色电视机所接收的黑白图像或彩色黑白图像部分不带任何色调的底色。

（8）色纯度。色纯度是指在电视机工作中，某一种基色不受其他两种基色混杂的程度，就是要求红、绿、蓝 3 束电子束分别击中其对应的荧光粉，而不能击中其他颜色的荧光粉。

（9）保持同步的电源电压变化范围。保持同步的电源电压变化范围是指在图像仍能保持稳定同步状态时，电源电压相对于标称值的最大正负变化范围，一般要求不小于标称值的 10%。

2）质量检验

（1）外观检验。查看外观有无划伤或破损；各装饰件是否完整无缺、牢固；荧光屏表面是否干净、平滑，有无气泡和划痕；荧光屏内的荧光粉是否均匀，有无局部颜色不均。然后检查各种开关、旋钮、天线等是否完好、灵活有效。

（2）光栅检验。在检验光栅时，将频道置于空频道上，把对比度、色饱和度调小，音量调在正常工作位置，这时荧光屏应发光部分出现的一条条水平扫描线即光栅。当人靠近观察光栅时，应能分辨出一条条水平亮线，这种亮线应当平直，边缘部分不出现倾斜及波浪线，线间距离应相等，没有半亮半暗或暗角、黑条等。线数越多，图像越清晰。

（3）灵敏度检验。在检验灵敏度时，可用几台电视机做比较。先看图像的浓淡程度，接着可将天线去掉，此时如图像仍清晰、稳定，色彩无变化，伴音好，噪声小，就说明灵敏度高。也可以借助观察噪声颗粒来判断，即将电视机放在无信号位置，此时在荧光屏上出现的噪声颗粒多，则灵敏度高。当然这种噪声颗粒太多，容易受干扰。

（4）选择性检验。将频道开关置于欲收频道的上一个频道或下一个频道，这时不应收到欲收频道的电视信号，反之则选择性不佳。

（5）抗干扰性检验。当存在汽车、日光灯、机器等干扰源时，观察电视机上的图像、伴音是否受到干扰，如图像是否出现局部扭曲、歪斜、跳动等现象。如果仅在画面上出现黑白亮点线，只要不影响图像的稳定，就可以认为是正常的。

（6）可靠性检验。要求电视机各部分之间连接可靠，不允许出现虚焊、漏焊，最简单的办法是轻拍电视机，这时若图像、伴音均正常，则可靠性良好。

（7）消色和色饱和度检验。当接收彩条信号时，将色饱和度调至最小位置，荧光屏上应呈现出不同等级的灰度条块，若任何一个灰度条块中都不呈现颜色，则消色效果好。若将色饱和度由最小调到中间位置，这时每个灰度条块都应加上颜色，变成按白、黄、青、绿、紫、红、蓝、黑顺序的彩条，再将色饱和度调至最大位置，这时荧光屏上的彩条除了有浓淡变化，其他都稳定不变，则说明色通道的自动控制性能优良。

（8）图像、伴音质量检验。电视机的首要任务是使观众在荧光屏上看到高质量的重视图像，即画面上的图像应与被送的实际景物一致。一般要求图像清晰，色彩逼真，层次丰富，若观察到人的皮肤、眉毛、头发等细节都很清楚、逼真，则说明图像质量好。如用方格观看时，方格不方；用测试卡观看时，大圆不圆，就说明图像失真。对伴音质量，检验其声音是否洪亮、优美；噪声是否很小；音量开大，是否无机振声、无明显失真；音量调小，类似交流噪声的声音是否很小。还应注意图像的一致性，音量调大或调小，图像应不受影响。

4. 平板电视机

随着时间的推移、科技的发展，现在电视业的技术突飞猛进。等离子电视机、液晶电视机都相继推出，它们以轻便、轻薄的体形，美观、时尚的时代气息，绿色环保的优越性能，深受消费者喜欢，平板电视机与显像管电视机相比，主要是用液晶或等离子体显示器件（LCD）取代了传统的阴极射线式显像管（CRT），现简单介绍如下。

1）等离子电视机

等离子电视机又称 PDP（Plasma Display Panel）电视机。离子体屏幕型彩色电视机采用等离子体显示器作为显示装置。这种显示器件是利用气体等离子体的原理制作成的，是平板显示器中颇有发展前途的器件之一。

等离子面板也叫气体放电显示面板，它由数量众多体积很小的玻璃气室组成一个平板，气室中通常充有惰性气体（一般是氙气和氖气的混合体），每 3 个气室排成一行组成一个像素，其中一个气室内壁涂有红色荧光粉，一个气室内壁涂有绿色荧光粉，一个气室内壁涂有蓝色荧光粉。在每个气室的上下各有一条横向 X 和纵向 Y 的电极导线，在驱动电路的控制下，每个气室的 X、Y 电极之间放电，而在惰性气体中放电产生的气体等离子体发射出紫外线，紫外线激发荧光粉发光，这就是等离子电视机名称的由来。放电产生的紫外线强度与放电的频率有关，频率越高，该像素点的亮度越高。再根据三基色原理组合成想要的亮度和颜色。等离子由于仍然是荧光粉发光，因此它具有像 CRT 一样丰富的色彩表现能力，而不需要阴极射线管和磁力偏转结构，因此不存在体积、球面、几何变形和受地磁干扰等问题。等离子电视机不仅屏幕大，在图像清晰度、亮度、对比度、灰度等方面也均能达到甚至超过显像管电视机的标准，等离子电视机在体积、质量、功耗等方面更有显像管电视机无可比拟的优越性。当前最主要的问题是等离子电视机的成本较高。

2）液晶电视机

液晶电视机又称 LCD（Liquid Crystal Display）电视机。它用 LCD 取代了 CRT，具有携带方便、功能齐全、收看节目不受场所限制的特点。它与采用 CRT 的彩色电视机的主要区别是图像显示部分不同，在驱动电路方面也有很大的变化。

在液晶显示器中，最主要的物质就是液晶。液晶电视机屏幕的构造是两块特殊的玻璃夹住液晶体，通过 8 比特驱动电路和高效背灯系统来调节成像。即液晶电视机依靠后方一组日光灯管发光，然后经由一组菱镜片与背光模块，将光源均匀地传送到前方，依照所接收的影像信号，液晶玻璃层内的液晶分子会做相对应的排列，决定哪些光线是需偏折或阻隔的。组成屏幕的液状晶体有红、绿、蓝 3 种，它们按照一定的顺序排列，通过电压来刺激这些液状晶体，就可以呈现出千变万化的颜色。由于液晶电视机采用点成像的原理，因此屏幕里面构成的点越多，成像越精细，纵横的点数就构成了液晶电视机的分辨率，分辨率越高，效果越好，液晶电视机主要有 800 像素×600 像素、1280 像素×768 像素与 1366 像素×768 像素等几种常见的分辨率。液晶电视机采用了家用电器领域的诸多高新技术，其功能十分完备，深受消费者喜欢。

3）电视机的质量检验

（1）检查电视机的外观是否有划痕，按钮和开关是否管用，颜色是否纯正、好看；了解所要选购的电视机的寿命和售后服务信息。

（2）在检查图像质量时，应将电视机的色饱和度关闭，频道选择器调成接受彩条信号状态，这时电视机屏幕上会显示由亮到暗的 8 种彩条，这些彩条应该是均匀没有重叠的，屏幕上不能有黑框。

（3）检查音质。质量好的电视机，在音量最小时，是听不到任何干扰声音的；当音量调到最大时，不能引起机身的颤动，声音应清晰不失真。

5. 电视机的选购、使用、包装与储运

1）选购

在选购电视机时应根据自己的使用目的、环境合理选择，如边远地区的用户可选灵敏度高的电视机，小电网供电的用户可选宽电压电视机，城市用户选灵敏度适中的电视机即可。

在具体选购时还需考虑类型、品牌、尺寸、功能、价格、造型、色彩等因素，然后进行电视机质量方面的检验。

2）使用

在使用电视机的过程中要注意以下几个问题。

（1）摆放位置。电视机周围不能有强磁场性物体，应置于通风干燥处，避免强光直射，摆放高度与人眼视觉高度一致为好，人眼观看距离以屏幕高度的5～7倍为佳。

（2）调试。先调清楚黑白图像再加彩色，因为人眼对彩色的分辨力低。

（3）环境光线。以8瓦灯光亮度为宜，如环境背景太暗，电视图像稍有些变化也能被人眼感觉到，反而显得图像不稳定、不清晰。

在使用电视机时前必须先仔细阅读说明书，弄清各部件的功能，再按说明书上规定的操作程序操作和使用，注意不要将亮度开得太大，不要频繁开关机，以免影响电视机的寿命。

3）包装与储运

电视机的体积大、质量也大，且为易损、易爆商品，因此电视机的外包装一般用厚实的纸箱，整机应用防潮或塑料套包裹，并且用泡沫塑料模压衬垫妥善填衬，不允许电视机在包装箱内晃动。外包装上应有明显的"防潮""向上""小心轻放"等标志。在搬运时，必须小心轻放，避免碰撞与震动。在储存时，最好将电视机放在多层仓库的中层，若储存在一般库房的低层，则垛底必须垫高30厘米以上，以免潮气侵入。不能贴墙堆垛，放置必须平衡可靠，可堆叠台数以包装标注为准。库房温度应在-5℃～35℃，相对湿度以50%～80%为宜。库房内不能有酸、碱及其他腐蚀性气体存在。

📝 案例分析 9-2

小编问同事喜欢液晶电视机还是等离子电视机，两个答案都有，并且还听说有个同事近期准备购买等离子电视机。因为通常人们认为等离子电视机的画面效果更好，这主要在于它拥有更高的亮度与对比度，同时等离子电视机也没有可视角度、响应时间、坏点等问题的干扰，所以从综合角度去考虑，等离子电视机的优势相当明显。但随着液晶技术的突飞猛进，上面所提到的"顽疾"也已被一一化解。亮度与对比度的提升让液晶电视机的画质更加出众，8毫秒左右的响应时间也不足以对人们的使用产生影响。

问题： 你的首选是液晶电视机还是等离子电视机？为什么？

9.3 电器类家用电器

电冰箱、空调器和洗衣机是电器类家用电器的常见品种，电冰箱、空调器的工作原理有相似之处。

9.3.1 电冰箱

1. 电冰箱的分类与型号表示方法

1）电冰箱的分类

电冰箱可按不同的标准划分。

（1）电冰箱按制冷方式可分为电机压缩式、吸收式、电磁振荡式、半导体式4种，其中电机压缩式电冰箱的应用最广,吸收式电冰箱小批量生产,其他两种电冰箱的应用较少。电机压缩式电冰箱的制冷效率高、降温快、制冷量大、可靠性好、使用方便,但噪声大;吸收式电冰箱利用制冷剂汽化热制冷,且无噪声,还可利用电能以外的其他能源制冷,但制冷效率低,主要用于小型船舶或无电源地区;电磁振荡式电冰箱的制冷原理与电机压缩式电冰箱基本相同,主要是利用共振弹簧扩大振幅,压缩制冷气体,达到制冷目的的,它的结构简单、工艺要求低,因此成本低,但工作稳定性差,一般仅适用 50 升左右的小型电冰箱;半导体式电冰箱利用两块不同的金属片接触,通过直流电产生热端和冷端,以冷端为主,它的结构简单,无噪声,但制冷效率低,适合制造小型电冰箱。

（2）电冰箱按冷却方式可分为直冷式和间冷式两种。直冷式电冰箱又称有霜电冰箱,具有两个蒸发器,分别安置于冷冻室和冷藏室内壁,直接制冷形成低温,具有结构简单、冻结速度快、耗电量少、寿命长、噪声小等优点,但冷冻室结霜,使用较麻烦。间冷式电冰箱又称风冷式、无霜式电冰箱,只有一个蒸发器,安置于冷冻式与冷藏室之间的隔层背部的夹层内,靠专用风扇通过风道强制性制冷,具有箱内温度均匀、不结霜、冷却速度快等优点,但结构复杂、耗电量较大、噪声较大、存储食品干耗也较大。

（3）电冰箱按星级的多少可分为一星级、二星级、三星级、四星级等几种。一星级电冰箱:冷冻室的温度可达到-6℃;二星级电冰箱:冰冻室的温度可达到-12℃;三星级电冰箱:冰冻室的温度可达到-18℃;四星级电冰箱:冰冻室的温度可达到-18℃以下。

（4）电冰箱按使用的气候环境可分为亚温带型、温带型、亚热带型、热带型 4 种,它们分别适合的气候环境温度是 10℃～32℃、16℃～32℃、18℃～38℃、18℃～43℃。

（5）电冰箱按有效容积可分为 50 升、75 升、100 升、150 升、180 升、220 升、300 升等几种。

（6）电冰箱按用途可分为冷藏箱、冷藏冷冻箱、冷冻箱等。

（7）电冰箱按功能可分为绿色电冰箱、无菌电冰箱、智能电冰箱、静音电冰箱等。

2）电冰箱型号的表示方法

电冰箱型号的表示方法如图 9-7 所示。

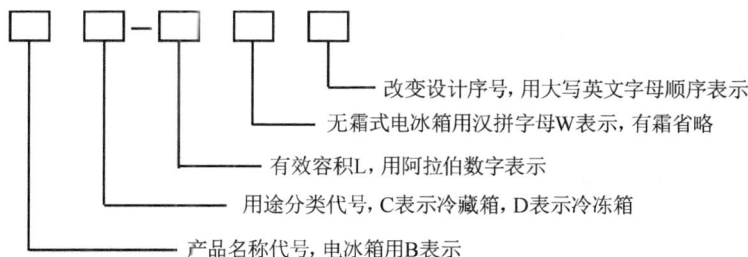

图 9-7　电冰箱型号的表示方法

例如,BCD-216WB 为第二次改进设计的 216 升无霜式冷藏冷冻电冰箱。

2. 电冰箱的结构与制冷原理

1）电冰箱的结构

电机压缩式电冰箱主要由箱体、制冷系统、控制系统等几部分组成。

（1）箱体。箱体一般由箱体外壳、隔热层、箱体内胆、门外壳、磁性密封门条、门内壁等组成。其作用是保持箱内一定的低温，尽量减少热量的导入，同时为了适应人们生活中对冷冻和冷藏食品的不同要求，把箱体分成冷冻和冷藏两个部分，有的还将两部分分成多个温区。

（2）制冷系统。制冷系统由压缩机、冷凝器、干燥过滤器、毛细管和蒸发器组成。它们之间用空心管道连接，管道内充满制冷剂，构成一个密闭的制冷循环系统。其作用是使箱内的温度降低，达到冷冻和冷藏目的。

（3）控制系统。控制系统包括温度控制装置、除霜控制装量、电机过载保护装置等。其作用是确保控制系统按不同的使用要求，自动、安全地运转。

2）电冰箱的制冷原理

当电机启动后，电冰箱通过压缩机做功，吸入低压气态制冷剂，使制冷剂从低压气态被压缩成高压高温气态，经排气管被送到冷凝器中。在冷凝器中，高压高温气态制冷剂通过管壁将热量传递给外界的空气而降温为液体，成为高压液态制冷剂。高压液态制冷剂通过干燥过滤器被除去杂质和水分后，通过毛细管节流降压，被送入蒸发室。由于液态制冷剂的沸点很低，加之压力骤然降低，液态制冷剂在蒸发室内迅速蒸发，吸取大量热量使电冰箱内部温度下降，液态制冷剂又变成气态，再被压缩机吸入压缩。如此循环往复，以达到制冷目的。

3. 电冰箱的质量要求与质量检验

1）电冰箱的质量要求

合格的电冰箱要符合以下几个质量要求。

（1）冷却性能。在规定的电压及频率波动范围内，当环境温度为15℃～32℃时，电冰箱运行并达到稳定状态后，其冷藏室温度为3℃±1℃，冷冻室温度应达到各星级标准的规定值。

（2）冷却速度。冷却速度是指在规定条件下，在环境温度为32℃±1℃时，在箱内外温差大体一致的情况下，关上箱门，启动压缩机连续运行，使冷藏室内的温度降到10℃、冷冻室的温度降到-5℃所需的时间，冷却时间不应超过3小时。

（3）耗电量和输入功率。在规定条件下，耗电量和输入功率的实测值不应超过标定的15%。

（4）启动性能。在规定条件下，压缩机均能正常启动和运行。方法是开机、停机各3次，每次开机3分钟，停机3分钟，各次启动均正常，无自动停机现象。

（5）耐泄漏性。以灵敏度为0.5克/年的卤素检漏仪检查制冷系统，不应出现制冷剂泄漏现象。

（6）负载温度回升速度。负载温度回升速度以分钟表示，它反映了电冰箱箱体的保温性能。在规定测试条件下，切断正常运转的电冰箱的电源，冷冻室从-18℃上升到-9℃的时间为负载温度回升时间，不应小于 300 分钟。

（7）噪声和振动。电冰箱在运行时，电冰箱的振动振幅应不大于 0.05 毫米，不应产生明显的噪声。250 升以下的电冰箱的噪声不应大于 52 分贝，市场上的电冰箱的噪声已远远小于该值。

2）电冰箱的质量检验

电冰箱的质量检验需从以下几个方面进行。

（1）外观检查。外表涂层应平滑、光亮，色泽均匀、牢固，不应有划痕、瘤疤、皱纹、起泡、麻点、漏涂和尘粒集聚现象等缺陷；电镀件和装饰件应平整、光亮，镀层应光滑、细密，色泽均匀，不应有斑点、针孔、气泡和镀层剥落等缺陷；塑料件表面应平整、光滑，色泽均匀，无明显缩孔和变形等缺陷；铭牌和一切标志齐全，箱体不应有明显的缺陷，搁架等完全平直不变形。

（2）气密性检查。门封应有良好的气密性，在检查时，将一层厚 0.08 毫米、宽 50 毫米、长 200 毫米的纸片放在门封条任意一点处，将门关闭垂直地压在纸片上，纸片不应自由滑动。

（3）运行检查。电冰箱在市电条件下应能无故障地启动并运行，压缩机无异常杂音出现；门开关应能控制照明灯亮、熄，并接触良好；温控器应能控制电冰箱开、停，并且接触良好，通电 10 分钟应能制冷；手接触箱体能感觉到微微振动感，振动越小越好，人站在电冰箱前方 1 米远的地方，以听不到声音为好。

（4）制冷性能检查。在开机后 3～5 分钟，用手摸箱体两侧，应能感觉到箱体温度上升，升温迅速而均匀为好；在开机 30 分钟后打开箱门，此时用手蘸水摸冷冻室内壁，应有冰黏的感觉；如有电冰箱温度计，在冷藏室和冷冻室中间位置各放一只，将温控器旋至制冷挡，关上箱门，在开机 1.5～2 小时后，冷冻温度达到各星级标准，冷藏温度达到 5℃左右，就说明电冰箱的制冷性能正常。

（5）节能性能检查。按照国家标准 GB 12021.2—2015《家用电冰箱耗电量限定值及能效等级》的规定，电冰箱的能效等级分为 5 个等级，电冰箱的能效等级 2 级的能效指数值作为电冰箱的节能评价值。国家相关部门要求国内所有电冰箱企业都必须拥有通过此标准的"能效标志"标签才能进入市场销售。等级 1 表示产品达到国际先进水平，最节电，即耗能最低；等级 2 表示比较节电；等级 3 表示产品的能源效率为我国市场的平均水平；等级 4 表示产品能源效率低于市场平均水平；等级 5 是市场准入指标，低于该等级要求的产品不允许生产和销售。

4. 电冰箱的使用、维护和简易故障的排除方法

（1）电冰箱的使用。电冰箱应放在室内通风良好、远离热源的地方，避免阳光直射及水浸，箱体周围应留 10 厘米以上的空间，以利于通风散热；电冰箱应平衡放置，如地面不平，可调整地脚螺纹使之平稳；电冰箱的使用电源应有良好的接地线。

（2）电冰箱的维护。电冰箱的门封处要经常检查，看是否清洁，如有脏物就应及时清除，以免影响门封的性能；电冰箱的内外要经常用软布擦拭干净；电冰箱在搬运过程中，不可倒置和过分倾斜，以免冷冻油进入制冷系统而影响制冷功能，特别是避免有的电冰箱压缩机在壳体内的弹簧脱落造成故障。

（3）电冰箱简易故障的排除方法（见表 9-4）。

表 9-4　电冰箱简易故障的排除方法

序　号	异 常 现 象	排除方法
1	新买的电冰箱在初次使用时，压缩机连续几小时不停机	并非故障，这是由于箱内与室内温度相同造成的。新电冰箱在接通电源后，空箱约持续运转 3～5 小时
2	新电冰箱的噪声大	在正常情况下，电冰箱压缩机的噪声不超过 50 分贝，即当人距电冰箱 1 米远时，应听不到明显的压缩机运行声。噪声大的可能原因及排除方法如下。 （1）箱体未调平稳，重新调整平稳（最好用 2～3 厘米厚的 4 小块橡皮做垫子）。 （2）固定部件的螺钉松动或脱落，可重新紧固螺钉

小思考 9-2

电冰箱在搬运时为什么不能过分倾斜？

9.3.2　空调器

1. 空调器的分类与型号表示方法

1）空调器的分类

（1）空调器按主要功能可分为冷风型、热泵型、电热型、热泵辅助电热型 4 种。冷风型空调器只能制冷，不能制热，俗称单冷型；热泵型空调器在压缩和排气管上装有电磁换向阀，可以改变制冷剂流向，既可制冷又可制热，俗称冷暖两制式；电热型空调器采用电热元件制热；热泵辅助电热型空调器在制热时同时采用电磁换向阀和电热元件。

（2）空调器按结构形式可分为窗式（整体）、分体式、大型集供式（中央空调器）3 种。窗式空调器的结构紧凑，体积小，安装方便，使用可靠，并装有新风调节装置，能长期保持室内空气新鲜，但噪声较大；分体式空调器最大的优点是室内机组噪声小，而且室内机组可以做成多种式样，较为美观；大型集供式空调器以上、下风道形成向某一区域房间提供冷气或暖气，适用于整幢建筑或某个单元房间等。

（3）空调器按冷却方式可分为风冷式和水冷式两种。

（4）空调器按调控方式可分为普通式和变频式两种。变频空调器采用智能变频装置来改变电流频率，以实现自动增减空调器输出功率的目的。随环境状况的改变，变频空调器通过及时调整电流频率来保证电机以最佳输出功率运行。变频空调器与普通空调器相比，具有寿命长、省电、电压适应性强、快速制冷、超低温制热、舒适性好、低噪声运行、除湿功能合理等优点，但结构复杂、价格较高。

（5）空调器按制冷量可分为 18 千瓦、20 千瓦、25 千瓦、32 千瓦、40 千瓦、50 千瓦、60 千瓦、70 千瓦、100 千瓦、200 千瓦等几种。

（6）空调器按特殊功能可分为健康空调器、燃气空调器、静音空调器、声音舒适度空调器、节能空调器、智能空调器等。

2）空调器型号的表示方法

空调器型号的表示方法如图 9-8 所示。分体式室内机组代号分别为壁挂式 G、吊顶式 D、落地式 L、嵌入式 Q、台式 T 等。例如，KFR–35GW/A 表示第一次改进设计、制冷量为 3500 瓦的热泵型壁挂式分体空调器。

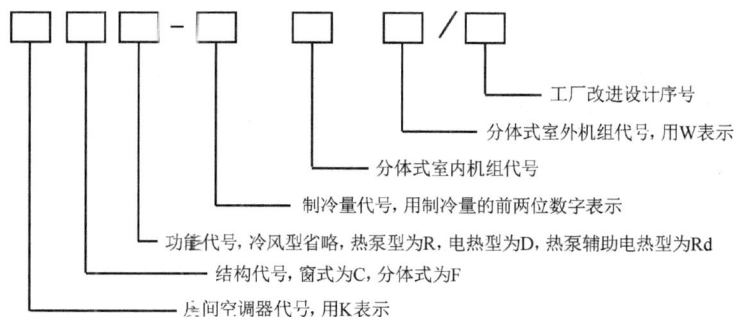

工厂改进设计序号

分体式室外机组代号，用 W 表示

分体式室内机组代号

制冷量代号，用制冷量的前两位数字表示

功能代号，冷风型省略，热泵型为 R，电热型为 D，热泵辅助电热型为 Rd

结构代号，窗为 C，分体式为 F

房间空调器代号，用 K 表示

图 9-8 空调器型号的表示方法

2．空调器的结构和工作原理

（1）空调器的结构。窗式空调器由制冷装置、空气处理装置和电路控制系统三大部分组成。其主要部件有控制板、蒸发器、冷凝器、压缩机、毛细管和风扇等。

分体式空调器由室内、室外机组，以及连接室内外机组的管路、管接头组成。分体式空调器的主要部件与窗式空调器基本相同，只是为了降低室内噪声，满足室内多种安装形式的要求，把空调器做成了两部分。

大型集供式空调器一般主要由制冷压缩机系统、冷媒（冷冻和冷热）循环水系统、冷却循环水系统、盘管风机系统、冷却塔风机系统等组成。

（2）空调器的工作原理。窗式空调器的制冷原理与电冰箱相同，空气循环主要是因为空气循环系统装有两个风扇：一个是离心风扇，安装于室内一侧；另一个是轴流风扇，安装于室外一侧。轴流风扇从室外不断吸收稳定气流，进行热交换，于是冷凝的热能被带到室外；离心风扇不断从室内吸取空气，空气经过风栅进入箱内，被过滤后经过蒸发器，降温为冷气，再经通风道从风栅进入室内，从而使室内得到净化冷气，如此循环，达到室内降温和净化空气的目的。在热泵型空调器中，蒸发器与冷凝器做的完全一样，并在压缩机排气管上装有一个四通电磁换向阀，当需要制热时，可使电磁换向阀换向，这时制冷剂流向逆转，实现制冷目的。分体式空调器的工作原理与窗式空调器相同。大型集供式空调器的制冷压缩机组通过压缩机将制冷剂压缩成液态后送入蒸发器中，冷冻循环水系统通过冷冻水泵将常温水泵入蒸发器盘管中与冷媒进行间接热交换，这样原来的常温水就变成了低温冷冻水，低温冷冻水被送到各风机风口的冷却盘管中吸收盘管周围的空气热量，产生的低温空气由盘管风机吹送到各个用户房间，从而达到降温的目的。

3. 空调器的质量要求与质量检验

1）空调器的质量要求

空调器的质量要求要参照以下几个指标。

（1）制冷量。制冷量是在空调器进行制冷时，在单位时间内从密闭空间、房间或区域内除去的热量，单位为瓦。空调器的实测制冷量不小于额定制冷量的 95% 为合格。

（2）空气循环量。窗式空调器的空气循环量应在 600～1100 立方米/小时。

（3）制冷消耗功率。制冷消耗功率是指空调器在制冷运行时所消耗的总功率，要求实测值不大于额定值的 110%。

（4）能效比。能效比是指空调器在额定工况和规定条件下进行制冷时，制冷量与输入功率之比，简单地讲就是单位输入功率的产冷量。国家标准 GB 21455—2019《房间空气调节器能效限定值及能效等级》将房间空气调节器能效等级分为 5 级，其中 1 级能效等级最高。

（5）噪声。窗式空调器的噪声应小于 60 分贝；分体式空调器的室内外机组额定制冷量小于 25 千瓦的，噪声应小于 45 分贝和 55 分贝，室内外机组额定制冷量在 25～45 千瓦的，噪声应小于 48 分贝和 58 分贝，室内外机组额定制冷量在 45 千瓦以上的应小于 52 分贝和 62 分贝。市场上的空调器的噪声已远远小于该值。

2）空调器的质量检验

空调器的质量检验应从以下几个方面进行。

（1）外观检查。外形美观、大方，机壳平整、光洁，无损伤、脱漆和锈蚀；各开关、旋钮动作灵活，操作自如；垂直、水平导风板松紧适宜，拨在任何位置都能定位，进风滤网拆装方便，没有破损。

（2）通电检查。接通电源，先启动风扇，再启动压缩机，均不应有较大的噪声和较强的振动；调节风速旋钮，应有不同风速的风吹出。

（3）制冷性能检查。将温控调至最低温度，然后选择强冷挡，在 5 分钟后应有冷风吹出。冷暖两用型空调，将温控调至最高温度，然后选择强热挡，在几分钟后应有热风吹出。

（4）启动性能检查。当电源电压在 220 伏上下波动，正负不超过 10% 时，空调器均能正常启动和运转，每次停机后，间隔 3 分钟再重新启动，运行应正常。

相关链接 9-2

空调器的匹数是什么意思

匹数是指电器消耗功率，1 匹=1 马力=735 瓦，匹并不指制冷量。人们平时所说的空调器是多少匹，是根据空调消耗功率估算出的空调器的制冷量。一般来说，1 匹等于 2500 瓦的制冷量（也就是 25 机型），1.5 匹约等于 3500 瓦的制冷量（也就是 35 机型）。其余机型可以根据制冷量来估算匹数，如 50 机型为 2 匹。

（资料来源：空调的匹数是什么意思. 装修知识网，2009-12-20）

4. 空调器的选购、安装、使用与维护、简易故障的排除方法

（1）空调器的选购。如果只考虑制冷，那么选择冷风型空调器即可；若需冬制暖、夏制冷，则可选择热泵型空调器；若在-5℃ 以上制暖，则可选择热泵型空调器；若要求在-5℃以下也能有较好的制暖效果，则可选择电热型或热泵辅助电热型空调器；若需要保健、省电，则可选择健康、调频空调器等；经济条件好的，还可选择大型集供式空调器。

空调器规格的确定，一般产品说明书上常有适用房间容积或面积这一项，用户可依此来选择空调器的制冷量。此外，用户还可以概略估算，一般按每平方米 150～170 瓦的制冷量选择空调器，若房间门窗多、日照强，则可按每平方米 160～200 瓦的制冷量选择空调器，顶层房间可按每平方米 220～280 瓦的制冷量选择空调器。

（2）空调器的安装。窗式空调器一般安装在墙上或窗上，要求墙体和窗框结实、牢固，墙洞平整。安装时空调器室外侧向下倾斜 5～10 毫米，以便顺利排出冷凝水；应使墙洞外罩两侧的进风扇叶露在墙外，以保证通风流畅；空内侧要有利于空气循环流通，以防死角。室外安装高度应以高于地面 1 米以上为宜。

由于分体式空调器在出厂时，室内机组、室外机组、连接管（线）分开包装运到用户，经现场组装连接、调试，才能形成一个完整的运行系统，因此分体式空调器的安装应由专业人员完成。另外，室内机组的安装部位要牢固、安全可靠，还应考虑操作方便，保持室内陈设的协调、美观，排水管路的连接和安放能够自然排水；室外机组安装的地方要有坚实的底座，室外机组在运行时发出的噪声和放出的热量不要影响邻居。

（3）空调器的使用与维护。空调器安装完毕，不要马上通电，应按说明书规定的注意事项仔细检查，待一切正常后才通电，接地须良好。开始先通风试转，然后逐一将各功能试转。空调器停止运转后，至少要过 3 分钟才能再次开机，否则容易损伤电机。

应定期清洗空调器的过滤网，清洁面板及室内机壳，一般每年清洗一两次；风扇、电动机要定期加润滑油。

（4）空调器简易故障的排除方法（见表 9-5）。

表 9-5　空调器简易故障的排除方法

故障现象	产　生　原　因	故障排除方法
整机不启动	（1）无电源。 （2）保险丝断开。 （3）有关继电器未复位。 （4）电控系统部件出现故障。 （5）供电电压太低。 （6）温控器旋钮置于高于室温的位置。 （7）各开关、温控器等接触不良。	（1）检查电源插头线与电源插座是否接触良好。 （2）更换同规格保险丝。 （3）等待一会儿，调整开关后再次启动，若还不行，则应分段检查各继电器。 （4）用万用表按电器原理图分体分段检查或请专业人员维修。 （5）用稳压电源供电。 （6）将温控器旋钮置于适当的位置。 （7）根据电器原理检查各开关是否接触良好

小思考 9-3

选购分体式空调器，为什么不仅要选空调器产品本身，还要选售后服务？

9.3.3 洗衣机

1. 洗衣机的分类与型号表示方法

1）洗衣机的分类

洗衣机按不同的标准可以分为若干类型。

（1）按洗涤方式分类：①喷流式，在筒侧装有叶轮，叶轮以 500～600 转/分的速度回转，以叶轮激起的水流进行洗涤；②波轮式，类似于喷流式，把叶轮安装在筒底，轮转的方向可以改变，我国小型洗衣机属于波轮式洗衣机；③滚筒式，将衣物放入筒内，浸入水中，用类似敲打的方式进行洗涤，适合大型洗衣机；④搅拌式，用搅拌的方式进行洗涤，桶内搅拌叶片反复运动，使洗涤水流动，日本最早使用搅拌式洗衣机；⑤喷射式，按喷气泵的原理从喷嘴压出高压水，使容器中的水发生循环而进行洗涤；⑥超声波振动式，将洗衣振动板产生的超声振动传导给水，用超声振动水进行洗涤。

（2）按自动化程度分类：普通、半自动和全自动洗衣机 3 种。国家标准规定，洗涤、漂洗、脱水各功能的操作需用手工转换的洗衣机为普通洗衣机；在洗涤、漂洗、脱水各功能之间，只有其中任意两个功能转换不用手工操作并自动进行的洗衣机为半自动洗衣机；同时具有洗涤、漂洗和脱水各功能，它们之间的转换全部不用手工操作而能自动进行的洗衣机为全自动洗衣机。有些先进的全自动洗衣机还具有烘干、熨烫甚至折叠功能。

（3）其他分类：手搓式、离心力式、离子洗净式、臭氧洗涤式、低噪声、多水流、变频式、模糊控制式、节能型、智能型洗衣机等。

2）洗衣机型号的表示方法

洗衣机型号的表示方法如图 9-9 所示。

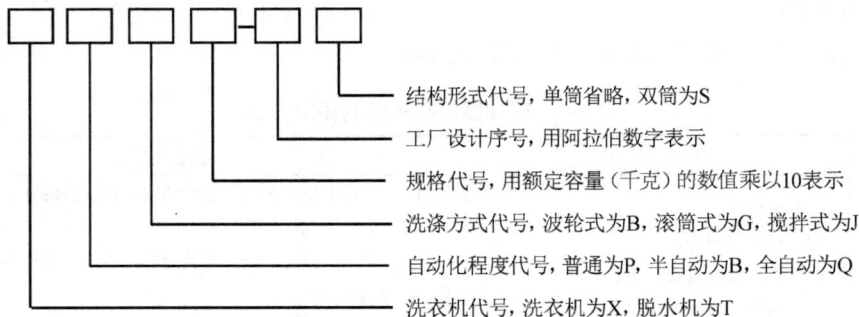

结构形式代号，单筒省略，双筒为S

工厂设计序号，用阿拉伯数字表示

规格代号，用额定容量（千克）的数值乘以10表示

洗涤方式代号，波轮式为B，滚筒式为G，搅拌式为J

自动化程度代号，普通为P，半自动为B，全自动为Q

洗衣机代号，洗衣机为X，脱水机为T

图 9-9　洗衣机型号的表示方法

例如，XQG50-3 表示洗涤容量为 5 千克的滚筒式全自动洗衣机，为厂家第 3 代产品。

2. 洗衣机的质量要求与质量检验

（1）洗净比。洗净比是指在规定的洗净条件下，洗衣机洗净率与参比洗衣机洗净率之比。波轮式洗衣机的洗净比不小于 0.8。

（2）织物磨损率。织物磨损率是指在达到一定洗净比指标的情况下，被洗衣物的磨损程度，用失重比率来表示。波轮式洗衣机的织物磨损率应不大于 0.2%。

（3）漂洗性能。漂洗性能是指将洗涤的衣物放在清水中漂洗，去除附着在衣物上的洗涤剂溶液及污垢，最后达到漂清、洗净的能力。漂洗性能通常用漂洗比表示，洗衣机的漂洗比应大于 1。

（4）脱水率。全自动波轮式洗衣机的脱水率应大于 45%，普通和半自动洗衣机的脱水率应大于 50%，滚筒式洗衣机的脱水率应大于 45%。

（5）噪声。洗衣机的噪声不应大于 65 分贝。市场上的洗衣机的噪声已远远小于该值。

（6）消耗功率。消耗功率应在额定输入功率的 115% 以内。

（7）节能环保性能。于 2013 年 10 月 1 日正式实施的洗衣机能效新标准 GB 12021.4—2013《电动洗衣机能效水效限定值及等级》规定了电动洗衣机单位功效耗电量限定值、用水量限定值、节能评价值、节水评价值、能效等级和用水效率等级。该标准适用于额定洗涤容量为 13 千克及以下的家用电动洗衣机（以下简称洗衣机）；不适用于额定洗涤容量为 1.0 千克及以下的洗衣机和没有脱水功能的单桶洗衣机；不适用于搅拌式洗衣机；对于洗衣干衣机，只考核其洗涤功能。

（8）绝缘电阻。洗衣机带电部分与外露的非带电金属部分之间的绝缘电阻不小于 2 兆欧。

（9）接地电阻。洗衣机的外露非带电金属部分与接地线末端之间的电阻应不大于 0.2 欧。

3. 波轮式洗衣机

（1）波轮式洗衣机的结构。不同类型和机型的洗衣机的结构形式各异，但一般均由机箱部分、洗涤部分、脱水部分、控制部分、进排水部分等组成。

（2）波轮式洗衣机的工作原理。洗衣机洗涤衣物是仿照人工洗涤方式，把衣物放在洗衣筒中，与水和洗涤剂一起，在机械力的作用下剧烈地搅拌，衣物随水流不断旋转，上下翻流，衣物与衣物之间，衣物与水流之间，衣物与筒壁之间产生摩擦和冲击，在这种机械的搅拌、揉擦、抛甩及洗涤剂的化学作用下，衣物上的污垢被脱离下来卷入水中，从而达到洗净衣物的目的。

（3）波轮式洗衣机的质量检验。

① 外观检查。要求外形美观、大方，色调雅致，机壳表面光滑、平整、无损伤、无锈蚀；各按钮、旋钮、开关完好无损，动作灵活、可靠；洗衣筒内壁应光滑，洗衣筒盛水后不漏水。

② 波轮检查。波轮表面应光滑，波轮与洗衣筒之间的间隙应当均匀、平整、无松动，一般间隙以不超过 2 毫米为好，检查时可用 5 分硬币走一圈。如果间隙太大，衣物就容易进入间隙而使衣物被损坏；如果间隙太小，波轮与洗衣筒就容易产生摩擦，产生尖锐噪声。用手转动波轮，应比较轻快、均匀、无杂音。

③ 运转检查。洗衣机在通电运转时，应无较大的振动和噪声，也不能有异常响声。程序控制器、定时器、各种开关等控制部件的控制应正确无误。脱水筒在运转时，打开脱水筒盖，应能立刻切断脱水电机电源，并随机制动脱水筒，机体应有良好的绝缘性，不漏电。

④ 附件检查。进排水管、电源线、插头和说明书等要齐全。

（4）波轮式洗衣机常见简易故障的排除方法（见表 9-6）。

表 9-6　波轮式洗衣机常见简易故障的排除方法

序号	故障现象	产 生 原 因	故障排除方法
1	洗衣机启动后电机不转	（1）保险丝熔断。 （2）电源线插头与插座接触不良。 （3）电容器无容量或短路。 （4）定时器、洗涤开关触点接触不良。 （5）电动机故障。 （6）电源按钮没按下（全自动）。 （7）水龙头未打开（全自动）。 （8）规定的水量未进足（全自动）。 （9）排水管未放下（全自动）	（1）更换同规格保险丝。 （2）将电源插座铜簧片拨紧。 （3）接好线头或更换同容量的电容器。 （4）修理定时器、洗涤开关。 （5）送修。 （6）将电源按钮按下。 （7）打开水龙头。 （8）进足规定的水量。 （9）将排水管放下
2	洗衣机漏水	（1）主轴（波轮下面）密封圈失效。 （2）排水管破裂。 （3）排水管接头松动。 （4）洗衣筒底部焊缝开裂。 （5）排水阀拉带太紧	（1）更换密封圈。 （2）用强力胶（102）黏结。 （3）同第（2）条。 （4）同第（2）条或更换新筒。 （5）重新调节拉带，使之松紧适当
3	脱水筒晃动严重	（1）3 个减震簧松动 1 个。 （2）脱水筒与电机连接轴紧固螺钉松动（上下各一个）。 （3）地面不平	（1）重新紧固。 （2）重新紧固。 （3）放平稳
4	洗衣电机运转，脱水电机不转	（1）定时器开关触点未接触。 （2）脱水筒掀盖制动开关触点未接上。 （3）脱水电机、电容器损坏	（1）重新拨紧触点，使之接触良好。 （2）同第（1）条。 （3）更换新的同规格脱水电机、电容器
5	脱水筒的制动性能不好	刹车拉杆与刹车挂板的连接太紧，刹车时刹车块与刹车圆盘的接触面小、不紧密	调整刹车拉杆与刹车挂板孔眼的位置，使其适当

4. 滚筒式洗衣机

（1）滚筒式洗衣机的分类。滚筒式洗衣机按洗衣筒的安装方式不同，可分为立式滚筒洗衣机和卧式滚筒洗衣机两种。立式滚筒洗衣机由于需增加限位装置，结构较复杂，造价高，现在很少生产。目前，国内外常见的是卧式前装滚筒洗衣机（见图 9-10）。

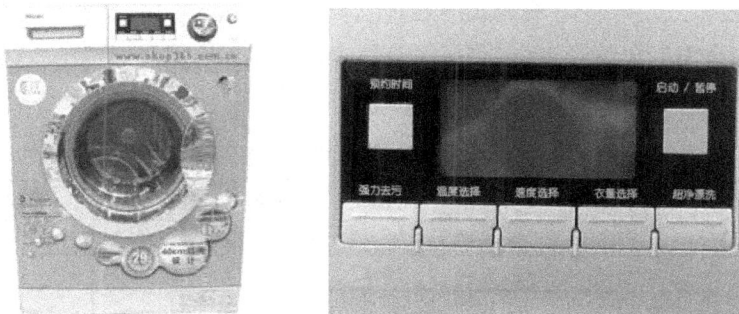

图 9-10　卧式前装滚筒洗衣机

　　卧式滚筒洗衣机按装入衣物的方式不同又分为前装式和上装式两种。卧式前装滚筒洗衣机的正前方开有一处圆形可开闭的门，衣物由此门投入或取出。门上安装玻璃视孔，透过它可清晰地观察筒内衣物的洗涤情况。卧式上装滚筒洗衣机不设玻璃视孔，形状呈箱式，由箱顶部开门，衣物从洗衣机的顶部投入或取出。该种洗衣机的滚筒可由两个轴承支撑，工艺要求相对较低。

　　滚筒式洗衣机按洗涤水的温度来分有冷水洗衣机和热水洗衣机两种。冷水洗衣机是指没有加热装置的洗衣机，热水洗衣机是指配有洗涤水加热器的洗衣机。热水洗衣机的水温常控制在 $40℃\sim60℃$，在必要时也可调到 $90℃$ 左右，用于消毒和杀菌。

　　滚筒式洗衣机按有无烘干功能分类，可分为无烘干功能洗衣机和带烘干功能洗衣机两种。带烘干功能洗衣机还可分为加温蒸汽烘干和蒸汽冷凝烘干两种。

　　（2）滚筒式洗衣机的结构。滚筒式洗衣机主要由进排水系统、洗涤系统、传动系统、支撑系统、电气控制系统和加热干衣系统组成。

　　5．洗衣机的选购

　　洗衣机的种类很多，常见的波轮式、滚筒式和搅拌式 3 种洗衣机各有特点，用户可根据具体情况选购。

　　（1）波轮式洗衣机。它的优点是结构简单、洗涤速度快、省时省电、洗净比大且价格低。由于很多部件采用塑料制造，因而质量小、噪声小。其缺点是缠绕率高，由于衣物缠绕，外部衣物洗得很干净，但绞在内部的衣物洗得不太干净，洗涤均匀性略差。波轮在底部，衣服压在波轮上，波轮高速转动，与波轮接触的衣物磨损较大，为减少磨损，增大洗净比，往往耗水量增大。

　　（2）滚筒式洗衣机。它的优点是洗涤均匀性好，缠绕率和织物磨损率极小，自动化程度高，耗水量很小。它的缺点是洗净比小。为了增大洗净比，往往采用热水洗涤，因而耗电量大。它的结构复杂，大多采用金属制造，质量大，不易搬动，价格较贵，为波轮式洗衣机的 1.5～2 倍。

　　（3）搅拌式洗衣机。它表面上看起来像波轮式洗衣机，其实其运动方式不同。它的搅拌叶转角小于 360°，洗衣筒底部不高速旋转，因此它的水流力度与相互之间的摩擦力较小。

253

其洗净比介于波轮式洗衣机与滚筒式冷水洗衣机之间。搅拌式洗衣机的优点是洗净比大、洗涤均匀、织物磨损率和缠绕率小，许多特点看来均介于波轮式洗衣机与滚筒式洗衣机之间。

3 种洗衣机的优缺点比较如表 9-7 所示。

表 9-7　3 种洗衣机的优缺点比较

特　　点	波轮式洗衣机	搅拌式洗衣机	滚筒式洗衣机
洗净比（水温 30℃）	1	2	3
洗净均匀性	3	2	1
缠绕率	3	2	1
织物磨损率	3	2	1
耗水率	3	2	1
耗电量	1	2	3
洗涤剂用量	2	2	1
洗涤时间	1	2	3
自动化程度	2	2	1
脱水率	1	2	2
噪声	1	2～3	2
结构简单程度	1	2～3	3
外形、质量	1	2	3

注：1 表示好，2 表示较差，3 表示最差。

相关链接 9-3

2016 版《能源效率标识管理办法》五大变化

变化一：扩大法律支撑，明确监管职责

2016 版《能源效率标识管理办法》增加了《中华人民共和国进出口商品检验法》及其实施条例；明确细化了出入境检验检疫部门的监管职责——从老版中的"检查、核实"明确细化到新版中的"监督检查、专项检查和验证管理"。

在新增法规的要求和支撑下，出入境检验检疫部门不仅要在口岸上进行能效产品的入境验证，还要对相关产品进行属地监管和后续监督，在必要时进行专项检查。进口企业不能像以前一样，在口岸上通关结束就万事大吉，还需要配合属地检验检疫部门接受相关监督和检查。

变化二：信息互联互通，纳入信用管理

2016 版《能源效率标识管理办法》明确了出入境检验检疫部门"发现有违反本办法规定行为的，通报同级节能主管部门，并通知授权机构"，同时要求"对违反本办法规定的行为建立信用记录，并纳入全国统一的信用信息共享交互平台"。

如果发生蓄意、严重的违法违规行为，就可能影响后续相关产品的进口，甚至影响企业的信用记录。

变化三：增加豁免选项，统一执法监管

2016 版《能源效率标识管理办法》充分考虑了进口企业需求实际，新增了豁免条款，明确了科研测试所需产品、工厂生产线成套生产线配套所需的设备和部件、直接为最终用户维修目的的所需产品等多个豁免条款，符合条款就可以免于标注能效标识及备案。其中"工厂生产线成套生产线配套所需的设备和部件、直接为最终用户维修目的的所需产品"这两个条款是以往进口企业诉求最多、矛盾最突出的情形，这些豁免条款将极大地便利企业的生产经营活动。

2016 版《能源效率标识管理办法》豁免条款出台后，之前由于老版《能源效率标识管理办法》对相应的特殊情况没有充分考虑而造成的各地检验检疫部门存在做法不尽一致的情况将得到有效改善，更具可操作性，有利于各地检验检疫部门统一执法监管。

变化四：优化备案管理，严格准入门槛

2016 版《能源效率标识管理办法》优化了备案过程中的进口商资料提交方式，不再拘泥于传统的提交方式；对备案提交的部分材料不再必须要求副本，提交复制件即可；明确规定了授权机构公告备案信息的时限：应当自收到完整备案材料之日起 10 个工作日内完成能效标识的备案工作，并于备案完成之日起 5 个工作日内公告备案的能效标识样本。

另外，2016 版《能源效率标识管理办法》还调整了进口商的备案申请时间，由使用能源效率标识之日起 30 日内修改至进口商应当于进口前进行备案申请。这一点需要进口企业特别关注。2016 版《能源效率标识管理办法》严格了准入门槛，未经备案进口，无法整改（因为明确了进口前进行备案申请），只能退运或销毁。

变化五：明确法律责任，强化惩罚力度

相对于老版《能源效率标识管理办法》法律责任不够清晰、法律和处罚条款模糊，处罚上限偏低的情况，2016 版《能源效率标识管理办法》对生产者、进口商、第三方检验检测机构、销售者（含网络商品经营者）、第三方交易平台（场所）经营者等监管对象明确了法律责任；对不同的违法行为进行了区分，并明确了相应的法律和处罚条款；相应的处罚上限和惩罚力度也有比较明显的提升，部分引用的处罚条款中甚至有吊销营业执照的惩罚。

另外，在新形势下 2016 版《能源效率标识管理办法》还对网络商品经营者提出了新的要求：一是要求在网络交易场景下，应当在能效产品信息展示主页醒目位置展示相应能效标识；二是应当建立并执行能效产品进货检查验收制度；三是第三方交易平台经营者应当对通过平台销售的能效产品建立能效标识检查监控制度，并对违规行为进行制止，这需要进口跨境电商、网络交易平台等新型企业形态予以高度重视。

（资料来源：新《能源效率标识管理办法》五大变化. 瑞文网，2017-5-26）

相关链接 9-4

主要家用电器的主要零部件的目标寿命和寿命设定的基准如表 9-8～表 9-11 所示。表 9-12 列出了部分国产家用电器保修期的规定。

表 9-8　电冰箱主要零部件的目标寿命和寿命设定的基准

零部件名称	目标寿命	寿命设定的基准
压缩机	40 000 小时	11 小时/日，8 年共 32 120 小时
风扇电机	35 000 小时	11 小时/日，8 年共 32 120 小时
温控器	150 000 次通断	2 次通断/小时，8 年共 140 160 次
除霜定时器	1000 次通断	2 次通断/日，8 年共 5840 次
除霜加热器	1000 小时	2 次通断/日（30 分钟/次），8 年共 2920 小时
门灯开关	15 000 次通断	50 次通断/日，8 年共 146 000 次
箱内照明灯	1000 小时	50 次通断/日（10 秒/次），8 年共 406 小时

表 9-9　空调器主要零部件的目标寿命和寿命设定的基准

零部件名称	目标寿命	寿命设定的基准
压缩机	27 600 小时	8 小时/日×300 日/年×10 年
室内风扇电机	27 600 小时	8 小时/日×300 日/年×10 年
室外风扇电机	27 600 小时	8 小时/日×300 日/年×10 年
压缩机继电器	20 700 小时	3 小时/日×300 日/年×10 年
变压器	82 800 小时	24 小时/日×300 日/年×10 年
四通阀	13 800 次	1 次/小时×8 小时/日×150 日/年×10 年
滤尘网安装框架	400 次	摘下 1 次/15 日×300 日/年×10 年
开启式面板结构	650 次	关闭 1 次/周×300 日/年×10 年

表 9-10　洗衣机主要零部件的目标寿命和寿命设定的基准

零部件名称	目标寿命	寿命设定的基准
洗涤运转部件	2100 小时	洗涤连续运转（7 年左右）
脱水运转部件	1030 小时	脱水断续运转（7 年左右）
循环运转部件	6200 小时	循环连续运转（7 年左右）
机盖（开闭试验）	15 400 次	机盖开闭试验（7 年左右）
机盖（开闭强度）	756 次	机盖开闭强度（7 年左右）
控制电路	15 400 次	开关动作试验（7 年左右）

表 9-11　微波炉主要零部件的目标寿命和寿命设定的基准

零部件名称	目标寿命	寿命设定的基准
磁控管	2000 小时	0.5 小时/日×365 日/年×9 年
高压变压器	3000 小时	0.5 小时/日×365 日/年×9 年
高压电容器	3000 小时	0.5 小时/日×365 日/年×9 年
转盘电机	3000 小时	1.0 小时/日×365 日/年×9 年
风扇电机	3000 小时	0.5 小时/日×365 日/年×9 年
定时开关	50 000 次	12 次/日×365 日/年×9 年
各类继电器	125 000 次	12 次/日×365 日/年×9 年
炉内照明灯	3000 小时	1.0 小时/日×365 日/年×9 年

表 9-12　部分国产家用电器保修期的规定

项　　目	整机主要部件包修期/年		主要部件名称	折旧费/%	备　　注
彩色电视机	1	3	显像管、行输出变压器、高频头、集成电路、印刷电路板	0.02	折旧费按日计算。例如，价值 5000 元的彩色电视机，半年内退货，折旧费按 0.02 % 计算，即每日收折旧费 1 元
黑白电视机	1	3	显像管、行输出变压器、高频头、集成电路、印刷电路板	0.01	
电冰箱	1	3	压缩机、蒸发器、过滤器、冷凝器、毛细管、温控器	0.02	
洗衣机	1	3	电机、定时器、开关、电容器	0.01	
电风扇	1	3	电机、定时器、开关、电容器	0.01	
收录机	0.5	1	磁头、马达、开关、电位器、集成电路	0.02	

〔资料来源：傅福良. 家电产品的设计寿命与包修期限. 家用电器，2000（5）：10-11〕

课后归纳总结

本章小结

　　家用电器的种类很多，家用电器有关品种的消费是通过人的感觉器官来实现的，有的家用电器品种是声、光、电相互作用的产物。有关家用电器的基础知识主要有电声学基础、人耳的听觉特性、光的特性、人眼的特性、无线传播等。

　　组合音响、彩色电视机、电冰箱、空调器、洗衣机是常见的五大件家用电器，本项目概述了它们的种类、性能特点、型号、结构、工作原理、质量要求与检验、选购和维护等方面的知识和技能。

主要概念

　　电子器具　　组合音响　　同步灵敏度　　变频空调器　　洗净比

课堂讨论题

　　1．家用电器的基础知识与家用电器的质量评价有何关系？

　　2．如何评价一台电视机的质量？

自测题

1. 判断题

（1）家用电器是在家庭和类似使用条件下的电子器具和电器器具的总称。 （　　）

（2）人耳对声音强弱的感觉与声强成对数关系。 （　　）

（3）四喇叭组合音响是立体声音响。 （　　）

（4）在彩色电视机调试中，先调清楚黑白图像，再加彩色为好。 （　　）

2. 填空题

（1）光的三基色是红、_____、_____三色。

（2）电视机的显像方式有荧光显示、_____、_____等。

（3）电冰箱主要由箱体、_____和_____组成。

（4）XQG35-2 表示洗衣容量为_____千克的_____全自动洗衣机，是厂家第 2 代产品。

3. 选择题

（1）下列家用电器不属于冷冻器具的是（　　）。

    A．电冰箱　　　　B．空调器　　　　C．冷饮机　　　　D．冷冻箱

（2）组合音响激光唱机的频率响应是（　　）赫兹。

    A．6.3～100 000　　　　　　　　B．18～60 000

    C．20～30 000　　　　　　　　　D．20～20 000

（3）三星级电冰箱冷冻室的温度应不高于（　　）。

    A．-6℃　　　　B．-12℃　　　　C．-15℃　　　　D．-18℃

（4）制冷量在 25～45 千瓦空调器的能效比不应小于（　　）。

    A．2.60　　　　B．2.80　　　　C．3.30　　　　D．2.40

4. 简答题

（1）简述家用电器的分类和品种。

（2）组合音响有哪几个主要部分？各有何功能？

（3）怎样才能看到理想的电视图像？

（4）电冰箱是怎样制冷的？

（5）洗衣机按洗涤方式可分为哪几种？常见的是哪 3 种？各有何特点？

实训题

1. 技能题

（1）开展一次电视机的检验、调试和咨询服务活动。

（2）进行一次市场上家用电器分类品种及质量状况的调查，并写出调查报告。

2. 实操题

组合音响操作技能鉴定评分表如表 9-13 所示。

表 9-13　组合音响操作技能鉴定评分表

鉴定项目	鉴定标准	评分标准	鉴定记录	成绩	
				扣分	得分
装配、调试	装配、调试顺序正确，操作熟练，能迅速、正确地装配好音响，能迅速、正确地调出各波段收音，并熟练地进行内外录、转录、放音、唱片插放，调试后音量适中，音色丰富，立体声的空间临场感强。时间为 12 分钟	质量 48 分，时间 12 分，共 60 分。装配、调试步骤不对各扣 1～5 分，收音波段差错每个扣 2 分，录放 4 种形式差错每种扣 3 分，唱片插放差错扣 5 分，调试音量、音色不合要求扣 2～7 分，立体声感不强，扣 2～8 分。时间每超过 20 秒扣 1 分			
咨询服务	能正确、迅速地介绍和展示组合音响各部分的功能、使用和保养方法，并准确回答有关询问，耐心、热情周到。时间为 8 分钟	质量 32 分，时间 8 分，共 40 分。介绍错误每项扣 1～3 分，语言、语调、耐心不合要求各扣 2～4 分，不熟练扣 1～3 分。时间每超过 20 秒扣 1 分			
			合计		

考评员：　　　　　　　　　　　　　　　　计时员：

问题： 鉴定后，对所鉴定组合音响的质量做一个评价。

3. 实习题

进行常用家用电器的简易故障排除。

项目 10

装潢装饰商品

教学目标

知识目标

了解装潢装饰商品的品种和发展方向。

技能目标

认识装潢装饰商品有关品种的结构和组成，掌握装潢装饰商品有关品种的性能特点、质量要求与选用方法。

能力目标

能够运用所学的知识和技能，进行装潢装饰商品的质量鉴别、挑选使用和咨询服务。

课中知识应用

引导案例

国际建筑涂料三大发展方向

向水性化发展。现在世界涂料的品种结构向着减少 VOC（挥发性有机化合物）等方向发展，水性涂料是其中的发展方向之一。提高水性涂料的质量、开发新的品种是巩固和发展水性涂料的重要环节。

向功能化发展。目前，除应在防火、防毒、防虫、杀虫、隔热保温等现有质量水平较低的功能涂料上加大力度、进行科研攻关外，复合化技术也是提高和满足各类功能的有效途径。

向高性能、高档次发展。涂料不仅要保护和美化基材，还要给予基材本身无法具有的特殊功能，使用一些新的基料就可以使涂料获得非常惊人的高性能化、高增值化、高级化的效果，如高耐候性的氟树脂涂料，用于建筑方面可取得良好的效果。

这个案例表明，产业的高速发展，装潢装饰商品新技术、新商品层出不穷。随着人们生活水平的不断提高，人们对生活环境有了更高的要求，装潢装饰商品消费的比例会逐渐增加，装潢装饰商品的种类很多，本项目主要介绍几种常见的装潢装饰商品。

10.1　瓷砖和石材

10.1.1　瓷砖

瓷砖是以耐火的金属氧化物及半金属氧化物，经由研磨、混合、压制、施釉、烧结的过程，而形成的一种耐酸碱的瓷质或石质等的建筑或装饰材料。其原材料多由黏土、石英砂等混合而成。自古以来瓷砖就是一种良好的建筑装饰材料，瓷砖常见的品种有陶瓷锦砖、釉面砖和墙地砖等。

1．陶瓷锦砖

1）陶瓷锦砖的特点

陶瓷锦砖又称马赛克、铺地瓷砖、纸皮砖，是以优质陶土为主要原料，采用半干法压制成型，以高温烧成的制品。边长小于 40 毫米的主要是无釉制品。陶瓷锦砖按一定图案反贴在牛皮纸上，每张大小约 30 厘米×30 厘米，称作一联，每联面积约为 0.093 平方米，每40 联装一箱。

陶瓷锦砖有正方形、长方形、六角形、对角形、子弹形、斜长条形等形状，将不同形状的陶瓷锦砖进行组合可以得到许多种拼花图案，再加上不同色彩，可制成几百种不同的图案。

陶瓷锦砖的特点是质地坚实、经久耐用、色泽多样、耐酸、耐火、耐磨、不渗水、易清洗、吸水率低等，因此常用于工业、民用建筑、洁净车间、门厅、厕所、浴室等场所的地面装饰，建筑物内、外封闭装饰等。

2）陶瓷锦砖的检验

陶瓷锦砖的规格有 20 毫米×20 毫米、25 毫米×25 毫米、30 毫米×30 毫米、40 毫米×40毫米等，厚度为 4～6 毫米。

（1）单块陶瓷锦砖的尺寸公差与外观质量。

20 毫米规格的陶瓷锦砖：边长，（20±0.3）毫米；厚度，（4.0±0.3）毫米。

25 毫米规格的陶瓷锦砖：边长，（25±0.3）毫米；厚度，（4.2±0.3）毫米。

以无变形、缺角、缺边、斑点、裂纹、褶皱及开口气泡等缺陷为优质品。对合格品的要求如下。

缺边：长 3.0～4.0 毫米，宽 1.0～2.0 毫米，允许 1 处。

开口气泡：长度不大于 1 毫米。

变形：变曲度不大于 0.5 毫米。

注意：检查时在同一块陶瓷锦砖上不允许缺边和缺角同时存在。

（2）每联陶瓷锦砖的联长、线路、周边距的尺寸公差如下。

联长：（327±2）毫米，（321±2）毫米。

线路：单联中行列间距为（2.0±0.3）毫米。

周边距：单联中饰面露出部分与纸边的距离为 2～7 毫米。

（3）每批次色泽应基本一致。检验时取 9 联陶瓷锦砖，在光线充足处铺成正方形，在距陶瓷锦砖 1.5 米处目测。

（4）陶瓷锦砖与铺贴纸间有一定的黏结力，检验时可用两手捏住单联陶瓷锦砖的一边两端，使其直立，然后平放，反复 3 次，不脱落者为合格。还可以将一联陶瓷锦砖贴纸向内卷曲成筒状，然后摊平，反复 3 次，不脱落者为合格。

（5）脱纸时间检验不应大于 40 分钟。将备贴陶瓷锦砖平放在平底容器内，使其辅贴纸表面向上，把辅贴纸用水充分浸透，在 40 分钟之内捏住辅贴纸的一角折 180°，沿对角线方向揭辅贴纸，所有陶瓷锦砖均应从辅贴纸剥离。

3）陶瓷锦砖成品包装

每联上应有商标、厂名；纸箱内衬防潮纸；包装箱上印有成品名称、制造厂名、商标、出厂日期、颜色、规格、数量，并应标注防潮、易碎、堆码方向标志；箱内应附有质检单。

2．釉面砖

1）釉面砖的特点

釉面砖又称瓷砖、釉面瓷砖，是以瓷土为原料，在制成泥坯后，表面施釉高温烧制的陶质饰面材料。

釉面砖有白色釉面砖、彩色釉面砖、印花釉面砖、图案釉面砖等。釉面砖的表面由于施釉，非常光滑，易于清洗，色泽多样，抗污力强，美观，耐用，适用于建筑物、浴室、盥洗间、厨房墙面防护及装饰。

2）釉面砖的检验

釉面砖的尺寸有 152 毫米×152 毫米×5 毫米和 108 毫米×108 毫米×5 毫米。直观检验主要是目检釉面砖的外观质量，影响使用较直接的缺陷有裂纹（一、二级品不允许，三级品釉下裂纹总长小于 20 毫米）、缺釉、剥边等。这些缺陷容易使装修后釉面砖在遇到潮湿环境时出现开裂、龟裂、脱落等现象，如使用环境较潮湿或使用在直接与水接触的部位，最好选用一级品。

检验釉面砖时注意厚度要够 5 毫米；无裂纹、翘曲，表面无杂质和气泡等缺陷；敲击声音应清脆。釉面砖四边要平直，可将釉面砖整齐地码成一垛，这样容易看出釉面砖是否平整。此外还应注意色号，色号相差越多，颜色差异越大。

3．墙地砖

1）墙地砖的特点和常用规格

墙地砖是用于建筑物外墙及地面装饰的块状陶瓷制品，分有釉、无釉两种。无釉墙地砖是将破碎成一定粒度的陶瓷原料经筛分、半干压成型，于窑内高温焙烧制成的。无釉砖具有硬度大、抗压强力大、耐磨性好、吸水率较低等特点。有釉墙地砖则在坯上施以釉再经釉烧而成，彩釉砖的色彩美观，图案新颖，防水、防潮性良好，有较高的强度、较好的耐用性等。墙地砖的常用规格有：辅地砖用 300 毫米×300 毫米、400 毫米×400 毫米、600 毫米×600 毫米、330 毫米×330 毫米、200 毫米×200 毫米，厚度 7～9 毫米，以正方形为主；墙用 95 毫米×45 毫米、200 毫米×100 毫米、250 毫米×330 毫米、450 毫米×330 毫米、150

毫米×75 毫米等，以长方形为主。

2）墙地砖的检验

墙地砖的检验要点有以下几个。

（1）变形程度。墙地砖变形程度控制表如表 10-1 所示。

表 10-1 墙地砖变形程度控制表

单位：%

变形种类	优等品	一级品	合格品
中心弯曲度	±0.50	±0.60	−0.60～0.80
翘曲度	±0.50	±0.60	±0.70
边直度	±0.50	±0.60	±0.70
直角度	±0.50	±0.70	±0.70

（2）墙地砖背面的凹凸纹。墙地砖的凸背纹高度、凹背纹高度、凹背纹深度一般不小于 0.5 毫米，检验时还应注意墙地砖的背面不应有妨碍黏结的明显釉料黏附、裂纹、龟裂、夹层等。

（3）吸水率和抗冻性。直观检验可取一块墙地砖，在墙地砖背面滴上几滴水，如果水滴能迅速被吸收、扩散，就表明墙地砖的吸水率在 10%左右；如果水滴扩散较慢，就表明墙地砖的吸水率在 5%左右；如果水滴几乎不浸润、不扩散，就表明墙地砖的吸水率在 3%以下。在寒冷地区，墙地砖的吸水率在 5%以下，才能满足抗冻性要求。

（4）耐磨性。墙地砖须做耐磨性检验。简易方法是用一块砂轮，用手均匀用力在墙地砖表面划痕，如不易产生损伤，就说明该砖的耐磨性较好。

（5）色差检验。销 1 平方米四方形墙地砖在光亮充足处，在距墙地砖 1.5 米处目测，各块墙地砖的色泽应无明显差异。

（6）厚度。墙地砖的厚度要达到 8 毫米。

（7）检查墙地砖是否有夹层。双手各执一块墙地砖，用一块敲打另一块，若敲击声音清脆，则墙地砖无夹层；若敲击声音低沉、闷浊，则墙地砖有夹层。有夹层的墙地砖的弯曲强度偏低。

在检验墙地砖时还应注意全瓷砖和釉面陶瓷砖的区分。全瓷砖比釉面陶瓷砖的吸水率低、硬度大，其表面还有防滑作用，砖面上洒上水也不会有脚滑的感觉。要谨防釉面陶瓷砖假冒全瓷砖或用石膏等假冒原材料生产的劣质墙地砖。

相关链接 10-1

瓷砖的质量鉴别

1．看

质量好的瓷砖首先色泽要均匀，表面光洁度及平整度要好。釉面应均匀、光亮，无斑点、缺釉、磕碰现象，四周边缘规整。釉面不光亮、发涩或有气泡都属质量问题。其次，周边规则，图案完整。消费者购买后可以从同一包装箱中抽出几片，对比有无色差、变形、缺棱少角等缺陷。

2．听

可以拿一块瓷砖去敲另一块，或用其他硬物去敲一下瓷砖。如果瓷砖的声音清脆、响亮，就说明瓷砖的质量好，瓷砖烧得熟。如果声音异常，就说明瓷砖内有重皮或裂纹现象。重皮是指在瓷砖成型时，料中的空气未排出，造成料与料之间结合不好、内裂，从表面上看不出来，只有听声音才能鉴别。也可以用左手拇指、食指和中指夹瓷砖一角，轻松垂下，用右手食指轻击瓷砖中下部，声音清亮、悦耳者为上品，声音沉闷、浑浊者为下品。

3．试

将水滴在瓷砖背面，看水散开后浸润的快慢。一般来说，吸水越慢，说明瓷砖的密度越大，质量越好；反之，吸水越快，说明瓷砖的密度小，其品质不如前者。

4．量

瓷砖边长的精确度越高，铺贴后的效果越好。买优质瓷砖不但容易施工，而且能节约工时和辅料。用卷尺测量每块瓷砖的大小周边有无差异，精确度高的为上品。可以把瓷砖一块挨一块竖起来，比较瓷砖的尺寸是否一致，小瓷砖的允许偏差为±1毫米，大瓷砖的允许偏差为±2毫米。

品牌也是购买瓷砖的一个考量标准。国内瓷砖品牌的设计风格及花色等已经与国际接轨，制造工艺和技术也已经非常成熟。在国标高于欧标的建材产品当中，瓷砖是为数不多的建材产品之一。部分国产产品毫不逊色于国外知名品牌的产品，价格却低了许多。

（资料来源：瓷砖的质量鉴别. 中国瓷砖网，2011-4-26）

10.1.2　石材

用于建筑装饰的天然饰面石材品种很多，主要是花岗岩和大理石两大类。

1．花岗岩

花岗岩是在地壳深部形成的岩浆岩的一种，在形成时由于冷却速度慢且均匀，同时受到上部地壳极大的压力，因而有利于内部结晶及致密结构的形成。花岗岩是由长石、石英、云母及少量深色矿物构成的粗结晶岩石，其中长石含量达40%～60%，石英含量达20%～40%。建筑石材中所指的花岗岩并不限于纯花岗岩，通常指具有装饰功能、能磨平和抛光的各种岩浆岩，包括各种花岗岩、辉长岩、闪石岩、辉绿岩等。

我国花岗岩资源丰富，产地很多，主要有山东泰山、崂山，陕西华山，湖南衡山，安徽黄山，江苏金山，浙江莫干山，北京地区、广东、福建、四川等省也均有出产。我国花岗岩石材品种多、结构好，既有石质均匀、细腻的细粒结晶的优质品，又有中粒结构的大宗产品，颜色应有尽有，还有不少名、优、特品种，如白虎涧、周口红、济南青、莱州红、泰安绿、厦门白、大花等。已开采利用的花岗岩有40余种。

花岗岩质地坚硬，结构致密，硬度大，抗压强度高，耐磨性好，吸水率低，抗冻性高，抗风化能力好。花岗岩是酸性矿石，因此耐酸性极高，对碱的浸蚀也有较强的抵抗能力。花岗岩的硬度大，难于开采和加工，且质脆，耐火性差，当温度达 800℃ 以上时，花岗岩中二氧化硅的晶体变化会使花岗岩爆裂。花岗岩的色彩主要由其所含长石的颜色决定，通常有浅灰、微黄、浅红和桃红等色，若所含长石为白色、红色的，或含大量黑云母、角闪石等深色矿物，则会出现稀有的白色、红色及黑色等品种。

花岗岩主要用作建筑的结构和装饰。要求耐久而又无火灾危害的公共建筑物可将它作为结构材料。花岗岩的整形片石表面经磨光、抛光后是十分贵重的建筑装饰材料。表面经加工的花岗岩露出美丽的晶粒和花纹，呈粉红、灰、黄等多种颜色，又由于它对空气中的酸有抵抗能力、硬度大，因此它比大理石的用途更为广泛。

花岗岩中作为建筑装饰材料用的板材，对其质量要求很高，尤其是对装饰建筑的内外墙面、柱面、台面所用板材的外观质量要求更高。外观质量通常从色调、花纹、镜面光泽度 3 个方面进行评价。其中色调、花纹主要与花岗岩的产地有关，镜面光泽度是评价加工质量的重要指标。表面光泽如镜的板材不仅可以反映出较高的加工水平，还可以烘托色调、花纹，显示出优异材质及整体建筑美。

2. 大理石

大理石因盛产于我国云南大理而得名。大理石是石灰岩经变质结晶而成的，它具有致密的隐晶结构，主要成分是氧化钙，并含有石墨、蛇纹石、石英、硅灰石及某些金属氧化物，有的还混有动植物的尸骨。由于受这些物质形状和色彩的影响，大理石一经加工就显出各种美丽的图案和花纹。

虽然以氧化钙为主要成分的石灰岩在地球上到处皆是，但是具有致密隐晶结构的大理石并不多，因此它是一种珍贵的建筑装饰材料。大理石的产地有湖北、云南、广东、广西、贵州、辽宁、安徽、北京等省（市）。

大理石用于建筑装饰有很多优越性能。大理石的硬度不大，莫氏硬度为 2～3，因此易切割、磨光，但大理石加工成的镜面很容易被其他硬物划伤，增加了储运的难度，且在使用时不如花岗岩坚固。大理石具有微透明性，适合制作各种雕刻品和工艺品；大理石的抗压强度能达 700～1500 千克/厘米^2，完全合乎建筑要求。大理石最大的特点是具有不同的色泽和多变的花纹、斑点，其装饰作用就是靠这些色彩和花纹来实现的。大理石的化学稳定性不好，耐久性差。因其主要成分氧化钙在空气中易被酸分解，所以空气中的酸性气体会使大理石失去光泽，甚至斑痕累累，失去它美观的装饰作用。大理石中的汉白玉、艾叶青等质纯、杂质少的比较稳定耐久的品种可用于室外，其他品种不宜用于室外，一般只用于室内装饰。

大理石的品种很多，有近百个，其品种划分是按产地及磨光后镜面所显现的花纹及色彩进行的。大理石的色彩主要有白色，如汉白玉等；灰色，如云南灰、杭灰等；绿色，如荷花绿、绿色金玉等；红色，如徐州红、红奶油、东北红等；黑色，如墨壁、苏墨、墨玉等。

大理石饰面板材都是经研磨抛光后的镜面板材，表面光亮如镜，晶莹剔透，质感光洁细腻，所以在选用时主要考虑其表面的色调和花纹与室内其他部位的材料相协调即可。大理石的质量指标除石材性能指标外，还有外观色彩、花纹、镜面光泽度等。

🔑 小思考 10-1

在天然饰面石材中，花岗岩比大理石的装饰效果好，所以我们看到的饰面石材基本是花岗岩，这种说法对吗？

3. 石材的质量检验

1）石材质量的常规检验

石材的质量直接关系到装饰效果和使用寿命，对已加工好的成品饰面石材，其质量可从以下 4 个方面检验。

（1）观。肉眼观察石材的结构，内部是否存在细脉、微纹、缺棱少角。均匀的细料结构的石材具有细腻的质感，为石材之佳品；粗粒及不等粒结构的石材其外观效果较差，机械力学性能也不均匀，质量稍差。另外，天然石材由于受地质作用的影响可能会产生一些细脉、微裂隙，石材最易沿这些部位发生破裂。缺棱少角会影响美观，在选择时尤应注意。

板材经抛光加工后，表面应光泽如镜。人站在板材对面或成 60°角的侧面，如能在石材板面上看到人的虚影，就说明板材的光泽度在 90%以上；若板材表面虽然平整，但无光泽感，发乌，则光泽度不合格。

（2）量。测量尺寸规格是否在标准允许范围内、是否影响拼接效果。石材加工质量的检验方法如下。①一平。要求板材表面平整。将两块板材正面合在一起，观察中间的缝隙，当板材的长度小于 400 毫米时，该缝隙小于 0.5 毫米×2（单块板材的不平度为 0.5 毫米）为合格；当板材长度小于 800 毫米时，该缝隙小于 1.0 毫米×2（单块板材的不平度为 1.0 毫米）为合格。②二方。要求板材的 4 条边应垂直归方。将 4 块板材相拼，观察相接各边之间缝隙的大小。当板材的长度小于 400 毫米时，该缝隙小于 0.6 毫米×2（单块板材的角度偏差为 0.6 毫米）为合格；当板材的长度大于 400 毫米时，该缝隙小于 0.8 毫米×2（单块板的材角度偏差为 0.8 毫米）为合格。③三够长。要求板材的长度、宽度、厚度符合工程设计要求，规格公差应符合国家标准规定。板材的长度和宽度允许比标准规格小 2 毫米，厚度允许比标准大 2 毫米或小 3 毫米。

（3）听。听石材的敲击声。质量好的，内部致密均匀且无显微裂隙的石材的敲击声悦耳；相反，若石材内部存在显微裂隙或细脉因风化导致颗粒间接触变松，则敲击声粗哑。

（4）试。用简单的试验方法来检验石材的质量。通常在石材的背面上滴上一小滴墨水，若墨水滴很快四处散出，则表示石材内部颗粒接触较松或存在显微裂隙，石材质量不好；反之，若墨水滴在原处不动，则说明石材致密、质地好。

2）石材的放射性检测

天然石材的放射性危害主要有两个方面，即体内辐射与体外辐射。体内辐射主要来自放射性辐射在空气中衰变为一和放射性物质氡及其子体。氡是自然界中唯一的天然放射性气体，它在作用于人体的同时会很快衰变成人体能吸收的核素，进入人体的呼吸系统，造成辐射损伤，诱发肺癌。统计资料表明，氡已成为除吸烟以外使人患肺癌的主要原因。另外，氡还对人体脂肪有很高的亲和力，从而影响人的神经系统，使人精神不振，昏昏欲睡。

体外辐射主要是指天然石材中的辐射体直接辐射人体后产生一种生物效应，会对人体的造血器官、神经系统和消化系统造成损伤。

石材的放射性检测分两项：V 照射量率检测和放射性核比活度检测。根据我国建材行业标准 JC 518—1993《天然石材产品放射防护分类控制标准》，按放射性核素比高低值，将天然石材分为 A、B、C 3 类。A 类石材的镭当量浓度小于等于 350 贝可/千克，镭放射性比活度小于等于 200 贝可/千克，对人体无危害，使用范围不受任何限制，包括全部大理石类，绝大部分板石类，以及暗色、灰色系列及大多数浅色系列花岗岩类产品，合计约占全部天然装饰石材的 85%。B 类石材的镭当量浓度小于等于 700 贝可/千克，镭放射性比活度小于等于 250 贝可/千克，除居室内不宜使用外，其他一切建筑物内外饰面和工业设施都可使用。C 类石材的镭当量浓度小于等于 1000 贝可/千克，镭放射性比活度不加考虑，其使用范围受到限制，可用于建筑物的外饰面。超出 C 类石材，可用于海堤、桥墩及碑石等。不高出当地天然放射性水平的石材，可在当地使用，不受该标准的限制。当照射量率小于等于 20 微伦琴/小时时，不做比活度检测。

10.2 地板和地毯

10.2.1 地板

地板作为地坪或楼板的表面，首先起到保护作用，使地坪和楼板坚固耐久。按不同用途的使用要求，地板应具有耐磨、防水、防潮、防滑、易于清扫等特点；在高级宾馆内，还要有一定的隔声、吸音、弹性、保温、阻燃、装饰效果。

地板按材质分类，有木地板、竹制地板、复合地板、塑料地板、人造木地板、装配式活动地板等。这里主要介绍以木地板、复合地板、装配式活动地板、竹制地板为主的地面装饰板材。

1. 木地板

据科学研究发现，木材带有芬多精挥发性物质，具有抵抗细菌、稳定神经、刺激黏膜等功效，对视觉、嗅觉和听触觉有洗涤效果，因此木材是理想的室内装饰材料。实木地板是木材经烘干、加工后形成的地面装饰材料。它具有花纹自然、脚感舒适、使用安全的特点。实木地板分 AA 级、A 级、B 级 3 个等级，AA 级的质量最好。

木地板具有质量轻、弹性好、热导率低、构造简单、施工方便等优点。其缺点是不耐火、不耐腐、不耐磨等，但较高级的木地板在加工过程中已进行防腐处理，其防腐性、耐磨性有显著的提高，其使用寿命可提高5～10倍。

用作地板的木材，应注意选择抗弯强度较高，硬度适当，胀缩性小，抗劈性好，比较耐磨、耐腐、耐湿的木材。杉木、杨木、柳木、七叶树、横木等适合制作轻型木地板；铁杉、柏木、红豆杉、桦木、槭木、楸木、榆木等适合制作普通木地板；槐木、核桃木、悬铃木、黄檀木和水曲柳等适合制作高级木地板。

1）普通木地板

普通木地板由龙骨、水平撑、地板等部分组成。地板一般用松木或杉木，宽度不大于12厘米，厚2～3厘米，拼缝做成企口或错口，直接铺钉在木龙骨上，端头拼缝要互相错开。

铺完木地板后，经过一段时间，待木材变形后再进行刨光、清扫、刷地板漆。普通木地板受潮容易腐朽，适当保护可以延长其使用年限。

2）硬木地板

硬木地板的构造基本与普通木地板相同，不同之处是硬木地板有两层，下层为毛板，上层为硬木地板。如果要求防潮，就在毛板与硬木地板之间增设一层油纸。硬木地板多用水曲柳、核桃木、柞木等制作而成，拼成各种花色图案，如人字纹、方格形或席纹式等。硬木地板的裁口缝应采用粘贴法。这种地板施工复杂、成本高，适用于高级住宅房间、室内运动场等。

3）硬质纤维板地板

硬质纤维板地板是利用热压制成3～6毫米厚，裁剪成一定规格的板材，再按图案铺设而成的地板。这种地板既有树脂加强，又是用热压工艺成型的，因此质轻、收缩性小，克服了木材易开裂、翘曲等缺点，同时保持了木地板的某些特性。

4）拼木地板

拼木地板分高、中、低3个档次。高档拼木地板适合高级、四星级以上宾馆及大型会场会议室室内地面装饰；中档拼木地板适合办公室、疗养院、托儿所、体育馆、舞厅等装饰；低档拼木地板适合各类民用住宅装饰。

拼木地板的优点如下。

（1）有一定的弹性，软硬适中，并有一定的保温、隔热、隔声功能，夏天阴凉宜人，冬季温暖舒适，所以适用于不同气候条件的地区。

（2）容易使地面保持清洁，即使在人流密度大的场合（如宾馆会议室、商场、影剧院），也能保持清洁、明亮，这是地毯和塑料地板不能比拟的。拼木地板的使用寿命长，铺在一般居室内，可用20年以上，可视为永久性装修。

（3）拼木地板的传统施工方法是先做木龙骨，然后在木龙骨上铺一层木条大地板，再在其上铺贴拼木地板。这种做法要耗用大量木材，造价高，而且降低了居室的空间高度。而胶贴拼木地板是利用木材加工过程中产生的短小碎料制成薄而短的板条，镶拼成见方的地板块，粘贴在水泥地面上而成的，这样做可降低工程造价，用适当的投资获得高质量的装饰效果。

（4）款式多样，可铺成多种图案，刨光、油漆、打蜡后木纹清晰美观，漆膜丰满、光亮，易与家具色调、质感浑然协调，给人以自然、高雅的享受。

目前，市场上出售的拼木地板条一般为硬杂木，如水曲柳、柞木、椴木、柯木、栲木等。前两种特别是水曲柳的木纹美观，但售价高，多用于高档建筑装修。江浙、福建地区多用柯木；西南地区多用当地产的带有红色的栲木；北京地区常用的是柞木。

由于各地气候有差异，湿度不同，在制作拼木地板条时的烘干程度不同，因此拼木地板条的含水率也有差异，拼木地板条的含水率与使用过程中是否出现脱胶、隆起、裂缝有很大关系。在北方地区如用南方地区产和含水率高的拼木地板条，拼木地板条就会变形、铺贴困难或者在安装后出现裂纹，影响装饰效果。一般来说，西北地区（包头、兰州以西）和西藏地区选用拼木地板条的含水率应控制在 10%以内；华北、东北地区选用拼木地板条的含水率应控制在 15%以内。一般居民无法测定拼木地板条的含水率，所以在购买时要凭经验判断拼木地板条的干湿，买回后放置一段时间再铺贴。经过脱水处理的拼木地板条则不存在此问题。

拼木地板分带企口和不带企口六面光两种。带企口的拼木地板规格较大、较厚，具有拼缝严密、有利于邻板之间的传力、整体隆好、拼装方便等优点；不带企口的拼木地板较薄，而带企口的拼木地板的价格是不带企口的拼木地板的两倍。

📑 案例分析 10-1

木地板的保养

对木地板的维护和保养要切实做到"二勤"和"三忌"。

勤打光蜡。打蜡对木地板有较好的保护作用，还能提高木地板的光洁度。

勤观湿度。冬季取暖室内温度高，空气较干燥，应增大湿度，如在室内放盆水，也可使用加湿器；当雨水多时，空气湿度大，应开窗通风。

忌弃修迟补。铺设好的木地板，由于多种原因会出现开裂、脱胶、翘曲、松动等现象，一旦发现个别木地板变形，应视变形原因和铺设方法（钉接或胶粘）及时进行修补或更换。

忌火烫。千万不要把烟头、火炉和取暖器直接放置在木地板上，以防烧出斑痕和烧焦起火。

忌泼洒药剂。不要把酱油、酒及饮料等酸碱性溶剂或化学药品泼洒在木地板上。

（资料来源：对木地板的维护和保养要切实做到"二勤"和"三忌"．中国装修论坛）

问题：你认为在木地板的保养中还应注意哪些问题？

2. 复合地板

复合地板是由多层不同材料复合而成的。复合地板的结构由表层到里层依次是表面高耐磨涂料、着色涂层、高级木材层、合板夹层、缓冲胶层、树脂发泡体层。复合地板既克服了普通木地板的一些缺点，保持了优质木材具有天然花纹的良好装饰效果，又达到了节约优质木材的目的。

1）复合地板的主要优点

（1）复合地板由于底层为弹性吸声材料，因此具有良好的吸声性和耐冲击性。

（2）复合地板的面层是天然木材，直接与人体接触，可以防止引起任何过敏性疾病，有利于人体健康。

（3）复合地板的面层是天然木材，使室内环境得到改善，使人感到舒适、平稳。

（4）复合地板的面层采用的是优质木材，有美丽的花纹，装饰效果极佳。

（5）复合地板的表面涂有耐磨地板涂料，耐磨性好。

（6）复合地板与其他木地板一样能按规格加工，施工方便。

2）复合地板的规格

复合地板的规格有 900 毫米×300 毫米×11 毫米、900 毫米×300 毫米×14 毫米两种。

3. 装配式活动地板

活动地板是以金属材料或特制刨花板为基材，表面覆以高压三聚氰胺装饰板，经高分子胶粘剂胶合而成的一种地板。在使用时配以特制的钢梁、橡胶垫条和可供调节的金属支架的活动地板，称为装配式活动地板。

1）装配式活动地板的主要优点

（1）表面平整、坚实、耐磨、耐烫、耐老化、耐污染，性能优越。

（2）强度高，防静电，质量可靠，性能稳定。

（3）安装、调试、清理、维修简便，可随意开启、检查和拆迁。

（4）抗静电升降装配式活动地板还具有抗静电能力优良、下部串通、高低可调、尺寸稳定、装饰美观和阻燃等优点。

2）装配式活动地板的安装及维护

装配式活动地板的安装及维护需注意以下几个方面。

（1）安装房间的地面要平整，与墙体下部 50 厘米的墙面要成直角。安装支架至所需高度，调节支架高度时应以旋转螺栓为宜，以保证螺栓两头的丝杆进深均等。将桁条放在支架上，用水平尺校正，然后放上地板。支架底座一般用 6101 环氧树脂黏结，也可在基础地坪上预埋螺钉，用螺钉固定。

（2）如果房间不是 600 毫米×600 毫米的，那么用户可预选提供房间尺寸，以便加工所需地板。

（3）在使用地板时应避免重物在地板上拖拉，接触面积不应太小，必要时可用木板垫衬。当重物引起的集中荷载超过 300 千克的力时，应在受力点使用支架。

（4）在地板上作业，不能穿带有金属钉的鞋，更不能用锐器、硬器在地板表面划擦及敲击。

（5）为保证地面清洁，可涂擦地板蜡，局部玷污可用汽油、酒精、皂水、去污粉等擦洗。日常清洁使用吸尘器。

4. 竹制地板

竹制地板是采用 3 年以上的楠（毛）竹，参照木质地板国际标准及木板活动板国家标准，经烘烤、防虫、防霉、胶合热压而成的。

竹材是节木、代木的理想材料。毛竹的抗拉强度为 202.9 兆帕（MPa，压强单位），是杉木的 2.5 倍；抗压强度为 78.7 兆帕，是杉木的 2 倍；抗剪强度为 160.6 兆帕，是杉木的 2.2 倍。此外，毛竹的硬度和抗水性都优于杉木，就物理学性能而言，以竹代木是完全可行的。

竹制地板具有防腐、防霉、不变形、不爆裂的特点，有炭化及本色两种款式，可将之拼成室内地板，也可做成墙板。竹制地板适用于日本式、韩国式高级餐厅和酒店的地面及墙面装饰，也适用于家庭地面装饰。

竹制地板的装饰效果好，衰面光洁、色泽柔和、纹理细致，给人以清新、凉爽、舒适、高雅的感觉。竹制地板的质量标准如表 10-2 所示。此外，在外观上还要求竹制地板无虫蛀、无霉变、无裂纹、加工光滑、平稳，几何尺寸均符合国际标准 ISO 的要求。

表 10-2　竹制地板的质量标准

项　　目	标　　准	参　　数	测 试 结 果
含水率	标准值	8%～13%	平均值为 12.6%
胶层剪切强度	标准值	≥2.5 兆帕	2.92 兆帕
横面静曲强度	标准值	≥6.5 兆帕	10 兆帕

10.2.2　地毯

地毯是以棉、麻、毛、丝、草等天然纤维或化学合成纤维类原料，经手工或机械工艺进行编结、裁绒或纺织而成的地面铺敷物。地毯是一种高级地面装饰品，有悠久的发展历史，是一种世界各国都十分喜爱的装饰材料之一。它不仅有隔热、保温、吸声、挡风及富有良好的弹性等特点，在铺设后还可以使室内充满高雅、华丽、美观、悦目的气氛。由于地毯具有实用、富于装饰性的特点，因此它延绵千年而经久不衰，在现代建筑和民用住宅中被广泛应用。

地毯按材质主要分为纯毛地毯和化纤地毯两大类；按编织方法可分为手织地毯、机织地毯、无纺地毯及刺绣地毯等。手织地毯是以纯毛编织成的绒织物，多呈现精巧的提花，如中国绒毯、波斯绒毯等品和；机织地毯是将纯毛或化学纤维混纺，经机械编织而成的绒织物，如威尔顿地毯等；无纺地毯又称不织地毯、针刺地毯，它是以聚酯纤维为原料，经过针刺工艺制作而成的地毯，可做出不同的厚度、手感、硬度等；刺绣地毯是在基布上用手工刺绣方法插入毛绒，形成的竖绒或圈绒的编织物。上述各类地毯广泛用于各建筑物的大厅、会议室、办公室、起居室、卧室、楼梯及走廊等处。

1. 纯毛地毯（常用羊毛）

羊毛地毯为我国传统的手工工艺品之一，历史悠久、驰名中外、图案优美、色彩鲜艳、质地厚实、经久耐用，用以铺地，不但人行其上感到柔软舒适，而且富丽堂皇，装饰效果极佳，被广泛用于宾馆、会堂、舞台及其他公共建筑物的地面上。

羊毛地毯的耐磨性主要取决于绒毛的质与量。用手工编织的羊毛地毯，常将1英尺（1英尺≈0.3048米）宽经纬纱的根数分为90道、100道、110道、150道等。一般道数越多，地毯的密度越大，质量也越好。后来发展的一种纯羊毛无纺地毯，是未经纺织直接编织而成的地毯。它具有质地优良、物美价廉、消音抑尘、典雅豪华等特点，广泛用于宾馆、体育馆、剧院及其他公共建筑等处。

纯毛机织地毯具有毯子面平整、光滑、富有弹性、脚感柔软、经磨耐用等特点。与纯毛手工地毯相比，其性能与之相似，但价格远远低于手工纯毛地毯。与化纤地毯相比，其弹性、抗静电、抗老化、耐燃性都更优越。因此，纯毛机织地毯是一种介于纯毛手工地毯和化纤地毯之间的中档地毯。

2. 化纤地毯

化纤地毯是一种新型的地面覆盖材料。它是以聚酰胺纤维（锦纶）、聚丙烯纤维（丙纶）、聚丙烯腈纤维（腈纶）、聚酯纤维（涤纶）等化学纤维为原料，经过机织法、簇绒法等加工成面层织物，再以背衬进行复合处理而制成的。

根据化纤地毯的不同功能要求，可以用锦纶与丙纶混纺、涤纶与锦纶混纺或腈纶与锦纶混纺等不同形式。织物层可以是卷曲的、起圈的、长绒的，也可以是中空异形的等不同形式，以适应地毯的不同要求。纤维本身也可被加工成耐污染和抗静电的。由于选用了适当比例的酸性阴离子型的染料，同一缸内可以染出多种色彩，且染色有良好的热稳定性。这种地毯经适当处理可以得到与羊毛地毯接近的耐燃、防污、耐老化性能。加上它的价格远低于羊毛地毯、资源丰富，因此化纤地毯已成为很普遍的地面装饰材料。

1）化纤地毯的种类

化纤地毯分为5种。

（1）簇绒地毯。它由毯面纤维、初级背衬、防松涂层和次级背衬四部分组成。毯面纤维是地毯的主体，决定地毯的防污、脚感、耐磨性、质感等主要性能；初级背衬使绒圈固定，使地毯具有一定的刚性，从而保持外形稳定；防松涂层的作用是使绒圈与初级背衬黏结，防止绒圈从初级背衬中抽出；次级背衬的作用是增加地毯的刚性，使其外形的稳定性提高，能平铺在地面上。

（2）针扎地毯。它由毯面纤维、底衬和防松涂层3个部分组成。底衬一般为聚烯机织布，使针扎地毯具有一定的刚性，外形稳定，同时使毯面纤维与它相互缠结；防松涂层便于纤维间相互黏结，防止纤维在使用中被勾出，延长地毯的使用寿命。

（3）机织地毯。机织地毯是传统的品种，把经纱和纬纱相互交织编成地毯，也称纺织地毯。它具有非常美丽而复杂的花纹图案，采用不同的工艺还能生产出不同表面质感的地毯。

（4）手工编结地毯。它完全采用手工编结，特点是地毯面紧密厚实、绒头高；图案绚丽多彩，富有民族特色；表面质感强。由于用人工编结，一般是单张的，没有背衬。

（5）印染地毯。它一般是以簇绒地毯为基础加以印染加工而成的。其产量在国外已占簇绒地毯的 35%～50%，表面图案能做到绚丽多彩，但耐久性稍差，其价格比机织和编结地毯低得多。

2）化纤地毯的性能

化纤地毯的性能表现在装饰性、对环境的调节作用、耐污染和藏污性、耐倒伏性、耐磨性、耐燃性、抗静电性、色牢度等方面。

（1）装饰性。化纤地毯被公认为一种高级装饰材料，能给人以舒服、愉快、宁静而柔和及美观豪华的感觉。它的种类繁多，颜色从淡雅到鲜艳，图案从简单到复杂，质感从平滑的绒面到立体感的浮雕，能满足现代化生活的要求。

（2）对环境的调节作用。化纤地毯的脚感舒适、柔软、有弹性，使人感到步履轻快；由于它有吸声性，步行时无噪声，可以形成较安静的环境；它又有良好的保温隔热性能，有利于调节舒适的环境温度。

（3）耐污染和藏污性。化纤地毯对于固体污染物有很强的藏污性，即尘土沙粒能隐藏在绒头底部而地毯表面仍清洁如新。对于液体污染物，尤其是有色液体，由于毯面纤维有吸收性，表面较易玷污和着色，这就对化纤地毯的保养提出了较高的要求，对它的使用环境也提出了限制，在保养较差的公共建筑、住宅中的厨房等地方不宜使用化纤地毯。

（4）耐倒伏性。化纤地毯存在毯面纤维长期受压后向一边倒下而不能回弹的问题，这会造成地毯露底、表面色泽不均匀及藏污性下降的问题。化纤地毯的这种倒伏性主要取决于毯面纤维的高度、密度和纤维的性质。密度大的手工编织地毯一般不会发生倒伏，而密度小、绒头较高的簇绒地毯则较易发生倒伏。

（5）耐磨性。化纤地毯的耐磨性比羊毛地毯好，人的步行、家具移动、轮椅和车辆的滚动挤压都会引起绒头的磨耗。化纤地毯的耐磨性与绒头高度有关。化学纤维中以锦纶的耐磨性最佳，而腈纶磨耗容易产生起球现象，影响地毯的美观性。

（6）耐燃性。化纤地毯的耐燃性较差，一般是可燃的，有的还有阴燃现象，即无火焰燃烧现象，这容易造成火势蔓延，酿成大火。有的化纤地毯经阻燃处理后可以是阻燃型的，这种经阻燃处理的地毯或是自熄的，或大大缩短燃烧时间。不同合成纤维的耐燃性也有所不同。

化纤地毯的耐烟头性较聚氯乙烯塑料地板差。在地毯上踩灭烟头会导致毯面纤维烧焦，无法修复，故必须避免烟头对地毯的危害。

（7）抗静电性。未经处理的化纤地毯在使用时表面因摩擦而产生静电，静电积累到一定程度会放电。静电使化纤地毯吸收尘土，静电积累后产生的放电在某种场合可能会造成危害。解决化纤地毯静电的问题，是对其进行防静电处理，如添加抗静电纤维、掺加导电纤维（如碳纤维）等。

（8）色牢度。色牢度是指化纤地毯在使用过程中其颜色受光、热、水和摩擦的作用而经久不褪的能力。色牢度在很大程度上与染色方法有关，化纤地毯的染色方法有 3 种。①后染法，也称快染法，即在地毯织成后染色，这样只能得到单色地毯，各批料容易产生色差。②前染法，即纱染色法。该方法是先将绒线（纤维原料）漂染，然后编织成地毯。用此法染色的化纤地毯可以是多色的，色牢度较好。③溶液染法，这是一种较先进的方法，即在抽丝的聚合物溶液或溶体内加入染料使纤维着色。用这种方法制得的各种有色纤维的颜色不只是表面有，表里颜色也是一致的，因此这种方法染色的色牢度最好，不会因化纤地毯磨耗而变色。

相关链接 10-2

地毯与健康

人们在迁入新居后往往会购置地毯将居室装点一番。然而，地毯对人体却有一些危害，这往往不被人所知。

地毯多因其经纬线较粗、空隙较大而易积聚尘埃。微量的尘埃逸散到室内空气中，污染着清洁的空气。再经过冬季取暖室内升温，这些尘埃便会改变原来的性质，成为一种更加有害于人体的气态物质。

近几年，日本出现由地毯引起的一种疾病，患者多系幼儿。患者的主要症状是发烧不退，吃药后效果也不明显，接着舌头肿胀，两手脱皮，严重者会死亡。这是由繁殖在地毯中的微生物蜱螨引发的。这种微生物以人体皮肤上脱落的细胞屑为食，一旦进入肺或支气管，就会使人发病。而幼儿的抵抗力弱，又爱在地毯上嬉戏，故患病率最高。

专家建议第一，最好不用大张的地毯将地板铺满；第二，选用木质地板块拼在一起铺地；第三，用地板革铺地；第四，在床前、沙发前铺小块地毯。

（资料来源：地毯与健康. 造价通）

10.3 涂料类商品

10.3.1 涂料

1. 涂料的主要功能

（1）保护和美化功能。涂料是通过涂刷、滚涂或喷涂等方法，涂饰在建筑物表面形成连续的膜层，一般 0.3～2 千克/平方米。其厚度适中，有一定的硬度和韧性，具有耐磨、耐气候、耐化学侵蚀及抗污染等功能，可以提高建筑物的使用寿命。涂料所形成的涂层能装饰、美化建筑物。若在涂料中掺加粗细骨料，再采用拉毛、喷点、滚花、复层喷涂等不同的施工方法，则可以获得各种纹理、图案及质感的涂层，使建筑物具有色泽鲜艳多彩、图案丰富多样、壁面光滑平整和质感细腻有序等装饰效果。

（2）改善建筑物的使用功能。利用涂料的各种特点和不同施工方法，可提高室内的自然亮度，起到吸声和隔声的效果，保持其环境清洁，给人们创造出生活和学习的气氛，并给人以美的感受。

（3）满足建筑物的特殊要求。合理利用特殊涂料的性能，可以满足建筑物的特殊要求。例如，防水涂料可提高被涂物体的耐水功能，改善其耐水性；防火涂料能改善被涂饰部位的耐燃、阻燃等性能，提高建筑物的防火等级或减少热损失，节约能耗，防止结露等。

2.　涂料的组成

一般涂料的组成中包含成膜物质、颜料和填料、溶剂、助剂等成分。

1）成膜物质

成膜物质是组成涂料的基础，它对涂料的性质起着决定作用。可作为涂料成膜物质的物质很多，主要可分为转化型和非转化型两大类。转化型涂料成膜物质主要有干性油和半干性油、双组分的氨基树脂、聚氨酯树脂、醇酸树脂、热固型丙烯酸树脂、酚醛树脂等。非转化型涂料成膜物质主要有硝化棉、氯化橡胶、沥青、改性松香树脂、热塑型丙烯酸树脂、乙酸乙烯树脂等。

2）颜料和填料

颜料可以使涂料呈现出丰富的颜色，使涂料具有一定的遮盖力，并且具有增强涂膜机械性能和耐久性的作用。颜料的品种很多，在配制涂料时应注意根据所要求的不同性能和用途仔细选用。填料也可称为体质颜料，特点是基本不具有遮盖力，在涂料中主要起填充作用。填料可以降低涂料的成本，增加涂膜的厚度，增强涂膜的机械性能和耐久性。常用的填料有滑石粉、碳酸钙、硫酸钡、二氧化硅等。

3）溶剂

除了无溶剂涂料和粉末涂料，溶剂也是涂料不可缺少的组成部分。一般常用的有机溶剂主要有脂肪烃、芳香烃、醇、酯、酮、卤代烃、萜烯等。溶剂在涂料中所占的比例大多在 50% 以上。溶剂的主要作用是溶解和稀释成膜物质，使涂料在施工时易于形成比较完美的漆膜。溶剂在涂料施工结束后，一般都挥发至大气中，很少残留在漆膜里。从这个意义上来说，涂料中的溶剂既是对环境的极大污染，又是对资源的很大浪费。所以，现代涂料行业正在努力减少溶剂的使用量，开发出了高固体粉涂料、水性涂料、乳胶涂料、无溶剂涂料等环保型涂料。

4）助剂

形象地说，助剂在涂料中的作用，就相当于维生素和微量元素对人体的作用：用量很少，作用很大，不可或缺。现代涂料助剂主要有四大类。

（1）对涂料生产过程产生作用的助剂，如消泡剂、润湿剂、分散剂、乳化剂等。

（2）对涂料储存过程产生作用的助剂，如防沉剂、稳定剂，防结皮剂等。

（3）对涂料施工过程产生作用的助剂，如流平剂、消泡剂、催干剂、防流挂剂等。

（4）对涂膜性能产生作用的助剂，如增塑剂、消光剂、阻燃剂、防霉剂等。

3. 涂料选用的原则

建筑装饰中涂料的选用原则是好的装饰效果，合理的耐久性和经济性。建筑物的装饰效果主要从质感、线型和色彩 3 个方面取得，其中线型主要由建筑结构及饰面决定，而质感和色彩则是体现涂料装饰效果的基本因素。耐久性应该包括保护效果和装饰效果两个方面，涂膜的变色、玷污、剥落将影响装饰效果，而粉化、龟裂、剥落则影响保护效果。涂料装饰比较经济，但当影响到建筑造价标准时又不能不考虑其费用。以上几点仅是原则，在具体到某一建筑时可参考下列几点。

（1）按建筑物的装饰部位选用具有不同功能的涂料。外部装饰主要有外墙立面、房檐、窗套等部位。由于这些部位长期受风吹日晒和雨淋，所用涂料必须有足够的耐水性、耐污染性、耐久性（包括耐冻性、耐洗刷性和耐老化性等），才能保证有较好的装饰效果。内部装饰主要有内墙立面、顶棚、地面。内墙涂料除对颜色、平整度、丰满度等有一定要求外，还应有较好的机械稳定性，即有一定的硬度、耐干擦和湿擦性。一般内墙涂料原则上均可用于顶棚涂装，但在大型公共建筑中，采用添加粗骨料的毛面顶棚涂料，则更有装饰效果。地面涂料除要能消除水泥地面硬、冷、易起灰等弊病外，还应具有较好的耐磨性和隔声作用。

（2）按不同建筑结构材料选择及确定涂料装饰体系。一幢建筑物采用多种结构材料，如混凝土、水泥、砂浆、砖、木材和钢铁、塑料等，因此在选用涂料时应考虑被涂底材的特性。例如，混凝土和水泥浆等无机硅酸盐底材用的涂料必须有较好的耐碱性，并能有效地防止底材的碱析出到涂膜表面，引起析碱现象而影响装饰效果。对于钢铁等金属构件，必须注意防止生锈，因此在考虑涂装体系时先涂除锈底漆，再涂配套的面漆。

（3）按建筑物所处的地理位置和施工季节选择涂料。建筑物所处的地理位置不同，其饰面就经受不同的气候条件。在炎热多雨的南方，建筑物所用涂料不仅要有较好的耐水性，还应有较好的防霉性，否则霉菌繁殖会很快，导致涂料失去装饰效果；在严寒的北方，对涂料的耐冻融性有更高的要求。雨季施工应选择干燥迅速并具有较好初期耐水性的涂料；冬季施工则应特别注意涂料的最低成膜温度，选择成膜温度低的涂料。

（4）按照建筑标准和造价选择涂料并确定施工工艺。对于高级建筑，可选用高档涂料，并采用 3 道成膜的施工工艺，即底层、有较好质感的花纹和凹层次的中间层，以及有较好耐水性、耐污染性的面层，从而达到较好的装饰效果和耐久性。对于一般建筑，可选用中档涂料，采用两道成膜的施工工艺。

4. 涂料的分类

涂料的分类很多，对于建筑涂料，通常的分类有以下几种。

（1）涂料按形态可分为固态涂料（粉末涂料）、液态涂料（溶剂型涂料）、水溶性涂料、水乳型涂料。

（2）涂料按光泽可分为高光型或有光型涂料、丝光型或半定型涂料、无光型或哑光型涂料。

（3）涂料按涂刷部位可分为内墙涂料、外墙涂料、地坪涂料、屋顶涂料、顶棚涂料等。

（4）涂料按涂膜厚度及形状可分为薄质涂料、厚质涂料、沙粒状和凹花纹状涂料等。

（5）涂料按组成物质可分为有机涂料、无机涂料、复合涂料等。

5. 常见建筑涂料的类型

（1）合成树脂乳液沙壁状建筑涂料。合成树脂乳液沙壁状建筑涂料是以合成树脂乳液为主要黏结料，以彩色沙粒和石粉为骨料，采用喷涂方法施涂于建筑物外墙，形成粗面涂层的厚质涂料。这种涂料质感丰富，色彩鲜艳且不易褪色变色，而且耐水性、耐气候性优良。合成树脂乳液沙壁状建筑涂料所用合成树脂乳液主要为苯乙烯-丙烯酸酯共聚乳液。这种涂料是一种性能优越的建筑外墙用中高档涂料。

（2）复层涂料。复层涂料是以水泥系、硅酸盐系和合成树脂系等黏结料和骨料为主要原料，用刷涂、滚涂或喷涂等方法，在建筑物表面上涂布两三层，厚度为1~8毫米的凹凸成平状复层建筑涂料。根据所用原料的不同，这种涂料可用于建筑的内外墙面和顶棚的装饰，属中高档涂料。复层涂料一般包括 3 层：封底涂料（主要用以封闭基层毛细孔，提高基层与主层涂料的黏结力）、主层涂料（增强涂层的质感和强度）、罩面涂料（使涂层具有不同色调和光泽，提高涂层的耐久性和耐玷污性）。

（3）合成树脂乳液内墙涂料。合成树脂乳液内墙涂料是以合成树脂乳液为黏结料，加入养料、填料及各种助剂，经研磨而成的薄型内墙涂料。这种涂料是目前主要的内墙涂料。由于所用的合成树脂乳液不同，具体品种的涂料的性能、档次就有差异。合成树脂乳液内墙涂料常用的合成树脂乳液有丙烯酸酯乳液、苯乙烯-丙烯酸酯共聚乳液、醋酸乙烯-丙乙烯酸酯乳液、氯乙烯-偏氯乙烯乳液等。

（4）合成树脂乳液外墙涂料。合成树脂乳液外墙涂料是以合成树脂乳液为黏结料，加入颜料、填料及各种助剂，经研磨而成的水乳型外墙涂料。

（5）溶剂型外墙建筑涂料。溶剂型外墙建筑涂料是以合成树脂为基料，加入颜料、填料、有机溶剂等，经研磨配制而成的外墙涂料。它的应用没有合成树脂乳液外墙涂料广泛，但它的涂层硬度、光泽、耐水性、耐玷污性、耐腐蚀性都很好，使用年限多在 10 年以上，所以也是一种颇为实用的涂料。在使用时要注意，溶剂型外墙建筑涂料不能在潮湿基层上施涂，而且有机溶剂易燃，有的还有毒。

（6）无机建筑涂料。无机建筑涂料是以碱金属硅酸盐或硅溶胶为主要黏结料，加入颜料、填料及助剂配制而成的，在建筑物上形成薄质涂层的涂料。这种涂料的性能优异，生产工艺简单，原料丰富，成本较低，主要用于外墙装饰，主要采用喷涂方式施工，也可用刷涂或滚涂。这种涂料为中档及中低档涂料。

（7）聚乙烯酸水玻璃内墙涂料。聚乙烯酸水玻璃内墙涂料是以聚乙烯醇树脂水溶液和水玻璃为黏结料，混合一定量的填料、颜料和助剂，经过混合研磨、分散而成的水溶性涂料。这种涂料属于较低档的内墙涂料，适用于民用建筑室内墙面装饰。

10.3.2 油漆

1. 油漆的用途、分类和品种

常见油漆品种的应用范围和优缺点比较如表 10-3 和表 10-4 所示。

表 10-3 常见油漆品种的应用范围

品　　种	应　用　范　围
醇酸漆	一般金属、木器、家庭装修、农机、汽车、建筑等的涂装
丙烯酸乳胶漆	内外墙、皮革、木器家具、地坪等的涂装
溶剂型丙烯酸漆	汽车、家具、电器、塑料、电子、建筑、地坪等的涂装
环氧漆	金属防腐、地坪、汽车底漆、化学防腐
聚氨酯漆	汽车、木器家具、装修、仪器仪表等的涂装，以及金属防腐、化学防腐、绝缘
硝基漆	木器家具、装修、金属装饰
氨基漆	汽车、电器、仪器仪表、木器家具、金属防护
不饱和聚酯漆	木器家具、化学防腐、金属防护、地坪
酚醛漆	绝缘、金属防腐、化学防腐、一般装饰
乙烯基漆	化学防腐、金属防腐、绝缘、金属底漆、外用涂料

表 10-4 常见油漆品种的优缺点比较

品　　种	施 工 性 能	装饰性能	耐气候性	耐化学腐蚀性	机械性能	环保性能	价格特点
醇酸漆	简便	良	良	良	良	中	较低
丙烯酸乳胶漆	简便，低温下不好	良	优	中	中～良	优	适中
溶剂型丙烯酸漆	简便	优	优	良	优	中	较高
环氧漆	简便，低温下不好	中	差	优	优	良～优	较高
聚氨酯漆	对环境要求较高	优	良～优	良～优	优	中	适中～较高
硝基漆	简便	良	中～良	差	良	差	较高
氨基漆	须加热固化，复杂	优	良～优	良	优	良	适中
不饱和聚酯漆	须特殊固化，复杂	优	良	优	良	优	适中～较高
酚醛漆	简便	中	良	良	良	中	较低
乙烯基漆	简便	中	良～优	良～优	良	中～良	适中～较高

1）油漆的用途

对被施用的对象来说，油漆的第一个用途是保护表面，第二个用途是修饰。拿木制品来说，木制品表面属多孔结构，不耐脏污，而且表面多节眼，不够美观，涂料能同时解决这些问题。

2）油漆的分类

（1）油漆按部位分为墙漆、木器漆和金属漆。墙漆包括外墙漆、内墙漆和顶面漆，主要是乳胶漆等品种；木器漆主要有硝基漆、聚氨酯漆等；金属漆主要是磁漆。

（2）油漆按状态分为水性漆和油性漆。水性漆主要是乳胶漆，而硝基漆、聚氨酯漆等多属于油性漆。

（3）油漆按功能分为防水漆、防火漆、防霉漆、防蚊漆及多功能漆等。

（4）油漆按作用形态分为挥发性漆和不挥发性漆。

（5）油漆按表面效果分为透明漆、半透明漆和不透明漆。

3）油漆的品种

油漆分为木器漆、内墙漆、外墙漆和防火漆。

（1）木器漆。木器漆可分为以下几种。①硝基清漆。硝基清漆是一种由硝化棉、醇酸树脂、增塑剂及有机溶剂调制而成的透明漆，属挥发性油漆，具有干燥快、光泽柔和等特点。硝基清漆分为亮光、半哑光和哑光 3 种，可根据需要选用。硝基漆也有缺点：在高湿天气易泛白、丰满度低、硬度低。②聚酯漆。它是以聚酯树脂为主要成膜物制成的一种厚质漆。聚酯漆的漆膜丰满，层厚面硬。聚酯漆同样拥有清漆品种。聚酯漆在施工过程中需要进行固化，这些固化剂的分量占了油漆总分量的 1/3。这些固化剂也称硬化剂，其主要成分是甲苯二异氰酸酯（Toluene Diisocyanate，TDI）。这些处于游离状态的 TDI 会变黄，不仅使家具漆面变黄，也会使邻近的墙面变黄，这是聚酯漆的一大缺点。目前，市面上已经出现了耐黄变聚酯漆，但也只能做到耐黄而已，还不能做到完全防止变黄的情况。另外，超出标准的游离 TDI 还会对人体造成伤害。游离 TDI 对人体的危害主要是致敏和刺激作用，包括造成疼痛流泪、结膜充血、咳嗽胸闷、气急哮喘、红色丘疹、斑丘疹、接触性过敏性皮炎等症状。国际上对于游离 TDI 的限制标准是控制在 0.5% 以下。③聚氨酯漆。聚氨酯漆即聚氨基甲酸酯漆。其漆膜强韧，光泽丰满，附着力强，耐水耐磨、耐腐蚀，被广泛用于高级木器家具，也可用于金属表面。其缺点主要有遇潮起泡、漆膜粉化等。与聚酯漆一样，它同样存在变黄的问题。聚氨酯漆的清漆品种称为聚氨酯清漆。④醇酸漆。醇酸漆主要由醇酸树脂组成，是目前国内生产量较大的一种油漆。它具有价格低、施工简单、对施工环境要求不高、涂膜丰满坚硬、耐久性和耐候性较好、装饰性和保护性都比较好等优点。其缺点是干燥较慢、涂膜不易达到较高的要求，不适合高装饰性的场合。

（2）内墙漆。内墙漆主要可分为水溶性漆和乳胶漆。一般装修采用的是乳胶漆。乳胶漆即乳液性涂料，按照基材的不同，分为聚酯酸乙烯乳液和丙烯酸乳液两大类。乳胶漆以水为稀释剂，是一种施工方便、安全、耐水洗、透气性好的油漆，它可根据不同的配色方案调配出不同的色泽。乳胶漆主要由水、颜料、乳液、填充剂和各种助剂组成，这些原材料不具有毒性。作为乳胶漆而言，可能具有毒性的主要是成膜剂中的乙二醇和防霉剂中的有机汞。

（3）外墙漆。外墙乳胶漆的基本性能与内墙乳胶漆相似，但其漆膜较硬，抗水能力更强。外墙乳胶漆一般使用于外墙，也可以使用于洗手间等潮湿的地方。当然，外墙乳胶漆可以内用，但请不要尝试将内墙乳胶漆外用。

（4）防火漆。防火漆是由成膜剂、阻燃剂、发泡剂等多种材料制造而成的一种阻燃涂料。由于目前家居中大量使用木材、布料等易燃材料，因此防火已经是一个值得提起的议题了。

2. 溶剂型地板漆和水性地板漆的区别

地板手刷漆目前有两大类：溶剂型地板漆和水性地板漆。溶剂型地板漆多以二甲苯为溶剂，当二甲苯挥发后，地板漆即形成。溶剂型地板漆含有二甲苯及甲醛。刷过漆的地板需要较长时间通风才可把残余的二甲苯挥发完。溶剂型地板漆对人体非常有害。水性地板漆是以水为溶剂的，水挥发后，漆膜形成，无二甲苯、甲醛等物质，非常环保，刷完漆后第二天即可入住。

溶剂型地板漆的缺点是含有游离有机异氰酸酯，可导致哮喘病，有害健康；不耐划伤、不能用于软木地板，很难在原有的漆面上再刷漆；在大多数情况下一天只能刷一遍漆；需用溶剂来清理刷漆工具；漆面容易变黄。

水性地板漆的优点是无毒、无溶剂的气味；容易在原漆面上再涂刷，不变黄；一天可以刷 3 遍漆，干得快；比溶剂型地板更耐磨、更环保；能更好地保持木地板的本色与质感；施工方便，不必搬家施工；涂刷工具可以水洗；分为亮光、哑光和半哑光 3 种，可为人们提供多种选择。

📋 案例分析 10-2

别让装修污染了儿童房：少用鲜艳颜色油漆

山东省环境监测中心曾经对济南的 17 家居民家庭的儿童房、婴儿房进行过室内空气质量监测。监测的结果令人震惊：17 家居民房内的空气质量没有一个能够达到标准，甲醛含量超过国家标准 1.2～9.4 倍。

从事过多年室内装修的业内人士建议，儿童房最好不要铺地胶、地毯，不要进行吊顶之类的装修。"儿童房在装修的时候，不要使用天然的石材，如大理石、花岗石，这都是容易造成甲醛、苯等有害物质污染的原材料。还有，最好不要贴壁纸。"该业内人士说。

在油漆方面，颜色越鲜艳的油漆，重金属含量越高，如果孩子接触了这些油漆，就很容易铅和汞中毒。在购买家具时，儿童房家具最好选择实木家具，家具表面的油漆最好是水性的，家长在购买时也要注意看家具有无环保检测报告。此外，市面上的有些泡沫塑料制品（类似于拖鞋材料），如地板拼图，会释放出大量的挥发性有机物质，可能会对儿童的健康造成影响。

（资料来源：别让装修污染了儿童房：少用鲜艳颜色油漆. 慧聪涂料，2014-8-20）

问题：儿童房装修为什么要少用鲜艳颜色油漆？

3. 乳胶漆的选用

市面上的乳胶漆有多种光泽，色彩更是五光十色。除了成品色，市面上大多数品牌的乳胶漆也能通过计算机现场调色，消费者可以根据自己的喜好随意选择。

在选购时，乳胶漆的功能十分重要，要根据涂刷的不同部位来选用乳胶漆，如卧室和客厅的墙面采用的乳胶漆要求附着力强、质感细腻、耐分化性和透气性好；厨房、浴室的墙面采用的乳胶漆应具有防水、防霉、易洗刷的性能。在购买乳胶漆时要详细检查乳胶漆的包装、外观及内在质量。

真正环保的乳胶漆应该是水性、无毒无味的，在打开盖时如果有刺激性气味或工业香精味，就不是理想的选择。一段时间后，优质乳胶漆的表面会形成很厚的有弹性的氧化膜，不易裂，而次品只会形成一层很薄的膜，易碎，具有辛辣气味。用木棍将乳胶漆拌匀，再用木棍挑起来，优质乳胶漆往下流时会成扇面形。用手指摸，优质乳胶漆应该手感光滑、细腻。乳胶漆涂刷到墙面上，用湿布擦拭，优质乳胶漆的颜色光亮如新，而次品轻轻一抹就会褪色。

另外，别忘了看乳胶漆的保质期。测定乳胶漆的性能指标主要有耐洗刷性、遮盖力、细度和附着力。"脏了可以用水洗"，是吸引消费者购买乳胶漆最重要的原因。很多乳胶漆在促销时也以湿布轻松擦去儿童在墙上的涂鸦为例。

遮盖力与细度决定乳胶漆的涂刷效果，遮盖力越强，细度越小，涂刷后墙面的细腻程度越高。一些优质乳胶漆的遮盖力强，可简化工序，只需一道底漆、一道面漆就能完工。附着力反映漆膜附着在墙体上的牢固程度，墙体涂刷后出现干裂、脱皮的情况，不仅与底材处理所用的腻子有关，与漆膜附着力的强弱也有直接关系。

乳胶漆的使用要讲究方法。目前，乳胶漆的施工方法包括刷涂、滚涂和喷涂 3 种。为了保证涂刷效率和涂刷质量，最好采用刷涂与滚涂相结合的办法，大面积墙体采用滚涂的方法，边角部分采用刷涂的方法。

涂刷乳胶漆的墙面应平整、结实，应先除去墙面所有的起皮、裂缝，并进行填补。如果是新房，那么只需刮掉原来建筑施工时做好的墙皮即可；如果是旧房或者以前做过装修，就要把原来的墙面涂料和腻子全部刮掉，直至露出墙体的水泥基层。将胶水调匀，均匀地抹在已处理平整的基底上，然后用调好的 821 腻子满抹在墙上，刮平，等腻子干透后，再刷乳胶漆。先用刷子涂刷滚筒涂不到的墙面，等 2～3 小时后再大面积地用滚筒滚涂。应尽量选用优质滚筒。施工时先涂底漆，待底漆完全干透后再涂面漆。

对于乳胶漆的保养消费者也应该留意。通常乳胶漆会有开裂现象，出现这种情况，消费者不要惊慌，要仔细分析开裂的原因。因季节原因引发的开裂称为正常开裂，多见于天花板、门框的接缝等处。这些因自然开裂出现的缝隙，经过装修公司的再次修补后平整如新，日后也不易再开裂。

📝 案例分析 10-3

如何改善涂料的开罐效果

涂料的开罐效果表现在以下几个方面：涂料脱气良好，涂料中无气泡；涂料有良好的流动性；涂料在储存过程中无沉淀、无结皮现象；涂料在储存过程中无分层、无返粗现象；涂料经过储存，黏度稳定，黏度变化不超过 20%；涂料经过储存无腐败等现象。

改善涂料开罐效果的措施有以下几个：选用消泡良好的脱气消泡剂，保证正确的生产工艺，防止起泡；选用高分子类增稠剂与聚胺酯类增稠剂匹配，保证涂料的流变曲线合乎储存、施工等要求，无分层现象，具有良好的流动性；保证颜填料良好分散，防止絮凝粒径变大，以免加速沉降；匹配好粉料的种类，保证涂料中粉料良好的悬浮性，防止沉降；对稳定性不佳的乳液，添加保护剂，防止乳液在涂料介质中破乳聚并；向涂料中添加足量的防腐杀菌成分，可保证涂料在储存中不变质。

（资料来源：百度知道）

问题： 以上措施为什么能改善涂料的开罐效果？

相关链接 10-3

内墙乳胶漆选购注意事项

（1）认清商品包装标志和保质期。合格的商品标志，应具备商品等级、生产单位、执行标准、出厂日期、质保期限、储存说明、包装规格等。

（2）根据不同使用环境选择涂料。对厨房、卫生间等潮湿区域，应选用防水、防霉、易洗刷的涂料。其他墙面应选择装饰效果好、涂层细腻、不易粉化、有一定耐擦洗性的涂料。

（3）分清乳胶漆和水溶性涂料的区别。由于乳胶漆的生产成本比水溶性涂料高许多，市场上售价特别低的所谓"乳胶漆"，很可能是水溶性涂料，使用后易导致涂层耐水性差、掉粉、脱落。

（4）仔细阅读施工说明，看清是否需要使用配套的底漆。如需使用，应尽可能选用同一品牌的配套商品。

（资料来源：内墙乳胶漆选购注意事项. 装修知识网，2009-12-29）

课后归纳总结

本章小结

瓷砖常见的品种有陶瓷锦砖、釉面砖和墙地砖，主要用于地面和墙面的装饰，检验时可从规格、感观质量和有关指标等方面着手。用于建筑装饰的天然饰面石材主要是花岗岩和大理石，它们是比较高档的建筑装饰材料，检验时要从常规检验和放射性检测两个方面来考虑。

地板和地毯作为地面装饰品，有着悠久的历史，地板按材质分常见的有木地板、复合地板、装配式活动地板、竹制地板；地毯按材质主要分为纯毛地毯和化纤地毯两大类。在地板和地毯的检验和选购中，要根据它们的性能特点和使用环境综合考虑。

涂料涂覆在物体表面，对物体有保护、装饰的特殊功能。涂料的组成中包含成膜物质、颜填料、溶剂、助剂等成分。在检验和选用涂料时既要根据它们的性能特点和使用环境，又要考虑到绿色、环保和健康。

主要概念

瓷砖　　体内辐射与体外辐射　　活动地板　　簇绒地毯　　水性漆

课堂讨论题

1．在装潢装饰商品经营与选购中如何保证其安全性？
2．常见油漆的种类及特点是什么？

自测题

1．判断题

（1）天然石材的放射性危害包括体内辐射与体外辐射两个方面。　　（　　）
（2）带企口的木地板比不带企口的木地板性能好。　　（　　）
（3）涂料能美化建筑物，但不能提高建筑物的使用寿命。　　（　　）
（4）国际上对聚酯漆游离 TDI 的限制标准是控制在 0.5% 以下。　　（　　）

2．填空题

（1）陶瓷锦砖与铺贴纸间有一定的_____，检验时不脱落者为_____。
（2）竹制地板具有防腐、_____、_____不爆裂的特点。
（3）建筑装饰中涂料的选用原则是好的装饰效果，_____和_____。
（4）水性地板漆的优点是_____、_____的气味。

3．选择题

（1）全瓷砖比釉面瓷砖的吸水率低、硬度大，其表面还有（　　）。
　　A．防滑作用　　B．美化作用　　C．强化作用　　D．保护作用
（2）纯毛机织地毯是一种介于纯毛手工地毯和化纤地毯间的（　　）。
　　A．过渡产品　　B．低档地毯　　C．中档地毯　　D．高档地毯
（3）涂料按涂刷部位可分为内墙涂料、外墙涂料、屋顶涂料、顶棚涂料和（　　）。
　　A．装饰涂料　　B．地坪涂料　　C．液态涂料　　D．水溶性涂料
（4）用木棍将乳胶漆拌匀，再用木棍挑起来，优质乳胶漆往下流时会成（　　）。
　　A．扇面形　　B．平面形　　C．柱状形　　D．三角形

4．简答题

（1）花岗岩和大理石作为建筑装饰材料有哪些特点？
（2）地板在安装过程中，要注意的事项有哪些？

（3）简述化纤地毯的性能与质量鉴别。

（4）简述涂料的组成及其作用。

📖 实训题

1. 技能题

（1）考察并检验生活环境中瓷砖的质量状况。

（2）你能演示哪些油漆质量鉴别技能？

2. 案例分析题

在一位经销商的品牌专卖店里，一边摆着水性木器漆，一边摆着油性木器漆。一位业主进来咨询，经销商指着水性木器漆说，这种漆最环保，对人体无毒无害；指着油性木器漆说，这种漆的硬度大，漆膜丰满，价格低。业主于是问："那是不是意味着油性木器漆是有毒害的，水性木器漆的硬度小，价格高？"厂家陷入"左手打右手"的尴尬局面。

问题：如果你是经销商，那么你将如何处理这一问题？

3. 实习题

开展一次校园装潢装饰材料调研活动，并讨论它们的科学性和合理性。

参考文献

[1] 万融. 商品学概论[M]. 3 版. 北京：中国财政经济出版社，2013.

[2] 万融. 商品学概论[M]. 5 版. 北京：中国人民大学出版社，2013.

[3] 白世贞，等. 商品学[M]. 2 版. 北京：中国人民大学出版社，2013.

[4] 晏维龙. 现代商业技术[M]. 北京：中国人民大学出版社，2005.

[5] 宋杨. 电子电器商品学[M]. 北京：中国物资出版社，2006.

[6] 谈留芳. 商品学[M]. 修订版. 北京：科学出版社，2010.

[7] 袁长明. 商品学[M]. 北京：化学工业出版社，2011.

[8] 陈雨生. 农产品质量安全论证监管机制研究[M]. 北京：经济管理出版社，2012.

[9] 冀连贵，王斌松，等. 消费品安全监管概论[M]. 北京：清华大学出版社，2012.

[10] 李俊，王云仪. 服装商品企划学[M]. 2 版. 北京：中国纺织出版社，2010.

[11] 刘培刚. 商品知识与质量鉴别[M]. 北京：中国商业出版社，1997.

[12] 李新娥，刘跃军. 纺织服装商品学[M]. 2 版. 上海：东华大学出版社，2014.

[13] 汪永太. 商品学概论[M]. 北京：中国商业出版社，1997.

[14] 汪永太，等. 商品经营知识[M]. 合肥：安徽科技出版社，1996.

[15] 汪永太. 商品学概论[M]. 4 版. 大连：东北财经大学出版社，2012.

[16] 汪永太. 商品检验与养护[M]. 3 版. 大连：东北财经大学出版社，2012.

[17] 曹汝英. 商品学基础[M]. 2 版. 北京：高等教育出版社，2007.

[18] 赵苏. 商品学[M]. 2 版. 北京：清华大学出版社，2012.

[19] 温继勇. 食品营养与卫生[M]. 大连：东北财经大学出版社，2000.

[20] 黄梅丽，江小梅. 食品化学[M]. 北京：中国人民大学出版社，1986.

[21] 李琦业，刘莉. 纺织商品学[M]. 北京：中国物资出版社，2005.

[22] 刘铭. 现代时装设计入门[M]. 杭州：浙江人民美术出版社，1993.

[23] 黄罗兰，申志恒. 服装和纺织品商品学[M]. 上海：立信会计出版社，1996.

[24] 李晓慧，等. 服装商品学[M]. 北京：中国纺织出版社，2000.

[25] 蒋耀兴. 纺织品检验学[M]. 北京：中国纺织出版社，2001.

[26] 霍红，等. 纺织品检验学[M]. 北京：中国物资出版社，2006.

[27] 白世贞，曲志华. 工业品检验学[M]. 北京：中国物资出版社，2005.

[28] 刘北林，孙婷，曲志华. 食品商品学[M]. 北京：中国物资出版社，2005.

[29] 代丽君，徐倩，付玮琼．商品学实验教程[M]．北京：中国物资出版社，2006．

[30] 汪永太．浅谈商品包装中的信息传达[J]．包装世界，1995（2）：22，47．

[31] 汪永太．浅谈商品包装上的质量标志[J]．包装世界，1998（3）：56-57．

[32] 汪永太．当代中国商品学学科发展回顾[J]．安徽商贸职业技术学院学报，2005（1）：26-27，32．

[33] 汪永太．物流中的商品包装条码[J]．中国包装，2007（3）：80-81．

[34] 汪永太．商品质量新发展的研究与思考[J]．安徽商贸职业技术学院学报，2009（3）：26-30．